KB002858

하마의 하품

하품

2

하마의 下品

하품

2

하태영 지음

法 文 社

머리말

하마의 辯

오바마의 탱고

2016년 3월 24일 오바마(Barack Obama, 1961년 8월 4일)가 아르헨티나 국빈 방문 시 탱고를 추는 장면을 보면서 그가 왜 세계의 대통령인지 알 수 있었다. 그의 진지한 얼굴과 능숙한 스텝을 보면서 '멋있는 대통령이다' 생각했다. 준비한 연출이었는지 모르지만, 많은 사람들에게 깊이 각인되었을 것이다. 필자는 2009년에 출간한 『하마의 하품 1』에서 오바마가 성공한 대통령이 되기를 진심으로 기원했다. 2016년 12월에 퇴임하는 그는 역사에 남는 대통령이 될 것으로 확신한다. 필자는 ≪미국 제44대 대통령 버락 오바마 '변화와 희망'≫ 칼럼에서 오바마의 눈물, 정치철학, 정치인의 연설, 언어의 미학(美學) 그리고 미국과 한국과의 관계를 소개하였다. 상상력이 풍부한 <대한민국의 오바마>는 언제쯤 나타날까? 정치적 탱고 스텝이 너무 부럽다.

탱고와 찌루박

오바마의 탱고가 있는 밤, 집권여당의 대표는 부산 자갈치 시장을 찾았다. 집권여당의 '옥새 파동'이었다. 막말, 공천 피로, 배신의 정치, 저항의 정치, 항명, 탈당 등 이번 총선 전에 매일 경험한 것이었다. 집권여당은 2016년 4월 13일 20대 총선에서 참패했다. 그날 새벽 오바마의 탱고를 다시 한 번 생각했다. "배신의 춤은 심판으로 돌아온다." <배신의 정치와 탱고의 정치>는 품격(品格)이 달랐다. 그날 민심(民心)은 바로 천명(天命)이었다.

한국 사회와 20대 총선을 평가한다면?

한국은 안정적인 기득권 구조를 갖고 있다. 성완종 사건은 기득권의 굿판에 오른 재물이었다. 재벌, 언론, 북한 존재가 이 구조를 뒷받침하고 있다. 5번 총리가 청문회에서 사퇴했다. 5개 부처는 8개월 임시 장관이었다. 창조경제, 국가개조, 부정부패척결, 정치개혁을 말했다. 순방에서는 사회개혁을 말했다. 언어의 통치시대였다. 통치자격을 물었다. 성완종은 기득권 세력의 배신에 폭탄을 던진 것이다. 대통령을 향한 것이었다. 기득권은 "자기 일을 하라"고 말했다. 혼돈, 물 타기, 본질 희석, 어쨌든 세상은 굴러간다는 것이었다. 2012년 대선(국정원), 2013년 채동욱(검찰총장), 2014년 세월호(사회), 2015년 성완종(정치). 큰 문제가 아니라고 했다. "사회개혁, 경제재도약, 희망의 시대를 열자"고 말했다. 2016년 4월 13일 민심은 '분노(忿怒)'했다.

왜 『하마의 하품』인가?

河馬가 세상읽기를 했다. 사회를 바라보면서 순간순간 그 의미를 탐색했다. 진보와 보수가 재단되는 세상에서 河馬가 下品을 했다. '겸손'하게 올린 글일 수도 있고, "짜증난다!"는 의미일수도 있다. 그러나 河馬는 새로운 시대, 더 나은 세상을 바라는 사람들의 시선을 외면하지 않았다.
격동과 변화의 시대에 河馬는 때로 슬픈 노래를 불렀고, 때로는 짜증이 나서 하품을 했고, 또 때로는 안타까움에 눈물도 흘렸다. 그러나 河馬는 절대 꿈을 잃지 않았다. 河馬의 춤은 깨달음이었다. 이러한 세상보기가 하마의 下品이 되었다.

『하마의 하품 2』는 어떤 책인가?

시사수필집이다. 지난 8년 간(2008~2015) 쪽문으로 바라본 세상읽기다. 여러 분야의 잡문(雜文)을 모은 것이다. 하마사설(河馬僿說)이다. 河馬는 성(姓)과 주소지(馬山)의 첫 자를 딴 합성어이며, 사설은 '세쇄(細碎, 매우 가늘고 작음)한 논설'이라는 뜻이다. 필자는 오랫동안 성호 이익 선생을 흠모해 왔다.

『하마의 하품 2』의 주제는 무엇인가?

전체 주제는 ≪겸손(謙遜)≫이다. 우리 사회 갑(甲)질의 해결책이다. 겸손해야 함께 행복하게 살 수 있다. 『묵자(墨子)』의 철학이다. ≪더불어 사랑하라. 빼앗지 마라. 업신여기지 마라. 속이지 마라. 재앙과 찬탈 그리고 억울함을 줄이려면 서로 사랑해야 한다. 겸애다.≫ 인생에서 인간이 할 수 있는 가장 빛나는 가치다.

어떤 내용인가?

다양한 주제를 다루었다. 69편의 글이다. 지난 8년간 우리 사회를 구석구석 돌아 본 글이다. 사법, 입법, 교육, 철학, 정치, 사회, 환경, 문화, 분단, 통일, 역사 등을 나의 시각으로 성찰해 보았다. 어떤 일, 어떤 사람, 어떤 사건을 비판했고 대안을 모색했다.

조무제 전 대법관(동아대학교 법학전문대학원 석좌교수), 존엄사, 생명윤리, 해적재판, 국민참여재판, 로스쿨, 법문장, 대선 출마자의 정치행보, 부산역 이야기, 이스탄불 이야기, 갑(甲)질 논란, 분단문제와 통일문제, 동양고전, 민권사상의 계보, 근대인간의 자화상, 마음, 지혜, 깨우침, 죽음의 철학에서 겸손을 모색했다.

국제신문 기고가 12편이고, 국제신문 해적 관련 기사가 2편이며, 경남도민일보 기고가 5편이다. 그리고 법률저널 기고가 10편이고, 대한변협신문 기고가 1편이다. 그리고 나의 홈페이지에 올린 글이 14편이며 이번 기회에 새로 쓴 글이 25편이다. 젊은 대학생들을 위한 글이다. 69편의 의미는 우리 사회의 성숙도가 약 69%라는 의미도 담겨있다.

장점은?

쉬운 문체다. 박스에 핵심을 요약했다. 시사를 보는 눈을 키워 줄 것이다.

예상 독자는?

고교생, 대학생, 로스쿨 준비생, 일반 시민 그리고 대한민국 사회를 알고 싶은 외국인이다. 쉽게 읽을 수 있을 것이다.

어느 정도 반응을 예상하나?

교양도서로 의미가 있을 것이다. 역사, 시사, 정치, 철학, 종합을 좋아하는 독자들은 좋아할 것이고, 전문가들은 실망할 수도 있겠다. '귀엽다'고 생각하시면 좋겠다.

『하마의 하품 1』과 다른 점은?

『하마의 하품 1』은 '소통과 개혁'을 주제로 삼았다. 이번 『하마의 하품 2』는 '겸손'을 주제로 삼았다.

『하마의 하품 1』는 제1부에서 제4부까지 시사문제를 다루었고, 제5부에서 특별하게 자전거 문제를 다루었다. 전체 59편이었다.

『하마의 하품 2』는 제1부에서 법률칼럼 20편을 실었다. 제2부에서 정치칼럼 10편을 담았다. 제3부에서 우리 사회의 자화상 14편을 비평했다. 제4부에서 분단문제와 통일문제를 9편의 글로 다루었다. 제5부에서 동양고전을 읽고 '겸손'의 철학을 16편의 글로 모색하였다. 각 주제마다 겸손의 사회적 의미가 함축되어 있다.

필자는 평소 『묵자(墨子)』를 진보사상의 저수지라고 생각했다. 『묵자』사상은 억압받고 착취 받는 사람이 언제나 생각해 왔고 그려왔던 민권사상(民權思想)이었다. 묵자사상은 하층민을 대변하는 정치철학을 담고 있다. ≪을에 대한 연민사상≫이었다. 여기서 한국 진보사상의 흐름을 찾아보았다. 『묵자(墨子)』-원(元)나라 허형(許衡)의 ≪노재지학(魯齋之學)≫-안향(安珦)-정도전(鄭道傳)-이황(李滉)-조식(曹植)-이이(李珥)-이익(李瀷)-정약용(丁若鏞)-황현(黃玹)으로 이어지는 조선 성리학의 민권사상의 계보를 실로 엮어 조명해 보았다. 이것이 『하마의 하품 1』과 다른 점이다.

『하마의 하품 2』에서는 책 12권의 내용을 요약한 감상문을 실었다. 『하마의 하품 1』이 ≪자전거 타는 하마≫라면, 『하마의 하품 2』는

≪자전거와 꿈에서 깨어난 시민≫으로 자연스럽게 연결되었다.

『하마의 하품 1』과 같은 점은?

한국 사회를 따뜻한 시각으로 전(全)방위 모색했다. 지방이야기를 많이 실었다. 비판정신, 대안모색, 중심잡기의 고뇌를 느낄 수 있을 것이다. ≪기다림(忍)≫이라고 할까.

한국 사회의 근본문제는 무엇인가?

갑(甲)질과 가벼움(輕)과 얕음(賤)이다. 우리 사회에서 운(運) 좋게 기회를 잡은 사람들은 인생이 무한(無限)하다고 생각한다. 그러나 본인이 겸손할 때 자기의 꿈을 누릴 가능성은 높아진다. 하지만 우리 사회의 역자(力者)들은 어떤 형태든 약자(弱者)에게 고통을 맛보게 하려고 노력한다.

이러한 모멸감은 이웃과 주변을 피폐하게 만든다. 그 종착역은 분노뿐인데도 말이다. 정치, 경제, 사회, 문화, 교육, 예술 등 전 분야에 해당한다. 얼마나 많은 사람들이 슬픈 눈물을 흘렸겠는가. 우리 사회는 따뜻함, 유머, 침착함(SELF DISTANCE), 배려, 공존의식이 너무도 부족하다. 대한민국에 인간에 대한 철학이 있는지 의문이 들 정도다.

ⓒ 권범철 화백 作 경남도민일보

그 해결점은?

겸손(謙遜)이다. 하심(下心)이다. 인(忍)이다. 경(敬)이다. 무위(無爲)다. 허심(虛心)이다. 모든 종교의 핵심이다. '귀여움'이라고 말하고 싶다. '귀(貴) · 여(與) · 움(美)'은 『묵자(墨子)』와 『맹자(孟子)』와 『공자(孔子)』의 사상이다. 서로 존중하고, 다른 사람과 늘 함께하며, 인간다움을 유지하는 사상이다. 한국인에게 필요한 가치다. 『노자(老子)』와 『장자(莊子)』의 철학도 묻어 있다. 선대(先代) 조상의 눈물을 기억하면 될 것이다. 진정한 강자(强者)다. 활(弓)로 희로애락(喜怒哀樂, 口)을 두 개 꿰뚫는 것이다. 여기서 한국인의 정신을 다시 찾아야 한다.

배려(配慮)와 같은가?

같다고 본다. '귀여움(貴與仁)'의 발현이 배려라고 생각한다. 배려는 타인을 위한 것이다. 그러나 진정한 배려는 본인이 성숙해야 가능하다. 배려는 '더불어'다. 나, 우리, 대한민국이 스스로 사회를 성찰해야 그 해결점을 찾을 수 있다. 끊어진 자리(自覺)는 자기의 과거를 말한다. 나의 관계, 우리의 관계, 대한민국의 관계가 왜 끊어졌는지 자신의 과거 행적을 보면 알 것이다. 대오각성(大悟覺醒)해야 새 출발을 할 수 있다. 대한민국의 정신이 변해야 하는 이유다.

대학교수가 이런 종류의 수필집을 왜 내는가?

교수도 사회에 대해 공적 발언을 해야 한다. 색깔 있는 의사표시다. 사회적 의무라고 생각한다. 칼럼도 한 방법이다. 『하마의 하품 2』는 시사성, 학술성, 대중성을 혼합했다. 일반 생활수필집과는 질(質)이 조금 다를 것이다. 고교생, 대학생, 대학원생 그리고 일반인에 대한 시민정치가 필요하다. 균형 잡힌 시사수필집은 '따뜻한 사회'를 만드는 데 매우 중요하다고 생각한다. 그래서 세상으로 보내는 것이다. 비판은 필자가 감당해야 할 몫이다.

가장 추천 하고 싶은 내용은?

다섯 편의 독후감이다. 윤대규 교수, 신영복 교수, 김하중 대사, 탄허 스님, 일본 근대작가 나쓰메 소세키의 글이다. 북한 문제, 한국 문제, 중국 문제, 삶의 문제, 인간의 문제를 다룬 책이다. 이 책을 정독하면 100시간 이상이 소요된다. 감상문은 짧은 시간에 읽을 수 있다. 감상문에 필자의 생각도 분명하게 담았다. 원전(原典)에 대한 독서 의욕이 필자의 희망사항이다.

이 책이 나오기까지

시사만평계의 신성(晨星) 권범철 화백에게 감사드린다. 그의 예리한 메시지와 깊은 사회철학은 이 책을 더욱 빛나게 해 준다. 그의 한결같은 사랑과 배려, 따뜻한 우정에 깊이 감사드린다.
석진오 스님께 머리 숙여 감사드린다. 스님은 책의 편제와 내용에 관해 많은 시간을 내어 토론을 해 주셨고 용기를 북돋우어 주셨다. 혜안과 포용력에 많은 감동을 받았다.
국제신문사와 경남도민일보 그리고 법률신문에 감사드린다. 귀한 지면을 배려해 주었다. 성실한 삶으로 보답하고 싶다.
이 책을 준비하면서 읽은 수많은 연구자들의 저서, 번역서, 논문에서 큰 도움을 받았다. 진리(眞理)를 위해 사는 이 분들께 경의를 표한다.

좋은 책을 만들기 위해 노력하시는 도서출판 법문사와 법문사 배효선 사장님, 법문사 장지훈 부장님, 노윤정 차장님, 권혁기 대리님께 진심으로 감사드린다. 요즘의 출판시장을 너무 잘 알기 때문이다.
사랑했던 부모님과 사랑하는 가족들에게 이 책을 바친다. 늘 미안한 마음뿐이다. 미정, 승흔, 승주의 건승을 기원한다. 정신력으로 살아가는 이 분들에게 하나님의 축복이 늘 함께하기를 기원한다.

마지막으로 지난 8년(2008~2016)을 평가한다면?

성난 파도가 '가벼운 보수'를 삼켰다. 2007년 제17대 대선에서 국민은 '무능했던 진보'를 심판했다.
2008년 2월 이명박 정부의 출범으로 진보정권 10년(1998~2007)은 마감되었다. 보수정권이 천신만고 끝에 다시 기회를 잡은 것이다. 국민이 준 귀중한 선물이었다. 보수의 가치를 분명하게 확장하는 절호의 기회였다. 그러나 보수 또한 무능했고 자만했다. 그 좋은 기회를 다 놓쳐 버렸다. 국민들에게 90도로 사죄인사를 드리는 것 말고, 지금 무엇이 남아 있는가?
야당도 마찬가지였다. 골수지지층을 기반으로 한 그들만의 정치 혹은 '자폐정치'라는 비난을 받았다. 총선 2개월을 앞두고 야당은 결국 분열하였다. 제20대 총선을 통해 '정신 나간 보수'를 청산하고 '진보의 가치를 확장하는 좋은 기회'를 놓친 것이다.
민심은 거대한 파도로 다가왔다. 그러나 2016년 4월 13일 총선결과는 야당에 대한 환호가 아니고 여당에 대한 분노였음을 기억해야 한다
국운상승의 기회가 다가오고 있지만, 대한민국은 아직도 긴 잠을 자고 있다. 100년 전 1916년을 기억한다면 이제 모두 각성(覺醒)해야 한다.

'노란셔틀버스'(학원버스)에서 불빛 세상을 바라보는 대한민국 아이들의 슬픈 눈을 보고 있으면 가슴이 너무 아프다.

"엄마! 학원 안가면 안 돼?"

민권정치다. 가난한 학생과 절망에 빠진 청년 그리고 답답한 서민들의 눈물을 닦아 주는 정치를 해야 한다. 바로 민생정치다. 국민들에게 새로운 희망을 심어 주는 따뜻한 민본정치다.

20대 국회는 참 중요하다. 나라가 망하느냐, 나라가 흥하느냐를 결정하는 마지막 시간이기 때문이다.

대한민국은 이렇게 침몰할 수 없다.

새로운 하마를 기다린다.

2016년 8월 15일

동아대학교 부민캠퍼스에서

하 태 영

감사의 글

『하마의 하품 2』는 필자에게 각별한 의미가 있다. 왜냐하면 언제나 나의 작은 글에도 감탄하시고 늘 감동적인 말씀을 해 주셨던 부모님과의 마지막 작품이기 때문이다. 불효에 대한 자책은 가시고 난 후에 고스란히 돌아왔다. 고아라는 상실감과 나 자신에 대한 분노였다. 그날 이후 개인적으로 많은 변화가 일어났다. 많은 분들이 상심에 젖어 있는 필자를 깊이 위로해 주셨다. 이 분들의 격려로 살아가고 있다.

동아대학교 법학전문대학원 조무제 석좌교수님, 정만희 부총장님, 김상호 명예교수님, 전순신 명예교수님 그리고 허일태 명예교수님(2016년 8월 정념퇴임)께 머리 숙여 감사드린다. 학문과 인성을 가르쳐 주신 분이다.

고려대학교 김남진 명예교수님, 경남대학교 윤대규 부총장님, 법무법인 정인 고종주 변호사님께 머리 숙여 감사드린다. 학문하는 자세와 삶의 지혜를 가르쳐 주신 분이다.

베를린 늘푸른 교회 장세균 목사님, 석진오 스님 그리고 이해인 수녀님께 감사드린다. 추지영 화백님(작품 '음미'와 '아버지' 作)께도 감사드린다. 가난한 영혼을 위해 염려하시고 매일 기도해 주시는 분이다.

경남도민일보 구주모 사장님, 김주완 이사님, 임봉규 기자님, 국제신문 김찬석 수석논설위원님, 최현진 기자님, 정옥재 기자님, 정홍주 기자님, 법률저널 이성진 기자님께 깊이 감사드린다. 지역에서 세상을 보는 안목을 키워주신 분이다. 소말리아 해적재판으로 학자에게 연구방향을 제시해 주셨다. 이 분들의 격려가 없었다면 '세상의 변화'보다는 '자연의 변화'를 더 많이 생각했을 것이다. 이 분들 덕분에 ≪해적재판 국제비교≫로 2014년 한국비교형사법학회 학술상을 받았다.

부산 외국어대학교 경찰학부 김형중 교수님, 한국외국어대학교 법학전문대학원 정한중 교수님, 동의과학대학 경찰경호학부 김태홍 교수님, 김경화 교수님, 이병규 교수님, 김진기 교수님, 고영호 박사님 그리고 윤지원 변호사님께 감사드린다. 학문공동체의 의미를 가르쳐 주시는 분들이다. 『하마의 하품 2』 출판에 많은 용기를 주셨다.

동아대학교 법학전문대학원 교수님, 한국 형사법학회 교수님 그리고 동아대학교 의료인문학교실 교수님들께 깊이 감사드린다. 행복한 학문공동체를 만들어 주시는 분들이다. 항상 새로운 과제로 지적 호기심을 주셨다.

절망에 빠진 환자와 가족들을 위해 최선을 다해 주신 동아의료원 노명환 교수님, 이성욱 교수님, 박병호 교수님, 마산의료원 윤희상 원장님, 손미정 과장님, 박선숙 간호과장님, 간호사님, 직원 선생님 그리고 두 분의 장례식을 주관해 주신 김달수 교수님께 가족을 대신하여 다시 한 번 머리 숙여 감사드린다. 이렇게 따뜻한 분들이 없었다면 그 시간을 감당하기가 불가능했을 것이다.

정성을 다해 아이들을 교육해주시는 마산제일여고 김규태 교장선생님과 여러 선생님들께 깊은 사의를 표한다. 가장 중요한 시기에 바쁘게 사는 부모를 대신하여 인성과 교육을 담당해 주시는 분들이다. 민감한 아이들이 건강하게 잘 성장하고 있다. 감사하는 마음뿐이다.

독일 할레대학교 한스 릴리에 교수님(Prof. Hans Lilie und Dr. Babara Lilie), 독일 트리어 대학교 한스 하인리히 퀴네 교수님(Prof. Hans Heinlich Kühne), 독일 함부르크 슈미트(Schmidt) 선생님께도 깊이 감사드린다. 모두 가족 같은 분이다.

공직에 계시거나 여러 가지 사정으로 소중한 이름을 올릴 수가 없는 분들이 너무 많다. 존경하는 여러 교수님, 사랑하는 선생님 그리고 친애하는 변호사님들께 감사의 인사를 올린다. 좋은 자리에서 항상 따뜻한 말로 격려해 주시는 분들이다. 필자가 균형을 유지할 수 있는 힘이다. 머리 숙여 감사드린다. 필자는 이러한 관계 속에서 아름다운 세상을 감사하며 살고 있다.

동아대학교 법학전문대학원 재학생과 졸업생들에게 감사드린다. 목표가 뚜렷하고 심성들이 좋아 학교생활을 즐겁게 하고 있다. 장차 큰일을 할 수 있을 것으로 확신한다. 훌륭한 법조인이 되어 국가와 민족 그리고 지역과 세계를 위해 헌신하길 바란다. 타인을 위해 살려는 이들의 소중한 꿈들이 실현되기를 기원한다.

사랑하는 장모님, 가족들 그리고 집안의 형제들에게 깊이 감사드린다. 어려울 때마다 집안의 기둥이 되어 주시는 분이다. 장모님과 누님 그리고 사랑하는 여동생의 건강과 행복을 위해 늘 기도한다.

독자 여러분의 건승을 기원한다.

2016년 8월 15일
동아대학교 부민캠퍼스에서
하 태 영 올림

차 례

제 2 부 하마의 하품 철학, 정치

제 3 부 하마의 눈물 사회 · 교육 · 철학 · 정치 · 환경 · 문화

제 4 부 하마의 꿈 분단 · 통일 · 철학

제 5 부 하마의 춤 철학, 역사, 교육

제 1 부

하마의 노래

사법 · 입법 · 교육

20편의 글을 담았다.

조무제 전(前) 대법관
성전환자
존엄사 논쟁
황우석 전(前) 교수의 재판
혼인빙자간음죄
유전자(DNA) 신원확인정보
국민참여재판, 하나의 실험인가?
국민참여재판의 개선방안
소말리아 해적재판, 부산에 관할권 있다
소말리아 해적재판과 국민참여재판
해적 본국에 국제재판소 · 교도소 설립하자
독일 함부르크 해적재판
수사권 논쟁
내사(內査) 논쟁
피해자–가해자–원상회복원
형사법의 신동향
통일시대와 법학전문대학원
로스쿨의 미래
대법원 판결문에서 법문장
형사입법에서 법문장

하마의 노래는 슬픔이었다.

사법

조용한 사법혁명가 조무제 전(前) 대법관

조무제 전 대법관은 일반인에게 잘 알려지지 않았던 분이다. 1993년 YS 문민정권이 들어서며 단행된 재산공개를 통해 비로소 세상에 널리 소개되었다. 고위직 법관의 재산이 겨우 소형 아파트 한 채여서 화제가 되었다. 하지만 재산은 단면에 불과하다. 평소 법관으로서의 몸가짐이나 자세에 주변 모든 법조인들이 존경해마지 않은 분이었다. 훗날 대법관이 되어서도 퇴임 후에도 그 생활에는 변함이 없었다. 사법개혁이 한참 논란이 될 당시 그 모범으로 삼고자 소개한 글이다. 2004년 8월, 대법관 퇴임 후 로펌의 영입제의를 모두 물리치고 학교에서 후학을 가르치기로 결정했다. 그때 그 이유를 묻는 언론 인터뷰에서 그는 "변호사로 특정인에게 도움을 주는 것보다는 실무에서 익힌 지식을 학생들에게 전수하는 게 공익에 가깝기 때문"이라는 간단하면서도 울림이 큰 답을 주었다. 전관예우에 관해서 "좋지 못한 여론이 있다"고 조용히 지적했을 뿐이다. 그 후로 개각이 있을 때마다 꾸준히 감사원장, 총리후보로 거론되었다. 하지만 입장에 변함이 없었다고 한다. 항상 공익을 우선하여 자신을 경계하며 정도(正道)로 일관된 법조인의 모습을 조용히 행동으로 보여 주었다. 그 엄청난 전관예우의 고리를 묵묵히 깨신 분이다. '조용한 사법혁명가'라는 명칭에 손색이 없다. "후배에게 부담이 될 것이다", 그의 말에 사법개혁의 답이 있다. 2016년 5월 법조비리를 보면서 다시 한 번 조무제 전 대법관을 생각한다.

다산 정약용 선생은 1810년 강진 유배지에서 두 아들에게 편지를 보냈다.

"저물녘에 숲 근처에서 한 아이가 다급하게 소리쳐 울며 발을 동동 구르는데, 마치 누군가가 무수한 송곳으로 배를 찌르고 절굿공이로 마구 가슴을 때리는 듯했다. 참담하고 절박하여 죽을 것만 같은 모습이었다. 왜 그러느냐고 물어보았더니, 나무 밑에서 밤 한 톨을 주웠는데 다른 사람이 빼앗아 갔다고 했다."

●● 진정한 사법개혁은 법관 스스로가 해야

다산은 이렇게 비유했다. "아! 천하에 이 어린아이처럼 울지 않는 자가 몇이나 되겠는가? 관직을 잃고 세력이 꺾인 사람, 손해를 보고 재물을 잃은 사람, 자식을 잃고 너무 슬퍼 거의 실성한 사람. 이 모두가 달관한 경지에서 본다면 밤 한 톨에 울고 있는 것일 따름이다."

우리 사회는 '밤 한 톨' 때문에 전직 대통령도 잃었고, 용산의 죄 없는 세입자를 잃었고, 유능한 경찰도 잃었고, 대기업 CEO도 잃었다. 오늘날의 사회현상이 200년 전이나 비슷하다고 할까.

최근 사법개혁과 검찰개혁이 언론에 자주 등장하고 있다. 정부여당과 보수단체와 보수언론은 법원의 제1심 판결에 대해 극도의 불신을 표출하고 있고, 야당 또한 검찰수사를 강하게 비판하고 있다.

PD수첩 관련 제1심 판결에 대한 비난은 신호탄에 불과하다. 여권은 원내대표까지 나서 진보성향의 법관들을 비판하면서 법원개혁을 촉구하고 있다. 소위 "우리법연구회를 해체시키라"고 주장한다. 삼권분립을 생각한다면, 이러한 정치적 행위들은 그만두어야 한다.

여권은 이번 판결을 계기로 사법부를 흔들려고 한다. 그 이면에는 특정 법관들에 대한 깊은 불신과 사법부 장악 의도가 숨어 있다. 주성영 의원은 "이용훈·박시환 대법관은 전관예우의 전형"이라며 현직 대법원장과 대법관을 공격하고 있다. 고도의 정치행위다. 바로 이것이 현재 여권에서 추진하고 있는 사법개혁의 본질이다.

이번 사법개혁은 동기와 방식이 순수하지 않다. 진정한 사법개혁은 향후 예정된 대법관 인사에 정치적으로 개입하는 것이 아니라, 고등법원의 상고심을 허용하여 사법권을 지역에 돌려주는 것이고, 전관예우를 근본적으로 차단하는 방법을 입법부에서 연구하는 것이다.

이번 법원의 2월 인사를 보자. 전직 법원장들이 대형로펌에 합류하고 있다. 중앙법원에서 활동한 전직 법원장들이 후배법관들이 근무하고 있는 법원을 출입할 때, 사건을 담당하고 있는 후배 법관들은 법정에서 '심리적 부담'을 얼마나 느끼겠는가. 변협에서 제안한 퇴직 후 1년간 형사사건수임을 제한하는 방안으로는 전관예우의 병폐를 해결할 수가 없다.

●● 그의 행보에 개혁의 답이 있어

이쯤에서 조무제 전 대법관을 생각하지 않을 수 없다. 조무제 전 대법관은 전관예우의 폐단을 염려하여 퇴임 후 대형로펌의 영입제의를 고사하고, 부산으로 내려와 모교에서 후학을 지도하고 있다. 정말 어려운 일이다. 최근에는 부산법원조정센터장을 맡아 '후배 법관들을 돕기 위해' 법원을 출입하는데 교통편은 지하철이다. 그 외에도 열거하자면 즐비하다. 공직자의 처세가 얼마나 중요한지 가르쳐 주시는 분이다.

국민의 배려로 고위공직자가 되었으면 퇴임 후 생활도 국민의 기대에 상응해야 한다. 그리고 국민이 바라는 진정한 사법개혁은 법관출신들이 하는 것이다. 전관을 찾는 것이 우리 사회의 세태라면 바로 조무제 전 대법관처럼 스스로 그 고리를 끊는 결단이 절실하다.

검찰개혁도 마찬가지다. 그동안 검찰과 언론에서 관행처럼 음성적으로 자행됐던 수사와 무관한 인격모독적 피의사실 공표행위와 유출행위를 끊어야 한다. 그럼에도 최근 영등포경찰서는 전교조로부터 피의사실유포 혐의로 고소까지 당했다. 검찰은 범죄혐의가 있으면 수사를 하면 되고, 혐의가 없으면 신속히 종결해야 한다. 이것이 형사소송법 제195조의 정신이다. 여론을 고려하고, 일신을 생각하고, 전관예우까지 염두에 둔다면 검찰은 더 이상 국민의 사랑을 받을 수가 없다.

사법개혁은 마이크로 하는 것이 아니고 행동으로 하는 것이다. "인생의 가장 큰 재산은 정신력, 내면의 능력, 인생 전부에 대한 경영능력이다." 조무제 전 대법관이 평소 학생들에게 하는 말이다.

그는 자신의 전 생애와 다름없는 법관 인생을 일관되게 참모습으로 경영함으로써 밤 한 톨에 울고 웃는 지금의 한국 사회에서 '기적 같은 일'을 실천하고 있다. 사법개혁의 답도 여기서 찾아야 한다. 그래서 그를 '조용한 그러나 위대한 사법혁명가'라고 부르고 싶다.

국제신문, 2010년 2월 16일

사법

성전환자도 강간죄의 객체가 될 수 있는가

성소수자 인권문제는 선진국 유형의 논쟁이다. 먹고 사는 문제가 전부다시피한 곳에서 성소수자 인권문제는 사치스런 고민이다. 사회담론의 성격이 '삶의 질과 행복'으로 이동될 때 자연스러운 이슈가 된다. 우리나라도 예외가 아니다.
성전환자에 대한 성정체성 보호도 법률상 전혀 준비되지 않았다. 하지만 2006년 대법원 판결을 통해 성전환자의 가족관계등록상(당시 호적법) 성별 정정 신청이 가능하도록 하여 보호의 길을 열었다.
2009년 9월에는 기존 판례를 변경한 판결이 나왔다. "성전환자가 여성으로서의 성정체성을 갖고 오랜 생활 여자로 살아왔다면 비록 법률상 남성이라도 강간죄의 객체인 '부녀'에 해당된다." 이 판결은 소수자에 대한 적극적인 보호의지가 표현되었다는 점에서 의의가 크다.
2012년 12월 형법 제297조는 개정되었다. 입법부는 강간죄의 객체를 '부녀'에서 '사람'으로 확대하였다.

13년간 지속되어 온 대법원 판례가 변경되었다. 대법원은 2009년 9월 10일 성폭력처벌법상 주거침입강간과 특수강도 혐의로 기소된 신모(29)씨에 대한 상고심(대법원 2009. 9. 10. 선고 2009도3580 판결)에서 징역 3년에 집행유예 4년 및 사회봉사명령 120시간을 선고한 원심을 확정하였다.

신모(29)씨는 2008년 8월 31일 08시 30분경 부산시 부산진구 소재 피해자 박모(50)씨의 집에 들어가 방안에 있던 피해자의 가방에서 현금 10만 원 상당을 꺼내어 이를 절취하였다. 그 후 부엌으로 가 그곳에 있던 흉기인 식칼(칼날길이 약 16cm)을 들고 다시 방안으로 들어가 인기척에 깨어난 성전환자인 피해자를 식칼로 위협하여 반항을 억압한 다음 피해자를 1회 간음하였다. 검사는 애초 강제추행 등의 혐의로 신 씨를 기소했지만 법원이 강간죄를 적용, 공소장을 변경했고 결심공판에서 징역 5년을 구형하였다.

●● '사회적 성(姓)'을 사법 사상 처음으로 인정

제1심 법원인 부산지법 제5형사부(재판장 고종주 부장판사)는 2009년 2월 18일 "피해자가 주민등록상으로는 남성이지만 성전환 수술을 통해 여성의 외양을 갖췄고 심리적으로나 사회적으로 볼 때도 여성의 정체성을 확보하고 있다"며 "강간죄의 객체가 되는 부녀로 볼 수 있다"고 판시했다. 그리고 "피고인이 칼로 피해자를 위협한 행위가 강간죄를 위한 것이었고, 절도행위의 체포를 면탈하거나 죄적을 인멸한 목적으로 한 것이 아니다"며 특수강도 혐의에 대해서는 무죄를 선고하였다.

제2심 법원도 2009년 4월 23일 검사가 특수강도에 관한 사실오인과 양형부당을 이유로 제기한 항소를 기각하였다.

제1심 판결과 제2심 판결은 "성전환자 강간죄 국내 최초로 인정"이라는 제목이 붙어서 언론을 통해 보도되었다. 그러나 이러한 판례변경은 이미 예고가 된 것이었다.

2006년 6월 22일 대법원 전원합의체는 성전환자들의 호적상 성별 정정 신청을 받아들이는 결정을 하였다(대법원 2006. 6. 22. 자 2004스42 전원합의체 결정).

대법원 전원합의체 재판부는 성전환자의 정의 및 성전환자의 성의 법률적 평가와 관련하여 "성의 결정은 생물학적 요소와 정신적, 사회적 요소를 종합해 고려해야 한다"며 "성전환자도 인간으로서의 존엄과 가치를 향유하며 인간다운 생활을 할 권리가 있다"고 밝혔다.

대법원이 '생물학적 성(性)'이 아닌 이른바 '사회적 성(性)'을 사법사상 처음으로 인정한 것이다. 필자는 이 전원합의체 결정이 이번 형사판결에 영향을 미쳤다고 생각한다.

판결요지는 다음과 같다. "사회통념상 출생 당시에는 생물학적인 신체적 성징에 따라 법률적인 성이 평가된다. 그러나 사회적인 영역에서 모두 전환된 성으로서의 역할을 수행함으로서 주위로부터 그 성으로서 인식되고 있는 등 사회통념상 신체적으로 전환된 성을 갖추고 있다고 인정된다면 성전환자는 출생시와는 달리 전환된 성이 법률적으로도 그 성전환자의 성이라고 평가받을 수 있다."

이번 대법원 형사판결은 성전환자가 여성으로서의 성정체성을 가지고 있고, 오랜 생활 여자로 살아왔다면, 비록 법률상으로는 남성이더라도 강간죄의 객체인 '부녀'에 해당한다고 판단한 점에서 그 의미가 크다. 소수자에 대한 적극적인 보호의지가 표현되었기 때문이다.

●● 불리한 판례변경과 소급효금지

그러나 문제가 하나 있다. "대법원이 종전의 판례를 변경하여 판례의 변경 이전에 저질러진 행위를 처벌하거나 또는 가중처벌을 하는 경우에 소급효금지의 원칙이 적용되지 않는가"하는 의문이다.

물론 오랜 기간을 거쳐서 확립된 판례라도 새로운 법이론의 등장과 새로운 법인식을 근거로 언제든지 변경될 수 있다. 그러나 피고인의 입장에서 볼 때, 불리한 판례변경은 마치 불리한 소급입법이 시행되는 것과 동일한 의미를 가질 수 있다.

이 문제에 대해 형법학자들 사이에서 많은 논란이 있다. 판례변경에도 소급효금지를 적용하자는 입장과 판례변경에는 소급효금지의 원칙이 적용되지 않는다는 입장이다. 이 경우 형법 제16조 금지착오로 해결할 수 있다는 주장이다.

신뢰의 원칙이 고려되는 해결방안을 모색할 필요가 있다. 물론 대륙법체계의 전통도 유지해야 한다. 형법 제16조 금지착오는 충분하지 못하다. 왜냐하면 객관적 기준이 아니며, 파기환송되어 다시 재판을 해야 하기 때문이다. 이제 대법원 판결의 법원성을 인정하고, 이를 통제하는 법률개정이 필요하다고 본다.

대법원의 확정된 판례는 실무에서 법률과 같은 기능을 한다. 따라서 이것을 갑자기 변경할 때에는 소급효금지원칙을 적용해야 한다. 피고인에게 불리한 판례변경과 소급효금지이다. 이러한 취지를 담은 형법 제1조의 개정을 진지하게 생각해야 한다. 판례변경은 허용하되 당해 사건은 보호하는 방안이다.

이번 대법원 판결이 남긴 과제다.

법률저널, 2009년 10월 16일

참 · 고 · 문 · 헌

고종주, 성전환 현상에 대한 몇 가지 소견 - 인간으로서의 존엄과 가치, 행복의 추구, 재판의 법리와 현실 - 소송사건을 이해하고 표현하는 방법, 법문사, 2011, 50~58면: (요약) "인간에게 가장 중요한 성기는 뇌(腦)다. 사회적 정신적 성이 자신의 성이다. 그 고독한 영혼의 아픔으로 법은 더 다가가야 한다. 사회공론화를 위한 성전환 허가 결정은 국민 다수의 관심과 참여를 원하는 메시지다."(2006. 9. 20.)

고종주, 우리 시대의 소수자는 누구인가 - 정의와 사랑의 평화로운 만남의 조화, 재판의 법리와 현실 - 소송사건을 이해하고 표현하는 방법, 법문사, 2011, 40~49면: (요약) "소수자 보호 문제는 인간존엄과 행복추구와 관련된 문제다. 법원은 구체적 사건에서 문제된 특정 국민의 기본권 보장을 위하여 적극 나서야 한다. 그것이 법관에게 부여한 소명이고, 직관적 양심이다."(2010. 11. 30.)

사법

대법원 존엄사 판결의 의미와 향후 입법과제

"생명권은 절대가치로서 침해될 수 없다. 그러나 품위 있는 죽음 역시 생명권 못지않게 존중되어야 한다." 생명권과 자기결정권의 조화가 이 판결의 핵심이다.
존엄사의 문제는 생명윤리적 의료적 판단, 법적 판단, 국민적 공감대 그리고 사회적 합의가 함께 이루어져야 하는 복잡한 영역이기에 이 글에선 우리 사회의 실정에 맞는 엄격하고 실용적인 법제정의 필요성을 살펴보았다.
2016년 2월 「호스피스·완화의료 및 임종과정에 있는 환자의 연명의료결정에 관한 법률」이 제정되어 회생 가능성이 없고, 급속도로 증상이 악화돼 사망에 임박해 있고, 치료해도 회복되지 않는 환자에 한하여 연명의료를 중단할 수 있도록 하였다. 2018년 1월 1일부터 시행될 예정이다. 이 법의 통과로 의료계와 환자 가족들은 무의미한 연명의료를 끝낼 수 있어 환영하지만 종교계 등에서는 여전히 환자의 생명권과 자기결정권을 침해할 소지가 있다며 반대하고 있다.

대법원 전원합의체는 2009년 5월 21일 식물인간 상태에 빠진 김모(여·77)씨의 가족(특별대리인)이 연세대 세브란스병원을 상대로 낸 무의미한 연명치료장치제거소송 상고심에서 대법관 9대4 의견으로 원고승소 판결한 원심을 확정했다.

2008년 11월 28일 제1심(『하마의 하품 1』, 존엄사와 환자의 추정적 승낙, 106~114면)에서 처음으로 존엄사를 인정하는 판결이 내려진 후 약 5개월 만에 나온 것이다.

이번 판결의 의미는 세 가지이다. 첫째, 그동안 대법원이 견지해 왔던 '생명권 절대 불가침'의 대원칙을 변경했다는 점이다. 둘째, 생명에 대한 환자의 자기결정권을 처음으로 인정했다는 점이다. 셋째, 입법미비와 현실의 괴리를 적극적인 법해석을 통해 메우면서 '사법적극주의'를 표방한 점이다.

●● 생명권과 자기결정권의 조화

대법원이 제시한 '존엄사'의 요건은 두 가지다. 하나는 환자의 생존가능성이고, 다른 하나는 환자의 자기결정권이다. 생존가능성은 위원회를 구성하여 판단하고, 자기결정권은 헌법 제10조의 인간의 존엄성과 행복추구권에서 도출하라고 판시하였다.

판결요지를 보면 ① 환자가 회복이 불가능한 사망단계에 진입했을 것, ② 연명치료 중단에 대한 환자의 사전의료지시가 있을 것, ③ 사전의사가 없을 경우 환자의 평소 가치관·신념 등에 비춰 추정할 것, ④ 사망단계 진입여부는 전문의 등으로 구성된 위원회가 판단할 것 등이다.

이번 판결은 '존엄사' 논란의 마침표가 아니고, 새로운 논쟁의 시작이라고 본다. 왜냐하면 죽을 권리에 대한 합법화 문제는 간단한 문제가 아니기 때문이다.

입법과정에서 유념해야 할 몇 가지 점을 지적해 둔다.

첫째, 소극 사실과 존엄사를 입법화하기 전에 모든 사회 구성원들이 통증 완화 치료를 보장 받도록 제도를 정비해야 한다. (세계보건기구, WHO 권유) 고통 경감 치료를 제대로 받지 못하는 소외계층에게 존엄사 선택을 부추길 수 있고, 또한 이들에 대한 사회적 보건의료 서비스를 하락시킬 수 있기 때문이다.

둘째, 존엄사의 대상이 되는 환자의 기준, 대리인 선정문제, 연명치료의 범위 등 세부적인 문제에 대해 명확한 기준을 세워야 한다. 그렇지 않으면 생명경시풍조가 확산될 수 있고, 또 의료진에게 치료중단을 요구하는 사례가 나타날 수 있다. 대표적인 사례가 2004년 보라매 병원 사건이다.

셋째, 환자의 자기결정권을 명문화해야 한다. 특히 환자의 추정적 승낙은 객관화할 수 있는 항목들을 상세하게 규정해야 한다. 이것이 명확하지 않으면 환자의 가족이나 주변에서 환자의 뜻과 다르게 존엄사를 남용할 수가 있다.

넷째, 존엄사 판정은 병원과 법원이 각각 해야 한다. 환자에 대한 제1차 판정은 병원윤리위원회에서 하고, 제2차 판정은 관할 법원에서 내리도록 입법이 되어야 한다.

법원은 병원윤리위원회가 이러한 기준들을 정확하게 판단했는지 최종적으로 판단하는 사법기관이 되어야 한다. 치료중단은 환자의 사망과 직결되기 때문이다. 따라서 통일적인 법적 판단이 필요하다.

이것은 다수의견과 소수의견으로 극명하게 갈린 이번 대법원 판결에서도 분명하게 확인할 수 있다.

●● 존엄사법의 의미

존엄사 법제화를 서둘러야 한다. 그러나 졸속 입법은 안 된다. 신중하게 법안을 준비해야 한다. 우리 사회의 실정에 맞는 엄격하고 실용적인 법 제정이 요구된다. 왜냐하면 존엄사의 문제는 생명윤리적 판단, 의료적 판단, 법적 판단, 국민적 공감대 그리고 사회적 합의가 함께 이루어져야 하는 복잡한 영역이기 때문이다.

우리 사회는 이제 막 '근대'로 가고 있다. 왜냐하면 죽음에 대한 자기결정권의 문제를 고민하고 있기 때문이다. 자유의 문제를 생명의 영역에까지 확대하여 논의를 시작한 점은 법적으로 매우 의미가 있다.

2009년부터 우리 사회의 새로운 화두가 될 것이다.

법률저널, 2009년 6월 9일

참 · 고 · 자 · 료

JTBC, 2016년 1월 8일 보도

소위 「존엄사법」으로 불리는 「호스피스 · 완화의료 및 임종과정에 있는 환자의 연명의료 결정에 관한 법률안(대안)」이 2016년 1월 8일 국회 본회의를 전격 통과했다. 이번 「존엄사법」은 공포 후 2년 뒤인 2018년 1월부터 시행될 예정이다.

연명 의료 중단 대상은 회생 가능성이 없고, 치료에도 불구하고 회복되지 않아 사망이 임박한 환자이다. 다만 심폐소생술과 혈액투석, 항암제 투여, 인공호흡기 착용 등 4가지에 한해서만 중단이 가능하다. 통증을 줄여주는 치료나 영양, 단순한 산소 공급은 계속해야 한다.

존엄사가 가능한 요건은 크게 세 가지이다. 먼저, 환자가 문서를 통해 중단하겠다는 뜻을 명시적으로 밝히는 방식이다. 의식 불명 등으로 불가능하다면 평소 환자의 뜻이었다는 가족 2명 이상의 진술이 있으면 된다. 그래도 환자의 뜻을 알 수 없을 때는 가족 모두가 동의해야 치료를 중단할 수 있다.

「존엄사법」은 통과됐지만, 앞으로 시행 과정에서 숙제가 남아 있다. 보다 구체적인 지침이 없으면 악용 가능성이 있고, 환자의 회생 가능성을 잘못 판단할 수 있다는 지적이 나온다. 종교계 등 생명윤리를 중시하는 여론의 우려도 고려해야 한다.

사법

황우석 전(前) 교수의 재판이 남긴 의미

2005년 당시 황우석 전 교수는 생명과학의 새로운 지평을 연 국민적 영웅이었다. 그 명성은 오래가지 못했다. 가짜, 사기, 횡령, 증거인멸 등의 수식어가 붙은 나락의 길로 빠져버렸다. 이 판결의 핵심은 연구비 횡령과 편취 문제가 아니다. 줄기세포의 진위 여부와 논문 조작 그리고 난자매매가 법적 윤리적으로 범죄라는 점이다. 과학연구도 최소한의 법질서를 벗어나서는 안 된다. 언론은 '횡령유죄', '사기무죄'라는 제목을 달았다. 사건의 본질을 희석한 것이다. 이 사건은 양심적 젊은 학자의 일종의 내부고발로 밝혀지기 시작했으며 그 과정은 2014년 '제보자'란 제목의 영화로 만들어지기까지 했다. 170만 관객이면 괜찮은 기록이다.

2005년 11월 25일 오후 2시. 황우석 전 서울대 석좌교수는 기자회견을 했다. "아마 지금쯤 제가 이 일을 시작해서 똑같은 과정을 밟았더라면 오판이나 실수는 없을 것이다. 하지만 그 당시 제 눈앞에는 일과 성취 외에는 보이는 게 없었다. … 외국에서도 성공 못하는 난공불락인 것을 우리가 했다. 그때 그 심정은 제가 만약 여성이었다면 제 난자를 뽑아서 실험을 하고 싶었던 심정이었다."("채찍과 돌팔매는 저에게 몰아주십시오, 침통, 착잡, 회한… 외롭고 참담했던 1시간의 황교수 회견, 2005년 11월 25일자, 『하마의 하품 1』, 인간존엄과 생명공학의 충돌, 115~120면)

그의 기자 회견에도 불구하고 국익론, 음모론, 값싼 애국심, 국제기준의 윤리의 관점에서 논쟁은 계속되었다. 결국 그는 과학계에 엄청난 물의를 일으키면서 국민에게 상당한 충격을 주었다. 소속 대학교도 징계절차를 거쳐 파면처분을 내렸다. 이 사건으로 학계에서는 연구윤리에 대한 자정 노력이 일어났고, 연구윤리가 제정되는 계기가 되었다.

●● 줄기세포 재판의 본질

그러나 이것으로 끝나지 않았다. 검찰이 수사를 개시했고, 2006년 5월 그를 불구속 기소했다. 범죄혐의는 환자맞춤형 줄기세포 실용화 가능성을 과장해 농협과 SK로부터 20억 원의 연구비를 받아낸 행위, 정부지원 연구비 등을 빼돌린 행위(특정경제범죄가중처벌법상 사기, 업무상 횡령), 그리고 난자 불법매매 행위(생명윤리법 위반) 등 세 가지였다.

2006년 6월 20일 첫 공판이 시작되었다. 3년 4개월 동안 모두 43차례의 공판이 진행되었다. 재판부도 두 번이나 교체되었다. 검찰수사기록만 2만여 쪽, 780여개의 증거물, 60명에 대한 증인신문이 진행되었다. 첨단 생명공학 분야의 심리는 그 만큼 복잡했다. 검찰은 2009년 10월 24일 결심공판에서 징역 4년을 구형했다.

서울중앙지법 형사26부는 난자 제공 대가로 3,800만 원의 불임시술비를 제공한 혐의(생명윤리법 위반)를 유죄로 인정하였다. 서울중앙지법 형사26부는 2009년 10월 26일 황우석 전 교수에게 징역 2년에 집행유예 3년을 선고했다. 재판부는 연구비 8억 3,000만 원을 가로채거나 빼돌린 혐의(횡령·사기)와 난자 제공 대가로 3,800만 원의 불임시술비를 제공한 혐의(생명윤리법 위반)를 유죄로 인정하였다. 그러나 줄기세포 논문을 과장해 SK와 농협으로부터 각각 10억 원씩의 연구비를 받은 혐의는 무죄를 선고했다.

재판부는 "과학적 연구를 위한 목적이라 하더라도 법적 테두리를 벗어나서 난자를 이용한 데다, 사기·횡령액이 8억3,000만 원에 달하는 등 죄질이 중하다. 그러나 가로챈 돈을 사적 용도가 아닌 연구목적에 사용했으며 탁월한 연구업적을 남기는 등 참작할 사유가 있어 실형을 선고할 정도는 아니다"고 밝혔다.

이번 판결의 핵심은 연구비 횡령의 문제가 아니다. 줄기세포의 진위 여부와 논문 조작, 그리고 난자 매매가 불법이라는 점이다. 그리고 과학 연구도 법을 벗어나선 안 된다는 점이다. 황우석 사건의 핵심을 언론이 "횡령 유죄·사기 무죄"라는 제목을 달아 사건의 본질을 희석해서는 안 된다.

●● 생명과학과 인간존엄

인간이 동물과 구별되는 이유는 사유(思惟)에 있다. 인간은 생각할 수 있고, 언어를 구사하며, 인간의 마음속에서 우러나오는 양심의 소리를 들을 수 있다. 도덕적 자율성이다. 우리는 이것을 인격(人格)이라고 한다. 인격을 도덕의 입법자라고 하며, 인격은 '목적 그 자체'라고 칸트(Immanuel Kant, 1724~1804)는 말한다.

황우석 전 교수가 돈을 지급하고 난자를 구입하는 것은 돈을 통해 제공자의 자발성을 강제한 것이고, 연구원의 난자를 채취한 것은 연구실 구조상 권력관계에 의한 자발성의 강제에 불과하다. 그렇기 때문에 그의 행위는 인간의 존엄을 침해한 것이다. 난자 매매금지 규정은 바로 이러한 인간존엄의 정신을 반영한 규범인 것이다.

"난자채취에 소요되는 과배란 주사비용을 수혜자인 연구팀이 부담한 것이 어떻게 위법한 난자매매와 동일시된다는 것인지 도무지 납득할 수 없다"는 주장이 있다. 그러나 이러한 논리로 국제사회를 설득할 수가 없다.

생명과학자는 이 말을 새겨야 한다. "당신의 인격과 모든 다른 사람의 인격에서 인간성을 항상 동시에 목적으로 취급하고, 결코 단순히 수단으로 취급하지 않도록 행동하라."

칸트의 말은 보편성을 갖고 있기 때문에 모든 영역에서 적용될 수 있다. 국제규범의 핵심이다. 생명과학연구도 이 범위에서 해야 한다. 이번 재판이 남긴 의미다.

법률저널, 2009년 10월 30일

사법

혼인빙자간음죄 위헌결정과 소급효 문제

"위헌으로 결정된 법률 또는 법률의 조항은 그 결정이 있는 날부터 효력을 상실한다"고 규성한 개정 전 헌법재판소법 제47조는 문제가 많았다. 혼인빙자간음죄는 태생적 무효인 법률이 아니라 사회 변천에 따라 위헌이 되어버린 법률이다. 이러한 법률까지 모두 소급효를 인정한다면 법적 안정성 침해, 법원과 검찰의 업무량 폭주, 소송당사자들의 갈등이 증폭될 것이다. 필자는 2009년 이 글에서 태생적 위헌법률을 중심으로 제정된 헌법재판소법 제47조의 전면 개정을 주장했다. 결국 이 조항은 2014년 5월 20일 개정되었다. "다만, 해당 법률 또는 법률의 조항에 대하여 종전에 합헌으로 결정한 사건이 있는 경우에는 그 결정이 있는 날의 다음 날로 소급하여 효력을 상실한다"는 단서조항을 둠으로써 위헌결정에 대한 일률적 소급효를 제한하게 된 것이다. 2015년 2월 위헌결정이 난 간통죄 또한 마찬가지로 적용될 것이다.

혼인빙자간음죄가 2009년 역사의 장으로 사라졌다. 형법 제정이후 56년(1953~2009)만에 일이다. 독일은 1969년 입법부가 나서 '혼인빙자간음죄'를 폐지하였고, 우리나라는 헌법재판소가 위헌결정으로 그 효력에 종지부를 찍었다.

형법 제304조 혼인빙자간음죄는 혼인을 빙자하거나 기타 위계로써 음행의 상습 없는 부녀를 기망하여 간음하는 죄로서 친고죄이다. 2년 이하의 징역 또는 5백만 원 이하의 벌금형에 처한다. 형법학자들은 그동안 혼인빙자간음죄를 과도한 국친주의(國親主義, 국가보호주의) 사상과 봉건적 입법의 잔재라고 비판해 왔다.

●● 혼인빙자간음죄 위헌결정

제1차 논쟁은 2002년 10월 31일에 있었다. 당시 헌법재판소는 재판관 7대2의 의견으로 혼인빙자간음죄에 대해 합헌결정을 내렸다. “남성이 오로지 여성의 성만을 한낱 쾌락의 성으로만 여기고 계획적으로 접근한 뒤, 가장된 결혼의 무기를 사용하여 성을 편취할 경우, 이는 이미 사생활 영역의 자유로운 성적결정의 문제가 아니고, 남성의 성적 자기결정권의 한계를 벗어난 것이며, 여성의 성적자기결정권을 명백하게 침해하는 것이다”라고 판시하였다.

제2차 논쟁은 2009년 11월 26일 위헌결정이다. 혼인빙자간음죄로 유죄판결을 받은 임모 씨가 “혼인빙자간음죄는 사생활의 비밀과 자유를 침해하고, 평등원칙에 위반된다”며 2008년 6월 19일에 낸 헌법소원(2008헌바58) 사건이 발단이 되었다. 임모 씨는 2006년 2~4월 혼인을 빙자해 피해자 A씨와 4회 간음한 혐의로 2008년 12월 징역 2년 6월의 형이 확정됐고, 헌법소원을 냈었다.

한편 양모 씨도 혼인빙자간음죄로 기소되어 1심에서 징역형을 선고받고 상소심 재판 계속 중에 1심 재판에서 위헌심판제청을 하였다가 기각되자 헌법소원심판을 청구했다(헌법재판소 2009. 11. 26. 2008헌바58, 2009헌바191 전원재판부). 2009년 9월 10일 공개변론에서 법무부는 합헌의견을, 여성부는 위헌의견을 제시했다. 그 만큼 논쟁이 뜨거웠다.

통계를 보면 전국에서 2004년 193건, 2005년 149건, 2006년 150건, 2007년 134건, 2008년 128건이 고소되었고, 그중 공소가 제기된 사건은 2004년 27건, 2005년 27건, 2006년 41건, 2007년 33건, 2008년 25건이었다. 대부분 '혐의 없음' '공소권 없음'으로 불기소처분되었다. 확정판결은 매년 약 10명 정도로 대부분 사기죄와 경합된 사건들이다.

이번 청구사건에서 헌법재판소는 재판관 6대3의 의견으로 위헌결정을 내렸다. "남녀평등, 여성의 성적자기결정권 침해, 국가의 과도한 간섭과 규제, 여성의 착오에 의한 혼전 성관계에 대한 형법적 보호 필요성 미미, 과잉금지의 원칙 위반"이 결정이유가 되었다. 결정문에서 헌법재판소는 심판대상을 1953년 형법과 1995년 개정 형법 제304조로 명시했다.

●● 헌법재판소법 제47조 개정의 필요성

문제는 헌법재판소법 제47조의 해석에 있다. 헌법재판소법 제47조 제2항을 보면, "위헌으로 결정된 법률 또는 법률의 조항은 그 결정이 있는 날로부터 효력을 상실한다. 다만 형벌에 관한 법률 또는 법률의 조항은 소급하여 그 효력을 상실한다." 제3항은 "위 법률과 그 조항에 근거하여 유죄의 확정판결을 받은 경우 재심을 청구할 수 있다"라고 규정하고 있다.

이 법률을 문언에 따라 해석하면, 56년 동안 선고된 확정판결에 대해서는 재심을 통해 무죄를 선고하고, 또 소송이 계속 중인 사건은 재판부에서 무죄를 선고해야 한다. 형사보상도 받을 수 있다.

그러나 혼인빙자간음죄는 태생적 무효의 법률이 아니라, 사회적 변천에 따라 위헌결정이 난 법률이다. 이러한 법률까지 모두 소급효를 인정한다면, 법적 안정성 침해, 법원과 검찰의 업무량 폭주, 그리고 소송당사자들의 갈등은 증폭될 것이다. 사형제도 위헌결정과 향후 간통죄 위헌결정을 상상해 보면 쉽게 알 수 있을 것이다. 그래서 저자는 헌법재판소의 이번 단순 위헌결정을 '용감한 결단'이라고 생각한다.

법률존폐의 문제는 입법부의 몫이다. 국회는 법률을 명확하게 만들고, 사회변천에 따라 신속하게 폐지여부를 결정해야 한다. 이 경우 형법 제1조 제3항(형집행면제)과 형사소송법 제326 제4호(면소판결)로 해결하면 될 것이다.

이번 기회에 태생적 위헌법률을 중심으로 제정된 헌법재판소법 제47조는 전면 개정해야 한다. 양벌규정 위헌제청사건과 의료법 위헌제청사건의 결정을 보면 그 문제점을 확인할 수 있을 것이다. 삼권분립을 다시 한 번 진지하게 생각하길 바란다.

법률저널, 2009년 12월 18일

참 · 고 · 자 · 료

헌법재판소법 제47조는 2014년 5월 20일 법률 12597호로 일부 개정되었다.

헌법재판소법 [법률 제10546호, 2011.04.05, 일부개정]	헌법재판소법 [법률 제12597호, 2014.05.20, 일부개정]
제47조(위헌결정의 효력) ① 법률의 위헌결정은 법원과 그 밖의 국가기관 및 지방자치단체를 기속(기속)한다. ② 위헌으로 결정된 법률 또는 법률의 조항은 그 결정이 있는 날부터 효력을 상실한다. 다만, 형벌에 관한 법률 또는 법률의 조항은 소급하여 그 효력을 상실한다. ③ 제2항 단서의 경우에 위헌으로 결정된 법률 또는 법률의 조항에 근거한 유죄의 확정판결에 대하여는 재심을 청구할 수 있다. ④ 제3항의 재심에 대하여는 「형사소송법」을 준용한다. [전문개정 2011. 4. 5.]	제47조(위헌결정의 효력) ① 법률의 위헌결정은 법원과 그 밖의 국가기관 및 지방자치단체를 기속(기속)한다. ② 위헌으로 결정된 법률 또는 법률의 조항은 그 결정이 있는 날부터 효력을 상실한다. <개정 2014. 5. 20.> ③ 제2항에도 불구하고 형벌에 관한 법률 또는 법률의 조항은 소급하여 그 효력을 상실한다. 다만, 해당 법률 또는 법률의 조항에 대하여 종전에 합헌으로 결정한 사건이 있는 경우에는 그 결정이 있는 날의 다음 날로 소급하여 효력을 상실한다. <신설 2014. 5. 20.> ④ 제3항의 경우에 위헌으로 결정된 법률 또는 법률의 조항에 근거한 유죄의 확정판결에 대하여는 재심을 청구할 수 있다. <개정 2014. 5. 20.> ⑤ 제4항의 재심에 대하여는 「형사소송법」을 준용한다. <개정 2014. 5. 20.> [전문개정 2011. 4. 5.]

입법

유전자(DNA) 신원확인정보의 이용 및 보호에 관한 법률의 문제점

이 글은 유전자(DNA) 관리법이 2009년 10월 국회통과 전에 쓴 것이다. 당시 나의 주장이다. "유전자(DNA) 관리법은 필요하다고 본다. 다만 인권침해와 오남용 가능성을 차단해야 국민의 공감대를 형성할 수 있다. ≪유전자(DNA) 신원정보관리청≫을 신설하여 국가에서 통합운영하고 독자적으로 관리해야 한다. 검찰과 경찰이 각각 관리할 필요가 없다. 이중 투자로 예산을 낭비하는 것보다 업무통합으로 과학화를 이루는 것이 더 중요하다. 업무효율성이 부처(部處) 이기주의의 벽에 막혀서는 안 된다. 관리가 투명하고 공신력을 높이는 방안만 생각해야 한다. 부칙의 소급적용의 규정을 삭제해야 한다. 소급적용의 시비가 있을 수 있기 때문이다. 수집된 정보는 오로지 형사절차, 위험예방 그리고 이를 위한 국제사법 공조의 목적으로만 제공될 수 있다. 대략 이러한 내용들이 심도 있게 논의되어야 한다."
그러나 형벌이 아니라는 이유로 소급적용 규정을 둠으로써 위헌법률시비에 휘말리게 되었다. 대표적으로 '석궁사건'의 김명호 전 교수가 제기한 헌법소원이다. 그는 "유전자(DNA) 관리법은 헌법 제10조 인간의 존엄권과 헌법 제11조 제1항 평등권, 헌법 제12조 제1항 신체의 자유권, 헌법 제13조 형벌불소급 원칙, 헌법 제17조 사생활비밀 및 자유권 등을 침해한다"고 주장했다.

'유전자(DNA) 신원확인정보의 이용 및 보호에 관한 법률안'이 오는(2009년) 10월 정기국회에 제출될 예정이다. 2009년 5월 27일 입법 예고된 이 법률안은 강력범죄로 형이 확정된 수형자와 구속된 피의자의 DNA감식시료를 채취해 그 정보를 국가가 데이터베이스(DB)로 구축하는 내용을 담고 있다.

●● DNA 관리법

이 법률안에 따르면 검찰총장은 수형자의 DNA(Deoxyribo Nucleic Acid, 생물의 생명현상에 대한 정보를 포함한 화학물질) 신원확인정보업무를 관장하고, 경찰청장은 구속영장 피의자의 DNA 신원확인정보업무를 관장하며, 각 기관은 담당자를 지정하여 취득한 DNA 신원확인정보를 컴퓨터 등 저장매체에 체계적으로 수록하여 관리한다.

강력범죄가 다시 발생하였을 때, 보관 중인 데이터와 현장에 남아 있는 DNA 감식시료(사람의 혈액·타액·모발·구강점막 등 디엔에이감식의 대상이 되는 것)로부터 채취한 DNA 신원확인정보를 비교하여 신속히 범인을 특정하여 검거한다고 한다. 한마디로 범죄예방을 위한 사회방위시스템을 구축한다는 것이다.

이에 대해 시민인권단체는 'DNA 관리법'에 대해 다음과 같이 비판한다. ① 수사의 효율성과 범죄예방이라는 제도도입 취지에는 공감하지만 대상범죄가 지나치게 넓다. ② 수사단계인 구속피의자에 대해 DNA 감식시료 채취를 허용하는 것은 헌법상 무죄추정원칙에 반한다. ③ 정보의 무단유출과 오·남용을 막기 위해서는 DNA 관리주체를 검찰과 경찰로 이원화할 것이 아니라 하나의 독립된 기관이나 수사기관과 분리된 기관이 맡아야 한다. ④ 재범 우려라는 측량 불가능한 비현실적인 위험만으로 범죄자 DNA를 채취하는 것은 헌법상 과잉금지의 원칙에 위배된다.

그러나 법무부와 행자부는 다음과 같이 반론한다. ① 이 법률은 강력범죄인 살인, 강도, 강간·추행, 약취·유인, 체포·감금, 상습폭력,

조직폭력, 마약, 청소년 대상 성범죄 등 재범의 위험성이 높은 범죄를 범하고 형이 확정된 자 및 구속되어 있는 자로부터 채취하거나, 범죄현장 등에 유류된 DNA 감식시료로부터 취득한 DNA 신원확인정보의 수집·관리를 그 적용대상으로 하기 때문에 오·남용의 위험성이 없다(안 제6조, 제7조, 제8조). ② 미국·영국·독일·캐나다·호주 등 대부분의 인권 선진국이 10여 년 전부터 도입하여 활발하게 사용하고 있고, 이미 경제성과 효율성 및 인권친화성이 검증된 제도이다. ③ 영국과 오스트리아는 실형선고가 가능한 모든 범죄에 대해 DNA 감식시료 채취를 허용한다. 그러나 이 법률은 인권보호를 위해 필요최소한의 범위로 국한했다. ④ DNA 정보는 신원확인만을 목적으로 데이터베이스화하는 것에 불과하고, 모두 숫자 및 문자로 표기되어 익명으로 처리된다. ⑤ DNA 감식시료 채취는 형벌이 아니라는 점에서 무죄추정원칙과 직접적 관련이 없다.

●● 입법 방향

입법과정에서 상당한 논란이 예상된다. 필자의 생각은 다음과 같다.

첫째, 대상범죄를 축소해야 한다. 중대범죄와 성범죄로 제한해야 한다. 다만 중대한 범죄 이외의 범죄를 반복적으로 범한 경우는 불법내용에 있어서 중대한 범죄와 동일하게 평가할 수 있다.

둘째, DNA 분석범위도 유전자 동일성 표본 또는 성별의 확정을 위해 필요한 것 이외에 다른 것을 확인해서는 안 된다.

셋째, DNA 감식시료의 채취 시 대상자가 피의자인 경우 동의를 받아야 하고, 동의하지 않으면 법관의 영장을 받아야 한다. 또한 DNA 신원정보의 이용목적도 그 대상자에게 통보해야 하고, 이의 신청절차를 명문화해야 한다.

넷째, 대상자의 범위는 유죄가 확정된 자와 위법행위를 했지만, 책임이 조각되는 자로 한정해야 한다.

다섯째, 'DNA 신원정보관리청'을 신설하여 통합운영하고 독자적으로 관리해야 한다. 검찰과 경찰이 각각 관리할 필요가 없다. 이중 투자로 예산을 낭비하는 것보다 업무통합으로 과학화를 이루는 것이 더 중요하다. 업무효율성이 부처(部處) 이기주의의 벽에 막혀서는 안 된다. 관리가 투명하고 공신력을 높이는 방안만 생각해야 한다.

여섯째 부칙의 소급적용의 규정은 삭제해야 한다. 소급적용의 시비가 있을 수 있다.

마지막으로 수집된 정보는 오로지 형사절차, 위험예방 그리고 이를 위한 국제사법 공조의 목적으로만 제공될 수 있다. 대략 이러한 내용들이 심도 있게 논의되어야 한다.

법률저널, 2009년 9월 24일

사법

국민참여재판, 아직도 실험인가(一)

국민참여재판은 2007년 7월 제정되어 2008년 1월 1일부터 시행되고 있다. '사법부의 쇼'라는 비판을 받는다. ① 배심원 선정절차, ② 검사의 모두진술절차, ③ 증거조사절차, ④ 평의절차 등에서부터 법률용어의 순화, ⑤ 피해자 및 피고인의 인권보호, ⑥ 불충분한 심리, ⑦ 양형인자의 조사 등 많은 문제점을 안고 있다. 그럼에도 뚜렷한 개선 없이 시행되고 있다. 특히 정치적 사건의 경우 지역에 따라 배심원의 의사결정이 극명하게 달리 나온다. 이 점도 최근 문제로 지적되고 있다. 제도적 실험을 하는 것도 좋지만 많은 시간이 흘렀다.

2008년부터 국민참여재판이 실시되고 있다. 국민참여재판이란 배심원이 참여하는 형사재판을 말한다. 직업법관으로만 재판하는 일반재판과 다르다. 국민참여재판은 생명침해를 수반하는 범죄 등 일부 중대범죄를 대상으로 하며, 피고인이 원하는 경우에만 실시된다.

●● 민주적 정당성과 사법신뢰

국민참여재판에 참여하는 시민을 배심원이라고 한다. 만 20세 이상의 대한민국 국민 중에서 선정된다. 지방법원장이 주민등록정보를 토대로 명부를 작성하고, 무작위 추출 방식으로 정한다. 배심원 및 예비배심원은 배심원선정절차를 통하여 선정된다. 배심원의 수는 원칙적으로 법정형이 사형·무기징역 또는 무기금고에 해당하는 사건의 경우 9인이고, 그 외의 대상사건의 경우 7인이다.

배심원은 사실의 인정, 법령의 적용 및 양정에 관한 의견을 제시할 권한이 있다. 그러나 배심원은 피고사건의 심리에 적극적으로 관여할 수가 없고, 법원의 증거능력에 관한 심리에 관여할 수 없다. 심리에 관여한 배심원은 재판장의 설명을 들은 후 유·무죄에 관하여 평의하고, 전원이 일치하면 그에 따라 평결한다. 그렇지 않으면 다시 판사의 의견을 듣고 다수결로 평결한다. 배심원이 제시한 평결과 의견은 법원을 기속하지 않는다.

국민참여재판의 목적은 형사사법에서 민주적 정당성과 사법의 신뢰를 높이는데 있다. 그러나 이러한 이상과는 달리 너무도 많은 문제점들이 나타나고 있다. 그래서 일부에서는 벌써 "중죄사건에 대한 형사재판을 하루에 끝마치라고?"하면서, 국민참여재판은 '쇼'라고 비판한다.

●● 국민참여재판의 문제점

중요한 네 가지만 우선 지적해 둔다.

첫째, 배심원 선정절차이다. 지방법원은 아침에 약 40명의 배심원후보자를 불러 놓고, 그중에서 추첨을 통하여 12명을 선정한다. 그런 데음 검사와 변호인이 다시 12명의 배심원과 예비배심원을 2시간 동안 검증하면서 골라낸다. 재판에서 승패의 50%는 누구를 배심원의 선정했는가에 달려 있다고 믿기 때문이다.

ⓒ 뉴시스 국민참여재판 공판에 앞서 선서를 하고 있는 배심원들

그러나 검증절차는 단지 몇 개의 질문뿐이다. 배심원의 성향을 분석할 시간도 충분하지 않다. 거의 모의재판수준이다. 이러한 절차는 건전한 상식, 삶의 경력, 바른 사람을 선정하는 절차가 아니라, 그저 안 되는 사람을 골라내는 소극적 절차로 변질되어 있다.

배심원선정절차는 국민참여재판의 성공을 결정하는 핵심절차이다. 국민의 직접성과 대표성을 갖춘 시민들이 재판과정에 참여해야 국민의 신뢰를 얻을 수 있기 때문이다. 이러한 중요한 절차를 2시간으로 끝내야 한다면, 이것은 한마디로 '코미디'다.

둘째, 검사의 모두진술절차(冒頭陳述節次)이다. 오후에 시작되는 검사의 모두진술시간은 한마디로 '형법강의시간'이다. 검사는 파워포인트를 사용하여 사건의 쟁점을 설명한다. 성폭력특별법이 어떻고, 구성요건이 어떻고, 법대생들도 이해하기 힘든 내용을 50대 아주머니에게 30분 정도 압축해서 설명하고 있다. 그러나 이것은 일반인들에게 포스코의 재무구조를 요약 설명하는 것과 같다. 그래서 국민참여재판은 "배심재판은 이런 것이다"라는 것을 홍보하는 것 이외에 실익이 없다고 비판한다.

셋째, 증거조사절차이다. 통상 오후 5시까지 진행된다. 일반재판은 피고인신문에 집중되어 있지만, 배심재판은 증인신문에 집중되어 있다. 검사가 쟁점을 정리해 놓으면, 변호인은 이를 흔드는 전략을 쓴다. 이때 중지미수가 어떻고, 장애미수가 어떻고, 오상방위가 어떻고, 위법성조각사유의 전제사실의 착오가 어떻고, 변호인은 일반시민이 이해하기 힘든 어려운 법률용어를 암호처럼 사용한다. 과연 배심원들이 얼마나 알아들을 수 있을까? 또한 이때 만약 선서한 증인의 위증이 있다면, 조사자 증언을 즉시에 할 수 없는 구조적 한계 때문에 그냥 넘어간다. 이 경우 과연 배심원들이 사건의 진실을 찾아낼 수 있을까? 과연 이러한 형사재판을 신뢰할 수 있을까?

넷째, 평의절차이다. 오후 5시부터 6시까지 1시간 정도 진행된다. 첨예하게 다툼이 있는 경우 1시간으로는 불가능하다. 만약 만장일치가 되지 않아 2차 평결로 이어지고, 또 유죄의 평결이 난 경우 배심원과 판사가 함께 양형에 관하여 토의까지 한다면, 벌써 저녁 8시다. 이 시각에 판결을 선고해야 한다. 따라서 시간에 쫓겨서 결국 졸속재판이 될 수밖에 없는 구조다. 그렇다면 과연 이러한 형사재판을 국민을 위한 형사재판이라고 말할 수 있겠는가? 국민은 국민대로 검찰항소를 비판하고, 검찰은 검찰대로 무죄 혹은 일부 무죄를 받아들이지 못한다. 이것이 현실이다.

●● 국민참여재판에 대한 인식전환

한국의 형사재판에서 역사적인 국민참여재판은 2008년, 2009년, 2010년, 2011년, 2012년의 운영성과에 따라 최종적으로 결정된다. 법원, 검찰, 그리고 국민이 조금 방심하면 이 제도는 '사법부의 실험' 또는 '사법부의 거대한 쇼'로 끝날 가능성이 높다. 문제점을 정확히 인식하고 특단의 대책이 세워져야 한다. 새로운 제도의 시행보다 제도의 정착을 위한 진정한 노력이 더 중요하기 때문이다. 우리 모두의 관심과 성찰이 아쉽다.

"씨앗을 심을 때는 다시 옮겨 심지 않도록
나무가 가장 커졌을 때를 생각하고 심을 곳을 찾아야 하고,
위로 향하는 것일수록 넓은 곳에 단단히 뿌리를 내려야 하기 때문이다.
이 논문이 국회에서 마지막 수정을 위한 자료로 활용되었으면 한다."

필자가 제18대 국회 국회법사위에서 공술인으로 참가하여 진술한 것이다. 필자의 생각은 지금도 변함이 없다.

법률저널, 2009년 6월 19일

사법

국민참여재판, 개선방안 있는가(二)

대법원은 "국민참여재판 대상 사건의 죄명을 법률에 직접 규정하고 일정한 범위를 대법원규칙에 위임하는 방식을 취함으로써 국민참여재판 대상이 너무 제한적이라는 기존의 비판"에 대해서 일단 응답하였다. 법원 재판에 건전한 국민 상식을 반영하고 사법신뢰의 향상을 위해 2012년 1월 국민참여재판 대상 사건을 합의부 관할사건으로 확대 개정한 것이다. 나아가 2차적 피해가 우려되는 성폭력범죄 피해자의 경우 국민참여재판을 원하지 않거나 기타 피해자 보호가 필요한 때 국민참여재판 배제결정 또는 통상절차 회부결정을 할 수 있도록 함으로써 성폭력범죄 피해자의 안전과 보호를 개선하였다. 그러나 국민참여재판제도는 여전히 '기형적' 상태로 여러 문제를 안고 있다. 이를 이대로 방치하거나 폐지하지 않는 이상 대법원은 더 적극적으로 개선해야 한다. 국민참여재판의 개선방안을 살펴보았다.

국민의 형사재판 참여에 관한 법률 제3절 배심원의 선정과 제4절 배심원의 해임을 규정한 제22조부터 제35조는 전면 개정되어야 한다. 배심재판의 구조는 유지하되 배심원 선정은 개선되어야 한다.

●● 독일 참심원 선발과정을 도입하는 방안

독일의 참심원 선발과정을 검토할 필요가 있다. 지방자치단체에서 배심원추천명단을 넘겨받아 각 지방법원의 '배심원선정위원회'에서 1년 임기제 배심원단을 구성하고, 이러한 '배심은행(Jurybank)'에서 법원이 해당년도에 필요한 인원만큼 무작위 추첨방식으로 선정하는 것이 타당하다. 법원은 연초에 선정된 배심원들의 활동기간과 일정을 미리 지정하고 조정하면 될 것이다.

이렇게 되면 전국의 법원에서 오전에 실시되는 배심원 선정절차를 생략할 수 있고, 당일 오전부터 바로 공판절차와 평의절차를 진행할 수 있을 것이다. 집중심리를 할 경우 당일 선고까지 가능할 것이다. 따라서 배심원 선정절차는 획기적으로 개선되어야 한다.

향후 전국의 지방법원에서 배심원 선정절차로 얼마나 많은 시간을 계속해서 '낭비'할 것인가? 또 그 비용은 전국적으로 얼마나 소요될 것인지 그 효율성도 깊이 생각해야 한다.

"대부분의 참여재판이 '당일선고'를 하다 보니 재판이 길어지고, 배심원들과 재판당사자 모두 체력적으로 지친 상태에서 밤늦은 시간에 이성적인 판단을 내리기 힘들다." "횡령이나 배임 등 쟁점이 다양하고 깊이 있는 심리가 필요한 사건은 연일개정을 할 수 밖에 없을 것이다." "연일개정은 예산과 배심원 참여율 등 현실적인 문제가 걸림돌이다."(법률신문, "가중 다수결제 곧 시행… 배심원 선정에 더 신중해야", 2013년 11월 11일자.)

대법원의 이러한 분석을 구조적으로 개선하는 방법은 독일식 참심원 선발방법을 도입하는 것이 최선의 길이다.

그리고 법원, 검찰, 피고인이 국민참여재판을 선택한 경우 항소심을 생략하고 바로 대법원에 상고만 할 수 있도록 제도가 개선되어야 한다.

●● 국민참여재판에 상소특례조항 신설하는 방안

국민참여재판은 사실상 제1심과 제2심을 통합한 재판이다. 배심원으로 선정된 일반시민들이 먼저 평결을 하고, 이러한 평결을 제1심 재판부가 확인하여 최종 선고한다. 그렇다면 일반시민과 사법부가 함께 판단한 것으로 사실상 제1심(배심원단)과 제2심(합의부)이 통합된 재판이다.

대법원도 "국민참여재판에서 배심원들이 만장일치로 내린 무죄 평결을 재판부가 수용한 판단에 대해, 제1심을 뒤집을 만한 명백하고 새로운 증거가 없는 한 항소심 재판부가 이를 뒤집어서는 안 된다"는 입장을 고수하고 있다. 따라서 실익이 없는 항소심을 다시 할 필요가 없다고 생각한다.

항소심을 생략하는 것은 국민과 피고인들에게 국민참여재판의 중요성을 강조하는 것이며, 국민참여재판의 역사적 의미를 공유하는 것이다. 이것이 법원에 업무가중을 줄이는 길이며, 사회에 신속한 재판으로 법평화를 조속히 이루는 길이다.

필자는 이것이 지난 5년간의 성과라고 생각한다. 따라서 국민참여재판에 상소특례조항의 신설을 제안한다.

국민의 형사재판 참여에 관한 법률 제3절 평의·평결·토의 및 판결 선고 제49조의2 (상소특례) "국민의 형사재판 참여로 선고된 제1심 판결은 항소를 할 수 없다. 다만 대법원에 상고할 수 있다."

이 규정을 명문화한다고 하더라도 헌법 문제는 발생할 소지가 없다. 헌법 제27조 제1항은 "모든 국민은 헌법과 법률이 정한 법관에 의하여 법률에 의한 재판을 받을 권리를 가진다"고 규정하고 있다. 반드시

3심을 보장하라는 것이 헌법의 정신은 아니다. 우리 헌법 제27조 제1항은 상하의 심급제만을 규정하고 있을 뿐 반드시 삼심제를 요구하고 있는 것이 아니다.

법원조직법이 법원의 심판권과 관련하여 삼심제 원칙을 규정하고 있기 때문에 단축된 심급제도와 소송권 향유권리의 충돌문제는 법원조직법 개정으로 해결될 수 있는 문제라고 본다.

현재 특허소송과 선거소송도 2심제로 운영되고 있지 않는가? 이에 관해 이미 헌법재판소는 "심급제도는 입법자의 형성의 자유에 속한다"고 결정한 바 있다.

2014년 6월 10일

사법

소말리아 해적재판, 부산에 관할권 있다(一)

2011년 1월 '아덴만의 여명'은 소말리아 피랍선원 구출작전이다. 이 작전은 방위산업 비리로 추락된 우리 군의 위상이 그나마 제자리를 찾는 계기가 되었다. 당시 생포한 해적들의 처벌 방법에 선례가 없었다. 복잡한 과정이 얽혀 있어 명확한 결론 없는 중구난방의 의견들이 오가는 와중에 이 글을 썼다. 이 글에서 재판관할권에 관한 논거를 처음 제시하였다. 세밀한 법률적 검토만 되면 새로이 쓰는 국제해상재판이 될 것이라 주장했다. 국내에서의 해적재판에 관한 공론화를 연 것으로 기억한다.

2010년 12월 21일 소말리아 피랍 21명이 전원 구출됐다. 해적 8명이 사살되고 5명이 생포됐다. 이번 청해부대의 군사행동은 유엔해양법 제105조에 근거하고 있다. "공해상에서 모든 국가는 해적선 및 해적을 체포하고 재산을 압류할 수 있다."

개인의 생명과 정권의 운명까지 담보로 감행한 이번 작전이었다. 생명 구출이라는 면에서 성공적이었지만 대한민국 정국을 다시 한 번 소용돌이 속에 빠뜨리게 했을 대사건이었다.

●● 잡은 해적 5명 처벌 법적으로 문제없어

남은 과제의 하나가 생포된 해적 5명에 대한 신병처리다. 국내 재판을 원하는 주장이 있다. 이들의 논리는 '근본'에 뿌리를 두고 있다. "대한민국은 인류공동의 법익을 침해하는 해적 행위를 더 이상 용납해서는 안 된다. 정부가 군사작전을 개시했다면 재판도 반드시 국내에서 해야 한다. 설령 재판 이후 이들을 국내에서 추방하더라도 사법정의를 보여주어야 한다. 인도적 사법정책과 사법비용은 그 다음의 문제다. 해군특수전단(UDTSEAL, UDT/SEAL)의 희생을 감수하며 감행한 초유의 군사작전이다. 범죄자를 인접국에 위탁하거나 훈방하는 것은 받아들일 수 없다. 이것이 형법의 세계주의다."

반면 제3국 재판을 옹호하는 주장도 있다. 이들의 논리는 '현실론'이다. "무력진압을 통한 인질 구출의 문제와 생포 해적에 대한 재판권 행사의 문제는 별개다. 반인륜적 범죄행위에 대한 재판권 행사의 문제는 국제형법에 대한 대한민국의 새로운 인식을 전 세계에 천명하는 것이다. 이것은 여건의 성숙 없이는 불가능하다. 국내 여건을 돌아보라. 증거 수집, 재판에서의 통역, 삼엄한 경계태세에 관한 여러 가지 곤란함을 극복하고 확정판결을 할 수 있겠는가. 중요한 선례가 될 수 있다. 신중하게 접근해야 한다."

청해부대의 군사력 강화, 역할 및 권한 확대 등은 우리 입법부에 남긴 장기과제다. 그러나 해적 5명에 대한 재판권 행사는 선박 납치에 대한 구체적 책임문제이다. 정부는 전체적으로 이를 조망하면서 사법처리 방안을 판단해야 한다. 국내 압송과정, 수사 및 재판, 이러한 희생을 통해 얻을 수 있는 이익을 철저하게 검토해야 한다.

만약 정부가 국내 이송을 결정한다면 먼저 법률검토가 필요하다. 일반적으로 피해자의 국적국은 자국 재판을 희망한다. 유엔해양법 제105조에 따라 우리나라는 재판권이 있다. 우리나라 법률에 따르면 생포된 해적 5명 처벌은 형사소송법 제4조에 근거하여 법적으로 문제가 없다. 또한 형법 제6조 장소적 적용범위와 보호주의, 제340조 제2항 해상강도상해, 선박 및 해상구조물에 대한 위해행위의 처벌 등에 관한 법률 제6조(선박납치죄), 제12조(선박납치등살인 · 치사죄, 상해 · 치상죄)를 적용할 수 있을 것이다.

●● 부산지검 수사 맡고 부산지법서 재판을

검사동일체원칙(檢事同一體原則)에 따라 국내의 어느 검찰청에서든 수사를 할 수 있다. 문제는 공소를 어느 법원에 할 수 있는가이다. 이것은 관할권 문제이다. 생각건대 형사소송법 제4조 제2항(토지관할)과 제14조(관할지정)에 근거하여 부산지방검찰청에서 수사하고 부산지방법원에서 재판을 하면 된다.

왜 부산인가? 여러 가지 이유가 있다. 형사소송법 제4조의 경우 '국외에 있는 대한민국 선박 내에서 범한 죄에 관하여는 범죄지, 피고인의 주소, 거소 또는 현재지에 규정한 곳 외에 선적지 또는 범죄 후의 선착지로 한다'고 규정하고 있다. '삼호주얼리호'는 몰타 국적이다. 선적지는 아랍에미리트연방(UAE)이며, 선착지는 스리랑카다. 형사소송법

제4조를 직접 적용할 수가 없지만 형사소송법 제14조를 적용하면 된다. 선박의 기항지가 부산이고, 피해자인 선장의 주소지와 선사 소재지가 부산이며, 청해부대 본부도 부산이기 때문이다. 따라서 부산으로 압송 후 부산지방검찰청에서 수사하는 것이 더 효율적이라고 생각한다.

재판관할도 부산지방법원이 될 것이다. 선례가 있다. 1997년 선고된 페스카마 15호 선상살인사건이다. 이 사건은 외부에 의한 해적 공격은 아니지만, 선박 납치라는 점에서 비슷하다. 피고인들은 한국인 선원 7명을 살해한 혐의로 부산지법, 부산고법, 대법원까지 1~3심에서 사형이 선고됐다. 부산지방검찰청과 부산지방법원은 해상범죄를 다룬 경험이 있다.

'삼호주얼리호'사건은 형사소송절차가 쉽지는 않을 것이다. 피고인신문, 증인신문, 재판에서 통역, 변호인 선임절차, 집중심리가 돼도 상당기간이 소요될 것이다. 그러나 새로 쓰는 국제형사재판이 될 것이다. '해양도시 부산'은 해적재판을 지켜 볼 자격이 있다고 생각한다.

국제신문, 2011년 1월 25일

사법

소말리아 해적재판, 국민참여재판 안된다(二)

국내에 압송된 소말리아 해적에 대한 재판이 2011년 5월 23일부터 5일간 연속 부산에서 열렸다. 해적을 소탕하고 인질 구출할 당시 온 국민이 우리 해군을 성원하던 때가 엊그제인데 어느새 세월이 흐르고 재판이 끝나버렸다. 죽음을 넘나들던 석해균 선장은 완쾌되어 건강한 몸이 되었다. 석 선장을 살려낸 명의(名醫) 이국종 교수를 통해 비로소 널리 알려지게 된 허술한 국내 응급의료 체계 등 많은 일들이 떠오른다.
필자는 앞서 해적재판에 대한 관할권이 부산에 있다는 주장을 폈다. 국민참여재판을 앞두고 몇 가지 과제를 짚어 보았다. 해적소탕, 해적에 대한 응징과 영웅담이 지난 뒤 잊혀질 기억을 정리하였다. 인간존엄과 인권존중의 시민사회가 간과해선 안 될 문제를 생각하며 쓴 글이다. 석 선장은 완쾌 이후 중앙공무원교육원 객원교수 신분으로 다양한 사회활동을 하고 있다. 석 선장은 자신에게 총을 난사한 해적 아라이를 무기징역으로 복역 중인 대전교도소에서 만나 위로했다고 한다. 당시 필자는 다음과 같이 주장하였다. "유럽(EU)법원의 번역센터처럼 국가에서 운영하는 전문적인 사법번역 및 사법통역 센터가 있어 형사절차에서 필요한 모든 서류에 대한 번역과 통역 시스템을 갖추고 있다면 별 걱정이 없다. 그것도 아니라면 5일 만에 국민참여재판을 통해 제1심을 끝내고자 하는 것은 사법부의 과욕이라고 생각한다. 아직까지 배심원 평결과 합의는 법원에 대해 권고적 효력밖에 없는데 무엇 때문에 낯선 외국인들과 그 무리한 시도를 하는지 의욕의 과잉이란 느낌을 지울 수 없다."

부산항 개항 이후 처음으로 해적재판이 열리고 있다. 4명의 피고인은 국민참여재판으로, 또 1명은 일반재판으로 진행된다. 사건의 중요성과 국제적인 관심 때문에 내린 부산지방법원의 결정이라고 생각한다.

●● 해적재판, 왜 국민참여재판인가

이번 국민참여재판은 많은 문제점이 있다.

첫째, 배심원 선정과 정당성의 문제다. 국민참여재판의 성패는 배심원 선정에 달려있다. 왜냐하면 배심원들이 유무죄를 평결하고 양형을 합의하기 때문이다. 배심원들이 모두 언론에 노출된 부산시민이라면 평결과 합의과정에서 민주주의가 위협받을 가능성이 있다. 선박회사와 선원가족들이 많이 살고 있는 부산의 특성상 배심원들은 사실확정과 양형에서 심리적 압박을 받을 수밖에 없을 것이다.

둘째, 배심원들의 언론노출의 위험이다. 2011년 5월 23일부터 27일까지 5일간 국민참여재판이 진행되며, 배심원들은 모두 집에서 출퇴근하는 것으로 되어 있다. 또한 국민의 형사재판 참여에 관한 법률 제12조 제3항을 보면 "배심원은 직무상 알게 된 비밀을 누설하거나 재판의 공정을 해하는 행위를 하여서는 아니된다"고 규정하고 있다. 배심원들은 재판 이후 모든 내용들에 대해 침묵을 해야 하지만 사실상 이를 철저하게 관리하고 감독을 할 수가 없다. 만약 언론이 배심원들의 평결 및 합의과정에서 논의된 소소한 일들에 관심을 갖고 보도경쟁에 나설 경우 그 폐해는 심각할 것이다.

셋째, 통역 및 번역문제의 어려움이다. 피고인들은 재판 중에 소통되는 모든 내용을 자국의 언어로 읽고 들을 수 있어야 한다. 이번 재판은 유감스럽게도 동시통역이 아니고, 소말리아어에서 영어로 그리고 한국어로 이어지는 이중통역이다. 정확한 통역이 난제다. 유럽(EU)법원의 번역센터처럼 국가에서 운영하는 전문적인 사법번역 및 사법통역센터가 있어 형사절차에서 필요한 모든 서류에 대한 번역과 통역 시스템을 갖추고 있다면 별 걱정이 없다. 그것도 아니라면 5일 만에 국민참여재판을 통해 제1심을 끝내고자 하는 것은 사법부의 과욕이라고 생각한다. 독일의 해적재판은 6개월째 진행되고 있다.

넷째, 다른 공범에 대한 일반재판의 문제다. 국민참여재판의 선고는 27일이고, 일반재판에 대한 선고는 다음달 1일로 예정돼 있다. 국민참여재판을 신청하지 않은 압둘라 후세인 마하무드의 공판은 유무죄와 양형이 이미 결정된 상태에서 진행된다. 공범간에 선고 날짜가 다르다면 유무죄의 확신을 갖고 재판을 할 수 밖에 없는데 이는 헌법상 보장된 무죄추정의 원칙을 침해할 위험이 있다.

물론 헌법상 보장된 재판청구권의 주체성과 실효성이 보장되어야 한다. 국민의 형사재판 참여에 관한 법률 제5조는 해상강도 사건을 국민참여재판의 대상사건으로 규정하고 있고, 제3조는 "누구든지 이 법률에 정한 바에 따라 국민참여재판을 받을 권리를 가지며", 제8조 제1항은 "피고인에게 국민참여재판을 받을 권리를 최대한 보장한다"고 명시하고 있다. 이 법률에 따르면 소말리아 사람이든 대한민국 사람이든 모두 국민참여재판을 받을 권리가 있다.

그러나 예외조항으로 제9조 배제결정에 관한 조항이 있다. 공범 관계에 있는 피고인들 중 일부가 국민참여재판을 원하지 아니하여 국민참여재판의 진행에 어려움이 있다고 인정되는 경우 등이다. 담당재판부는 왜 제9조 배제결정 조항을 적극적으로 검토하지 않았는지 궁금하다.

마지막으로 미성년자의 국민참여재판이다. 피고인 가운데 가장 어린

아울 브랄랫은 미성년자(18~19세 추정)인데 동일한 형사법정에서 성인과 함께 국민참여재판을 받고 있다. 이것은 소년사건의 핵심인 보호주의 이념을 침해하는 것이다. 독일의 경우 분리해서 재판을 진행하고 있다.

●● 성숙한 재판을 기원하며

지금 부산지방법원은 초유의 사법실험을 하고 있다. 2008년부터 2012년까지 5년간 시험적으로 시행되고 있는 국민참여재판을 우리 사법의 정형인 것처럼 전 세계에 알리려 한다. 아직까지 배심원 평결과 합의는 법원에 대해 권고적 효력밖에 없는데 무엇 때문에 낯선 외국인들과 그 무리한 시도를 하는지 의욕의 과잉이란 느낌을 지울 수 없다.

또한 전국 어느 지방법원에서도 5일 동안 연속해서 국민참여재판을 진행한 적이 없다. 아무런 경험도 제대로 된 시스템도 없이 국제적인 관심사라는 이유로 해적재판을 하고 있는 것이다. 담당재판부가 결정되기도 전에 국민참여재판이 언론에 보도된 것도 우려되는 부분이다.

경험이 풍부한 재판부와 유능한 변호인단에 기대를 걸면서 배심원들에게 인간과 사회에 대한 통찰력을 가지고 아프리카의 눈물도 함께 기억해 줄 것을 부탁드린다.

법률저널, 2011년 5월 27일

참·고·자·료

【제1심 재판】 부산지방법원 2011. 5. 27. 선고 2011고합93 판결; 부산지방법원 2011. 6. 1. 선고 2011고합93-1(분리) 판결.

【제2심 재판】 부산고등법원 2011. 9. 8. 선고 2011노349 판결.

【대법원 상고심】 대법원 2011. 12. 22. 선고 2011도12928 판결.

2011년 5월 해적재판 이후 각종 세미나들이 개최되었고, 많은 논문들이 국내에서 발표되었다. 이들 논문들은 주로 ① 관할권 문제, ② 보편주의 도입, ③ 세계주의 도입, ④ 해적행위에 대한 처벌규정 신설, ⑤ 형사사법공조 및 국제협력개선, ⑥ 소말리아 해역에서의 국군부대 활동에 관한 특별법 신설, ⑦ 청해부대 함장에 대한 사법권부여, ⑧ 해적에 대한 군의 선제공격방안, ⑨ 해양경찰수사관 청해부대 파견방안, ⑩ 상선에 대한 무장과 사설보안업체 승선방안, ⑪ 형벌집행효과의 실효성, ⑪ 유엔(UN) 해적재판소설치 등의 대안을 내 놓았다.

사법

해적 본국에 국제재판소·교도소 설립하자(三)

2012년 동아대 법학연구소는 해적재판 1주년을 맞아 '해적재판 비교법 국제학술회의'를 개최하였다. 이 글은 주제 발표 내용과 토론 내용을 소개한 신문기사다. 독일 트리어 대학교 한스 하이너 퀴네 교수는 "외국에서 해적재판이 열릴 경우 범인이송, 언어통역, 양형 불균형 등의 문제점이 있다. 소말리아에 국제사법재판소를 설치하고 적합한 교도소를 신축하는 것이 유익하다. 해적에 대한 방어력을 높이기 위해서 무력충돌의 부작용이 큰 사설경비시스템보다 확실한 지휘체계를 갖춘 국제해군연합의 강화가 효과적이다"라고 강조했다.

"해적 본국에 국제재판소 · 교도소 설립하자"

소말리아 해적 재판 1년 … 동아대서 국제학술회의

– "피해국 재판 실익 거의 없어"
– 독일 한스 퀴네 교수 필요성 주장
– 韓 · 獨 재판 비교 · 공동대응 모색

"지금까지 진행된 해적 재판은 이송 및 언어통역, 증거수집 등 사법처리에 드는 비용에 비해 형벌과 재사회화 효과가 거의 없다는 점에서 실익이 없습니다. 해적의 본국인 소말리아에 국제해적재판소와 교도소를 설립하는 것이 효과적입니다."

동아대 법학연구소가 17일 오후 부산 서구 동아대 법학전문대학원에서 개최한 '해적재판 비교법 국제학술회의'에서 독일의 형사소송법학자 한스 쿼네 교수(트리어대학교)는 이렇게 국제해적재판소와 해적 전담 교도소의 설립 필요성을 역설했다.

이날 토론회에는 쿼네 교수와 하태영 동아대 법학전문대학원 교수, 한국 해적재판을 담당했던 노선균 부산지검 검사, 정해영 변호사 등 관계 전문가들이 참석해 한국과 독일의 해적재판을 비교하고 공동대응 방안을 모색했다.

이번 학술회의는 지난해 국민적 관심을 받았던 소말리아 해적재판 1주년을 맞아 그 의미를 되짚어 보고 향후 과제를 점검하고자 마련됐다.

쿼네 교수는 주제발표에서 "외국에서 해적재판이 열릴 경우 해적 이송, 언어통역, 증거수집, 증인신문, 양형 불균형 등의 문제점이 있다"며 "소말리아에 국제사법재판소를 설치하고 적합한 교도소를 신축하는 것이 그들의 사회적, 정치적, 문화 · 종교에 맞는 사법시스템을 적용하는데 유리하다"고 말했다.

그는 또 해적에 대한 방어력을 높이기 위해 중무장한 사설경비시스템을 도입할 경우 무력 충돌 등 부작용이 우려되므로 지휘체계를 갖춘 국제해군연합이 강화돼야 한다고 강조했다.

해적재판 이후 과제에 대해서는 여러 제안이 나왔다. 정해영 변호사는 "현재 소말리아 해역에서의 국군부대 활동에 관한 특례법이 국회에 계류중이어서 우리나라 군인이 해적을 체포하더라도 체포 과정 및 체포 이후의 절차에 대한 근거법률이 없다"면서 "향후 해적들의 인신권 침해 내지 적법절차원칙 위배라는 문제의 소지를 막기 위해서라도 조속한 입법이 필요하다"고 말했다.

하태영 교수도 "상업상선의 해적피해를 막기 위해선 고성능 무기 도입보다는 전기 울타리 등 자체 방위력을 높이고 안전해상로로 운행하는 것 뿐"이라고 말했다.

【출전】 정홍주 기자, [보도] "해적 본국에 국제재판소 · 교도소 설립하자", 국제신문, 2012년 4월 18일자.

사법

독일 함부르크 지방법원의 해적재판 이야기(四)

2010년 11월 21일 독일 함부르크 지방법원에서 400년 만에 처음으로 시작된 해적재판은 2년간 총 105차례 공판을 거쳐 2012년 12월 19일 비로소 제1심이 선고되었다. 그동안 엄청난 사법비용이 소요되었다.
독일 트리어 대학교 퀴네 교수에 의하면 언어문제도 심각하고 피고인이 된 각 해적마다 법적 청문권을 보장한 가운데 형사절차가 진행되어야 피고인들이 적극적으로 재판에 참여할 수 있으며 그러기 위해서는 정확한 동시통역 등 보완장치가 필요하다는 것이다. 47개국이 서명한 유럽인권선언문의 법적 청문권이 이들에게도 보장되어야 한다. 법적 청문권이란 재판에서 자국의 언어로 모든 진술을 들을 수 있는 권리를 말한다.
비슷한 시기 우리나라는 2011년 5월 22일부터 국민참여재판으로 시작하여 5일 만에 공판을 끝내고 5월 27일 제1심 판결이 선고되었으며 6월 11일 제2심 판결, 그해 12월 22일 대법원 상고심 판결이 확정되었다.

●● '타이판(Taipan)'호 피랍

2010년 4월 5일 함부르크 콤로스키 선박회사의 상선 '타이판'을 10명의 소말리아인들이 소말리아 연안에서 납치하였다. 중무장한 남자들이 소말리아 해안 약 530해리에서 '타이판'에 갈고리를 던져 승선하였다. 폭력 속에 선원들은 약 4시간 억류되었다. 승선원 15명(그중 독일인은 2명이다)은 안전구역으로 피신했다. 선장은 기지를 발휘하여 갈지(之)자로 운행하면서 구조함정을 기다리며 시간을 끌었다.

사건발생 약 몇 시간 후에 이 콘테이너 화물선과 승무원들은 네덜란드 해군함정에 의해 구조되었다. 해상강도혐의자들은 선박에서 모두 체포되었다. 유럽의 반(反)-해적-작전부대(Anti-Piraten-Einsatz der EU) 소속인 네덜란드 해군은 이 소말리아인들을 네덜란드로 압송하였다. 2010년 6월에 형법상 기국주의(旗國主義)에 따라 독일 함부르크 검찰청에 신병을 이첩하였다. 독일 국적 선박이고, 선박회사가 독일 함부르크에 소재하였기 때문이다. 함부르크 검찰청에서 해적수사가 시작되었다.

●● 함부르크 법원, 해상항로 공격죄와 공갈적 인질피랍죄 인정

독일 함부르크 지방법원은 해적재판에서 10명의 피고인들에게 2년에서 7년의 자유형을 선고했다. 법원은 해상항로 공격죄(Angriff auf den Seeverkehr)와 공갈적 인질피랍죄(erpresserischer Menschenraub)를 적용했다. 재판부는 해적행위자들이 2010년 4월 5일 소말리아 해안에서 화물선 "타이판"을 납치했다는 것이 증명되었다고 판단했다.

재판장인 베른트 스타인메츠(Bernd Steinmetz)는 피고인들에게 다음과 같이 판결이유를 설명했다: "강요에 의한 것이 아닌 계획된 행위인 점을 우리들은 확신합니다." 법원은 해적행위자들이 소말리아로 항해 중인 "타이판"을 조종하였고, 최소한 100만 달러의 석방금액을 요구하려고 했다는 점이 그들의 진술에 의해 확인되었다고 밝혔다. 재판부는 피고인인 청소년 3명에 대해서 각 2년의 자유형을 선고하였고, 성인 7명에 대해서 각 6년과 7년의 자유형을 선고하였다.

청소년 3명은 구치소 수감생활 1년 8개월 후 2012년 4월 13일 모두 석방되어 불구속 상태에서 재판을 받았다. 당시 상당한 비난여론이 있었지만, 독일 함부르크 지방법원은 청소년에 대한 교육형 이념을 구현했다. 법원이 석방이유로 내세운 것은 도망할 염려가 없고 교육을 받기 위해서 필요하며, 석방이 이들의 재사회화에 도움이 된다는 것이었다.

●● 엄청난 사법비용, 실속 없는 형사재판

400년 만에 처음으로 진행된 독일 함부르크 지방법원(LG Hamburg)의 해적재판은 독일 국민들의 관심 속에서 2011년 11월 21일부터 진행되어 2년 동안 제105차 공판을 거쳐 2012년 12월 19일 제1심이 선고되었다. 독일 연방법원(BGH)에서 원심이 확정되었다.

재판 초기 관심을 보였던 독일 국민들은 더 이상 소말리아 해적재판에 관심을 쏟지 않았다. 독일 국민 대다수가 무익(無益)한 재판이라고 생각하였다. 피고인 10명에 변호인 숫자만 20명, 수사 인력, 경호 인력, 통역과 번역 인력, 구치소 생활비용 그리고 언론 취재 등 엄청난 사법비용이 소요되었다.

제105차 공판이 진행되는 동안 거의 모든 법적 쟁점이 다루어졌고,

또 심도 깊게 논의되었다. 그럼에도 독일 각계에서 비판이 쏟아졌다. 변호인은 증거조사와 양형에서 불만을 표출했고, 시민단체는 제1세계의 경제 착취구조에 근본문제를 제기하였고, 선박협회는 자국국적의 선박을 보호하고 이를 침해하는 자에게 강력한 처벌을 요구했다.

독일 형법학계는 과연 이들에게 형벌효과가 있는지 의문이며, 해적행위를 예방하는 재판인지 근본문제를 제기하였다. 오히려 소말리아 정국을 안정시키고, 여기에 유엔(UN)이 관리하는 국제해적재판소와 교도소를 설립하여 운영하는 것이 타당하다는 주장이 우세했다.

우리나라는 독일과 비슷한 시기에 해적들을 부산으로 압송해 왔다. 독일은 2010년 11월 21일부터 재판을 진행했고 2년을 끌어 2012년 12월 19일 제1심 판결을 선고했다. 그러나 우리나라는 2011년 5월 22일 국민참여재판을 시작하여 5일 만에 공판을 끝냈고, 5월 27일에 제1심 판결을 선고했으며, 제2심 판결은 6월 11일에 선고되었고, 대법원은 상고심을 12월 22일에 선고하였다. 우리나라는 속전속결(速戰速決)로 끝내 상당히 대조적이다. 1년 만에 전 사법절차가 마무리 된 것이다.

또한 독일 함부르크 해적재판은 공판과정에서 모든 진술을 동시통역을 통해 전달하였고, 피고인들에게 법적 청문권을 충실히 보장하였다. 이것도 우리나라의 해적재판과는 다른 점이다. 우리의 경우 경비(警備) 때문에 경찰이 옆에 앉았지만, 독일의 경우 피고인 옆에 변호인이 앉았다.

그리고 독일은 청소년 3명에 대한 양형에서 각 2년을 선고하여 교육형의 이념을 구현하였다. 물론 함부르크 해적재판과 부산 해적재판은 사안이 다르다. 그러나 우리는 청소년인 아울 브랄랫(미성년자, 1992 ,

18~19세 추정)에게도 국민참여재판을 실시하였고, 양형도 15년의 자유형을 선고하였다. 물론 두 사안은 단순하게 비교할 수는 없지만, 양형이 과하다는 점을 생각하지 않을 수 없다.

●● 사법통역번역시스템의 문제점

부산지방법원의 해적재판은 사법통역시스템의 문제점과 향후 과제를 분명하게 제시했다고 생각한다. 사법시스템에서 통역과 번역의 문제는 IT기술과 결합하여 급성장을 해야 할 시급한 과제라고 본다. 정부에서 이 문제에 대해 깊은 관심을 갖고 ≪대법원 산하 사법번역센터 설치와 운영≫이 실현되기를 바란다. 이렇게 될 때 수사 통역이 법원 통역까지 하는 것을 막을 수가 있다. 독일의 해적재판은 모두 동시통역으로 진행되었음을 상기할 필요가 있다.

2013년 7월 31일

참·고·문·헌

하태영, 해적재판의 국제비교: 독일 해적재판의 시사점, 비교형사법연구 제15권 제1호, 한국비교형사법학회, 2013, 73~119면.

"해적재판 등 대비 사법번역센터 설치해야"

하태영 동아대 교수 논문서 韓 · 獨 소말리아 해적재판 비교

– 동시통역 · 공판횟수 등 차이
– "현지 유엔 재판소 설립 필요"

2011년 국민적 관심을 받았던 소말리아 해적재판을 독일의 사례와 비교했을 때 국내 사법번역센터의 설치와 운영이 시급하다는 지적이 제기됐다. 또 이송 및 언어통역, 증거수집 등 사법처리에 드는 비용에 비해 형벌과 재사회화 효과가 거의 없다는 점에서 해적의 본국인 소말리아에 유엔(UN) 해적재판소를 설립하는 게 효과적이라는 주장도 나왔다.

하태영 동아대 법학전문대학원 교수는 21일 '해적재판의 국제비교: 독일 해적재판의 시사점'이란 논문을 통해 "2010년 11월 독일 함부르크 지방법원에서 열린 해적재판의 경우 피고인의 방어권 보장과 신속한 재판을 위해 모두 헤드폰을 사용해 소말리어로 동시통역 됐으며, 변호인도 피고인당 2명씩 총 20명이 배정되는 등 독일 사법 역사상 초대형 형사재판이었다"며 "반면 우리나라 재판은 소말리아어와 한국어를 동시에 통역할 수 있는 여건이 돼 있지 않아 의사소통 문제로 상당한 어려움을 겪었다"고 밝혔다. 이에 따라 국제화시대를 맞아 대법원 산하에 이 같은 재판에 대비하는 사법번역센터 설치가 필요하다는 것이다.

하 교수는 또 "독일의 경우 2년간 105차 공판을 통해 1심 판결이 선고돼 독일 사법 역사상 가장 긴 재판으로 기록됐지만, 우리나라는 2011년 5월 22일 국민참여재판을 시작해 5일 만에 공판을 끝내고 5월 27일 1심 판결을 선고했고 대법원 상고심까지 1년이 채 걸리지 않았다"며 높은 국민적 관심과 재판 여건에 비해 재판이 속전속결로 진행됐음을 지적했다.

하 교수는 해적재판의 향후 과제에 대해 ▷국내에서 소말리아 해적재판은 더는 열려서는 안 된다는 점 ▷소말리아 해적에 대한 재판과 수형은 형벌목적이 없다는 점 ▷ 상업상선의 해적예방 매뉴얼이 준수되어야 한다는 점 ▷ 유엔(UN) 해적재판소 설립과 운영이 필요하다는 점 등을 제시했다.

하 교수는 소말리아 해적행위에 대한 최선의 방법으로는 해적재판이 아닌 해적에 대한 예방 대책의 필요성을 제기했다. 또 해적에 대한 방어력을 높이기 위해 중무장한 사설경비시스템을 도입할 경우 무력 충돌 등 부작용이 우려되므로 지휘체계를 갖춘 국제해군연합이 강화돼야 한다고 강조했다. 하 교수는 이어 "유럽의회와 독일 연방의회처럼 우리나라도 현대 해적에 대한 투쟁 방향을 해군부대 증강과 국제연대시스템 강화 쪽으로 검토할 필요가 있다"고 밝혔다.

【출전】 정홍주 기자, [보도] "해적재판 등 대비 사법번역센터 설치해야", 국제신문, 2013년 1월 21일자.

입법

검찰과 경찰의 수사권 논쟁의 본질

경찰 수사권 독립 문제는 정권이 바뀔 때 마다 논쟁이 되는 오래된 숙제이다. 경찰은 행정자치부, 검찰은 법무부 소속으로 상호 보완과 협력 속에 균형을 이루는 법집행 기관이다. 따라서 단순 상명하복 식의 관계가 되어서는 안 된다. 그렇다고 경찰은 수사의 주재자가 되길 원하는 것도 아니며 그렇게 될 수도 없다. 경찰은 단지 검찰로부터의 '지휘'가 아니라 '촉탁과 위임'을 원하며 그 "촉탁의 범위와 위임의 범위를 명확히 해 달라" 요구하는 것이다. 논쟁의 본질은 수사지휘권과 수사기관 상호간 종속성의 문제가 아니라 역할분담의 명확성에 있다 할 것이다.
결론적으로 수사는 법률전문가로서 공소기관인 검찰이 하는 것이 타당하다. 업무적으로 수사의 효율성을 위해 검찰이 경찰에게 촉탁과 위임을 통해 해결하는 것이 타당하다. 국회는 검찰과 경찰의 역할과 기능이 분명히 다르다는 점을 인식하고 입법적으로 그 경계를 명확히 해 주어야 한다. 이것이 국민이 부여한 수사권에 대한 권력분립이다. 수사권에 대한 이원화 문제는 권력철학에 관한 문제이다. 헌법은 검찰과 경찰을 구분한다. 영장청구권은 모두 검사에게 있다. 이런 관점에서 검찰과 경찰의 갈등 해소방안을 살펴본다.

형사소송법에 따르면 검사는 수사를 스스로 행할 수 있다. 하지만 대부분의 경우 검찰수사는 경찰수사에 관여하는 방식으로 이루어진다. 경찰도 또한 검사가 제시한 기준에 따라 활동할 의무를 진다. 검사는 두 가지 방법을 선택할 수 있을 것이다. 검찰은 이것을 '수사지휘'라는 말한다. 그러나 독일은 이러한 명칭을 사용하지 않는다.

●● 수사촉탁과 수사위임

수사지휘라는 명칭은 '촉탁과 위임'으로 변경되어야 한다.

첫째, 촉탁(Ersuchen)이라는 명칭이다. 검사는 촉탁을 통해 경찰관서에 수사를 의뢰할 수 있다. 이 경우 관할 경찰서장은 어떤 경찰관이 사건수사를 담당할지 결정한다. 독일의 경우 대부분의 경찰관은 동시에 검사의 수사관이라고 생각하면 된다.

둘째, 위임(Auftrag)이라는 명칭이다. 검사는 위임을 통해 경찰관에게 직접적으로 사건을 의뢰할 수 있다. 그러나 경찰은 검사의 개입여부를 기다릴 필요가 없다. 경찰은 초동조치권을 가지고 있어 수사에 착수할 의무가 있다. 물론 이 경우에도 수사절차의 주재자는 검찰이다. 경찰은 범죄혐의가 있는 경우 수사에 착수할 의무가 있으며 직권으로 행하여야 한다.

따라서 수사지휘라는 명칭을 수사촉탁과 위임이라는 용어로 바꿀 필요가 있다. 수사지휘권은 입법의 문제로서 수사의 통일을 위해 검찰에게 주어진 것이다. 이것은 입법형성의 문제이다.

●● 수사지시권

검사의 수사지휘권은 수사지시권이다. 경찰은 범죄행위를 규명하는 경우 진압적 기능을 담당한다. 경찰은 또한 범죄예방의 임무를 담당하고 있다. 경찰은 경찰관직무집행법에 따라 모든 권한을 행사한다. 경찰이 진압적인 임무를 수행하기 위해서는 형사소송법에 근거해야 한다. 경찰에 대한 검찰의 지시권(Weisungsrecht)은 진압적인 기능에 한정되어 있다.

경찰이 주도적으로 수사를 진행하고 내부적으로는 독립적으로 업무를 수행하더라도 외부관계에서 수사는 검찰의 업무에 속한다. 판사는 검사의 청구가 있는 경우에만 수사에 관여한다. 검사는 수사절차상 판사만이 명령할 수 있는 각종 영장에 영향을 받으며, 이 경우 수사판사가 수사활동에 관여하는 것이다. 이러한 범위내에서 합목적성이 고려되며 검사가 고유권한을 갖고 판단하며, 수사판사는 이에 귀속된다. 공소가 제기된 후에는 수사판사가 절차에 관여하지 않으며, 그 이후에는 수소법원이 사건을 담당한다.

●● 수사의 동반자

'경찰의 임무'를 형사소송법에 명문화해야 한다. 독일 형사소송법 제160조 제1항, 제163조 제1항 "범죄혐의가 있으면 검사와 경찰은 수사를 개시하여 사실관계를 규명할 의무가 있다"고 규정하고 있다. 우리 형사소송법도 검찰과 경찰의 수사권 문제를 '전쟁(戰爭)'의 산물로 볼 것이 아니라, 독일 형사소송법의 규정처럼 명문화하여 해결할 수 있을 것이다. 검찰의 입장에서는 이것이 형사소송법 제195조와 제196조의 '애매한' 개정보다 실질적으로 유용하다 할 것이다. 경찰의 임무를 형사소송법에 명문화함으로써 수사의 동반자라는 의미를 강화시킬 수 있기 때문이다. 독일 형사소송법은 수사의 주재자는 검사이며, 경찰은 진압사건에 한해 검사의 촉탁수사관으로 활동한다.

독일 형사소송법 제160조 (수사절차)

① 검사는 고발 또는 기타의 방법으로 범죄행위의 혐의에 관하여 알게 되는 즉시 공소를 제기하여야 할 것인지의 여부를 결정하기 위하여 사건의 진상을 규명하여야 한다.

② 검사는 책임을 가중시키는데 도움이 되는 사정뿐만 아니라 감경할만한 사정도 심사하여야 하며, 또 멸실할 우려가 있는 증거를 조사하도록 하여야 한다.

③ 검사의 심사는 그 행위의 법적 효과의 결정을 위하여 중요한 사정에도 미쳐야 한다. 이에 관하여 검사는 법원의 도움을 받을 수 있다.

독일 형사소송법 제163조 (경찰의 임무)

① 경찰임무를 담당하는 관청 및 공무원은 범죄행위를 구명하여야 하며, 사건의 증거멸실을 방지하기 위하여 할 수 있는 모든 조치를 지체 없이 하여야 한다.

② 경찰임무를 담당하는 관청 및 공무원은 그들의 신문조서를 지체 없이 검사에게 송부하여야 한다. 판사에 의한 조서행위를 신속히 할 필요가 있다고 인정하는 경우에는 직접 구법원에 송부할 수 있다.

형사소송법이 검사를 수사의 주재자로 지정하여 수사권과 수사지휘권을 검사에게 집중시킨 것은 신속한 수사를 위한 제도라고 할 수 있다는 주장이 있다. 맞는 말이다. 그러나 오히려 검사에 대한 수사권의 효율적 촉탁과 위임이 신속한 수사를 위한 새로운 과제가 아닌가 생각한다.

수사절차에서 검찰과 경찰의 수사권 문제가 왜 독일과 일본보다는 우리나라에서 유독 강하게 제기되는지 그 원인을 분석해 보면 알 것이다.

●● 수사권의 권력분립, '촉탁의 범위와 위임의 범위'를 명확히 하는 것

저자가 독일을 방문하여 면담해 본 독일의 검사(수사실무가)들은 수사권을 이원화하는 문제에 그다지 관심이 없다. 독일의 경우 검사는 법과대학에서 법학을 전공하여 국가시험을 제1차 시험과 제2차 시험 그리고 법조연수를 마친 자이고, 법률전문가로서의 전문성이 경찰의 전문성과 분명히 다르다고 생각하고 있었다. 또한 검찰은 수사력의 촉탁과 위임의 범위와 한계를 분명히 알고 있었고, 이를 준수한다는 인식이 확고했다.

저자는 바로 여기에서 시사점을 찾아야 한다고 생각한다. 수사권의 지휘와 수사기관의 종속의 문제가 아니다. 수사는 법률전문가(공소기관)가 하는 것이 맞고, 그 업무는 수사의 효율성을 위해 '촉탁과 위임'을 통해 해결할 수 있다. 검찰과 경찰의 역할과 기능은 분명히 다르다. 입법부는 이 점을 깊이 인식하고, 그 경계선을 분명히 그어야 할 것이다. 이것이 국민이 준 수사권의 권력분립이다. 이것이 헌법 정신이다.

헌법정신을 새긴다면 지금의 검찰과 경찰의 갈등은 상당히 해소될 것으로 보인다. 경찰의 주장은 분명하다. 경찰은 수사의 주재자를 원하는 것이 아니다. 이것 또한 그렇게 할 수도 없다. 경찰은 단지 '촉탁의 범위와 위임의 범위'를 명확히 해달라는 것이다. 쉽게 말하면 이것이 분명하지 않으니 힘들다는 것이다. 경우에 따라 '노예'처럼 느낀다는 것이다. 경찰이 제기하는 많은 문제점과 불만들을 읽어 보고 들어보면, 독일식 해결방법은 좋은 모델이 될 것이다. 수사지휘권이라는 용어부터 삭제해야 할 것이다. 그리고 '촉탁과 위임'된 사안에 대해서는 불필요한 간섭을 하지 말라는 것이다. 신사협정을 체결하자는 것이다. 이러한 주장은 설득력이 있다고 생각한다.

2011년 6월 20일

입법

내사(內査) 논쟁의 본질

내사(內査)로 인해 여러 인권침해 문제가 생긴다. 근래에는 청와대 권력 주변의 내사문제로 관련 경찰관이 스스로 목숨을 버리게 되었고 당시 민정비서관은 재판까지 받고 있다. 끊임없이 문제의 소용돌이 속에 존재하는 것이 내사이다. 내사 논쟁의 핵심은 인권보장에 있다. 검찰의 수사지시를 받지 않는 경찰의 내사는 수사보다 인권 침해 가능성이 높다. 내사 범위가 확대되면 국민의 기본권 침해 가능성도 더 커지므로 결국 헌법정신에도 역행하는 것이다. 선진화된 수사의 핵심은 수사체계의 효율성에 있는 것이 아니라 국민의 인권보호에 있다. 내사의 범위와 한계를 명확히 하여 형사소송법에 내사 규정을 명문화해야 한다. 비록 경찰 수사의 효율성은 떨어지더라도 국민의 인권보장을 위해 필요하다. 접견교통권, 진술거부권, 압수・수색・검증참여권, 증거보전청구권, 재정신청권, 헌법소원 등이다. 이러한 관점에서 절차의 정당성과 객관성 그리고 공정성 유지에 대한 방안을 살펴본다. 검찰의 내사도 마찬가지다.

내사란 겉으로 드러나지 않게 엄밀히 조사하는 것이다. 내사가 수사에 포함되는가? 이 문제는 오래된 논쟁이다. 내사의 개념은 형식적 관점과 실질적 관점으로 설명할 수 있다. 수사기관이 범죄인지(犯罪認知) 전에 하는 진상규명활동이 형식적 관점이고, 수사기관이 피내사자의 범죄혐의 유・무를 확인하기 위하여 하는 진상규명활동이 실질적 관점이다. 범죄인지서 작성 전에 하는 행위로 보면 될 것이다.

내사행위는 다양하다. 피내사자의 주변조사, 사실조회, 감정, 참고인

조사, 감시, 미행, 사진촬영 등 간접적인 방법을 사용한다. 그리고 내사의 마지막 단계에서 피내사자 본인에 대한 조사를 하고 입건 여부를 결정한다. 이것이 실무에서 하는 통상적인 방법이다. 실질적 광의의 수사에 해당하지만, 현행 형사소송법의 통제를 전혀 받지 않고 있다.

●● 내사의 법적 근거

내사의 법적 근거는 법률이 아니고 법무부령 또는 경찰청 훈령이다. 검찰사건사무규칙 제141조(진정 등 수리)·제142조(내사·진정사건의 수리절차)·제143조(내사·진정사건의 처리 등)과 경찰내사처리규칙 제2조(내사의 기본)·제3조(내사의 대상과 분류)·제4조(내사의 착수)이다. 이 규칙들이 검찰과 경찰에서 행하는 법적 근거들이다.

그러나 법률이 아닌 행정규칙으로 국민의 기본권을 침해할 수 있는 행위를 정당화시킬 수 없다. 이것은 법치국가의 기본적인 원칙이다. 피내사자에 대한 조사는 분명 불쾌하고 국민의 기본권을 침해하는 행위이다. 그렇다면 그 범위와 한계를 규정한 법률이 있어야 한다.

●● 피내사자의 접견교통권

1996년에 대법원은 의미 있는 결정문을 내 놓았다. “접견교통권은 피고인 또는 피의자나 피내사자의 인권보장과 방어준비를 위하여 필수

불가결한 권리이므로 법령에 의한 제한이 없는 한 수사기관의 처분은 물론 법원의 결정으로도 이를 제한할 수 없다." 이 결정문의 의미는 피내사자의 인권 보장을 위해 임의동행 형식을 가장한 사실상의 강제 연행의 경우 내사자에게도 피의자에 준하는 권리가 보장되어야 하는데 그 핵심인 접견교통권이 보장되어야 한다는 것이다.

【대법원 1996. 6. 3. 선고 96모18 결정】

변호인의 조력을 받을 권리를 실질적으로 보장하기 위하여는 변호인과의 접견교통권의 인정이 당연한 전제가 되므로, 임의동행의 형식으로 수사기관에 연행된 피의자에게도 변호인 또는 변호인이 되려는 자와의 접견교통권은 당연히 인정된다고 보아야 하고, 임의동행의 형식으로 연행된 피내사자의 경우에도 이는 마찬가지이다. 접견교통권은 피고인 또는 피의자나 피내사자의 인권보장과 방어준비를 위하여 필수불가결한 권리이므로 법령에 의한 제한이 없는 한 수사기관의 처분은 물론 법원의 결정으로도 이를 제한할 수 없다.

생각건대 내사가 수사기관의 활동으로 오늘의 상황에서 중요하고 불가피한 진상규명활동이라면, 절차의 정당성과 객관성 그리고 공정성이 유지되어야 한다. 따라서 형사소송법에 내사 규정을 명문화해야 한다. 나아가 진술거부권, 압수 · 수색 · 검증참여권, 증거보전청구권, 재정신청권, 헌법소원으로 보장을 받아야 한다. 내사절차는 피내사자에 대하여 범죄혐의 유 · 무를 밝히는 것인데, 범죄혐의를 밝히는 절차로 변질되어서는 안 된다. 이러한 수사관행은 입법으로 차단되어야 한다. 수사기관은 수사를 내사로 포장하여 법적 통제를 피하면서 수사의 목적을 달성하고자 내사를 최대한 활용하고 싶을 것이다. 수사기관의 입장에서 매우 효율적일 것이다. 그러나 피내사자의 입장은 전혀 다르다. 수사기관으로부터 부당하게 인권을 침해당할 위험성이 높기 때문이다. 국가가 수사에서 인권정책을 최우선한다면, 수사기관의 업무효율성도 적법절차에 따르는 것이 타당하다. 따라서 내사의 범위와 한계를 명확히 해야 한다.

수사기관이 내사를 통해 피내사자의 범죄혐의를 발견하고, 나아가 피내사자의 신병을 확보하지 않으면 증거인멸 및 도주의 우려가 있을 경우, 피내사자를 긴급체포하는 관행이 있다. 피의자가 아닌 피내사자에 대한 체포 또는 긴급체포는 법으로 허용되지 않는다. 따라서 이것은 법적 근거가 없는 잘못된 관행이다. 형사소송법에 규정된 수사는 인지(認知) 후의 수사를 전제로 하고 있다. 따라서 수사기관이 인지 후에 강제수사를 할 수 있다. 수사기관이 피내사자를 자의(恣意)로 체포하는 것은 피내사자의 신체의 자유를 부당하게 침해할 소지가 큰 강제력의 행사인 것이다.

●● 기업인 내사

하나의 예를 들 수 있다. 기업체 대표가 내사를 받고 있다. 피내사자는 자신의 지위를 피내사자로 알고 수사기관에 출석하였지만, 수사기관이 임의로 피의자의 지위로 전환시켜 긴급체포하는 것이다. 이러한 상황에서 피내사자는 방어권을 행사하는데 상당한 제약을 받는다. 따라서 피내사자의 인권보호를 위해 증거인멸 및 도주의 우려가 없음에도 불구하고, 수사에 자진 협조한 피내사자를 수사기관의 자의 판단에 의해 강제수사의 객체로 전락시키는 것이다. 이것은 명백한 인권침해인 것이다. 특히 자진 출석하여 신문에 응한 피내사자를 통상체포제도를 이용하지 않고, 바로 현장에서 긴급체포하여 자유를 제한하는 것은 명백히 체포권의 남용인 것이다. 임의출석과 연계된 긴급체포를 통해 수집된 증거는 위법수집증거로서 증거능력이 없다. 따라서 피내사자를 긴급체포하는 관행은 법적으로 무의미하기 때문에 사라져야 한다. 수사기관은 불법 내사의 시비에 휘말려 오히려 적법한 내사활동마저 모두 물거품으로 만드는 우(愚)를 범해서는 안 된다.

●● 내사논쟁

이제 내사논쟁으로 돌아가자. 2011년 12월에 개정된 형사소송법 제196조는 사법경찰관의 수사개시권을 명문화하고, 검사의 수사지휘권의 범위를 대통령령에 위임하였다. 검찰과 경찰의 수사권 조정 논쟁은 내사가 수사에 포함되는지 여부로 확대되었다. 검찰과 경찰은 "어떠한 제도가 보다 국민의 불편을 최소화하고, 인권을 보장하는데 적합한가"라는 주장들을 상호 하면서 국민에게 묻기 시작했다.

집단행동을 한 경찰의 주장은 다음과 같다. "경찰의 독자적 수사권 보장은 검찰수사권과 완전히 별개로 운영되는 독립의 의미가 아니라, 수사에 대한 준칙을 정하는 일반적 지휘 및 지시, 공소유지에 필요한 범위 내에서 수사보완 지시, 검사 스스로 인지한 사건에 대하여 수사

보조 지시 등을 인정하면서 단지 경찰 본래의 기능인 수사기능을 경찰 스스로의 책임과 권한으로 수행하여 민주적이면서도 효율적인 새로운 수사 패러다임의 체제를 이룩해 보자는 것이다.”

만약 내사를 형사소송법에 명문화한다면, 물론 경찰도 내사를 독자적으로 할 수 있을 것이다. 그리고 내사종결까지 검사의 통제를 받을 필요는 없을 것이다. 그러나 내사가 인권침해행위로 변질되거나, 내사결과가 왜곡될 경우 외부통제가 필요할 것이다. 이 경우 검찰이 경찰내사의 종결의 이유를 알고 싶을 때 경찰은 전후관계를 검찰에 알려주어야 한다. 경찰이 검찰직원 또는 법원직원들을 내사하는 것도 가능하다.

그러나 경찰이 더 나아가 검찰내사도 인권침해가 많기 때문에 외부통제를 받아야 한다고 주장할 수 있을 것이다. 그러나 그 통제권 행사는 경찰이 아니고 법원이어야 한다. 이쯤 되면 내사논쟁은 끝난 것이다.

형사소송법의 명문화, 검찰 및 경찰의 내사종결권, 검찰의 경찰내사의 청문권을 보장하면 된다. 그외 복잡한 주장들은 모두 기관의 이기주의(利己主義)라고 생각한다. 내사제도의 법률화를 통해 불필요한 논쟁이 종식되기를 기원한다. 그리고 내사 문제는 인권의 문제라는 것을 인식하길 바란다.

2013년 8월 6일

다음은 저자가 생각하는 형사소송법 개선방안이다.

1. 현행 형사소송법 제196조

제196조 (사법경찰관리)
① 수사관, 경무관, 총경, 경정, 경감, 경위는 사법경찰관으로서 모든 수사에 관하여 검사의 지휘를 받는다.
② 범죄의 혐의가 있다고 인식하는 때 사법경찰관은 범인, 범죄사실과 증거에 관하여 수사를 개시·진행하여야 한다.
③ 사법경찰관리는 검사의 지휘가 있는 때에는 이에 따라야 한다. 검사의 지휘에 관한 구체적 사항은 대통령령으로 정한다.
④ 사법경찰관은 범죄를 수사한 때에는 관계 서류와 증거물을 지체 없이 검사에게 송부하여야 한다.
⑤ 경사, 경장, 순경은 사법경찰리로서 수사의 보조를 하여야 한다.
⑥ 제1항 또는 제5항에 규정한 자 이외에 법률로써 사법경찰관리를 정할 수 있다.
[전문개정 2011.7.18] [[시행일 2012.1.1]]

2. 개선방안

제196조 (사법경찰관리)
① 수사관, 경무관, 총경, 경정, 경감, 경위는 사법경찰관으로서 **내사와 수사에서** 검사의 지시를 받는다.
② **사법경찰관리는 범죄의 혐의가 있다고 인식되는 때** 범인, 범죄사실과 증거를 **수사한다.**
③ **사법경찰관리는 검사의 지시가 있는 때까지 독자적으로 내사와 수사를 개시하고 진행한다.** 검사의 지시에 관한 구체적 사항은 대통령령으로 정한다.
④ **사법경찰관은 범죄를 수사한 때 관계 서류와 증거물을 법정 기일 내에 검사에게 송부한다.**
⑤ 경사, 경장, 순경은 사법경찰리로서 수사를 보조한다.
⑥ **제1항 또는 제5항에 규정한 자 이외 특별사법경찰관리는 법률로** 정할 수 있다.

입법

교도소 명칭 바꾸자! ≪피해자-가해자-원상회복원, 피가원≫

부산은 구치소(부산 사상구 학장 소재) 이전 및 신축 계획에서 혼돈을 겪고 있다. 혼돈의 중심에 "구치소는 혐오시설이다"는 선입관이 있기 때문이다. 부산 강서구 명지는 오는 걸 반대하고 사상구 학장은 이전을 요구한다. 그 사고의 어디에도 범죄피해자는 없다. 오직 '가해자, 범죄자'뿐이다. 우리 동네만은 청정지역이어야 한다는 사고다.

그동안 정부는 구치소를 전통적인 '교정시설'로만 생각했다. 하지만 이 글에서 교정시설을 가해자를 처벌 또는 교화하는 기관으로만 한정하지 말고, 법원과 검찰의 쌍둥이 건물처럼 가해자와 범죄피해자를 위한 자활시설로 함께 운영되는 방안으로 생각해 보자는 주장을 담았다.

교정시설의 명칭도 바꿀 수 있다. 새로운 발상은 먼 곳에 있는 것이 아니기 때문이다.

≪피해자-가해자-원상회복원≫(피가원 제1센터, 피가원 제2센터)을 제안한다.

일반인이 어느 날 범죄피해자가 되면 범죄의 충격으로 뇌(腦)와 심리(心理)는 심각한 손상을 입는다. 가족들이 희생된 공간에서 생활한다는 것은 피해자에게 지옥에서 생활하라는 것과 같은 말이다. 우리나라에서 이에 대한 구체적 연구결과는 없지만, 피해자가 정신질환에 시달리든, 신체적 고통을 겪든, 생활고에 시달리든, 가족이 겪는 후유증은 말로 표현할 수가 없다. 병원에 입원한 환자와 가족들의 뇌를 생각하면 쉽게 이해가 될 것이다.

●● 범죄피해자를 위한 형사소송법

2007년 국회는 형사소송법의 개정을 통해 법정에서 피해자의 권리를 강화하였다. 구체적으로 형사소송법은 제294조의2(피해자 등의 진술권), 제294조의3(피해자 진술의 비공개), 제294조의4(피해자 등의 공판기록 열람 · 등사)를 명문화하였다.

이에 따라 피해자들은 공판절차에서 가해자를 직접 대면하면서 후유증을 설명한다. 이것은 뇌의 손상에 대해 형벌로써 치유해 달라는 호소가 담겨 있다. 피해자가 법정에서 처벌 여부를 결정하는 것은 물론 감정의 문제이다. “저 사람에게 국가가 허용하는 범위에서 엄벌을 내려 주세요!” “불쌍한 사람, 그럴 의도가 아니었으니 선처해 주세요!” 등의 진술들은 직관적이고 감정적인 반응을 불러일으킨다(마이클 가자니가/박인균 옮김, 뇌로부터의 자유, 319면).

판결 선고 날이 오면, 가해자뿐만 아니라 피해자의 뇌 영역은 활성화되고 뇌의 활동량도 많아진다. 피해자의 도덕적 분노가 클수록 피해자의 오른쪽 배외측 전전두피질(DLPFC: Dorsolateral prefrontal Cortex)의 영역은 깊이 반응을 한다. 이 영역은 제3자가 법적인 결정을 내릴 때 관여하는 영역이다. 피해자는 판결 선고에 이처럼 민감하다.

사건을 담당하는 재판부는 소송절차에서 피해자가 받은 뇌(심리)의 손상과 그 회복의 범위 그리고 치유기간 등을 함께 고려해야 한다. 중범죄의 경우 피해자의 뇌(심리) 변화(파괴정도, 진정기간, 회복기간, 정상수준)를 양형에 반영해야 한다. 양형의 제1차 인자(因子)는 피해자의 뇌(심리)의 변화이며, 다음이 가해자의 뇌(심리)의 변화이다. 마지막이

사건 파장에 따른 지역주민들의 뇌(심리)의 변화이다.

형벌의 목적은 피해자를 위한 원상회복에 있다. 가해자가 피해자에게 자력으로 원상회복을 이행할 수 없다면, 국가와 지방자치단체가 후원하고 담당해야 한다. 사법적 회복과 사법복지라고 말한다. 나는 이것이 '범죄피해자를 위한 형사소송법의 과제'라고 생각한다.

지금까지 사법제도의 발전은 피고인 인권과 피해자의 권리 확충에 초점을 맞추었다. 그러나 향후 대한민국 사법개혁은 피해자가 수사절차에서 또 공판절차에서 그리고 재판 이후에도 피해를 극복하고 건강한 뇌(심리) 상태로 인간다운 삶을 유지할 수 있도록 제도를 개선하는 데 집중해야 한다.

가해자에 대한 처벌도 중요하지만, 피해자의 원상회복도 중요하다. 그러나 이러한 원상회복에 대한 사고는 많은 시간이 필요하다고 본다. 그동안 우리는 '범죄도시라는 오명'에 대해 지방자치단체의 장은 본인이 정치적으로 책임을 져야할 사안이 아니라고 믿어 왔기 때문이다.

●● ≪피해자-가해자-원상회복원≫(피가원 제1센터, 피가원 제2센터)

지난 65년 동안 대한민국은 전통적인 '교정시설'만 생각했다. 이제 교정시설을 단지 가해자를 처벌하는 기관 또는 교화하는 기관으로 한정해서는 안 된다. 법원과 검찰의 쌍둥이 건물처럼 가해자와 범죄피해자를 위한 자활 시설로 함께 운영되는 것이 옳다고 생각한다.

교정시설은 "피해자－가해자－원상회복원(피가원, 被加院)"으로 명칭을 바꾸어야 한다. 새로운 발상은 먼 곳에 있는 것이 아니다.

최근의 현상을 하나 소개하려고 한다. 부산은 지금 부산 구치소(사상 소재) 이전 및 신축 계획에서 혼돈을 겪고 있다. 혼돈의 중심에는 "구치소는 혐오시설이다"는 생각이 뇌에 새겨져 있기 때문이다. 그러니 강서구 명지는 안 되고, 사하구 사상은 이전을 요구한다. 그 사고의 어디에도 범죄피해자는 없다. 오직 '가해자, 범죄자'뿐이다. 우리 동네는 청정지역이어야 한다는 사고다.

논의의 범위를 더 넓히고자 한다. 뇌(심리)가 무너진 가정과 개인이 늘어나면, 언젠가 교도소를 더 지어야 한다. 역발상을 하면 건전한 뇌(심리)를 키우는 사회를 만들어야 이 사회는 건강하고 희망이 있으며 '혐오시설'이 줄어들 것이다. 범죄피해자들은 전생에 죄를 지은 자가 아니고 또한 사회에 방치된 '쓰레기'도 아니다. 국가와 사회가 지켜주지 못한 억울한 사람들이다. 국가와 사회가 이들을 보호해 주지 못했다면, 적어도 최소한 이들의 재활은 도와주어야 한다. 이것이 더불어 사는 사회적 조건이다. 범죄 피해자들에게 여기만큼 도움이 필요한 곳이 어디 있겠는가?

부산 '범죄피해자 재활센터(부산 피가원 제1센터)'가 부산 구치소 신축 건물 옆에 꼭 설치되었으면 한다. '구치소' 명칭 변경과 함께 멀리 보는 창의적인 사고가 법무행정에 도입되었으면 한다. 그곳이 명지가 되든, 사상이 되든 부산지역에서 발생한 범죄피해자들을 위한 희망의 재활센터가 전국에서 최초로 개원되었으면 한다. 부산의 자랑인 '영화의 전당' 만큼 사회적 가치가 있을 것이다.

부산은 '범죄도시'라는 오명(汚名)을 가지고 있다. 지역적 특수성이 있을 것이다. 그러나 제2의 도시 부산은 지난 60년 동안 부산지역에서 발생한 피해자들을 위해 무엇을 얼마나 생각했는지 궁금하다. 피해자와 가해자를 위한 시설은 더 이상 '혐오시설'이 될 수 없다. 범죄자가 우글거리는 경찰서도 혐오시설인가?

●● 법조기관의 공동 현수막

오늘은 법의 날이다. 필자에게는 범죄피해자의 뇌(腦)를 생각하는 날이다. "피해자－가해자－원상회복원"(피가원 제1센터: 피해자 재활시설, 피가원 제2센터: 가해자 재활시설)이 실현되었으면 한다.

전 세계의 교도소 명칭은 너무 오래된 것이다. 우리나라가 교도소의 명칭을 바꾸면 세계의 교도소 명칭도 바뀔 수 있다. 법무행정의 창의성을 기대한다.

2014년 5월 1일

사법

이스탄불에서 본 형사법의 신동향

이스탄불은 영어, 독일어, 아랍어, 터키어가 통용되는 인구 1,200만의 국제도시다. 유동인구까지 포함하면 하루 2,000만 명이 산다. 유럽과 아랍 그리고 아시아 방송을 전부 시청할 수 있다. BBC, CNN, ZDF, ALJAZEERA 방송채널이 모두 잡힌다. 터키에서 본 젊은 법학도들은 3개 외국어를 구사했다. 대학원생도, 변호사도, 판사도, 검사도, 교수도 마찬가지였다. 구사능력에 차이가 있을 뿐이었다. 이것이 이스탄불에서 내가 본 형사법의 신동향이었다. 세계는 젊고 유능한 한국의 법률가를 필요로 한다. 전문성과 국제성을 갖추어 학교에서, 법원에서, 검찰에서, 로펌에서, 기업에서 발전하기를 기원한다. 법학의 전 분야에서 여러분이 한국의 대표가 되어 세계를 다니길 소원한다. 이것이 바로 대한민국 로스쿨이 추구하는 진정한 목표다.

2010년 5월 24일부터 6월 3일까지 터키 이스탄불을 다녀왔다. 37개국이 참석한 형사법 국제학술회의가 이곳에서 열렸기 때문이다. 이번 국제학술행사는 규모면에서 엄청났다. 사립 이스탄불 문화대학교, 국립 이스탄불 대학교와 국립 앙카라 대학교가 공동 주최하였고, 터키 대법원과 법무성이 후원하였으며 전체 비용만 60만 유로(10억)가 사용되었다.

ⓒ 2010년 5월 25일 개막식 장면. 터키 법무부 장관이 입장하자 방송사 취재열기가 뜨겁다.

●● 터키의 국제화

이번 학술행사의 큰 주제는 '형사입법의 신동향'이었다. 1부에서는 언론과 인권, 2부에서는 국가기밀과 형법이, 3부는 각국에서 최근 개정된 형사입법 내용이 심도 있게 논의되었다. 필자도 우리나라에서 최근 핫이슈가 되었던 성범죄 관련 개정 법률을 자세히 소개했다.

예를 들면 성폭행범에 대한 전자발찌의 소급적용과 함께 최장 30년까지 전자발찌를 채울 수 있도록 규정한 '특정범죄자에 대한 위치추적 전자장치부착 등에 관한 법률'과 성폭력범죄자에 대해 음주 등 심신미약 상태로 인한 감형을 배제할 수 있는 '성폭력범죄의 처벌 등에 관한 특례법률' 그리고 유기징역형을 최고 50년까지 선고할 수 있도록 규정한 형법 개정의 내용을 소개했다. 개정된 형법은 유기징역 상한을 현행 15년에서 30년으로, 형의 가중 시에는 25년에서 50년으로 상향

ⓒ 2010년 5월 28일 발표장면. 한국 형사 입법의 최근 동향

조정하는 내용을 담고 있다.

아울러 최근 논의 중인 형법총론의 개정 방향에 대해서도 핵심 부분을 요약하여 설명했다. 죄형법정주의를 명문화하고, 이를 형벌뿐만 아니라 보안처분에 대해서도 적용하려는 움직임, 면책적 긴급피난에 대한 명문화, 법률의 착오에 법률의 부지도 포함시키는 안, 중지범 처벌에 있어서 필요적 감면의 효과를 확대하려는 움직임, 정범 개념의 신설, 부진정부작위범에 있어서 동등성의 요건에 대한 명문화 논의과정 등을 소개했다.

이후 이어진 토론과정에서 우리나라의 사형제도 폐지의 움직임, 국민의 사법참여의 운용실태, 경찰의 법집행과정과 인권 문제가 질문으로 쏟아졌다. 필자는 헌법재판소의 최근 결정과 학계와 입법부의 의견들을 설명해 주었고, 국민의 형사재판참여는 그 탄생 배경과 시행상의 문제점들을 소개해 주었다. 또한 우리나라의 법집행과 인권문제는 상당히 개선되었지만, 아직도 많은 개선이 필요하고, 또 과제를 안고 있다고 답변해 주었다, 필자의 발표는 독일어로 했고, 그 내용은 영어와 터키어로 동시통역이 되었다.

●● 터키와 한국

터키와 한국은 서로 형제국가로 통한다. 터키 사람들은 노래와 춤을 좋아하고, 정이 많으며, 화끈하고, 우랄알타이어 계통으로서 정서적으로 문화적으로 우리와 비슷한 점이 많다. 터키는 6·25전쟁 당시 1만 4,936명을 파병해 741명이 목숨을 잃었다. 또 163명이 실종되었고 244명이 포로로 잡혔으며 2,068명이 부상을 당했다. 모두 자발적으로 참전한 용사들이다. 현재 462명의 터키 장병들이 부산 유엔기념공원에 안장되어 있다.

터키어는 한국어, 몽골어, 카자흐어, 헝가리어, 핀란드어와 함께 우랄알타이 계통의 언어로 문법과 어순이 비슷하다. “나는 한국인입니다”를 터키 사람들은 ‘벤 코렐리임’이라고 말한다. 터키는 이슬람 국가이지만, 정교분리가 되어 있으며 민주법치주의 국가라고 볼 수 있다. 수도는 앙카라이지만, 영원한 수도는 역시 이스탄불이다. 이스탄불은 보스포루스 해협을 기준으로 동양과 서양의 길이 갈리는 곳이다. 동서양이 만나 매력을 발산시키는 도시, 비잔틴 제국과 오스만 제국의 다양한 역사와 문화가 숨 쉬고 있는 매혹적인 도시다. 톱카스 궁전, 성스러운 지혜 아야 소피아성은 규모와 예술성에서 감탄스러운 건축물이다. 블루 모스크의 웅장한 돔은 경탄스럽다. 이스탄불은 유적뿐만 아니라 아름다운 바다를 안고 있다.

ⓒ 보스포루스 해협에서 본 동양과 서양을 연결하는 대교이다. 일본이 기증했다고 한다.

●● 터기의 변화

이번 터키 방문에서 참 많은 것을 느꼈다. 하나는 항구도시가 어떻게 이렇게 역사와 예술과 함께 자연적으로 발전했는가 하는 점이다. 바닷가 주변은 참 아름답고 주택들이 옹기종기 모여 있어 도시가 하나의 예술작품이었다.

바다 위에 떠다니는 유람선들은 종류만 수십 종이었다. 선박 건조 1위라는 우리나라에서 보지도 못했던 아름다운 관광유람선들이 하루 종일 다니고 있었다.

ⓒ 이스탄불의 석양

또 하나는 행사 중 만난 이스탄불 변호사협회 사무총장의 한국 사랑이었다. 30대 후반인 이 젊은 변호사는 이미 한국을 방문했었고, 자기 핸드폰에 유엔묘지 터키용사의 기념비와 광안대교를 달리면서 찍었던 동영상을 저장하고 있었다.

이 젊은 변호사와 이야기하면서 우리 국민들이 너무도 터키라는 국가에 무심했구나 하는 생각이 들었다. 터키의 젊은 용사들이 자유와 평화를 위해 바친 희생을 우리 후손들이 절대 잊어서는 안 되며 진심을 다해 터키인들에게 감사해야 한다. 이것이 6.25 전쟁 60년에 소피아 성당을 마주보고, 유럽으로 가는 길과 아시아로 가는 길을 바다 위에서 쳐다보며 느낀 생각이다. 먹고 살기 위해 우리 부모님 세대가 못했다면, 이제 우리의 젊은 20대, 30대가 나서야 한다. 한국의 자존심이기 때문이다. 다문화 가정에 대한 새로운 접근도 여기서 찾을 수 있을 것이다.

ⓒ 이스탄불 보스포루스 해협을 배경으로 저자

이스탄불은 영어, 독일어, 아랍어, 터키어가 통용되는 인구 1,200만의 국제도시다. 유동인구까지 포함하면 하루 2,000만 명이 생활한다.

유럽과 아랍 그리고 아시아 방송을 전부 시청할 수 있다. BBC, CNN, ZDF, ALJAZEERA 방송채널이 모두 잡힌다.

터키가 이번 국제학술행사를 통해 얻고자 한 것은 여러 가지로 보였다. 터키의 인권 신장, 민주주의와 법치주의를 세계 각국에 소개하는 것 외에도 터키 정부가 그동안 추진했던 신형법 및 형사소송법의 적용과정에서 나타난 문제점을 점검하고, 세계의 최신 자료들을 단기간에 수집하면서 대안을 모색해 보려는 시도였다.

발표내용도 사전에 이메일을 통해 항목별로 꼼꼼하게 정리해서 보내주었다. 행사는 자신감과 겸손이 담겨 있었다.

●● 터키의 젊은 법조인

세계는 젊고 유능한 한국의 법률가를 필요로 한다. 터키에서 본 젊은 법조인들은 3개 외국어를 구사했다. 대학원생도, 변호사도, 판사도, 검사도, 교수도 마찬가지였다. 구사능력에 차이가 있을 뿐이었다. 이것이 이스탄불에서 필자가 본 형사법의 신동향이었다.

세계는 젊고 유능한 한국의 법률가를 필요로 한다. 전문성과 국제성을 갖추어 학교에서, 법원에서, 검찰에서, 로펌에서, 기업에서 발전하기를 기원한다. 법학의 전분야에서 여러분이 한국의 대표가 되어 세계를 다니길 소원한다. 이것이 바로 대한민국 로스쿨이 추구하는 진정한 목표다.

이번 형사법 학술행사에는 필자가 다녀왔지만, 다음 기회에는 이 글을 읽고 있는 유능한 여러분이 초청을 받게 될 것이다.

법률저널, 2010년 7월 2일

교육

통일시대와 법학전문대학원(一)

독일은 1990년 10월 3일 통일되었다. 독일 통일 이후 구동독 5개주에서 사법시스템이 복구되었고, 변호사 시장도 확대되었으며, 법과대학이 재건되었다. 모두 서독 출신 법조인들이 해낸 업적이다. 이 지역에서 활동한 법조인의 80% 이상이 70년·80년대 서독에서 법학을 공부하고 실무를 쌓은 법조인이었다. 통일 이후 이들이 구동독의 법률문화를 바꾸었고 법치국가를 다시 복원한 것이다.
우리도 머지않아 통일시대가 도래할 것이다. 그에 대비한 인재들이 로스쿨에 준비되어 있다는 의지를 담은 글이다. 법학전문대학원(로스쿨) 법조인들이 통일시대를 이끌 핵심세력이 되려면 젊은 변호사들에게 연수 기회를 확대하고, 법조 역량을 키울 수 있는 사회 여건을 조성해 줘야 하며, 다양한 분야에서 또 여러 지역에서 법조인이 양성되는 것이 바람직하다. 매년 법조 채용시장에서 법원, 검찰, 경찰, 군법무관, 각 정부기관 그 외 로펌과 기업 및 전국 25개 로스쿨에서 박사과정으로 일정 규모 이상씩만 채용해 준다면 변호사시험 합격자 중 약 70%가 취업할 수 있다. 10년 정도 가다보면 통일시대를 대비한 법조 인력은 자연스레 충원되는 것이다.
2014년 졸업한 로스쿨 3기생을 보면 변호사시험 합격자 1,492명을 기준으로 검찰 38명(4.2%), 법원 60명(6.7%), 법률사무소 289명(32%), 법무법인 510명(56.8%) 순으로 취업하였다. 입학정원 대비 44.9%이다. 앞으로 각 분야 진출이 제대로 이루어진다면 취업률이 더 나아질 수 있을 것이다.

제1회 변호사시험이 끝났다. 로스쿨 제1기생의 취업이 걱정이다. 언론은 "500여 명만이 정식 채용될 것이며, 지방 로스쿨 출신의 경우 취업이 더 어려울 것"이라고 전망한다. 통일시대를 맞이하여 로스쿨이 가진 역사적 의미와 그 역할을 분명히 정리할 필요가 있다.

●● 통일시대의 법조인의 역할

첫째, 남북통일시대와 법조 인력 수급이다. 김정일 사후 우려했던 급변사태는 다행히 넘겼지만, 김정은 체제는 여전히 불안하다. 우리 국민은 북한체제가 안정되고 화해 · 협력의 평화시대를 희망하지만, 한반도 미래는 아무도 정확히 예측할 수 없다.

독일은 1990년 10월 3일 통일되었다. 독일 통일 이후 구동독 5개주에서 사법시스템이 복구되었고, 변호사 시장도 확대되었으며, 법과대학이 재건되었다. 모두 서독 출신 법조인들이 해낸 업적이다. 이 지역에서 활동한 법조인의 80% 이상이 70년 · 80년대 서독에서 법학을 공부하고 실무를 쌓은 법조인이었다. 통일 이후 이들이 구동독의 법률문화를 바꾸었고 법치국가를 다시 복원한 것이다.

우리도 멀지 않아 통일시대가 도래할 것이다. 필자는 로스쿨 출신 법조인들이 통일시대를 이끌 핵심세력이 될 것으로 확신한다. 따라서 젊은 변호사들에게 연수의 기회를 넓혀 주고 법조 역량을 키울 수 있도록 사회 여건을 조성해 주는 것이 필요하다. 다양한 분야와 여러 지역에서 양성된 법조인이 바람직하다. 고시를 통한 선발방식으로는 세계화 시대와 통일시대를 효율적으로 대비할 수 없다. 로스쿨 출신 변호사들이 사시 출신보다 법학 부분의 수련기간이 다소 부족하더라도 더 넓은 마음으로 포용해야 할 이유가 여기에 있다.

삭막한 고시촌보다는 역동적인 실무현장에서 배우며 깨우치는 것이 올바른 국가인적자원개발방법이기 때문이다. 그래서 각 기관은 가능하다면 한 명이라도 더 많이 채용해야 한다.

●● 공정한 채용

둘째, 차별 없는 채용이다. 사법시험 출신과 변호사시험 출신을 구분할 필요가 없다. 실력과 전문성에 따라 우수한 자를 공정하게 선발하면 된다. 전체 합격자의 평균 실력의 경우 사법시험 출신자들이 우수할 수 있다. 공부 연한과 연수 경력이 있기 때문이다.

그러나 상위 20%의 경우 사법시험이든 변호사시험이든 실력의 차이는 미미할 것이다. 로스쿨 출신 변호사도 잠재역량이 있고 우수하다. 오히려 채용기관에서는 어학능력과 전공지식을 갖춘 다양한 법조인을 충원할 기회를 누리게 될 것이다.

예를 들면 법학 전공으로 가득찬 조직문화에서 의과대학, 공과대학, 경영대학, 예술대학, 사범대학 출신의 젊은 변호사들은 분명 활력소가 될 것이다.

따라서 2012년 채용시장에서 법원 100명, 검찰 100명, 경찰 100명, 군법무관 100명, 각 정부기관 100명, 그 외 로펌과 기업에서 200~300명, 전국 25개 법학전문대학원에서 박사과정으로 100명 정도만 채용해 준다면, 제1차 변호사시험 합격자 중 약 70%가 취업을 하는 것이다.

10년 정도 가다 보면 통일시대를 대비한 법조 인력은 자연스럽게 충원되는 것이다.

●● 로스쿨 교원양성

셋째, 대학도 교수요원을 양성해야 한다. 우수학생들에게 법학박사 과정을 이수할 기회를 주어야 한다. 로스쿨 성패는 결국 교수진에 달려있기 때문이다. 대학은 법학박사학위과정에 집중할 수 있도록 장학금과 생활지원을 해 줄 필요가 있다. 이들이 여름특강과 겨울특강, 모의고사 출제와 채점을 지원할 때 로스쿨 교육의 질은 향상될 것이다. 방학 중 학원가를 배회하는 로스쿨 학생들의 수를 줄이는 방법은 이 길 밖에 없다. 그렇게 해야 뮌헨대학 교수가 베를린 대학에서 변시대비 특강을 하는 일이 없을 것이다. 원정특강도 과거 낡은 방식들이다.

●● 유능한 법조인

넷째, 로스쿨 출신 변호사들은 국내에서 안주하지 말고, 국외로 눈을 돌려야 한다. 어학실력을 쌓고, 외국 로펌 및 국제기구에서 실무경험을 쌓을 수 있는 시기는 젊음이 있을 때 가능하다. 외국의 젊은 법조인들이 2~3개 외국어를 구사한다는 것을 기억해야 한다. 로스쿨 출신 변호사들은 장래 이들과 경쟁해야 한다. 부족함을 안다면, 실력을 키워 그 자리로 가는 것이 맞다. 생명력이 있는 법조인의 전제조건들이다. 자기의 실력은 본인이 잘 알 것이다.

●● 꿈을 펼쳐라

지난 3년을 보내고 나서 뒤를 돌아보니 아쉬움이 많다. 그 소중했던 3년의 학창시절을 참담한 '신고시시대(新考試時代)'로 전락시켜 버린 법학전문대학원과 대학원 학생 그리고 각 기관은 깊이 반성해야 한다. 더 자유스럽게, 더 열정적으로, 더 매진할 수 있는 기회를 미리 조성해 주지 못했기 때문이다. 2011년 75% 합격률에 대한 긴 싸움이 대표적인 예다.

영명(榮名)한 꿈을 가진 젊은 변호사들이여! 로스쿨 시대가 열렸다. 실무와 학계에서 마음껏 그 꿈을 펼치길 바란다. 준비가 안 된 취업보다는 자신의 역량을 키워 적절한 시기에 알맞은 자리를 찾는 지혜도 있어야 한다. 주변의 비난에 대해 먼저 각자 노력으로 봉사해야 한다. 군자(君子)의 자세를 잃지 마라. 겸손함(敬)과 진지함(義)이다.

변협신문, 2012년 1월 7일

교육

로스쿨 면접과 로스쿨 미래(二)

로스쿨에서는 많은 시행착오와 혼선이 있었다. 시험방식과 시험유형이 확정되지 않아 "어떻게 강의를 해야 할 것인지", 또한 실력의 편차가 있는 경우 "어떻게 일정한 수준으로 끌어올릴 것인지" 모두가 고민했다. 이론수업은 딱딱하고, 판례수업은 어려웠다. 때문에 수업부담은 학생과 교수에게 막중했다. 그 외 학부생들과의 갈등, 장학금 문제, 성적산출, 학사경고기준, 강제분반과 선택분반에 따른 자율성 침해 문제도 갈등의 불씨가 되었다.
배는 항구를 출발했다. 미지의 대륙을 향해 가고 있다. 더 많은 법조인과 더 유능한 법률가를 시민들이 원한다면, 법학전문대학원(로스쿨)은 반드시 성공해야 한다. '귀족' 로스쿨이 되어서는 안 되며, '무능한' 로스쿨이 되어서도 안 된다. 통일과 세계무역분쟁 그리고 국내외의 특수 분야의 전문가를 위해서 로스쿨은 정착되어야 한다. '질타'는 하되 '판'을 깨어서는 안 된다.

2009년 11월 21일 로스쿨 2기 면접이 끝났다. 다양한 학생들이 다양한 경험을 가지고 지원했다. 영어는 기본이고, 일본어와 중국어까지 구사하는 '국제화'된 학생부터, 7년간 아침 영어방송을 청취했다는 학생, 10년간 일본과 미국에서 유학했다는 학생, 그리고 전문자격증을 취득한 전문가와 대기업 임원 그리고 언론사 기자들도 면접에 참석했다. 고시공부를 하던 학생들과는 전혀 다른 삶을 살아 왔던 사람들이다.

물론 고시공부를 하고 수회 1차 시험 합격을 했지만, 마무리를 못하고 로스쿨로 전향한 사람들도 있었다. “왜 왔느냐?”라는 물음에 폐쇄된 ‘골방’에 갇혀 사고하는 것이 너무 고통스럽고, 큰 의미를 부여할 수 없다는 확신이 왔다고 했다. 로스쿨 면접은 새로운 시작을 꿈꾸는 사람들의 각오와 만나는 장이었다.

이러한 현상은 매우 긍정적이다. 똑똑한 인재들을 고시촌에서 빼오는 것, 또 고시촌으로 진입하는 참신한 인재를 학교로 유인하는 것이 로스쿨의 취지와 일치하기 때문이다. 자유롭게 사고하고, 다양하게 배우는 것이 교육을 통한 법조인 양성이라면, 현행 로스쿨은 큰 흐름에서 기초를 다지고 있다고 생각한다.

●● 시행착오

지난 1년간 로스쿨에서는 많은 시행착오와 혼선이 있었다. 시험방식과 시험유형이 확정되지 않아 “어떻게 강의를 해야 할 것인지”, 또한 실력의 편차가 있는 경우 “어떻게 일정한 수준으로 끌어올릴 것인지” 모두가 고민했다. 이론수업은 딱딱하고, 판례수업은 어려웠다. 때문에 수업부담은 학생과 교수에게 막중했다. 그 외 학부생들과의 갈등, 장학금 문제, 성적산출, 학사경고기준, 강제분반과 선택분반에 따른 자율성 침해 문제도 갈등의 불씨가 되었다.

학생들도 중심을 잃고 우왕좌왕했다. 로스쿨도 결국 고시니까, 학원강의의 유혹을 받았다. 선례가 없었던 로스쿨은 이처럼 학기 시작과 함께 힘들었다. 짧은 시간에 부과된 엄청난 범위의 학습량에 질리기도 했다. 또 많은 과제물에 대해 회의를 가졌다. 이것이 과연 변호사 시험에 직결되는지? 결국 신뢰와 방향 그리고 중심이 무너지니 학회참가, 명사와의 만남, 특강, 학교 행사 등은 모두 학습에 '방해'가 된다고 생각했다. 학생들은 다시 '폐쇄된 공간의 고시 향수'를 강하게 느끼기 시작했다. 여기에 상이한 경험을 가진 교수들의 각양각색(各様各色)의 공부방법도 혼돈에 영향을 미쳤다.

●● 로스쿨 성공해야

그럼에도 로스쿨의 미래는 밝다고 본다. 그 이유는 여러 가지가 있다.

첫째, 지원자들의 의식이다. 몇몇 강사에 결국 의존하여, 자신을 극도로 통제하면서 합격에 운명을 거는 것보다 교육을 통한 법조인 양성을 간절히 희망하고 있다는 점이다. 문제는 이들이 충분히 공부할 수 있도록 교수와 행정이 얼마나 뒷받침 해 주느냐이다. 과제는 학습방법의 통일, 강의방법의 다양화, 학생들이 감당할 수 있는 범위에서 효과적인 지도, 학부전공을 살릴 수 있도록 특성화 강좌의 실질적 운영이 중심이 될 것이다. 기존 법대와 다르며, 학원 강좌와 차별화될 때 학교가 제 역할을 할 것이다.

둘째, 10년 이후 교수진이 대폭 개편된다. 현재는 실무교수와 이론교수가 섞여 각자 그들의 역할을 다하고 있지만, 세월이 가면서 이것도 학생들을 위해 서로 융합되고 통합될 것이다. 이렇게 되면 우려하는 많은 문제점들은 정리될 것이다. 물론 그 사이 갈등과 이견이 있을 수 있겠지만, 정착 단계인 10~15년 동안 이 정도의 파장은 작은 파도에 불과하다고 생각한다.

셋째, 중앙 소재 로스쿨과 지방 로스쿨의 차별화는 미미해질 것이다. 초기에는 로스쿨 서열에 관심을 쏟겠지만, 결국 전체 인원을 합쳐도 소수이기 때문에 사고의 전환이 일어날 것이다. 일부 재수와 편입을 꿈꾸는 사람도 있겠지만, 이것 또한 옛날 사고에 젖은 선택일 것이다. 법학에 재미를 가지고 열정적인 교수와 만나면서 법조 인생의 깊은 의미를 느끼게 될 때 특성화 중심 로스쿨의 가치를 분명하게 확인하게 될 것이다. 로스쿨 출신자들이 실력을 갖추어 해당 지역과 세계를 무대로 자기 영역을 구축해 나갈 때, 중앙과 지방의 구별은 큰 의미가 없다고 본다. 전문성과 다양성이 주는 혜택이 될 것이다.

배는 항구를 출발했다. 미지의 대륙을 향해 가고 있다. 더 많은 법조인과 더 유능한 법률가를 시민들이 원한다면, 로스쿨은 반드시 성공해야 한다. '귀족' 로스쿨이 되어서는 안 되며, '무능한' 로스쿨이 되어서도 안 된다. 통일과 세계무역분쟁 그리고 국내외의 특수 분야의 전문가를 위해서 로스쿨은 정착되어야 한다. 이제 법원, 검찰, 변호사협회도 미래를 향해 같이 가야한다.

법률저널, 2009년 12월 4일

사법

대법원 판결문에서 법문장의 문제점과 개선방안(一)

"안타깝고 서글프다. 난해한 어휘와 길고 답답한 문장은 비난의 대상이 되었다. 긴 문장을 여러 개의 문장으로 나누고, 주어가 바뀌면 문장을 끝내야 하며, 세 줄을 넘으면 마침표를 찍고 새로 문장을 시작하고, 두괄식으로 글을 쓰자고 제의한다. 우리나라 판결에 문제가 있다. 판결문의 문장구성방식에 기인한다. 동사 중심으로 다시 풀어씀으로써 우리 어법에 맞는 말로 돌아올 수 있다."(고종주, 재판의 법리와 현실 - 소송사건을 이해하고 표현하는 방법 -, 법문사, 2011, 142면)
"판결문장 작성의 2대 원리 - 품위 있고 읽기 쉽게. 쉬운 단어와 짧은 문장, 핵심사항을 간결 명료, 귀로 읽어 걸림이 없어야 한다. 능동태로 사용한다. 단순긍정으로 적는다. 구체적이고 생생하게 재현하고 논증은 두괄식이다. 어법에 맞는 단어와 문장을 정확하게 쓴다. 판결문이 그 자체로 완결성을 갖추었는지 최종 점검한다. 좋은 판결문은 완성도가 높다. 명료하여 오해의 여지가 없어야 한다. 서술의 체제가 잘 정돈되어 있어야 한다. 품위를 갖추고 있다는 점, 법원의 견해이자 국가의 의사, 소중한 의견과 희망을 담은, 향기롭고 아름다운 그릇이어야 한다." (고종주, 재판의 법리와 현실 - 소송사건을 이해하고 표현하는 방법 -, 법문사, 2011, 125~233면 요약)

"길다. 어휘는 너무 전문적이다. 어려운 용어가 많다. 부자연스럽다. 거대한 문장의 덩어리이다. 판결문의 문장들은 전근대적 수준에 머물고 있다. 안개 낀 들판을 헤매는 경험을 해야 한다."(고종주, 재판의 법리와 현실 - 소송사건을 이해하고 표현하는 방법 -, 법문사, 2011, 133면 각주 6). 2016년 대법원 판례를 보면 알 수 있다.

●● 대법원 2016. 2. 18. 선고 2015도16586 판결

[마약류관리에관한법률위반(마약)·마약류관리에관한법률위반(향정)]

【판시사항】

검사 작성의 피의자신문조서에 대한 실질적 진정성립을 증명할 수 있는 수단으로서 형사소송법 제312조 제2항에 규정된 '영상녹화물이나 그 밖의 객관적인 방법'의 의미 및 조사관 또는 조사 과정에 참여한 통역인 등의 증언이 이에 해당하는지 여부(소극)

【판결요지】

실질적 진정성립을 증명할 수 있는 방법으로서 형사소송법 제312조 제2항에 예시되어 있는 영상녹화물의 경우 형사소송법 및 형사소송규칙에 의하여 영상녹화의 과정, 방식 및 절차 등이 엄격하게 규정되어 있는데다(형사소송법 제244조의2, 형사소송규칙 제134조의2 제3항, 제4항, 제5항 등) 피의자의 진술을 비롯하여 검사의 신문 방식 및 피의자의 답변 태도 등 조사의 전 과정이 모두 담겨 있어 피고인이 된 피의자의 진술 내용 및 취지를 과학적·기계적으로 재현해 낼 수 있으므로 조서의 내용과 검사 앞에서의 진술 내용을 대조할 수 있는 수단으로서의 객관성이 보장되어 있다고 볼 수 있으나, 피고인을 피의자로 조사하였거나 조사에 참여하였던 자들의 증언은 오로지 증언자의 주관적 기억 능력에 의존할 수밖에 없어 객관성이 보장되어 있다고 보기 어렵다. 결국 검사 작성의 피의자신문조서에 대한 실질적 진정성립을 증

명할 수 있는 수단으로서 형사소송법 제312조 제2항에 규정된 '영상녹화물이나 그 밖의 객관적인 방법'이란 형사소송법 및 형사소송규칙에 규정된 방식과 절차에 따라 제작된 영상녹화물 또는 그러한 영상녹화물에 준할 정도로 피고인의 진술을 과학적·기계적·객관적으로 재현해 낼 수 있는 방법만을 의미하고, 그 외에 조사관 또는 조사 과정에 참여한 통역인 등의 증언은 이에 해당한다고 볼 수 없다.

●● 대법원 2016. 2. 18. 선고 2015도17115 판결
[사기·주민등록법위반·위조사문서행사]

【판시사항】

피고인 아닌 자의 진술을 기재한 서류가 진술자가 공판정에서 한 진술에 의하여 진정성립이 증명되지 않았음에도 형사소송법 제314조에 의하여 증거능력이 인정되기 위한 요건 중 '외국거주'의 의미 / 진술을 요하는 자가 외국에 거주하고 있어 공판정 출석을 거부하면서 출석할 수 없는 사정을 밝히고 있으나, 거주하는 외국의 주소나 연락처 등이 파악되고 해당 국가와 대한민국 간에 국제형사사법공조조약이 체결된 상태인 경우, 형사소송법 제314조 적용을 위하여 법원이 취해야 할 절차

【판결요지】

참고인 진술서 등 피고인 아닌 자의 진술을 기재한 서류가 진술자

가 공판정에서 한 진술에 의하여 진정성립이 증명되지 않았음에도 형사소송법 제314조에 의하여 증거능력이 인정되려면, 진술자가 사망·질병·외국거주·소재불명, 그 밖에 이에 준하는 사유로 인하여 공판정에 출석하여 진술할 수 없는 때에 해당하고, 또 서류의 작성이 특히 신빙할 수 있는 상태에서 행하여졌음이 증명되어야 한다. 여기서 '외국거주'란 진술을 요하는 자가 외국에 있다는 것만으로는 부족하고, 수사 과정에서 수사기관이 진술을 청취하면서 진술자의 외국거주 여부와 장래 출국 가능성을 확인하고, 만일 진술자의 거주지가 외국이거나 그가 가까운 장래에 출국하여 장기간 외국에 체류하는 등의 사정으로 향후 공판정에 출석하여 진술을 할 수 없는 경우가 발생할 개연성이 있다면 진술자의 외국 연락처를, 일시 귀국할 예정이 있다면 귀국 시기와 귀국 시 체류 장소와 연락 방법 등을 사전에 미리 확인하고, 진술자에게 공판정 진술을 하기 전에는 출국을 미루거나, 출국한 후라도 공판 진행 상황에 따라 일시 귀국하여 공판정에 출석하여 진술하게끔 하는 방안을 확보하여 진술자가 공판정에 출석하여 진술할 기회를 충분히 제공하며, 그 밖에 그를 공판정에 출석시켜 진술하게 할 모든 수단을 강구하는 등 가능하고 상당한 수단을 다하더라도 진술을 요할 자를 법정에 출석하게 할 수 없는 사정이 있어야 예외적으로 적용이 있다.

나아가 진술을 요하는 자가 외국에 거주하고 있어 공판정 출석을 거부하면서 공판정에 출석할 수 없는 사정을 밝히고 있더라도 증언 자체를 거부하는 의사가 분명한 경우가 아닌 한 거주하는 외국의 주소나 연락처 등이 파악되고, 해당 국가와 대한민국 간에 국제형사사법

공조조약이 체결된 상태라면 우선 사법공조의 절차에 의하여 증인을 소환할 수 있는지를 검토해 보아야 하고, 소환을 할 수 없는 경우라도 외국의 법원에 사법공조로 증인신문을 실시하도록 요청하는 등의 절차를 거쳐야 하고, 이러한 절차를 전혀 시도해 보지도 아니한 것은 가능하고 상당한 수단을 다하더라도 진술을 요하는 자를 법정에 출석하게 할 수 없는 사정이 있는 때에 해당한다고 보기 어렵다.

●● 고종주 부산지방법원 전(前) 부장판사의 고백

"거대한 문장 덩어리를 바꾸어야 한다. 짧고 명료하게 판결문을 써야 한다. 판결문은 요점을 추려도 도해(圖解)가 가능해야 한다. 강제력이 있는 국가의 중요한 문서는 당사자를 설득하는 글이다. 동사 중심으로 돌아와야 한다. 진행과정의 끝이 장면으로 선명하게 떠올려야 정확한 의미를 터득할 수 있다."(고종주, 재판의 법리와 현실-소송사건을 이해하고 표현하는 방법-, 법문사, 2011, 125~233면 요약)

"재판서는 실용 문서이므로, 건조한 학술논문식의 글쓰기를 연상시키는 방식이나 체제는 권장하고 싶지 않다. ① 짧은 문장, ② 쟁점별로 번호와 소제목 넣어 쓰기, ③ 결론을 앞에 내세우는 두괄식 문장 쓰기, ④ 도표와 수식, 각주 등 적절히 활용하기 등이다. 괄호를 벗긴 다음, 문장 중에 그 취지가 자연스럽게 녹아들게 표현이다. 법관의 책상위에 용례가 풍부한 우리말사전 외에 동의어사전이 있어야 되는 이유가 바로 그 때문이다."(고종주, 재판의 법리와 현실-소송사건을 이해하고

표현하는 방법-, 법문사, 2011, 157~160면 요약)

"작가 김훈은 형법의 그 삼엄하고 서릿발 같은 개념 규정에만 매료되었을 뿐 다행스럽게도 민법 조항에 드러난 잘못된 구문은 아직 모르는 듯하다."

"조셉 퓰리처(Joseph Pullitzer)의 말이다. "무엇이든 짧게 써라. 그러면 읽힐 것이다. 명료하게 써라. 그러면 이해될 것이다. 그림같이 써라. 그러면 기억 속에 머물 것이다.""

고종주 전 부장판사는 법률가들에게 조세희의 '난장이가 쏘아올린 작은 공'(문학과 지성사, 1987)을 추천한다(고종주, 재판의 법리와 현실-소송사건을 이해하고 표현하는 방법-, 법문사, 2011, 162면).

"역사에 길이 남는 명문은 주로 쉬운 문장이다. 국민들의 입술에서, 가슴에서 오래토록 살아 있는 그런 명문의 판결문을 만나게 되기를 많은 사람이 바라고 있다. 언어의 광복이 있어야 한다. 법률문장론이나 법조계의 글쓰기 개혁운동이 확산되어야 한다."(고종주, 재판의 법리와 현실-소송사건을 이해하고 표현하는 방법-, 법문사, 2011, 167~169면)

2016년 4월 11일

참·고·문·헌

고종주, 재판의 법리와 현실-소송사건을 이해하고 표현하는 방법-, 법문사, 2011.

입법

형사입법에서 법문장의 문제점과 개선방안(二)

우리나라 형사소송법의 법문장은 일본 법문장의 영향을 받았다. 그 특징은 장문이다. 한 조문에 많은 정보를 담고 있다. 그래서 일반 국민들이 복잡한 법문장을 이해하는 것은 쉽지 않다. 외국어(영어와 독일어)로 바꾸기도 힘들다. 이것이 형사소송법에서 법문장의 문제점이다. 짧고 명확한 문장으로 개정되어야 한다. 비록 법률이 풍부한 내용을 담고 있다고 해도, 문체가 결여된 싸구려 모조품 같은 느낌을 주어서는 안 된다.
향후 형법과 형사소송법의 전면 개정이 어렵다면, 일부 개정 때 개조식 그리고 두괄식 문장으로 법문장을 '한 장(章), 한 조문(條文), 한 문장(文章)'을 정비할 필요가 있다. 형사소송법의 경우 최소한 수사편과 증거편만이라도 빠른 시간 내에 개정이 필요하다.
현행 법률을 개정할 때마다 의지를 갖고 쉽게 바꾸어야 하고, 각 장(章)을 매년 단계적으로 손질해야 한다. 자동차의 부속품을 교체하는 것과 같다. 그 다음에 형법과 형사소송법을 전면 개정을 해야 한다. 20대(2016~2020) 국회에 기대를 건다.

Q. 독일 철학자 프리드리히 니체(Friedrich Nietzsche, 1844~1900)는 ≪읽기와 쓰기에 대해서≫ 무엇이라고 말했나?

"쓰려면 피로 써라. 그러면 피가 곧 너의 넋임을 알게 될 것이다. 피와 잠언으로 글을 쓴 사람은 그저 읽히기를 바라지 않고 암송되기를 바란다. 저들 경쾌하고 어리숙하며 사랑스런 그리고 발랄한 작은 영혼들이 날개를 푸드럭거리며 날아가는 것을 보노라면 자라투스트라는 눈물을 흘리며 노래부르게 된다. 나의 악마, 저 악마로 인해 모든 사물은 나락으로 떨어지고 만다."(프리드리히 니체 / 정동호 번역, 『자라투스트라는 이렇게 말했다』, 니체전집 13(KGW VI 1) 개정 2판, 책세상, 2015, 63-65면(읽기와 쓰기에 대하여))

Q. 독일 철학자 아르투르 쇼펜하우어(Arthur Schopenhauer, 1788~1860)는 모국어 죽음을 무엇이라고 말했나?

"오늘날 널리 통용되는 문체야 말로 독일 국민이 보여 주는 아둔함의 대표 격이며, 장황하고 복잡하게 늘어진 문장에서 나는 독일 국민의 참담한 내일을 목격한다. 간혹 이들이 쓴 글을 읽게 되면 5분 정도는 뭔지 알 수 없는 글귀들을 참을성 있게 받아들여야 결말 부분에 이르러서 마침내 수수께끼를 풀게 된다. 어쨌든 이런 문장들이 독일 국민들을 만족시키고 있다. 때문에 문체는 날이 갈수록 위엄과 엄숙한 풍모에 젖어들고 있으며 국민은 점점 바보가 되어 간다."(아르투르 쇼펜하우어 / 김욱 옮김, 쇼펜하우어의 문장론, 지훈출판사, 2005, 172면)

Q. 형사입법에 법문장이 왜 중요한가?

입법가와 실무가와 이론가가 현행 형법과 형사소송법의 법문장을 고민하는 시간이 되었다. 우리는 그동안 형사입법은 국회와 법무부의 문제로 생각했다. 이대로는 안된다. 현실 감각에 맞는 창의적인 발상을 할 시기가 되었다고 생각한다. 입법이 정확하면 많은 학설(學說)을 줄일 수 있을 것이다. 그렇기 때문에 법문장이 중요하다.

Q. 형사입법 무엇이 문제인가?

문장이 길다. 많은 정보가 담겨 있기 때문이다. 가독성이 떨어진다. 이해하기 어렵다. 법문장의 영향으로 판례도 대체로 문장이 길다. 각 조문마다 통일성이 떨어진다. 어떤 장은 '이장' 또 '본장'으로 되어 있고, '단' 또는 '다만'으로 서술되어 있다.

또한 '전조' '전항의 행위'로 등 법조문의 독자성이 떨어진다. 다양한 행위 유형은 가능한 개조식으로 분리하여 각 호를 사용하는 것이 맞다. 그림으로 설명할 수 없다면, 가능한 알기 쉽게 서술해야 한다. 이것이 죄형법정주의의 현대적 정신이다. 명확성은 단어뿐만 아니라 문장에서도 명확해야 한다.

'서울에 사는 ○○○대표님과 ○○○부장님'은 '서울에 사는 ○○○대표님과 대전에 사는 ○○○과장님'과 다르다. 수식어 문제도 더 명확해야 한다. 그리고 이미 확립된 판례의 정문은 법문장에 반영되어야 한다. 필자는 이것이 한국 형사입법의 근본문제라고 생각한다. 학파논쟁은 입법논쟁이다. 우리도 한번 거쳐야 한다.

Q. 독일의 형사입법은 어떤가?

독일의 형사입법은 가독성을 높이는 개조식 법문장으로 가는 추세이다. '전조' 또는 '전항'보다 '제○○조, 제○항'이라고 해당조문에 명확하게 밝히고 있고, '다음의 각호'를 원칙적으로 사용하며, '콤마(,)'를 사용하고 단(段)을 구분하고 있다. 개정을 할 때 형법에 편입하기가 쉽다. 한마디로 실무가와 일반국민들에게 '해석'의 부담을 줄이는 입법이다. 필자는 이것이 국민 친화적인 법문장이라고 생각한다.

Q. 한국 형사입법의 최근 경향은?

한국의 형사입법은 최근 많이 발전했다. 그러나 아직 부족하다. 주어, 동사, 목적어, 부가어가 더 명확해야 한다. 가능한 긍정문과 능동태로 법문장이 작성되어야 한다. 이중 부정문도 개선되어야 한다. 법문장은 규범준수에 효과도 있다. 인간의 뇌(腦)구조는 일상적인 언어유형을 좋아한다. 최근 개정된 경찰관직무집행법 제3조는 좋은 모범사례가 될 것이다. 개조식 문장은 그림처럼 시각효과가 있고 간결하여 인지효과가 높다.

Q. 어떻게 고칠 것인가?

법언어에 대한 철학이 강화되고 법문장에 투영되어야 한다. 독일 철학자 쇼펜하우어의 언어철학이다.

"문법의 발단은 인간의 사상을 완벽하게 표현하기 위한 실질적인 수단이다. 그러나 입법가들은 과연 어떤가? 그들은 지면을 절약하기 위해 조상들이 남겨 놓은 세밀한 문법적 구별을 무용지물로 만들고 있다. 그중에서도 대표적인 만행이 여러 개의 행위양태를 묶어 놓은 장문이다. 어떤 법문장이든 실무가와 일반국민들을 위한 진지한 배려가 시도되어야 하며, 객관적 설명이 부가되도록 노력해야 한다. 언어는 객관이다. 따라서 입법자가 멋대로 표현하고, 읽는 실무가와 일반국민이 그 의미를 적당히 추측해 내도록 요구하는 것은 만행이다. 격(格)을 무시하고, 전항과 전문을 다시 찾도록 하고, 접두사를 생략하는 것은 주관주의다."(아르투르 쇼펜하우어 / 김욱 옮김, 쇼펜하우어의 문장론, 지훈출판사 2005, 181면, 183면)

쇼펜하우어는 또 이렇게 우리들에게 말한다. "적어도 학자라면 이러한 풍조에 반항하는 구체적인 시범을 보이고, 참된 한국어를 수호해야 마땅함에도 누구 한 사람 입법자의 법문장을 제지하려는 용기를 드러내지 못하고 있다. 나는 지금까지 이런 입법자에게 순수한 학구적 열망으로 저항하는 학자를 보지 못했다. 오직 해석론이다."(아르투르 쇼펜하우어/김욱 옮김, 쇼펜하우어의 문장론, 지훈출판사, 2005, 184면)

쇼펜하우어는 한국 법학자들에게 조언한다. "학자들에게 분노가 없다. 멍청한 비둘기처럼 먹이를 던져 주는 손길에 감사의 눈물만 흘린다. 그러나 분노가 결여된 자에게 지성도 결여되어 있다는 점을 명심해야 할 것이다. 지성은 반드시 어떤 종유의 '예리함'을 요구한다. 예리한 감각은 법문장에서도, 또한 판례평석에서도 비난과 모멸을 불러일으키기 위해 항상 손을 맞잡는다. 이런 살아 있는 감정이야 말로 어리석은 모방을 제지하는 유일한 방법이다."(아르투르 쇼펜하우어/김욱 옮김, 쇼펜하우어의 문장론, 지훈출판사, 2005, 184면) "대륙법 체계라면 법문으로 돌아가라"처럼 읽힌다.

Q. 알기 쉬운 형사입법의 실익은?

형사소송법 제312조와 제313조는 법문장이 길어서 가독, 이해, 해석, 인용에 많은 어려움이 있다. 실무가와 학생들은 잘 알 것이다. 형사소송법과 형법의 복잡한 법문장을 개조식 문장으로 바꾸면 실무가와 일반인들에게 많은 도움이 될 것이다. 형법과 형사소송법 그리고 형사특별법 법문장을 다듬는 작업은 입법가와 실무가와 교수 그리고 시민들이 같이 고민해야 하는 과제라고 생각한다.

●● 형사소송법에서 법문장의 문제점과 개선방안

우리나라 형사소송법의 법문장은 일본 법문장의 영향을 받았다. 그 특징은 장문이다. 한 조문에 많은 정보를 담고 있다.

그래서 일반 국민들이 복잡한 법문장을 이해하는 것은 쉽지 않다. 외국어(영어와 독일어)로 바꾸기도 힘들다. 이것이 형사소송법에서 법문장의 문제점이다.

짧고 명확한 문장으로 개정되어야 한다.

먼저 여기서 이해를 돕기 위해 일상에서 많이 적용되는 대표적인 형사소송법을 살펴보고자 한다.

수사편에서 형사소송법 제200조의2(영장에 의한 체포), 형사소송법 제201조(구속), 형사소송법 제214조의2(체포와 구속의 적부심사), 형사소송법 제215조(압수, 수색, 검증), 형사소송법 제218조의2(압수물의 환부, 가환부), 형사소송법 제232조(고소의 취소) 등 6개 조문이다.

증거편에서 형사소송법 제312조(검사 또는 사법경찰관의 조서 등)와 형사소송법 제313조(진술서등) 등 2개 조문이다.

현행 조문과 필자가 바꾼 조문을 비교해 보시기 바란다. 가능한 현행 조문의 의미를 그대로 유지하였다.

Q. 형사소송법 제200조의2 (영장에 의한 체포)

① 현행

제200조의2 (영장에 의한 체포)

① 피의자가 죄를 범하였다고 의심할 만한 상당한 이유가 있고, 정당한 이유없이 제200조의 규정에 의한 출석요구에 응하지 아니하거나 응하지 아니할 우려가 있는 때에는 검사는 관할 지방법원판사에게 청구하여 체포영장을 발부받아 피의자를 체포할 수 있고, 사법경찰관은 검사에게 신청하여 검사의 청구로 관할지방법원판사의 체포영장을 발부받아 피의자를 체포할 수 있다. 다만, 다액 50만 원 이하의 벌금, 구류 또는 과료에 해당하는 사건에 관하여는 피의자가 일정한 주거가 없는 경우 또는 정당한 이유없이 제200조의 규정에 의한 출석요구에 응하지 아니한 경우에 한한다.

② 제1항의 청구를 받은 지방법원판사는 상당하다고 인정할 때에는 체포영장을 발부한다. 다만, 명백히 체포의 필요가 인정되지 아니하는 경우에는 그러하지 아니하다.

③ 제1항의 청구를 받은 지방법원판사가 체포영장을 발부하지 아니할 때에는 청구서에 그 취지 및 이유를 기재하고 서명날인하여 청구한 검사에게 교부한다.

④ 검사가 제1항의 청구를 함에 있어서 동일한 범죄사실에 관하여 그 피의자에 대하여 전에 체포영장을 청구하였거나 발부받은 사실이 있는 때에는 다시 체포영장을 청구하는 취지 및 이유를 기재하여야 한다.

⑤ 체포한 피의자를 구속하고자 할 때에는 체포한 때부터 48시간이내에 제201조의 규정에 의하여 구속영장을 청구하여야 하고, 그 기간내에 구속영장을 청구하지 아니하는 때에는 피의자를 즉시 석방하여야 한다.
[본조신설 95·12·29] [본조제목개정 2007. 6. 1] [[시행일 2008. 1. 1]]

※ 문제점

1. 가독성이 떨어지는 장문이다.
2. 체포요건을 명확하게 나열할 필요가 있다.
3. '~하여야 한다' → '한다'로 명시해도 이해한다.

② 개선방안

제200조의2 (영장에 의한 체포)

① 검사는 관할 지방법원판사에게 체포영장을 청구하여 체포영장을 발부받아 피의자를 체포할 수 있다. 다만 사법경찰관은 검사에게 체포영장을 신청하여 검사의 체포영장청구로 관할 지방법원판사의 체포영장을 발부받아 피의자를 체포할 수 있다. 체포영장은 다음 각 호의 요건을 모두 충족해야 한다.

1. 피의자가 죄를 범하였다고 의심할 만한 상당한 이유가 있는 경우
2. 정당한 이유 없이 제200조의 규정에 의한 출석요구에 응하지 아니한 경우
3. 정당한 이유 없이 제200조의 규정에 의한 출석요구에 응하지 아니할 우려가 있는 경우
4. 다만 예외적으로 다액 50만 원 이하의 벌금, 구류 또는 과료에 해당하는 사건은 다음 각 호를 모두 충족해야 한다.
   가. 피의자가 일정한 주거가 없는 경우
   나. 정당한 이유 없이 제200조의 규정에 의한 출석요구에 응하지 아니한 경우

② 제1항의 체포영장 청구를 받은 지방법원판사는 상당하다고 인정할 때 체포영장을 발부한다. 다만 체포의 필요가 명백히 인정되지 아니하는 경우 체포영장을 발부하지 않는다.

③ 제1항의 체포영장 청구를 받은 지방법원판사는 체포영장을 발부하지 아니할 경우 체포영장 청구서에 체포영장 기각의 취지 및 그 이유를 명확하게 기재하고 서명날인을 하여 체포영장을 청구한 검사에게 교부한다.

④ 제1항의 체포영장을 청구할 때 검사는 피의자에게 동일한 범죄사실에 관하여 이전에 체포영장을 청구한 사실이 있는 경우 또는 이미 발부받은 사실이 있는 경우 다시 체포영장을 청구하는 취지 및 그 이유를 기재한다.

⑤ 체포한 피의자를 구속하고자 할 때 검사는 체포한 때부터 48시간이내에 제201조에 근거하여 구속영장을 청구한다. 다만 그 기간 내에 구속영장을 청구하지 아니하는 경우 검사는 피의자를 즉시(3시간 이내) 석방한다.

[본조신설 95·12·29] [본조제목개정 2007. 6. 1] [[시행일 2008. 1. 1]]

Q. 형사소송법 제201조 (구속)

① 현행

제201조 (구속)

① 피의자가 죄를 범하였다고 의심할 만한 상당한 이유가 있고 제70조 제1항 각호의 1에 해당하는 사유가 있을 때에는 검사는 관할지방법원판사에게 청구하여 구속영장을 받아 피의자를 구속할 수 있고 사법경찰관은 검사에게 신청하여 검사의 청구로 관할지방법원판사의 구속영장을 받아 피의자를 구속할 수 있다. 다만, 다액 50만 원 이하의 벌금, 구류 또는 과료에 해당하는 범죄에 관하여는 피의자가 일정한 주거가 없는 경우에 한한다. [개정 80·12·18, 95·12·29]

② 구속영장의 청구에는 구속의 필요를 인정할 수 있는 자료를 제출하여야 한다. [개정 80·12·18]

③ 제1항의 청구를 받은 지방법원판사는 신속히 구속영장의 발부여부를 결정하여야 한다. [신설 95·12·29]

④ 제1항의 청구를 받은 지방법원판사는 상당하다고 인정할 때에는 구속영장을 발부한다. 이를 발부하지 아니할 때에는 청구서에 그 취지 및 이유를 기재하고 서명날인하여 청구한 검사에게 교부한다. [개정 80·12·18]

⑤ 검사가 제1항의 청구를 함에 있어서 동일한 범죄사실에 관하여 그 피의자에 대하여 전에 구속영장을 청구하거나 발부받은 사실이 있을 때에는 다시 구속영장을 청구하는 취지 및 이유를 기재하여야 한다. [개정 80·12·18]

[전문개정 73·1·25]

※ 문제점

1. 이해도가 떨어지는 장문이다.
2. 구속요건을 명확하게 나열할 필요가 있다.
3. '~하여야 한다'는 '한다'로 명시해도 이해한다.

② 개선방안

제201조 (구속)

① 검사는 구속요건으로 제201조 제1호와 제2호의 사유를 모두 충족할 경우 관할 지방법원판사에게 구속영장을 청구하여 구속영장을 발부받아 피의자를 구속할 수 있다. 다만 사법경찰관은 검사에게 구속영장을 신청하여 검사의 구속영장 청구로 관할 지방법원판사의 구속영장을 발부받아 피의자를 구속할 수 있다.

1. 피의자가 죄를 범하였다고 의심할 만한 상당한 이유가 있을 경우
2. 제70조 제1항 각 호의 1에 해당하는 사유가 있을 경우
3. 다만 다액 50만 원 이하의 벌금, 구류 또는 과료에 해당하는 범죄는 피의자가 일정한 주거가 없는 경우 [개정 80·12·18, 95·12·29]

② 검사는 구속영장을 청구할 때 구속의 필요를 인정할 수 있는 자료를 제출한다. [개정 80·12·18]

③ 지방법원판사는 제1항의 구속영장을 청구 받은 경우 신속히 구속영장의 발부여부를 결정한다. [신설 95·12·29]

④ 지방법원판사는 제1항의 구속영장을 청구 받은 경우 그 요건이 상당하다고 인정할 때 구속영장을 발부한다. 이를 발부하지 아니할 경우 구속영장 청구서에 취지와 그 이유를 기재하고 서명날인을 하여 구속영장을 청구한 검사에게 교부한다. [개정 80·12·18]

⑤ 제1항의 구속영장을 청구할 때 검사는 피의자에게 동일한 범죄사실에 관하여 이전에 구속영장을 청구한 경우 또는 이미 발부받은 사실이 있는 경우 다시 구속영장을 청구하는 취지 및 그 이유를 기재한다. [개정 80·12·18]

[전문개정 73·1·25]

※ 요건을 개조식으로 나열하였다.
※ 주체를 문장의 첫머리에 놓았다.
※ 부가어, 목적어, 동사를 명확히 하였다.

Q. 형사소송법 제214조의2 (체포와 구속의 적부심사)

① 현행

> 제214조의2 (체포와 구속의 적부심사)
>
> ① 체포 또는 구속된 피의자 또는 그 변호인, 법정대리인, 배우자, 직계친족, 형제자매나 가족, 동거인 또는 고용주는 관할법원에 체포 또는 구속의 적부심사를 청구할 수 있다. [개정 87·11·28, 95·12·29, 2005. 3. 31 법률 제7427호(민법), 2007. 6. 1] [[시행일 2008. 1. 1]]
>
> ② 피의자를 체포 또는 구속한 검사 또는 사법경찰관은 체포 또는 구속된 피의자와 제1항에 규정된 자 중에서 피의자가 지정하는 자에게 제1항에 따른 적부심사를 청구할 수 있음을 알려야 한다. [신설 2007. 6. 1] [[시행일 2008. 1. 1]]
>
> ③ 법원은 제1항에 따른 청구가 다음 각 호의 어느 하나에 해당하는 때에는 제4항에 따른 심문 없이 결정으로 청구를 기각할 수 있다. [개정 87·11·28, 95·12·29, 2007. 6. 1] [[시행일 2008. 1. 1]]
>
> 1. 청구권자 아닌 자가 청구하거나 동일한 체포영장 또는 구속영장의 발부에 대하여 재청구한 때
> 2. 공범 또는 공동피의자의 순차청구가 수사방해의 목적임이 명백한 때
>
> ④ 제1항의 청구를 받은 법원은 청구서가 접수된 때부터 48시간 이내에 체포 또는 구속된 피의자를 심문하고 수사관계서류와 증거물을 조사하여 그 청구가 이유없다고 인정한 때에는 결정으로 이를 기각하고, 이유있다고 인정한 때에는 결정으로 체포 또는 구속된 피의자의 석방을 명하여야 한다. 심사청구 후 피의자에 대하여 공소제기가 있는 경우에도 또한 같다.
>
> [개정 95·12·29, 2004. 10. 16, 2007. 6. 1] [[시행일 2008. 1. 1]]
>
> ⑤ 법원은 구속된 피의자(심사청구 후 공소제기된 자를 포함한다)에 대하여 피의자의 출석을 보증할 만한 보증금의 납입을 조건으로 하여 결정으로 제4항의 석방을 명할 수 있다. 다만, 다음 각호에 해당하는 경우에는 그러하지 아니하다.
>
> [신설 95·12·29, 2004. 10. 16, 2007. 6. 1] [[시행일 2008. 1. 1]]
>
> 1. 죄증을 인멸할 염려가 있다고 믿을만한 충분한 이유가 있는 때

2. 피해자, 당해 사건의 재판에 필요한 사실을 알고 있다고 인정되는 자 또는 그 친족의 생명·신체나 재산에 해를 가하거나 가할 염려가 있다고 믿을만한 충분한 이유가 있는 때

⑥ 제5항의 석방결정을 하는 경우에 주거의 제한, 법원 또는 검사가 지정하는 일시·장소에 출석할 의무 기타 적당한 조건을 부가할 수 있다. [신설 95·12·29, 2007. 6. 1] [[시행일 2008. 1. 1]]

⑦ 제99조 및 제100조는 제5항에 따라 보증금의 납입을 조건으로 하는 석방을 하는 경우에 준용한다. [신설 95·12·29, 2007. 6. 1] [[시행일 2008. 1. 1]]

⑧ 제3항과 제4항의 결정에 대하여는 항고하지 못한다. [개정 2007. 6. 1] [[시행일 2008. 1. 1]]

⑨ 검사·변호인·제4항의 심문기일에 출석하여 의견을 진술할 수 있다. [개정 2007. 6. 1] [[시행일 2008. 1. 1]]

⑩ 체포 또는 구속된 피의자에게 변호인이 없는 때에는 제33조의 규정을 준용한다.

[개정 95·12·29, 2007. 6. 1] [[시행일 2008. 1. 1]]

⑪ 법원은 제4항의 심문을 하는 경우 공범의 분리심문이나 그 밖에 수사상의 비밀보호를 위한 적절한 조치를 취하여야 한다. [개정 2007. 6. 1] [[시행일 2008. 1. 1]]

⑫ 체포영장 또는 구속영장을 발부한 법관은 제4항부터 제6항까지의 심문·조사·결정에 관여하지 못한다. 다만, 체포영장 또는 구속영장을 발부한 법관외에는 심문·조사·결정을 할 판사가 없는 경우에는 그러하지 아니하다. [개정 95·12·29, 2007. 6. 1] [[시행일 2008. 1. 1]]

⑬ 법원이 수사 관계 서류와 증거물을 접수한 때부터 결정 후 검찰청에 반환된 때까지의 기간은 제200조의2 제5항(제213조의2에 따라 준용되는 경우를 포함한다) 및 제200조의4 제1항의 적용에 있어서는 그 제한기간에 산입하지 아니하고, 제202조·제203조 및 제205조의 적용에 있어서는 그 구속기간에 산입하지 아니한다. [개정 2007. 6. 1] [[시행일 2008. 1. 1]]

⑭ 제201조의2 제6항은 제4항에 따라 피의자를 심문하는 경우에 준용한다.

[신설 2007. 6. 1] [[시행일 2008. 1. 1.]] [본조신설 80·12·18]

② 개선방안

제214조의2 (체포와 구속의 적부심사)

① 다음 각 호의 사람은 관할법원에 체포적부심사 또는 구속적부심사를 청구할 수 있다. [개정 87·11·28, 95·12·29, 2005. 3. 31 법률 제7427호(민법), 2007. 6. 1] [[시행일 2008. 1. 1]]

1. 체포된 피의자
2. 구속된 피의자
3. 제1호와 제2호의 변호인, 법정대리인
4. 제1호와 제2호의 배우자, 직계친족
5. 제1호와 제2호의 형제자매, 가족, 동거인
6. 제1호와 제2호의 고용주

② 피의자를 체포 또는 구속한 검사와 사법경찰관은 제1항 제1호와 제2호에 해당하는 피의자와 제3호부터 제6호까지 사람 중 피의자가 지정하는 자에게 적부심사를 청구할 수 있음을 알려야 한다. [신설 2007. 6. 1] [[시행일 2008. 1. 1]]

③ 법원은 제1항에 따른 체포적부심사 청구 또는 구속적부심사의 청구가 아래 각 호의 어느 하나에 해당하는 자는 제214조의2 제4항 제1호에 따른 심문절차 없이 기각결정을 할 수 있다. [개정 87·11·28, 95·12·29, 2007. 6. 1] [[시행일 2008. 1. 1]]

1. 제1항 제1호부터 제6호까지의 청구권자 아닌 자
2. 동일한 체포영장 또는 동일한 구속영장의 발부에 대하여 재청구한 자
3. 명백한 수사방해의 목적으로 순차적으로 청구를 한 공범 또는 공동피의자

④ 법원은 제1항에 근거하여 체포적부심사 청구 또는 구속적부심사의 청구가 있는 경우 적부심사청구서가 법원에 접수된 때부터 48시간 이내에 다음의 각 호를 심사하여 결정한다.

1. 체포된 피의자 또는 구속된 피의자를 심문
2. 수사관계서류와 증거물을 조사
3. 적부심사청구가 이유 있다고 인정한 때 석방결정
4. 적부심사청구가 이유 없다고 인정한 때 기각결정

5. 체포적부심사 청구 후 또는 구속적부심사의 청구 후 검사가 피의자를 공소를 제기하는 경우 제1호에서 제4호를 준용한다.

[개정 95·12·29, 2004. 10. 16, 2007. 6. 1] [[시행일 2008. 1. 1.]]

⑤ 법원은 체포된 피의자 또는 구속된 피의자(심사청구 후 공소제기된 자를 포함한다)에게 피의자의 출석을 보증할 만한 보증금의 납입을 조건으로 제4항 제3호의 석방결정을 할 수 있다. 다만 다음 각 호에 해당하는 경우 제4항 제3호의 석방결정을 할 수 없다.

[신설 95·12·29, 2004. 10. 16, 2007. 6. 1] [[시행일 2008. 1. 1]]

1. 죄증을 인멸할 염려가 있다고 믿을만한 충분한 이유가 있는 경우
2. 피해자 또는 당해 사건의 재판에 필요한 사실을 알고 있다고 인정되는 자 또는 그 친족의 생명·신체나 재산에 해를 가하거나 가할 염려가 있다고 믿을만한 충분한 이유가 있는 경우

⑥ 법원은 제5항에 근거하여 석방결정을 하는 경우 주거의 제한 또는 법원 또는 검사가 지정하는 일시·장소에 출석할 의무 기타 적당한 조건을 부가할 수 있다. [신설 95·12·29, 2007. 6. 1] [[시행일 2008. 1. 1]]

⑦ 법원은 제5항에 근거하여 보증금의 납입을 조건으로 하는 석방을 결정하는 경우 제99조와 제100조를 준용한다. [신설 95·12·29, 2007. 6. 1] [[시행일 2008. 1. 1]]

⑧ 검사와 피고인은 제3항과 제4항의 결정에 대해 항고 및 준항고를 하지 못한다. [개정 2007. 6. 1] [[시행일 2008. 1. 1]]

⑨ 검사·변호인·청구인은 제4항의 심문기일에 출석하여 의견을 진술할 수 있다. [개정 2007. 6. 1] [[시행일 2008. 1. 1]]

⑩ 체포된 피의자 또는 구속된 피의자에게 변호인이 없는 경우 제33조를 준용한다. [개정 95·12·29, 2007. 6. 1] [[시행일 2008. 1. 1]]

⑪ 법원은 제4항의 심문을 하는 경우 공범의 분리심문이나 또는 그 밖에 수사상의 비밀보호를 위한 적절한 조치를 취한다. [개정 2007. 6. 1] [[시행일 2008. 1. 1]]

⑫ 체포영장 또는 구속영장을 발부한 법관은 제4항부터 제6항까지의 심문·조사·결정에 관여하지 못한다. 다만 체포영장 또는 구속영장을 발부한 법관 외에는 심문·조사·결정을 할 판사가 없는 경우 예외적으로 관여할 수 있다. [개정 95·12·29, 2007. 6. 1] [[시행일 2008. 1. 1]]

⑬ 법원에 수사 관계 서류와 증거물이 접수된 때부터 결정 후 검찰청에 반환된 때까지의 기간은 다음과 같이 산정한다.
1. 제200조의2 제5항(제213조의2에 따라 준용되는 경우를 포함한다) 및 제200조의4 제1항의 적용에서 그 제한기간에 산입하지 아니한다.
2. 제202조·제203조 및 제205조의 적용에서 그 구속기간에 산입하지 아니한다. [개정 2007. 6. 1] [[시행일 2008. 1. 1]]

⑭ 제4항에 근거하여 피의자를 심문하는 경우 제201조의2 제6항을 준용한다. [신설 2007. 6. 1] [[시행일 2008. 1. 1]] [본조신설 80·12·18]

※ '에 있어서'를 '에서'로 바꿈.

※ 제214조의2 (체포와 구속의 적부심사)는 방대한 조문이다. 읽고 이해하기 쉽게 정비할 필요가 있다.

Q. 형사소송법 제215조 (압수, 수색, 검증)

① 현행

제215조 (압수, 수색, 검증)

① 검사는 범죄수사에 필요한 때에는 피의자가 죄를 범하였다고 의심할 만한 정황이 있고 해당 사건과 관계가 있다고 인정할 수 있는 것에 한정하여 지방법원판사에게 청구하여 발부받은 영장에 의하여 압수, 수색 또는 검증을 할 수 있다.

② 사법경찰관이 범죄수사에 필요한 때에는 피의자가 죄를 범하였다고 의심할 만한 정황이 있고 해당 사건과 관계가 있다고 인정할 수 있는 것에 한정하여 검사에게 신청하여 검사의 청구로 지방법원판사가 발부한 영장에 의하여 압수, 수색 또는 검증을 할 수 있다.
[전문개정 2011. 7. 18] [[시행일 2012. 1. 1]]

※ 문제점
1. 압수, 수색, 검증 요건을 나열할 필요가 있다.
2. 문장의 의미를 명확히 할 필요가 있다.

② 개선방안

제215조 (압수, 수색, 검증)
① 검사는 다음의 각 호를 모두 충족할 때 지방법원판사에게 청구하여 발부받은 영장으로 압수, 수색 또는 검증을 할 수 있다.
 1. 범죄수사에 필요한 때
 2. 피의자가 죄를 범하였다고 의심할 만한 정황이 있는 때
 3. 해당 사건과 관계가 있다고 인정할 수 있는 때
② 사법경찰관은 제1항의 제1호에서 제3호를 모두 충족한 때 검사에게 신청하여 검사의 청구로 지방법원판사가 발부한 영장으로 압수, 수색 또는 검증을 할 수 있다.
[전문개정 2011. 7. 18] [[시행일 2012. 1. 1]]

Q. 형사소송법 제218조의2 (압수물의 환부, 가환부)

① 현행

제218조의2 (압수물의 환부, 가환부)
① 검사는 사본을 확보한 경우 등 압수를 계속할 필요가 없다고 인정되는 압수물 및 증거에 사용할 압수물에 대하여 공소제기 전이라도 소유자, 소지자, 보관자 또는 제출인의 청구가 있는 때에는 환부 또는 가환부하여야 한다.
② 제1항의 청구에 대하여 검사가 이를 거부하는 경우에는 신청인은 해당 검사의 소속 검찰청에 대응한 법원에 압수물의 환부 또는 가환부 결정을 청구할 수 있다.
③ 제2항의 청구에 대하여 법원이 환부 또는 가환부를 결정하면 검사는 신청인에게 압수물을 환부 또는 가환부하여야 한다.
④ 사법경찰관의 환부 또는 가환부 처분에 관하여는 제1항부터 제3항까지의 규정을 준용한다. 이 경우 사법경찰관은 검사의 지휘를 받아야 한다.
[본조신설 2011. 7. 18] [[시행일 2012. 1. 1]]

② 개선방안

제218조의2 (압수물의 환부, 가환부)
① 검사는 다음 각 호에 모두 해당한 경우 공소제기 전이라도 소유자, 소지자, 보관자 또는 제출인이 압수물 및 증거로 사용할 압수물에 대해 환부 청구 및 가환부 청구를 한 때 지체 없이 환부 또는 가환부한다.
1. 사본을 확보한 경우
2. 압수를 계속할 필요가 없다고 인정되는 경우
② 제1항에도 불구하고 검사가 환부 또는 가환부를 거부하는 경우 청구인은 해당 검사의 소속 검찰청에 대응한 법원에 압수물의 환부 또는 가환부 결정을 청구할 수 있다.
③ 법원이 제2항의 청구에 대하여 환부 결정 또는 가환부 결정을 한 때 검사는 청구인에게 압수물을 즉시 환부 또는 가환부한다.
④ 사법경찰관의 환부 또는 가환부 처분은 제1항, 제2항, 제3항을 준용한다. 이 경우 사법경찰관은 검사의 지시를 받는다. [본조신설 2011. 7. 18] [[시행일 2012. 1. 1.]]
※ 제217조 제3항과 균형을 유지함.

Q. 형사소송법 제232조 (고소의 취소)

① 현행

제232조 (고소의 취소)
① 고소는 제1심 판결선고 전까지 취소할 수 있다.
② 고소를 취소한 자는 다시 고소하지 못한다.
③ 피해자의 명시한 의사에 반하여 죄를 논할 수 없는 사건에 있어서 처벌을 희망하는 의사표시의 철회에 관하여도 전2항의 규정을 준용한다.

※ 문제점
1. 학설대립이 심하다.
2. 판례를 반영할 필요가 있다.

② 개선방안

제232조 (고소의 취소)
① 고소는 제1심 판결 선고 전까지 취소할 수 있다. 다만 예외적으로 제2심에서 공소장이 변경될 경우 고소는 제2심 판결 선고 전까지 취소할 수 있다.
② 고소를 취소한 자는 다시 고소하지 못한다.
③ 피해자의 명시한 의사에 반하여 죄를 논할 수 없는 사건에서 처벌을 희망하는 의사표시의 철회는 제1항과 제2항을 준용한다.
※ 항소심에서 친고죄 또는 반의사불벌죄로 공소장이 변경된 경우 제2심에서 고소취소와 반의사표시 철회가 예외적으로 가능하다. 재판의 신속과 피해자와 보호, 그리고 형사정책 관점을 반영한 것이다.

Q. 형사소송법 제312조 (검사 또는 사법경찰관의 조서 등)

① 현행

제312조 (검사 또는 사법경찰관의 조서 등)
① 검사가 피고인이 된 피의자의 진술을 기재한 조서는 적법한 절차와 방식에 따라 작성된 것으로서 피고인이 진술한 내용과 동일하게 기재되어 있음이 공판준비 또는 공판기일에서의 피고인의 진술에 의하여 인정되고, 그 조서에 기재된 진술이 특히 신빙할 수 있는 상태하에서 행하여졌음이 증명된 때에 한하여 증거로 할 수 있다.
② 제1항에도 불구하고 피고인이 그 조서의 성립의 진정을 부인하는 경우에는 그 조서에 기재된 진술이 피고인이 진술한 내용과 동일하게 기재되어 있음이 영상녹화물이나 그 밖의 객관적인 방법에 의하여 증명되고, 그 조서에 기재된 진술이 특히 신빙할 수 있는 상태하에서 행하여졌음이 증명된 때에 한하여 증거로 할 수 있다.
③ 검사 이외의 수사기관이 작성한 피의자신문조서는 적법한 절차와 방식에 따라 작성된 것으로서 공판준비 또는 공판기일에 그 피의자였던 피고인 또는 변호인이 그 내용을 인정할 때에 한하여 증거로 할 수 있다.

④ 검사 또는 사법경찰관이 피고인이 아닌 자의 진술을 기재한 조서는 적법한 절차와 방식에 따라 작성된 것으로서 그 조서가 검사 또는 사법경찰관 앞에서 진술한 내용과 동일하게 기재되어 있음이 원진술자의 공판준비 또는 공판기일에서의 진술이나 영상녹화물 또는 그 밖의 객관적인 방법에 의하여 증명되고, 피고인 또는 변호인이 공판준비 또는 공판기일에 그 기재 내용에 관하여 원진술자를 신문할 수 있었던 때에는 증거로 할 수 있다. 다만, 그 조서에 기재된 진술이 특히 신빙할 수 있는 상태하에서 행하여졌음이 증명된 때에 한한다.

⑤ 제1항부터 제4항까지의 규정은 피고인 또는 피고인이 아닌 자가 수사과정에서 작성한 진술서에 관하여 준용한다.

⑥ 검사 또는 사법경찰관이 검증의 결과를 기재한 조서는 적법한 절차와 방식에 따라 작성된 것으로서 공판준비 또는 공판기일에서의 작성자의 진술에 따라 그 성립의 진정함이 증명된 때에는 증거로 할 수 있다.

[전문개정 2007. 6. 1] [[시행일 2008. 1. 1]]

[본조제목개정 2007. 6. 1] [[시행일 2008. 1. 1]]

② 개선방안

제312조 (검사 또는 사법경찰관의 조서 등)

① 검사가 작성한 (피고인이 된) 피의자신문조서는 다음 각 호의 요건을 모두 충족한 때 증거로 사용할 수 있다.

1. 적법한 절차와 방식에 따라 작성된 때
2. 공판준비절차 또는 공판기일절차에서 검사작성의 피의자신문조서와 검찰수사과정에서 진술한 내용이 동일하게 기재되어 있음을 인정하는 진술을 한 때
3. 검사작성의 피의자신문조서에 기재된 진술이 특별히 신빙할 수 있는 상태하에서 이루어진 것이 증명된 때

② 피고인이 제1항의 요건이 모두 충족됨에도 불구하고 검사가 작성한 피의자신문조서의 성립의 진정을 부인하는 경우 다음 각 호의 요건을 모두 충족한 때 증거로 사용할 수 있다.

1. 검찰수사과정에서 진술한 내용이 검사가 작성한 피의자신문조서와 동일하게 기재되어 있음이 영상녹화물 또는 그 밖의 객관적인 방법으로 증명된 때
2. 검사가 작성한 피의자신문조서에 기재된 진술이 특별히 신빙할 수 있는 상태하에서 이루어진 것이 증명된 때

③ 사법경찰관이 작성한 피의자신문조서는 다음 각 호의 요건을 모두 충족한 때 증거로 사용할 수 있다.

1. 적법한 절차와 방식에 따라 작성된 때
2. 공판준비절차 또는 공판기일절차에서 피고인 또는 변호인이 사법경찰기관에서 진술한 내용을 인정하는 진술을 한 때

④ 검사 또는 사법경찰관이 작성한 피고인이 아닌 자의 진술조서는 다음 각 호의 요건을 모두 충족한 때 증거로 사용할 수 있다.

1. 적법한 절차와 방식에 따라 작성된 때
2. 공판준비절차 또는 공판기일절차에서 원진술자가 검사 또는 사법경찰관 앞에서 진술한 내용과 동일하게 기재되어 있음을 다시 진술하거나 영상녹화물 또는 그 밖의 객관적인 방법으로 증명된 때
3. 공판준비절차 또는 공판기일절차에서 피고인 또는 변호인이 그 진술조서의 기재 내용에 관하여 원진술자를 신문할 수 있었던 때
4. 그 진술조서에 기재된 진술이 특별히 신빙할 수 있는 상태하에서 이루어진 것이 증명된 때

⑤ 수사과정에서 작성된 진술서(피고인 또는 피고인이 아닌 자 포함)는 제1항, 제2항, 제3항, 제4항을 준용한다.

⑥ 검사 또는 사법경찰관이 작성한 검증조서는 다음 각 호의 요건을 모두 충족한 때 증거로 사용할 수 있다.

1. 적법한 절차와 방식에 따라 작성된 때
2. 공판준비절차 또는 공판기일절차에서 검증조서를 작성한 자의 진술로 성립의 진정이 증명된 때

※ '특히'를 '특별히'로 통일. 형법 제15조 제1항 '특별히 중한 죄가 되는 사실' 참조.

Q. 형사소송법 제313조 (진술서등)

① 현행

제313조 (진술서등)

① 전2조의 규정 이외에 피고인 또는 피고인이 아닌 자가 작성한 진술서나 그 진술을 기재한 서류로서 그 작성자 또는 진술자의 자필이거나 그 서명 또는 날인이 있는 것은 공판준비나 공판기일에서의 그 작성자 또는 진술자의 진술에 의하여 그 성립의 진정함이 증명된 때에는 증거로 할 수 있다. 단, 피고인의 진술을 기재한 서류는 공판준비 또는 공판기일에서의 그 작성자의 진술에 의하여 그 성립의 진정함이 증명되고 그 진술이 특히 신빙할 수 있는 상태하에서 행하여 진 때에 한하여 피고인의 공판준비 또는 공판기일에서의 진술에 불구하고 증거로 할 수 있다.

② 감정의 경과와 결과를 기재한 서류도 전항과 같다.

[전문개정 61·9·1]

제313조(진술서등) ① 전2조의 규정 이외에 피고인 또는 피고인이 아닌 자가 작성한 진술서나 그 진술을 기재한 서류로서 그 작성자 또는 진술자의 자필이거나 그 서명 또는 날인이 있는 것(피고인 또는 피고인 아닌 자가 작성하였거나 진술한 내용이 포함된 문자·사진·영상 등의 정보로서 컴퓨터용디스크, 그 밖에 이와 비슷한 정보저장매체에 저장된 것을 포함한다. 이하 이 조에서 같다)은 공판준비나 공판기일에서의 그 작성자 또는 진술자의 진술에 의하여 그 성립의 진정함이 증명된 때에는 증거로 할 수 있다.

② 제1항 본문에도 불구하고 진술서의 작성자가 공판준비나 공판기일에서 그 성립의 진정을 부인하는 경우에는 과학적 분석결과에 기초한 디지털포렌식 자료, 감정 등 객관적 방법으로 성립의 진정함이 증명되는 때에는 증거로 할 수 있다. 다만, 피고인 아닌 자가 작성한 진술서는 피고인 또는 변호인이 공판준비 또는 공판기일에 그 기재 내용에 관하여 작성자를 신문할 수 있었을 것을 요한다.

[전문개정 2016·5·19]

③ 감정의 경과와 결과를 기재한 서류도 전항과 같다.

[전문개정 61·9·1]

② 개선방안

제313조 (진술서 등)

① 제311조와 제312조를 제외하고는 다음 각 호의 요건을 모두 충족한 때 증거로 사용할 수 있다.

1. 피고인 또는 피고인이 아닌 자가 작성한 진술서 또는 진술을 기재한 서류는 작성자 또는 진술자가 자필로 작성한 때 또는 서명 및 날인이 있는 때
2. 공판준비절차 또는 공판기일절차에서 작성자 또는 진술자가 진술로 성립의 진정을 증명한 때
3. 다만 피고인의 진술을 기재한 서류는 피고인의 공판준비 또는 공판기일에서의 진술에도 불구하고 다음 각호의 요건을 모두 충족할 때 증거로 사용할 수 있다.
   가. 공판준비절차 또는 공판기일절차에서 작성자가 진술로 성립의 진정을 증명한 때
   나. 작성자의 그 진술이 특별히 신빙할 수 있는 상태하에서 행하여진 때

② 감정의 경과와 결과를 기재한 서류도 제1항과 같다.

③ 신설 제안 (디지털 시대의 진술서 등)

제313조의2 (디지털매체로 저장되어 출력된 진술서 등)

제311조와 제312조를 제외하고는 다음 각 호의 요건을 모두 충족한 때 증거로 사용할 수 있다.

1. 피고인 또는 피고인이 아닌 자가 작성한 진술서 또는 진술을 기재한 서류가 컴퓨터용디스크, 그 밖에 이와 비슷한 정보저장매체에 문자, 음성, 영상자료 등의 정보로 기억된 경우 서명 또는 날인 있거나 디지털매체의 특수성으로 서명 또는 날인을 할 수 없더라도 작성자 또는 진술자의 신원을 객관적 방법으로 증명한 때
2. 공판준비절차 또는 공판기일절차에서 작성자 또는 진술자가 진술로 성립의 진정을 인정한 때

3. 작성자 또는 진술자가 진술로 성립의 진정을 부인하는 경우 디지털포렌식 조사관 증언 등 제3자의 진술 또는 그 밖의 객관적 방법으로 증명된 때
4. 제1호의 방법으로 피고인이 진술한 내용이 기재되어 디지털매체로 저장된 서류는 피고인의 공판준비 또는 공판기일에서의 진술에도 불구하고 다음 각 호의 요건을 모두 충족한 때 증거로 사용할 수 있다.
   가. 공판준비절차 또는 공판기일에서 작성자가 진술로 성립의 진정을 인정한 때
   나. 공판준비절차 또는 공판기일에서 피고인 또는 변호인이 그 진술된 서류의 기재 내용에 관하여 원진술자를 신문할 수 있었던 때
   다. 작성자의 그 진술이 특별히 신빙할 수 있는 상태하에서 이루어진 것이 증명된 때
   라. 작성자 또는 진술자가 진술로 성립의 진정을 부인하는 경우 디지털포렌식 조사관 증언 등 제3자의 진술 또는 그 밖의 객관적 방법으로 증명된 때

●● 20대(2016~2020) 국회에 바란다

Q. 형사입법을 왜 비판하는가?

독일 철학자 쇼펜하우어의 가상 답변이다. "일본 및 영미의 문체를 모방한다는 것은 한국인의 얼굴에 가면을 쓰는 것과 같다. 가면은 아무리 아름답더라도 결국 진짜 얼굴이 될 수 없으며, 언젠가 사람들에게 그 본색을 드러내게 마련이다. 그러므로 아무리 추악하게 생겼더라도 생기가 넘치는 한국인의 얼굴이 아름다운 가면보다 훨씬 정감 있게 다가온다. 입법부가 하는 말이 무슨 뜻인지 분명하게 알 수 있어야 한다. 그렇게 하려면 문체가 보여야 한다."(아르투르 쇼펜하우어/김욱 옮

김, 쇼펜하우어의 문장론, 지훈출판사, 2005, 160면)

Q. 어떤 법률이 좋은 법률인가?

간결한 문체와 명확한 표현이다. 일반국민이 알기 쉽게 이해할 수 있는 명확한 법률이 좋은 법이다. 문맥상 거슬린다면 과감히 잘라내는 것이 낫다. 쇼펜하우어는 이렇게 말한다. "항상 꾸밈없는 간결한 문체와 누구나 읽고 이해할 수 있는 명확한 표현을 구사해야 한다." "입법부가 법을 만든 목적은 일반국민들에게 국민이 합의한 국가의 사상을 온전히 주입시키는데 있다. 입법의 목적은 처벌이 아니라 국민을 계몽시키는데 있다." "입법자의 사상은 한 낮에 햇살에 그 모습을 드러내고, 입법자의 법문장은 누구나 들을 수 있는 목소리로 외치며, 입법자의 법언어는 결코 어리석은 아름다움을 추구하지 않는다." '이해와 표현이 가능한 문장'이 좋은 법문장이다.

쇼펜하우어의 가상 조언이다. "법문장이 복잡하고 어려운 것은 이 같은 특징을 통해 살아남은 집단이 있기 때문이며 그들은 국민이 이해할 수 없는 좀 더 추상적인 표현을 추구한다. 그러나 온전한 정신을 갖춘 입법자와 법실무가 그리고 법학자라면 모든 계층의 독자들이 이해할 수 있도록 좀 더 구체적인 표현을 구사해야 한다."

위대한 입법은 다량의 사상을 표현하기 위해 소량의 언어를 사용했다. 입법자의 사상을 국민과 법률가의 머릿속으로 고스란히 옮길 수 있는 법문장이다. 법문장은 화가의 손에 의해 완성된 한 장의 유화처럼 국민과 법률가의 머릿속에서 객관적으로 작용해야 한다.(아르투르 쇼펜하우어/김욱 옮김, 쇼펜하우어의 문장론, 지훈출판사, 2005, 93면)

Q. 어떻게 바꿀 것인가?

향후 형법과 형사소송법의 전면 개정이 어렵다면, 일부 개정 때 개조식 그리고 두괄식 문장으로 법문장을 '한 장, 한 조문'을 정비할 필요가 있다. 형사소송법의 경우 최소한 수사편과 증거편만이라도 빠른 시간 내에 개정이 필요하다.

Q. 이것이 쉬운 작업인가?

"모든 일의 시작은 위험한 법이지만, 시작하지 않으면 아무것도 시작되지 않는다." 니체의 말이다.

과연 이 시대를 살아가는 대한민국의 입법자와 학자들은 우리의 모국어를 진지하게 연구하고, 완벽하게 표현하기 위해 노력하고 있는가.

문체, 문법, 논리, 소유격, 전치사, 접속사가 목숨을 잃었다. 입법의 황폐화를 더 이상 방치해서는 안 된다.

Q. 법문장이 법문화에 기여하는가?

"그대의 조상이 남긴 유물을 그대 스스로의 힘으로 획득하라." 독일 문호(文豪) 괴테의 말이다.

Q. 법문장이 법사고 형성에 기여하는가?

물론이다. 외부에서 시작된 자극이 입법부의 문체와 만나 긴장을 만들어 내고, 이 두 가지가 일치되어 법률문장에 대한 사색이 움트기 시작한다. 성숙한 사색이 잉태되고, 그 결과 고유한 언어사상이 결실을 맺게 된다. 이것은 법원의 판결에도 영향을 미칠 것이다.

Q. 우리나라 법률을 수출할 수 있는 시기라는 주장도 있는데?

법조문의 내용은 상당한 수준으로 발전했다. 그러나 법문장의 문체는 수출할 수 없다.

Q. 국회, 법원, 법무부, 학계가 형법 및 형사소송법 법전편찬위원회를 구성할 수 없는가?

1차로 현행 법률을 개정할 때 의지를 갖고 바꾸어야 하고, 각 장(章)을 매년 단계적으로 손질해야 한다. 자동차의 부속품을 교체하는 것과 같다. 그 다음에 전면 개정을 하면 어떻겠는가.

Q. 동아시아 공통의 형법전과 형사소송법전을 제정할 날이 오겠는가? 그때 우리나라는 어떤 법문체와 법문장을 주장할 것인가?

법문장은 간결하고 명확해야 한다. 우리의 문체다. 그날까지 계속 다듬어야 한다.

2016년 4월 11일

참·고·문·헌

프리드리히 니체/정동호 번역, 자라투스타는 이렇게 말했다, 니체전집 13(KGW VI 1) 개정 2판, 책세상, 2015.
아르투르 쇼펜하우어/김욱 옮김, 쇼펜하우어의 문장론, 지훈출판사, 2005.
이수열, 우리가 정말 알아야 할 대한민국 헌법, 현암사, 1999.

제 2 부

하마의 하품

철학, 정치

격동의 정치판을 보면서 10편의 글을 담았다.

이념논쟁의 본질과 의미
기회주의 더는 안 된다
오세훈, 그날 이후
안철수, 5개월 그리고 5년 후
박원순, 한국 정치사의 혁명
문재인, 호남민심과 영남민심
김두관, 슬픔이여 안녕
박완수, 당신의 부모님은 창원시민입니다
손학규, 隣의 철학, 이웃이 있는 삶
헌법 제44조 국회의원 불체포특권

정치인들은 준비가 안 된 상태에서 서둘렀다. 『대학(大學)』의 제1경이라도 마음속에 품고 살았었다면 '허망(虛妄)한 발길질'을 하지 않았을 것이다. 젊은이들이 교훈으로 삼았으면 한다.

새로운 하마를 기다린다.

철학

이념논쟁의 본질과 의미

이념(Ideology)을 철학에서 대체로 '이성적으로 파악되는 최고의 관념'으로 해석한다. 간단히 '이상적으로 지향하는 가치'라 하겠다. 인류는 이 이념을 매개로 지성적 발전을 해왔고 때로는 전쟁의 광기에 빠지기도 했다.
우리는 이념을 좌(左)와 우(右)로 나눈다. 프랑스 혁명 당시 국민공회(國民公會, Convention nationale)의 급진개혁파와 온건왕당파에서 비롯된 좌우의 이념은 사회주의와 자본주의로 투영되기도 했다. 그러나 이 구분은 현재에 와서 고정적이지 않다. 사회주의 내부에서도 시장경제적 급진개혁을 주장하는 쪽이 좌파이고 사회주의 체제 유지 입장이 우파이다.
미국 루즈벨트 대통령은 "좌파의 정책들이 미국의 자본주의를 지탱하는 토대가 될 수 있다"하였고, 노르웨이 오슬로 대학의 박노자 교수도 "자유주의를 위해서도 사민주의는 필요하다"며 같은 말을 했다. 세계는 지금 '진보적 성장전략'(2002년 EU정상들이 리스본에서 합의)에 고민하고 있다. 좌와 우가 만나는 전략이다.
이 글에서 이명박 대통령께 "인적 자본에 투자하는 성장전략을 지향하길 바란다"고 썼지만 이는 현재의 박근혜 정부에도 유효하다. 상당히 추상적이지만 '중도론'보다는 구체적인 표현이다.

이명박 대통령이 최근(2009년) '중도강화론'을 내세우며 '서민 행보'를 하고 있다. 이에 대해 야권은 '무늬만 중도'이고, '정책 없는 쇼'라고 혹평하고 있다.

●● 이념논쟁의 근본문제

우리 사회는 지금 진보(進步)와 보수(保守), 그리고 좌파(左派)와 우파(右派), 또 여기에 중도(中道)라는 단어가 등장하면서 어지럽다. 여기에 '일관성' 또는 '기회주의자'라는 용어도 활개를 치고 있으니 더욱 그렇다. 개념 정의를 통해 이념논쟁의 본질과 의미를 분명히 필요가 있다. 그렇게 해야 혼란을 줄이고, 시민들의 정치교육을 활성화할 수 있기 때문이다. 세 가지로 구분하여 설명한다.

먼저 보수와 진보의 개념이다. 사람들은 보수와 진보라는 말을 많이 한다. 보수는 우파이고, 진보는 좌파라고 말한다. 동의어로 생각하고 있다. 그러나 이러한 조합은 모두 맞는 것은 아니다.

보수와 진보는 행위를 말한다. 보수와 진보는 지배세력의 가치를 전제로 한다. 그 사회가 자본주의의 가치를 지향하던, 사회주의 가치를 지향하든 마찬가지다. 보수는 지배세력의 가치를 보완하고 유지시키려고 한다. 그러나 진보는 지배세력의 가치를 비판하면서 변화를 추구한다. 전면적으로 부정하면 혁명이 일어나는 것이고, 기존 체제를 존중하면서 변혁을 모색하면 혁신이 되는 것이다.

보수의 정치행위와 진보의 정치행위를 판단하는 기준은 일관성(一貫性)이다. 이를 통해 '진정한 보수주의', 또는 '진정한 진보주의'라고 말한다. 우리는 일관성이 결여되는 사람들을 '전형적인 기회주의자'라고 말한다.

그래서 "경향 · 한겨레가 과연 '진보언론'인가?", 또는 "조선 · 중앙 · 동아가 과연 '보수언론'인가? 이러한 비판을 하는 것이다. 정론지는 논조의 일관성을 유지하는 신문을 말한다.

우리 사회에서 가장 큰 문제는 이러한 '전형적인 기회주의자'가 정치, 경제, 사회, 문화, 교육, 언론, 예술 등 우리 사회의 곳곳에 뿌리박혀 있다는 것이다. 이것은 사람, 기관, 언론매체가 모두 마찬가지이다. 권력에 붙어서 시시때때로 달라지기 때문이다.

그렇다면 좌파 그리고 우파란 무엇인가? 이것은 추구하는 가치(價値)와 이념(理念)을 말한다. 우파가 추구하는 가치는 ① 자유주의, ② 법치주의, ③ 시장경제, ④ 선개발·후환경, ⑤ 책임이다. 반면 좌파가 추구하는 가치는 ① 인본주의, ② 평등, ③ 사회공동체, ④ 선환경·후개발, ⑤ 관용이다. 모두가 다 인류의 보편적인 가치들이다.

여기서 하나 언급하고 싶은 것은 민주주의와 정의다. 이것은 좌파와 우파가 모두 지향하는 가치들이다. 민주주주의 반대는 독재이며 전제(專制)이다. 민주주의란 국민들의 자유로운 의사결정에 따라 정권교체가 가능한 사회구조를 말한다. 그러나 독재국가에서는 이것이 구조적으로 불가능하다. 북한이 여기에 해당한다.

우리나라 정당들은 어떠한 가치와 이념을 정강으로 채택하고 있을까? 우파정당 또는 좌파정당은 정강정책에 따라 구분된다. 한나라당, 민주당, 자유선진당, 창조한국당이 우파정당이 될 것이고, 민주노동당과 진보신당이 좌파정당의 성격이 짙다. 물론 100% 맞는 것은 아니지만, 대체로 그렇다.

1945년 해방 이후 우리나라의 지배세력은 우파의 가치를 숭상했다. 이들이 추구한 자유, 법치, 개발, 시장경제는 1998년 외환위기(IMF 사태)로 소멸시효가 완성되었다. 한편 1998년 김대중, 2002년 노무현

정권은 '변혁의 기치' 아래 좌파의 가치와 이념을 표방했다. 당연히 이들의 정치행위는 한국 사회를 바꾸는 진보적 정치행위일 수밖에 없었다. 그러나 좌파정권 10년도 '햇볕정책'정도만 진보적이었고, 나머지는 '개혁'이라는 이름으로 추진되었지만 실패로 끝났다. 그 이유는 기회주의적 정치행위를 했기 때문이다.

2008년 이명박 정권은 우파의 가치에 '경제회복'이라는 구호를 덧붙여 정권교체에 성공했다. 좌파정권에서 우파정권으로 정권이 교체된 것이다. 통상 가치의 변동은 당대 사회구성원들의 시대적 정치의식에 좌우된다. 이것은 각종 선거를 통해 선명하게 나타난다. 당시 국민들은 '개혁'이라는 구호에 지쳐있었고, '아마추어'에 염증을 느끼고 있었으며, '양극화'에 분노하고 있었다.

대선에서 국민들은 이명박 정권의 가치를 검증한 것이 아니라, 좌파정권 10년의 정치행위를 심판했다. 그러다 보니 이명박 정부는 우파의 이념에 충실하지 못했고 오만했다. 당선되고 나서 ① 신자유주의, ② 신법치주의, ③ 신시장경제, ④ 신개발정책(대운하), ⑤ 신책임(부패청산)을 표방하면서, 경제살리기 실용정치를 펴겠다고 선언했다.

마지막으로 우파와 좌파의 가치와 이념들은 어떻게 실현되는 것일까? 이것은 정책으로 나타난다. 대표적으로 교육정책과 서민정책을 중심으로 살펴본다. 우파의 정책들은 ① 교육자율화, ② 영어교육, ③ 특목고와 자립형 사립고, ④ 부모의 재력과 시간이 자녀교육에 영향을 미치는 유학, 보습학원, ⑤ 천재 및 암기 교육, ⑥ 입시경쟁, ⑦ 비정규직, ⑧ 대기업 정책 등이다. 이명박 정부는 여기에 많은 관심을 쏟았다.

그러나 좌파의 정책들은 ① 교육평준화, ② 공교육, ③ 공립을 명문고로 전환, ④ 학교에서 부모의 역할 기대, ⑤ 창의력, ⑥ 협동, ⑦ 비정규직 철폐, ⑧ 영세자영업자 관심 등이다. 좌파의 정책들은 한국의 지배세력이 펼치는 정책들과는 차이가 있었다.

가치정립의 기회

현재 우리 사회는 우파의 가치와 좌파의 가치가 혼재되어 있다. 이렇게까지 된 것은 적어도 소위 '좌파정권 10년의 공헌'이다. 물론 인정하지 않는 사람도 있겠지만, 큰 틀에서 냉정하게 생각해 보면 긍정할 수 있을 것이다.

이제 우리는 우파 혹은 좌파의 가치 중 어느 하나의 가치와 이념만으로 살아갈 수 없는 사회구조를 가지고 있다. 정권이 두 번이나 바뀔 정도로 민주주의를 경험했다. 우파정권이든, 좌파정권이든 앞으로 한 방향으로 지속되는 정권은 힘든 사회구조다.

사람들은 "우리 국민이 똑똑하고 참을성이 있으며 불같다"고 말하면서 "상당히 합리적이다"고 한다. 정치평론의 입장에서는 그렇게 분석할 수도 있을 것이다.

그러나 이 말은 이미 좌우의 이념이 국민의 의식 속에 상당히 융합되어 자리 잡았다는 의미다. 역사의 교훈을 빌리면 모든 권력은 부패한다. 어느 정파의 정권도 부패하기 마련이다. 그렇기 때문에 이제 우리나라는 선거에서 승리하기 위해 우파와 좌파의 소중한 가치들을 더 찾아내고, 더 가꾸어 가야할 정치시스템을 갖추게 된 것이다. 이것은 2008년 5월 촛불시위와 2009년 5월 노무현 정국에서도 확인할 수 있다. 우리나라의 정당정치의 미래는 유럽국가의 사회민주주의에서 많은 교훈을 얻을 수 있을 것이다.

2009년 7월 한국에서 왜 이념논쟁이 시작되었을까? 정치권은 우파와 좌파의 가치의 본질과 그 의미를 정확하게 몰랐기 때문이다.

좌파는 지난 집권의 역사에서 계급주의와 지역주의 그리고 국민과의 소통부재를 반성해야 할 것이다.

마찬가지로 이명박 대통령을 포함한 우파도 지난 집권의 역사에서 부패한 자유, 공공성이 결핍된 자유, 그리고 약자에 대한 배려 없는 무한경쟁의 자유주의를 반성해야 한다. 바로 이것이 정치 선진국으로 가는 길이다. 사람들은 따라서 "정책기조를 바꾸어야 한다"라고 말한다.

국민은 각 정당이 우파와 좌파의 이념에 충실한 정책을 개발하고, 정치권이 우파와 좌파의 가치에서 공통점을 찾아내고, 이 시점에서 합의가 가능한 영역에서 정치권의 정치적 결단을 해 주기를 보고 싶어 한다는 점이다.

비정규직 문제, 언론법 개정문제, 사이버모욕죄 도입 문제도 여기에 해당된다. 그렇게 해야 국민들이 안심하고 생업에 종사할 수 있을 것이다.

국회의원을 뽑고 왜 세금을 내어 그들을 지원하고 있는가? 정치인들은 그 의미를 깊이 새겨야 한다.

●● 인적 자본에 투자하는 성장전략

"잃어버린 좌파정권 10년!"이라는 구호가 있다. 이것은 대선 홍보용으로 소멸시효가 끝났다. 그래서 우파정권은 이 정치구호를 더 이상 사용해서는 안 된다. 살아있는 권력은 '복수'가 아니라, '양보와 포용 그리고 관용의 철학'을 가지고 상대방의 가치를 존중해야 한다. 이것이 정치다. 정치란 서로 다른 가치가 조화를 이루는 가능성의 예술이다.

만약 이러한 노력이 없다면 극단적 좌파와 극단적 우파들이 등장할 수 있다. 모두 민주주의를 파괴하는 세력들이다. 그러나 국민은 다 안다. 이들이 '일관성'이 있는 정치행위인지, '기회주의자'들의 정치행위인지? 상대방을 존중한다는 것은 소통의 통로가 있고, 소통의 방식이 있으며, 소통의 의사가 있다는 것을 의미한다. 동시대 정치인들에게 요구되는 것이 바로 이 점이다. 민심을 쉽게 읽어서는 안 된다.

1930대 대공황 시절 미국 루즈벨트 대통령이 한 연설이 있다. "좌파의 정책들이 미국의 자본주의를 지탱하는 토대가 될 수 있다." 최근 박노자 교수도 『왼쪽으로, 더 왼쪽으로』(2009, 한겨레출판)라는 책에서 비슷한 말을 하고 있다. "자유주의를 위해서도 사민주의는 필요하다." 세계는 지금 '진보적 성장전략'(2002년 EU정상들이 리스본에서 합의)에 고민하고 있다. 이것은 좌와 우가 만나는 전략이다. 이명박 대통령은 재임 동안 '인적(人的) 자본에 투자하는 성장전략'을 지향하길 바란다. 이것은 상당히 추상적인 말이지만, '중도론'보다는 구체적인 표현이다.

성장 일변도는 더 이상 안 된다. 성장과 분배가 함께 이루어져야 한다. '우리 사회를 지배하고 있는 세력들의 가치와 이념, 즉 하범주의, 지역주의, 배금주의, 중앙중심주의, 부패문제를 혁신하면서, 인적 자본에 투자하는 성장전략을 펼쳐야 한다. 인적 자본은 노동자, 약자, 저소득층 자녀 등도 포함된다. 이것이 중도론의 핵심이다. 그렇지 않으면 중도론은 또 하나의 기회주의자의 구호가 될 가능성이 높다. 그 때는 우파가 정권을 잃어야 한다.

2009년 6월 30일

정치

기회주의 더는 안 된다

이명박 정부는 부자정권의 이미지가 너무 강했다. 2009년 9월 심화된 양극화에 무력한 현실을 아파하며 쓴 글이다. 박근혜 정부도 마찬가지다. 여전히 부모 재력이 자녀교육에 영향을 미친다. 잔인한 입시경쟁과 교육정책들이다. 여당과 기업 측은 '개혁'이라 한다. 야당과 노동계는 '개악'이라고 한다. 파견근로자보호법 개정안 등 그 외에도 이루 말할 수 없다. 그들은 무한경쟁의 자유주의 정책들을 밀어붙였다. 서구의 우파들이 추구하는 약자배려의 온정적 보수와는 너무 달랐고 지금도 다르다.
미디어법 개정으로 탄생한 새로운 언론 종편(종합방송채널)이 탄생했다. 식당이나 경로당에서 온종일 틀어놓는다. 말없는 보수와 중도를 대변한다는 명목으로 비록 일부지만 지극히 편파적 보도를 일삼고 있다. 최성준 방송통신위원장도 인정한다.
그래서 한국의 보수는 무늬에 불과하다는 말이 나오는 것이다. 손쉬운 기회적 중도를 내세우기보다 어떻게 하면 이념의 근본에 충실할 수 있는지 고민해야 한다. 기회주의는 살아남고 앞장서 의(義)를 위해 싸운 자는 제물이 되는 그런 세상이 되어서는 안 된다.
2014년 8월 우리나라를 방문한 프란치스코(Francis) 교황은 세월호 유족들이 건넨 노란색 추모리본을 방한기간 내내 달고 다녔다. "중립을 지켜야 하니 떼는 것이 좋지 않으냐"는 물음에 교황은 이렇게 답했다. "인간적 고통 앞에서 중립을 지킬 수는 없다."

좌파도 좋고 우파도 좋다. 왜냐하면 모두 인류 보편의 가치를 갖고 있기 때문이다. 좌파와 우파가 이념이라면, 진보와 보수는 정치 행위를 말한다. 특정 사회의 지배가치가 어떤 이념을 가지고 출발했느냐에 따라 보수와 진보가 추구하는 방향이 다르다. 북한과 이란을 생각하면 될 것이다. 문제는 이념과 정책의 일관성이다.

●● 한국의 우파이념은 무늬만 불과해

우리 사회는 1948년 건국과 함께 우파이념으로 시작했다. 우파이념(右派理念)은 자유(自由), 법치(法治), 시장경제(市場經濟), 개발(開發), 책임(責任)을 근본가치로 삼는다.

더 많은 사람들에게 자유를, 더 많은 사람들이 신뢰할 수 있는 법치행정을, 더 많은 사람들이 기회를 얻을 수 있는 시장경제를, 더 많은 사람들이 혜택을 보는 개발을, 누구에게나 엄격하게 적용되는 책임을 지향한다.

그러나 해방 이후 우리나라의 지배세력이었던 우파는 무늬만 우파였다. 민주주의가 전제되지 않는 곳에서 우파이념은 꽃 필 수가 없었다. 민주주의란 "시민들의 자유로운 의사결정에 따라 정권교체가 가능한 정치형태"를 말한다.

지난 50년간 우리나라의 독재정권들은 우파의 이름으로 '민주주의'를 유린했다. 반공, 개발, 중앙, 학벌, 부패, 지역차별이 만연했다. 우파이념의 근본가치조차도 '좌파 빨갱이'라고 매도했다. 유럽 사회에서는 건강한 우파의 가치와 정책들임에도 말이다. 민주주의가 취약했기 때문이다.

그렇다면 좌파는 무엇인가? 좌파이념(左派理念)은 인본(人本), 평등(平等), 사회공동체(社會共同體), 환경(環境), 관용(寬容)을 근본가치로 삼는다. 모두 보편적인 인류의 가치들이다. 이것도 민주주의(民主主義)가 전제되어야 한다.

좌파의 정책들은 교육평준화, 공교육 강화, 공립을 명문고로 전환,

학교에서 부모의 역할 기대, 창의력 교육, 협동 교육, 비정규직 철폐, 영세자영업자 지원, 사회적 약자에 더 투자하는 성장론 등을 말한다.

우리 사회의 우파는 1998년 IMF와 함께 처절한 역사적 심판을 받았다. 김대중·노무현 정권이 등장했다. 하지만 소위 '좌파정권 10년'도 '햇볕정책'정도만 진보였고, 나머지는 용두사미로 끝났다. 깃발과 구호, 무능력과 소통부재 그리고 기회주의 정책과 결단이 난무했다.

2008년 우파세력(右派勢力)이 다시 정권을 잡았다. 그러나 집권초기부터 우왕좌왕(右往左往)했다. 신자유주의, 신법치주의, 신시장경제, 신개발정책, 신책임이라는 구호들이 등장했고, 경제회복의 실용정치를 펴겠다고 선언했다.

그러나 '부자정권'이라는 이미지가 너무 강했다. 교육자율화, 특목고와 자립형 사립고 확대, 조기유학과 학원자율화, 천재 교육과 암기 교육, 잔인한 입시경쟁, 부모의 재력과 시간이 자녀교육에 영향을 미치는 교육정책들, 비정규직 존속, 사이버모욕죄 도입, 미디어법 개정, 기업하기 좋은 정책, 4대강 살리기 등이 쏟아져 나왔다.

소수를 위한 자유, 공공성이 결핍된 자유, 공평이 결여된 법치행정, 원칙 없는 대사면, 사람과 가정에 대한 고뇌가 없는 시장경제, 환경에 대한 성찰이 없는 개발주의, 약자에 대한 배려가 없는 무한경쟁의 자유주의가 국민의 등을 돌리게 했다.

약자배려와 서민보호 그리고 소외계층에 대한 정책은 없었다. 서구의 우파들이 추구하는 정책과는 너무 달랐다.

●● 중도 내세우기보다 근본에 관심 가져야

2009년 8월 15일 이명박 대통령은 '중도강화론'을 들고 나왔다. 시장을 돌며 '서민행보'를 계속하고 있다. 서민을 위한 각종 정책들도 쏟아지고 있다. 국민들은 진정성이 있는지 의심했다. 여기에 진보성향의 총리후보자도 지명했다. 어지러운 정치행위들이다. 다목적 카드, 진보정권 잠재적 대선후보 제거, 박근혜 독주차단, 충청권 심리결집, 정권재창출을 위한 우파의 도면, 흥행예고라는 분석이 나오고 있다.

원래 중도(中道)란 분리와 대립이 소멸하고 서로 융합하는 세계를 말한다. 우파이념과 좌파이념을 거대한 용광로에 넣어 펄펄 끓이는 것이 중도다. 그러나 중도는 종교나 정신세계에서나 가능한 것이고, 정치세계에서는 불가능하다.

이명박 정권은 '중도강화론'보다 오히려 "우파이념의 근본가치에 더 충실하겠다"고 말해야 한다. 이것이 솔직하다. 사람에 대한 인선도, 정책에 대한 기조도 이러한 이념 위에서 일관성을 가져야 한다. 시류에 편승한 기회주의는 더는 안 된다. 동상이몽(同床異夢)은 결국 결별을 낳고, 혼돈만 부추길 뿐이다. 역사의 교훈이다.

국제신문, 2009년 9월 24일

정치

오세훈, 그날 이후

2010년 오세훈 서울시장이 사퇴한 그날 이후 대한민국은 무상급식 복지논쟁으로 보수와 진보의 극심한 대립에 빠져버렸다. 안철수, 박원순이 등장하였고 아직 그들은 대한민국 정국의 중심에 서 있다. 안철수는 좌우를 아우르는 통합의 새정치를 외치지만 모호한 성격의 원내 제3당 대표로 있다. 박원순은 서울시장 재선 후 대권후보 여론조사에서 꾸준히 3위 이내를 오가며 안정적 진보의 이미지를 굳히고 있다. 오세훈은 보수의 아이콘을 주장하며 20대 총선에서 서울 종로에 출마하였으나 낙선하여 정치의 중심에서 멀어졌다. 집권당 대표를 지내며 대선후보 여론조사 1~2위를 다투는 김무성은 "복지확대는 악마의 속삭임"이라 비난하며 보수의 한참 끝에 서있다.
사실 보수의 아이콘이 된다는 것은 '작은 정치'를 의미한다. 민주적 과도기를 겪는 거대한 대한민국을 견인하기에는 너무나 미흡하다. 먼 훗날 통일 시대에 북한 지역을 위한 도움과 설득이 필요할 때, 무상급식이 국민세금을 낭비한다며 외치던 자들은 어떻게 태도를 바꿀 수 있을까.
2011년 보궐선거에서 서울시민은 박원순 시장을 선택했다. 2016년 20대 총선에서 오세훈 전 서울시장은 낙선했다. 신뢰가 정치인의 덕목의 1번이라는 점을 확인하였다.

오세훈 전 서울시장의 사퇴 이후 대한민국 정국은 반전을 거듭했다. 곽노현, 안철수, 박원순이 갑자기 등장했고, 여당과 야당은 순간, 패닉상태에 빠졌다.

이회창 전 자유선진당 총재는 "간(肝)이 배 밖에 나왔다"고 말했고, 박근혜 전 한나라당 대표는 "병(病)들었어요"라고 반응하였고, 조국 교수는 "발끈해"라고 별명까지 붙여주었다.

●● 정치권의 슬픈 문답

정치권의 문답이 이처럼 처량하게 느껴진 것은 처음이다. '안철수' 광풍을 정치권에 대한 불신으로 보든, 잠재적 대권주자의 정치입문 인사로 보든 내가 보기에는 모두가 처참하게 무너진 형국이다. 이 현상은 하늘이 대한민국에게 준 추석선물이었고 나아가 준엄한 경고로 보인다.

안철수 교수는 "나의 서울시장 출마의 원인은 한나라당 응징에 있다"고 말했다. 또 "종업원 500인을 운영한 기업경영의 경험"을 말하면서 자신의 능력을 스스로 평가했다. 그러나 이것은 매우 위험한 사고들이다. 오히려 그는 "한나라당은 보수의 가치들을 더 깊이 성찰해야 하고, 이번 보선은 한나라당의 귀책사유로 이루어지는 것이기 때문에 한나라당은 서울시민에게 책임을 져야한다. 보궐선거에 한나라당 후보를 내지 말아야 한다. 이것이 보수의 정신이며 국민이 바라는 책임정치다"라고 말했어야 했다.

또 "국정경험이 없다. 무어라고 말씀드릴 것이 없다. 다만 조그만 조직을 운영하면서 성공한 경험을 기억하고 있다. 더 열심히 연구해야 한다"며 뒤로 물러났어야 했다.

그러나 그는 천재일우(千載一遇)의 기회를 '미숙'하기 짝이 없는 대응으로 채웠다. '응징'보다는 '성찰과 책임'이라는 중립적이며 긍정적인 메시지가 필요함에도 굳이 표적을 적시하여 언론만 즐겁게 해 준 것이다. 대한민국에 300인 이상 종업원을 가진 성공한 기업들이 많다. 그분들이 보기에 웃기는 소견이었을 것이다. 그의 표현은 정체성의 혼돈을 주기에 충분했다고 생각한다.

이회창 전 총재의 표현도 적절치 않다. 얼마나 답답하고 애석했으면 그렇게 표현했겠나 싶지만, 전직(前職) 대법관의 표현도 아니고, 전(前) 정당총재의 표현도 아니다. 더욱이 전(前) 대통령 후보의 표현으로 보기에는 너무도 과격하다. 말이 인격이라면 굳이 그러한 표현으로 언론을 즐겁게 해 줄 이유가 없다고 본다. 정치판을 완전 뒤집는 현상을 직감하지 않았나 생각한다.

박근혜 전 대표의 표현도 곧 사과로 일단락이 되었지만, 이 또한 참 씁쓸한 대꾸였다. 아마도 기자들이 심한 모욕을 느꼈을 것이다. 차라리 침묵하거나, 웃거나, 시나 한편 읊었으면 좋았을 것이다. 중요한 시점을 그렇게 넘겨 버렸다.

그날 이후 많은 사람이 지나갔다. 인물 한명에 휘청거리고 왜소해지는 정치권을 보면서 위기의식을 느끼라고 말해 주고 싶고, 대선주자라고 거론되는 정치인들에게 민심을 정확히 읽으라고 조언하고 싶다.

마지막으로 안철수 교수에게는 더 많은 시간이 필요하며, 여야를 넘어 정치컨설팅을 해 줄 수 있는 지위가 검증되어야 국민이 움직인다는 점을 말씀드리고 싶다. 남북문제, 국제정치학, 사회통합, 양극화, 그리고 지역의 균형발전을 더 깊이 연구하지 않고서는 당선도 될 수 없고, 또 되어서도 재앙(災殃)이라는 점을 꼭 전해 드리고 싶다.

●● 그날 이후의 책임

그리고 오세훈 전 서울시장에게는 이 혼돈의 책임이 모두 본인에게 있으며, '작은 생각'으로 '미래는 꿈꾸는 것'으로 '국민이 바라는 정치 지도자'가 될 수 없다는 점을 전해 드리고 싶다.

보수의 아이콘이 된다는 것은 '작은 정치'이며 거대한 대한민국을 견인하기에는 너무도 미흡하다. 먼 훗날 통일 이후 북한지역을 돕자는 연설이 필요할 때, 무상급식이 세금을 인상케 한다고 외친 그의 표정들이 겹쳐지면 어떻게 그를 쳐다볼 수 있을까. 모두 대권에 취해 있는 것이다.

서울시장 선거가 20여일 남았다. 여당과 야당은 보선기획단을 구성하고 자기들 영향권 속에서 선거를 치루기를 희망한다. 정치 1번지 국회의원이 의정생활을 포기하고 차출되었고, 또 명망 있는 시민 활동가가 정치권에 포섭되었다. 추운 서울 거리를 누비게 될 것이다. 한강에서 몸을 씻고 남산에 올라 바람 쏘이고 노래 부르다 돌아가리라고 본다. 혹독한 검증과 힘든 유세, 박빙의 승부가 예상된다.

역사의 퇴적물 속에서 국민의 참 모습은 가려져 있다. 국민, 그는 지금 외로운 사람들이다. 그러나 자신의 얼굴을 되새겨 볼 시간은 올 것이다. 그날까지 참아야 한다.

2011년 9월 10일

정치

안철수,
5개월 그리고 5년 후

2012년 4월 당시 안철수 후보는 총선과 대선 정국의 중심에 서 있었다. 시간이 지날수록 그는 남북문제, 양극화와 사회통합, 노동문제, 취업문제, 뿌리 깊은 영호남 지역갈등 등 수많은 난제의 해결방안을 제대로 연구하지 않은 채 성급히 정치에 나섰다는 비난을 받게 된다. 지금도 그는 분열의 오명을 안고 자신의 정치를 제대로 보여주지 못하고 있다.
2011년 겨울 이 글을 쓸 당시 정치에 관해 전혀 검증된 바 없는 안철수의 성급한 욕심은 재앙이 될 가능성이 높다고 경고한 바 있다. 유감스럽게도 그 경고는 많은 국민이 소망했던 새로운 정치의 상징 안철수 현상의 일그러진 변형을 예감한 것이었다.
이 글에서 5개월이란 19대 총선 5개월 전이라는 의미한다. 그리고 5년 후는 차기 대통령(박근혜 대통령)의 임기가 끝나는 시점을 말한다. 그만큼 시대가 엄중하다는 예견이었다. 이 글은 2011년 12월의 상황에서 본 한국 정치의 전망이었다.
2012년 4월 19대 총선에서 새누리당은 압승했다. 그리고 2012년 12월 18대 대선에서 박근혜 대통령이 당선되었다. 우리는 지금 그 5년(2013~2017)을 보내고 있다.

대한민국의 모든 정당이 위기에 빠졌다. 시민들은 정당의 정체성을 묻기 시작했다. 보궐선거에서 기존 정당에 대한 분노와 변화를 촉구했다. 진정성이 없는 정당은 신물이 난다는 의미였다.

정치란 국민의 생업을 안정시키는 것이다. 정치인의 길이란 국민과 함께 울고, 국민과 함께 웃는 것이다. 국민을 화나고 지치게 하는 정치인은 더 이상 정치인이 아니다.

●● 진정성 없는 與野

요즘 정치의 화두는 복지가 된 것 같다. 복지란 환과고독(鰥寡孤獨)을 돌보는 것이다. 늙었으면서도 아내가 없는 할아버지(鰥), 늙었으면서 남편이 없는 할머니(寡), 어리면서도 부모가 없는 아이들(孤), 늙었으면서 자식이 없는 노인들(獨)을 돌보는 것이 국가의 복지정책이다. 일할 수 있는 사람에게 일자리를 만들어 주고, 복지혜택의 대상자가 늘어나지 않도록 개인의 비극을 막아 주는 것이 적극적인 복지정책이다.

결국 국민이 바라는 건 말이 아닌 믿음을 주는 정치이다. 그런 믿음에 대한 갈망이 '안철수'라는 이름을 통해 분출되고 있다. 지난 대선에서 성공한 기업가를 통해 자신의 삶도 나아지길 바라며 선택했으나 실망한 많은 국민들이 이젠 '믿음'으로 희망의 근거를 옮기고 있는 것이다.

지금 정치권은 안철수 태풍의 한가운데 있으면서 이해타산에 몰입하고 있는 모양새다. 야권은 안철수 현상에 공멸하다시피 하고 있다. 이것은 정당의 파산적 몰락과 비견되는 비극이다. 정당 경험이 전무한 안철수 교수에게 기존 정당이 생존의 전부를 의존한다면 그야말로 오래된 정당의 영혼을 파는 것이다.

●● 총선 · 대선정국 속 안철수에만 쏠려

언론은 안철수 기사를 비중 있게 다루고 있다. 여권은 지금 관망하고 있지만, 속내는 야권의 분열을 기다리고 있을 것이다. 통합을 눈앞에 두고 다시 분열의 조짐을 보이는 야권은 총선까지 남은 5개월 동안 우물쭈물 이 상태로 무너질 가능성이 있다. 안 교수는 5개월 동안 총선과 대선정국의 중심에 서 있을 것이다. 정치권에 몰입할 이유를 찾지 않을 것이다. 시간은 그의 것이기 때문이다. 상황을 충분히 활용하여 국민여론이 극대화된다면 새 시대에 부응하는 잠재적 정치지도자로 신격화될 수도 있는 것이다. 언론 또한 이를 뒷받침할 수 있다.

필자는 안 교수의 1,500억 원 기부를 순수하게 본다. 일부에선 "정치를 하지 않겠다는 의사를 표명하라"고 한다. 그러나 그것은 그의 의무가 아니다. 당장 눈으로 보여주는 것만이 증명인 것으로 여기는 구태의 사고에 젖은 방식이다. 그가 살아온 과정을 보면서 기부의 진정성을 읽어주는 것이 예의다.

그러나 정치의 관점에선 그에게 많은 의문을 가지지 않을 수 없다. 남북문제, 국제정치, 사회통합, 양극화, 사교육과 입시제도, 노동과 취업 그리고 뿌리 깊은 영호남 지역갈등을 더 깊이 연구하지 않고서는 본격적인 정치지도자로 나설 수 없으며 나선다 하더라도 그건 재앙이 될 가능성 높다. 아무것도 검증된 것이 없기 때문이다. 주변보다 자신이 잘 알 것이다. 국민이 진정 원하는 건 바람이 아니라 숙성된 인물이다. 작은 문고판 하나로 그의 정치철학을 검증하라는 것은 어불성설이다. 아울러 그의 주변 인물들의 정치적 욕망 또한 경계된다.

안철수 현상에 대해 일각에서는 "혼탁한 정치판에 나타난 암행어사와 같다"고 한다. 공감이 가는 말이다. 다만 암행어사는 탐관오리를 징계하고 백성의 억울함을 풀어주는 역할에 적절할지언정 그가 행정과 정치까지 대신할 수 있는가는 단정할 수 없다. 안 교수가 그런 역할까지 만족시킬 준비가 되어 있는지에 대해선 판단에 신중을 더해야 하는 이유이다. 그런 의미에서 지금의 정당이 안철수 태풍에 무조건적인 쏠림현상을 보인다면 그야말로 정당의 역사와 정체성을 팽개치는 가벼운 처신일 것이다.

●● 정치, 앞이 안보인다

지금 야권은 암흑시대다. 혁신과 통합은 아직도 그들만의 희망사항이다. 여권은 변하지 않고 있다. 오직 정권 재창출이며 19대 총선의 공천뿐이다. 이 초라하고 왜소한 정치의 비극적인 분열과 파탄의 전조를 보면서, 대한민국 정치를 혐오하게 된다. 그들에게 묻는다. 당신은 누구를 위해 정치를 하는가. 국민에게 묻는다. 우리는 무엇을 위해 이 시대를 살아가고 있는가. 이 심각한 물음 앞에서 5년 후, 가까이는 5개월 후에 전개될 국가의 운명을 위해 기도한다.

국제신문, 2011년 12월 14일

정치

박원순, 한국 정치사의 혁명

2012년 9월 안철수는 무슨 생각이었을까. 당시 이글에서 그의 목표는 차기 지방선거 서울시장이라 예상했다. 박원순 서울시장과 역할을 바꿀 가능성, 박원순은 차차기 대권, 안철수는 서울시장 연임을 통한 정치수련 가능성, 이것은 개인적 희망사항이기도 했다. 그의 5.18 국립묘지 방문은 일반이 생각하는 2012년 대선을 위한 행보가 아니라 십여 년 이상을 내다보는 것이라 보았다. 그때는 그의 나이 60대 초반이다. 그 사이 많은 정치인이 명멸할 것이고 그 빈자리를 메우는 게 안철수의 정치라 믿었다.
예상은 빗나갔다. 그는 준비 없이 서둘렀고 지금도 부족하다. 많은 국민이 바라는 새정치와 개혁을 시도했던 자신의 의도가 아무리 선하더라도, 분열과 혼란의 의도치 않은 결과만 낳는다면, 그것은 혼자의 문제가 아니라 국민 모두의 고통이고 부담이기 때문이다.
2016년 4월 총선, 호남에서의 압승은 그에게 기회이자 독(毒)이기도 하다. 호남을 기반으로 한 동력으로 그만의 새정치를 펼칠 것인지, 호남에 갇힌 초라한 지역당의 대표로 머물 것인지, 한국 정치의 혁명을 꿈꾸었던 그라면 유념해야 할 일이다.

안철수는 0.1초를 가지고 왜소한 한국 정치판을 무차별 공격하고 있다. 제1차 공격은 2011년 9월 6일 서울시장 후보사퇴였다. 단일화 방식으로 불출마를 선언한 것이다. 그로부터 8개월 후 제2차 공격을 시도했다. 그것은 2012년 7월 19일 '안철수의 생각'이라는 문고판이었다. 이어 7월 31일 TV프로그램 '힐링캠프'의 출연으로 여야를 적절히 공격하면서 한국의 정당정치를 궁지로 몰아넣고 있다.

●● 한국 정치사의 혁명

여권 경선은 1인 모노드라마를 끝났고, 야권경선도 그들만의 리그로 전락되었다. 이제 9월 말 제3차 공격을 준비하고 있다. 이것은 공격감행 1년 만에 2012년 9월 30일 추석을 겨냥하고 있는 것이다.

나는 그의 제3차 공격을 '한국 정치사의 혁명'이라고 생각한다. 그는 이전의 '해적정치인'과는 성격이 다르다. 탈당한 정치인이 아니요, 무소속 재벌경영인도 아니고, 국립대학교의 대학원 원장자리에 선 현직 교수이기 때문에 차이가 난다.

현직 대학교수가 대변인을 선임한 것은 이미 정치의지를 가지고 정치를 시작한 것으로 보아야 한다. 대한민국 대학사에서 대변인을 둔 원장이 있었는가.

지금까지 안철수의 현상은 민주당 경선과정을 국민의 관심에서 멀어지게 하면서 여권의 구도와 의지에 부합하는 행보를 견지해 왔다. 여기에 보수언론들은 이 현상을 적절히 그리고 교묘히 섞어가며 민주당 경선에 재를 뿌려왔다.

안철수의 현상은 그사이 젊은층의 결집과 기존 정치권에 대한 염증으로 이어지면서 어느 누구도 예측하기 힘든 정치혁명의 전단계로 빠져들고 있다.

문제는 이것을 아무도 제어할 수 없다는 것이다. 어린아이에게 산악철도의 상행선 운전석을 맡기는 상황이라고 할 수 있을 것이다.

●● 안철수의 고민

안철수의 고민은 세 가지로 압축된다.

첫째, 학교피신설이다. 기대했지만 자체 여론조사로 50%를 넘기기 어렵다고 보고 뜻을 잠시 접고 학교로 피신하는 방안이다. 이것은 본인이 냉정하지 않으면 쉽게 내릴 수 없는 안이다. 그 근거는 그의 책에 있다. "과연 내가 감당할 능력이 있느냐, 많은 국민들의 지지가 진정한 것이냐에 대한 판단이다."(『안철수의 생각』, 12면) 학교피신설은 냉정한 지식인들과 일반 지식인들이 지지하는 안으로 나도 "이 안이 맞다"고 생각한다. 그러나 정치풍선이 된 영혼은 떠다닐 수밖에 없을 것이다.

둘째, 연합전략설이다. 9월 19일 정치선언을 하면서 민주당과 연합을 선언하는 방안이 될 것이다. 민주당은 경선여파로 분열조짐을 보일 것이다. 손학규 지지파와 김두관 지지파들이 안철수 지지대열에 편승할 가능성이 있다.

127석의 민주당이 대선후보조차 내지 못하는 '불임정당'이 되어서는 안 된다는 비판론과 친노세력의 반격으로 '분당조짐'을 보일 가능성이 있다. 이때 새누리당이 흘리고 보수언론들이 제기한 검증안들을 문재인 지지세력들이 안철수에게 오히려 해명을 촉구하면서 세력충돌이 일어날 가능성도 있다.

민주당은 죽느냐, 사느냐의 분란속에 민주통합당 대선후보에 대한 특정지역의 실망은 높아 갈 것이다.

이런 가운데 안철수는 문재인 민주통합당 후보와 만나게 될 것이다.

제2차 박원순 사태로 발전할 가능성이 있다. 그는 통큰 양보와 멀리 보는 행보를 하면서 멋지게 퇴장할 수 있다.

그의 머릿속에는 다음 지방선거에서 서울시장이 되는 것이다. 현 박원순 서울시장과 역할을 바꿀 가능성이 높다. 박원순 차차기 대권, 안철수 서울시장 2차 연임으로 정치수련을 할 가능성이 높다.

그의 5.18 민주묘역방문은 보통사람들이 생각하는 2012년을 위한 행보가 아니고 13년(서울시장 연임, 대통령 재임기간) 이상을 내다보는 행보일 것이다. 그의 나이 63세다. 그사이 많은 정치인들이 운명을 할 것이다. 이것이 안철수식 정치다.

이 안도 그는 고민할 것이다. 지방선거가 시작되는 2014년 2월쯤 정식으로 입당절차를 밟을 것이고 정당정치인 안철수가 될 가능성이 있다. 이 안은 2년의 여유를 갖고 준비하면서 장기적으로 박원순과 함께하는 정치혁명이 될 것이다. 독대의 상징성을 읽어야 할 것이다. 수술 후 환자사망(독자출마 후 낙선)은 짧은 생각이기 때문에 오세훈, 김두관과는 다른 결정을 할 가능성이 있다.

셋째, 창조적 정치혁명설이다. 9월 19일 수요일 오후 3시 대선출마를 선언하면서 창조적 세력의 단결과 대한민국의 개혁을 주장할 가능성이 있다.

이러한 정치선언은 민주통합당의 목줄을 죄는 정치혁명전야제가 될 것이며 나아가 여권과 야권을 교묘하게 공격하는 첫걸음이 될 것이다. 대선 3개월을 남겨 놓고 대한민국은 대혼란에 빠지면서 3파전이 될 것이다.

●● 정당정치의 분열

문제는 여야 정치권이 분열조짐을 보이면서 대규모 탈당사퇴로 이어지거나 적어도 탈당은 아니더라도 심정적 지지 세력이 결집될 가능성이 높다. 10월부터 12월까지 90일간 하루 한건씩 새로운 이슈가 생산되는 사상 유례 없는 '대(大)폭로전'이 될 가능성이 높다. 정국은 예측할 수 없는 혼란 속에 '과거'와의 싸움으로 90일간의 대선정국을 보내게 될 것이다. 사생활, 능력, 과거활동 등이 번갈아 터져 나오면서 서로 엄청난 상처를 입을 것으로 보인다.

새누리당은 정치자금 부패로 '그들만의 잔치, 친박 특유의 배타성'을 지적하며 '자멸론'으로 위기감을 느끼게 될 것이며, 민주당은 또한 '60년 전통의 민주당 붕괴사태, 친노(親盧)와 반노(反盧)의 전쟁'으로 '대선필패론'이 고개를 들 것이다. 결국 정당정치의 민주화가 안 된 한국 정치사의 변동이 안철수로 인해 야기될 가능성이 높다. 이것이 안철수가 노리는 핵심이다.

영향력만 과시하며 일보 물러서느냐, 아니면 안철수-민주당 밀약으로 정치지형을 바꾸느냐, 한국 정치판을 깨고 새로운 도자기를 굽느냐, 이 모두가 2012년 12월 19일까지 진행될 것이다. 안철수는 이것을 역사적 사명으로 느낄 것이다. 50대가 한 번쯤 가져볼 만한 이상이다. 그러나 결국 민주주의는 정당정치라는 것을 알게 될 것이다. 안철수는 '한국 정당정치사를 바꾸는 무혈혁명가'로 남고 싶을 것이다.

지금 한국 정치는 이처럼 불안하다. 모두 정치권의 자업자득이지만, 아무런 죄가 없는 국민은 이런 상황을 지켜보면서 두려움을 느낄 것이다. 2013년에서 2018년은 한국의 역사에서 너무도 중요하기 때문이다. 현재 이 분열을 수습할 정치인은 보이지 않는다. 제대로 된 원로가 없기 때문이다.

"간(肝)이 배 밖에 나왔다."(이회창, 2011)

"고민 끝에 나온 결정이었다."(안대희, 2012)

얼마나 답답하였겠는가.

고전(古典)이나 읽으면서 사색(思索)할 시대다.

2012년 9월 19일

정치

문재인,
호남민심과 영남민심

2012년 11월 23일 안철수와의 지루한 단일화 공방으로 국민 피로가 극에 달했을 때 문재인은 안철수로부터 일방적 후보사퇴라는 펀치를 맞고 상처뿐인 단일후보가 된다. 당시 안철수 캠프에서 요구한 일면 문재인에게 불리한 여론조사 방식을 문재인 후보는 받아들일 결심을 굳혔다는 얘기가 있었다. 하지만 상대가 갑자기 줄을 놓아버린 상태에서 혼자 뒤로 자빠지는 궁색한 모습으로 단일화 감동은 반감된 것이다. 그가 불리한 방식이라도 대승적으로 받아들이는 결단을 조금만 빨리 했다면 역사는 바뀌었을지 모른다. 둘 다 영남 출신인 그들에게 호남은 전폭적인 지지를 보냈고 영남민심은 술렁이다 식어버렸다.

그때 김두관 경남도지사는 한국의 룰라를 외쳤다. 하지만 룰라는 2000년대 초 브라질이 요구한 시대적 인물이었지 지금의 대한민국과는 시대와 역할이 다르니 착각을 거두고 결심을 바꾸시라 이 글에서 주장했다. 결국 그는 도지사를 사퇴하고 민주당 대선후보 경선 패배, 국회의원 보궐선거 패배의 굴곡을 걸으며 조연으로 잊혀졌다.

2016. 4. 13 총선은 이 세 사람 모두에게 다시 기회를 주었다. 비록 호남에선 패했지만 문재인은 수도권과 부산 경남에서 쾌거를 이루어 명실상부 전국정당으로 도약시켰다. 안철수는 호남의 전폭적인 지지를 받았다. 김두관은 경기도 김포에서 재도전에 성공하여 미래를 도모하게 되었다. 문재인은 호남민심을, 안철수는 비호남의 민심을, 김두관은 330만 경남도민을 대표하며 지방분권을 주장하던 그 모습을 되찾아야 세상을 바꾸는 정치인으로 설 수 있을 것이다. 다시 살아남기를 바란다.

문재인은 안철수와 함께하는 공동정부를 염두에 두고 있다. 친노 이해찬과 호남 박지원 연대도 그의 제안이다. 그러나 당내 많은 비판이 있다. 127석이 실체 없는 안철수에 공동정부 구상을 제안한 것에 불쾌함을 느끼기 때문이다. 호남의 정서를 정확히 읽고 있을까?

●● 호남민심과 영남민심

김두관은 '노무현 경선'을 생각하며 호남민심을 정면으로 파고들겠다는 의도다. 친DJ그룹이 외곽지원을 한다. 광주시장 강운태의 만남도 그의 정치 행보의 하나이며, DJ그룹의 직접적 연대를 꿈꾸는 것이다. 문제인 보다 더 강한 연대력이 있다. DJ그룹은 '친노'그룹의 결집을 내심으로 원하지 않기 때문이다.

호남민심은 김두관이다. 그래서 그는 고민하는 것이다. 멀리 본다면 경남을 포함한 영남민심이 더 중요하다. 경남의 맹주가 되어야 대권가능성이 더 높다.

김두관의 장점은 권력의지, 서민과 지방이 잘 되어야 국가경쟁력이 생긴다는 정치철학, 경남의 공동정부 운영사례다. 국가경영의 원리를 잘 체득한 사람이다.

그래서 멀리 보라는 말이다. 통일대통령을 꿈꾸며 대선출마선언의 시기를 늦추라는 것이다. 이것만이 '시행착오 없는 훈련된 후보'라는 이미지를 각인시킬 수 있을 것이다.

김두관이 대선출마를 공식 선언하는 순간 경남의 지방정치는 요동칠 것이며 결국 후퇴할 것이다. 보선정국으로 이어지면서 공직사퇴의 도미노현상이 일어날 것이다. 야권은 지방정부를 여권에게 넘겨주고 경남의 야권연대는 공멸하게 될 것이다. 본인이 의도와는 다르게 굴러가면서 그의 희망은 망상이 될 가능성이 높다. 그래서 서둘러서는 안 된다. 5년 후 차차기 대선에서 그의 경력과 입지에 필적할 여야권의 인물이 없기 때문이다.

ⓒ 권범철 화백 作 경남도민일보

그에게 지금 필요한 것은 브라질 전 대통령 룰라가 아니고, 그가 몸담고 있는 주변의 신뢰다. 그 다음 자기 시대에 관철해야 할 한국병에 대한 사색과 실천방안이다. 룰라는 2000년대 초 브라질이 요구한 시대적 인물이다. 그와 룰라는 시대가 다르고 역할이 다르다. 그는 착각하고 있는 것이다. 9대1의 결심을 바꾸길 바란다.

문재인과 김두관은 영남의 민심을 더 모아야 한다. 전방위로 가속화되고 있는 야권연대의 해체작업과 야권의 이미지 분열작업, 그리고 당선권에 근접한 여권 후보의 언론 집중화를 어떻게 이 순수한 사람들이 막을 수 있겠는가?

다른 인물들에게 과감히 양보하는 것이 시대에 대한 속죄다. 이 대목에서 냉정해야 한다. 철저히 무너져야 한다. 이것을 알 때 영남민심은 돌아 선다. 영남민심이 돌아올 때 20대 국회가 바뀐다. 바로 그때가 김두관에게 기회를 줄 것이다. 이 시기가 위대한 대통령을 갖게 되는 첫 번째 역사가 되리라고 본다.

●● 대학지도(大學之道) 재명명덕(在明明德) 재친민(在親民) 재지어지선(在止於至善)

『대학(大學)』에 이런 구절이 있다.

“知止而后有定, 定而后能靜, 靜而后能安, 安而后能慮, 慮而后能得.”

머무를 곳을 알고 난 뒤에야 일정한 방향이 있고, 일정한 방향이 있고 난 뒤에야 차분해 질 수 있으며, 차분해진 뒤에야 평안해 질 수 있고, 평안해진 뒤에야 사려할 수 있으며, 사려한 뒤에야 성취할 수 있다.(『대학(大學)』 경1장)

“故君子無所不用其極.”

군자는 어느 곳에서나 자신의 지극한 선을 베풀지 않은 적이 없다.(『대학(大學)』 전2장)

희노애락(喜怒哀樂)의 창고인 입(口)을 다물고 고요 속에 머물러야 한다. 이것이 중(中)이다. 이 과정이 없으면 희노애락의 발현상태인 화(和)가 올수 없다. 화(和)란 ‘국민이 모두 잘 살고 행복해 하는 소통상태‘를 말한다. 그때 김두관이 꿈꾸는 ‘소통하는 복지국가, 통합되는 통일국가’가 온다. 저절로(然) 온다.

김두관의 결정은 김두관이 지금껏 쌓아온 내면의 발현이다. ‘굿바이

김두관', '굿모닝 김두관', 그는 지금 그 칼날 위에 서 있다.

『논어(論語)』는 말한다. "死生有名 富貴在天". 죽고 사는 것에는 하늘의 명이 있고, 부와 귀는 하늘에 달렸다. 교언영색(巧言令色)에 흔들릴 이유가 없다.

2012년 6월 1일

정치

김두관, 슬픔이여 안녕

2012년 봄 김두관 경남지사에게 고(告)한 글이다. 노무현의 정신은 '귀향(歸鄕)'에 있다. 고향이 잘 사는 세상을 견인하는 견고하고 건강한 지방자치에 대한 소망, 이에 대한 공부 없이 노무현의 정치철학을 계승할 수 없다. 고향에서 마을이장으로 시작한 하심(下心)의 정치, 지방정치를 발전시키고 여력이 있으면 국가를 위해 나서는 정치, 이런 걸음이 그의 스토리에 맞고 가장 올바른 자세라 생각했었다. 하지만 그와 참모들은 무얼 구상하는지 도대체 알 수 없었다.
2012년 7월 10일 그의 자산은 바닥이 드러났다. 결국 그는 대선후보가 되지 못했고 독일로 떠났다. 공부가 부족하고 참모들이 모자란 탓이다. 천신만고로 오른 경남도지사 자리를 그렇게 쉽게 던지는 사람이 어디 있는가?
귀향(歸鄕)은 일제 강제위안부로 끌려간 정신대 할머니들 삶을 그린 영화다. 360만 관객을 기록하였다. 글자는 달라도 '귀향'은 가슴을 울리는 단어인 모양이다.

김두관 경남도지사가 7월 10일 대선출마를 선언한다. 그의 시대정신은 '정의와 복지'다. 그는 "총알과 투표보다 빠른게 민심"이라고 말한다. 그러나 큰 메아리는 없을 것이다.

도지사 중도사퇴는 그의 정치행보에 영원히 따라 다니는 '불신의 이름표'가 될 것이다. 자신의 목표를 위해 지방정치를 포기한 책임은 무겁다고 할 수 있다. 민심(民心)은 보선에서 투표로 나타날 것이다. 제2의 번지점프에 신의 가호가 함께 하기를 빈다.

●● 김두관의 봄

나는 김두관의 봄을 2017년으로 생각했다. 경남도청에서 출정식을 갖고, 3.15 민주성지를 방문하고, 부산 민주충혼탑에 인사하면서, 모교 동아대를 거쳐, 거가대교를 타고 통영 이순신 장군 사당 충렬사를 방문한 다음, 고향 남해를 방문하여 옛날 집에서 1박을 한다. 과거(過去)를 되돌아보는 시간이 될 것이다.

다음날 하동 '화개장터'에서 기자회견을 한다. "영호남의 정신적 융합을 위해 혼(魂)을 모으겠다". 이어 광주에서 "정의의 정신을 계승하고 싶다"고 밝힌다면, 광주시민들에게 호응을 받을 것이다. 한국 사회에서 이러한 콘텐츠를 가진 정치인을 찾아보기 어렵기 때문이다.

3일째 대전 국립묘지와 아산 현충원을 차례로 방문하여 순국선열에 묵념을 올리고 방명록에 서명한다. "대한민국의 통일을 위해 헌신할 것입니다." 보수를 포함하여 많은 사람들이 공감할 것이다. 이념논쟁을 좋아하는 여권에 선제대응(先除對應)이 될 수 있을 것이다. 대전에서 하루를 묵으면서 지역정치인들을 만나면 유익할 것이다. 그의 나이 50대 후반이면 만나는 폭도 대화의 내용도 다양할 것이다.

4일째 정치철학의 스승인 율곡(栗谷) 이이(李珥)의 출생지를 방문하고 강릉에서 이이의 『성학집요(聖學輯要)』(대통령학)의 핵심을 설파하면서 "율곡의 정치철학을 21세기 한국 정치의 개혁지표로 삼겠다"고 선언한다면 강원도민을 포함하여 많은 사람들이 관심을 가질 것이다. 이때부터 한국 사회의 '정의와 복지' 문제는 진지한 화두가 될 것이다. "남해(南海)에서 강릉(江陵)까지, 이것이 내가 꿈꾼 정치내로(政治大

路)"라고 말한다면 진정성이 묻어 날 것이다. 성공한 도지사 경험과 풀뿌리 민주주의의 분권철학 그리고 겸손한 자세에서 '두드림(斗官)'의 팬들이 늘어 날 것이다. 이날 군부대 인근에서 1박을 한다면 젊은 장병과 그 어머니들은 가슴이 뭉클할 것이다.

5일째 새벽에 동부전선 군부대를 방문하여 젊은 장병들과 구보를 마치고 아침식사를 같이 한다면 색다를 것이다. 오전 10시쯤 평창을 방문하여 "통일된 국가에서 올림픽이 열리게 하소서"라는 정치연설을 한다면, 국내외 많은 사람들의 심장을 울릴 것이다. 평창올림픽은 2018년에 열린다.

오후 서울로 이동하여 남산(南山)에서 정치개혁 10대과제를 제시한다면, 서울 사람도 주목할 것이다. "남산에서 내 고향 남쪽을 바라본다"는 주제로 "지방과 서울 상생해야 한다"는 이런 정치메시지를 웅변할 때 선명하고 다정하게 들릴 것이다. 많은 사람들은 보름달 같은 그의 얼굴과 대한민국 남산을 연상시킬 것이다. 남산에서 1박을 한다면 상징성이 있을 것이다.

마지막 6일째 아침 남산도서관을 방문하여 교육정책을 현장에서 발표할 수도 있을 것이다. "사교육을 추방하고 공교육을 강화하겠습니다. 학생들에게 웃음을 돌려주겠습니다. 이것이 저의 교육철학입니다."

이어 오전 10시 동작동 국립묘지를 참배하고 정치원로들을 만나 인사를 드리고, 오후 노무현 전 대통령이 퇴임하는 날 출발했던 같은 시각에 고속전철(KTX)을 타고 봉하마을에 도착한 다음, 방명록에 "더불어 잘 사는 사회, 더 강한 대한민국을 만들겠습니다"라고 기록한다면 '리틀 노무현'의 인상을 자연스럽게 각인시킬 것이다.

●● 노무현의 귀향(歸鄕)

노무현의 정신은 '귀향(歸鄕)'에 있다. 고향사람들이 잘 사는 세상에 대한 소원(所願), 이에 대한 공부 없이는 노무현의 정치철학을 계승할 수가 없다. 이상 이것이 그의 스토리에 맞는 행보라고 생각한다.

그러나 그의 참모들이 무엇을 구상하고 있는지 알 수가 없다. 7월 10일 그의 내공은 드러날 것이다. 내가 보기에 그는 지금 대통령의 내공을 가지고 있지 않다. 5년이 빠르다. 그는 4.11 총선 이후 정치상황에 흔들린 것이다. 공부 없이 대권이 불가능하다.

지금까지 그가 일군 성공과 출세는 냉정하게 보면 주변 모두의 희생으로 융합되어 만들어진 정치공학의 선물이다. 이제 그는 남해의 '양파'처럼 냉정한 각성(覺性)으로 자생력 있는 정치인으로 다시 태어나야 한다. 이것이 안 되면 위대한 정치인으로 성장이 어렵다.

7월 10일 날 아침, 소설 같은 나의 구상과 염원은 물거품이 될 것이다. 슬픔이여 안녕! 지금 떠나면 경남 민심은 영원히 돌아오지 않을 것이다. 생각건대 그는 야권의 대권후보가 될 수도 없으며 되어도 이길 수 없다. 이것이 현 정치구도다. 설령 야권의 다른 대선후보가 천신만고 끝에 대선에 승리하고, 통합차원에서 영남출신 총리가 된다 해도 단명으로 그칠 가능성이 높다. 이것이 하늘의 운명이다.

그렇다면 2017년은 김두관의 시대인가? 아니다. 유능하고 확고한 철학을 가진 정치인들이 기다리고 있다. 송영길 인천시장은 DJ그룹이 장기과제로 남겨둔 인물이며, 안희정 충남도지사는 친노그룹이 숨겨놓은 인물이다. 그래서 나는 지금의 상황을 "김두관, 송영길과 안희정

사이에서 춤춘다"고 생각하는 것이다. 그래서 더 안타깝다.

김두관 경남지사가 말하는 정의의 개념이 무슨 의미인지 모른다. 정의(正義)란 하늘의 뜻(一)에 머문다(止)는 뜻이다. "양고기(羊)를 나(我)의 위에 옮겨 놓는다"는 의미다. 고향으로 내려가 마을이장에서 시작했듯이 "하심(下心)으로 정치를 하라"는 말이다. 지방정치를 발전시키고 여력이 있으면 국가를 위해 나선다. 이것이 가장 좋은 정치소신이다. 그의 대선출마는 소위 '정의'와는 거리가 멀다. 그가 정의라고 말하는 것은 '정치공학을 위장한 수사(修辭)'일뿐이다. 민심은 안다.

고요(中) 속에서 공부(工夫)하고 도모(圖謀)하는 길 밖에 없다.

"Good Bye!"

"Auf Wiedersehen!"

2012년 6월 10일

정치

박완수, 당신의 부모님은 창원시민입니다

선거를 앞둔 정치인들의 이합집산(離合集散)은 새삼스럽지 않다. 김두관의 사퇴로 불붙은 경남도지사 보궐선거도 마찬가지였다. 낮은 직을 던지면 더 높은 자리가 보장될 것이라 믿는 정치인의 자기최면을 김두관도, 다른 자치단체장도, 무수한 국회의원들도 비껴가질 못했다.
창원시민들은 공직 도미노 현상을 보면서 박완수 창원시장에게 이런 말을 기대했다. "나는 창원시장의 임기를 채울 것이다. 통합창원시 초대시장으로 시민들과 한 약속을 지킬 것이다. 해결해야 할 문제가 한두 가지가 아닌데 해결 없이 내가 어디로 한발이라도 움직일 수 있겠나? 경남의 중심 창원이 어수선해지는 행동을 나는 하지 않을 것이다. 2013년 1월 시무식은 창원시청에서 할 것이다."
그러나 시민의 기대와 완전히 달리 박완수 창원시장은 아무 말도 하지 않았다. 그리고 경남도지사 예비경선에 얼굴을 내밀었다. 이것이 통합창원시 초대시장의 자세였다. 하지만 홍준표 의원이 새누리당의 공천을 받았고 경남도지사로 당선되었다. 이후 진주의료원이 폐쇄되었다. 파란의 서막이었다.

김두관 경남도지사 사퇴로 많은 인물이 하마평에 오르고 있다. 박완수 창원시장도 거론되고 있다. 그러나 멀리 보고 냉정해야 한다.

"나는 창원시장의 임기를 채울 것이다. 통합창원시 초대시장으로 시민들과 한 약속을 지킬 것이다. 해결해야 할 문제가 한두 가지가 아니다. 이 문제의 해결 없이 내가 어디로 한발을 움직일 수 있겠나? 경남의 중심 창원이 어수선해지는 행동을 나는 하지 않을 것이다."

●● 창원시민의 기대

“2013년 1월 시무식은 창원시청에서 할 것이다. 어떤 분이 새로운 도지사로 오든 창원시는 꾸준히 명품도시로 변모할 것이다. 이것이 박완수가 창원시민들에게 드릴 수 있는 작은 마음의 선물이다. 나는 창원시로 계속 출근을 할 것이다.”

박완수로 인해 김두관의 행보는 많은 고통을 겪을 것이다. 박근혜가 할 수 없는 일을 박완수가 하는 것이다. 그의 행보는 먼 훗날 평가를 받을 것이다. 그래서 긴 호흡이 필요하다.

김두관은 여론 악화의 변수를 읽지 못했고 박완수는 자기를 버림으로서 새로운 자기를 만들고 있는 것이다. 머물 곳을 정하고 가고 있는 것이 내공이다. 의무와 욕망의 경계선에서 지혜를 발휘하길 바란다.

●● 창원시장의 행보

이러한 사고가 상식이다. 그러나 그는 아무 말도 하지 않았다. 그리고 예비경선에 출마하였다.

공자(孔子)의 말이다. “숨겨져 있는 이치를 추구하는데 몰두하고 더 나아가 괴이한 행동을 함으로써 후세에 그의 이름이 기억된다고 하더라도 나는 그러한 행동을 하지 않겠다.”(子曰 素隱行怪 後世有述焉 吾弗爲之矣. 『중용(中庸)』, 제11장 1)

“어떤 군자는 도를 따라서 행동하다가 중도에 그만두기도 하는데

나는 그렇게 그만 둘 수 없다."(君子遵道而行 半途而廢 吾弗能已矣. 『중용(中庸)』, 제11장 2)

"어떤 군자는 중용에 의거하여 세상을 피해 살면서 아무도 알아주지 않는다고 하여도 후회하지 않는다. 오직 성인만이 그렇게 할 수 있다." (君子依乎中庸 遯世不見知而不悔 唯聖者能之. 『중용(中庸)』, 제11장 3)

"군자의 도는 광대하면서 드러나지 않는다."(君子之道 費而隱. 『중용(中庸)』, 제12장 1)

"군자의 도는 일반 백성에게서 비롯하지만 그 지극함에 이르러서는 천지에 드러난다."(君子之道 造端乎夫婦 及其至也 察乎天地. 『중용(中庸)』, 제12장 4)

●● '도전은 나의 신념' … 시민 약속보다 중요한 것인가?

공자가 말하였다. "도는 사람에게서 멀리 있지 않는데 사람들이 도를 행하면서 사람에게서 멀어지니 이렇다면 도라고 할 수 없다."(子曰 道不遠人 人之爲道而遠人 不可以爲道. 『중용(中庸)』, 제13장 1)

"오직 부모님을 사랑하는 것을 보배로 삼으십시오."(仁親以爲寶. 『대학(大學)』, 제10장 13)

"임기동안 당신의 부모님은 창원시민입니다."

2012년 7월 11일

ⓒ 권범철 화백 作 경남도민일보

【후기】 정치인의 꿈과 야망

2012년 7월 당시 많은 창원시민들은 경남의 공직사퇴 도미노 현상을 걱정했다. 새누리당 경선에서 홍준표 의원이 승리하고, 본선에서 야당 심판론이 불어 홍준표 의원이 경남도지사로 당선되었다. 박완수 창원시장은 경남도지사의 뜻을 접지 못하고 마침내 2014년 2월 4일 창원시장을 사퇴하였다. 그는 이런 글을 남겼다.

"사랑하는 창원시민 여러분!

이제 저는 제 인생의 세 번째 도전을 시작하려 합니다. 20대에 기업체 근로자로서 잘 다니던 직장을 그만두고 행정고시를 준비한 게 첫 번째 도전이었고, 안정적인 공직생활을 그만두고 창원시장에 출마한 게 두 번째 도전이었습니다. 도전은 신념입니다. 목표에 대한 신념이 없으면 도전할 수 있는 용기가 나올 수 없습니다.

저는 지난 10년 동안 창원시정을 이끌면서 신념을 얻었습니다. 묵묵히 저를 믿고 시정을 맡겨주신 창원시민 여러분으로부터 얻었습니다. 여러분이 있기에 제가 있을 수 있고, 여러분이 있기에 창원이 있을 수 있었습니다.

그동안 저에게 보내주신 시민의 사랑 계속 이어가고 싶습니다. 그리고 그 사랑을 반드시 보답하고 싶습니다. 이에 저는 여러분이 만들어주신 창원시장의 소중한 경험을 바탕으로 도민의 삶을 보살피고 경남의 재도약을 위해 헌신하고자 합니다. 이것은 창원시민을 위하고 경남도민을 위하는 길이 될 것입니다."

그러나 또 다시 그의 정치적 야망은 좌절되었다. 새누리당 홍준표 경남도지사가 보선에 이어 재선되었다. 그는 인천공항공사 사장을 거쳐 2016년 4월 13일 창원(의창구)에서 20대 국회의원으로 당선되었다. 그리고 그는 네 번째 도전을 꿈꾸고 있을 것이다.

경남도민들은 언젠가 그에게 도민의 진심을 보여 줄 것으로 생각한다. "공직, 창원시장, 국회의원, 경남도지사." 이것 밖에 모르는 정치인으로 생각하지 않을까?

그에 대한 언론 보도다. "박 전 시장은 2004부터 2014년 초까지 창원시장을 지냈다. 그러나 새누리당 도지사 후보 경선에서 홍준표 지사에게 연거푸 패한 바 있다. 박, 인천국제공항공사 사장으로 1년 여간 재임하면서 재기 노렸나." (시사우리일보)

20대 국회의원으로 당선 된 후 2016년 4월 19일 연합뉴스와 나눈 대화다.

"이번 선거, 나라살림 안 챙긴 정치 심판이었다."

"대권 후보, 국민 위해 죽을 각오 필요…정치인 국민 무서워해야"

"국회의원직에 충실하겠다. 도지사에 도전할 생각 없다."

정치인의 꿈과 야망을 이해한다. 그러나 지역민에게 '기회주의'로 비쳐서는 안 된다. 20대 국회의원으로 충실한 의정활동을 기대한다.

정치

손학규, 隣의 철학, 이웃이 있는 삶

정치인 손학규의 2012년 대선후보 경선 캐치프레이즈 '저녁이 있는 삶'은 좋은 말이다. 하지만 나는 '이웃이 있는 삶'이 더 좋다. 심각한 구호가 낭만스럽게 펼쳐지기 때문이다.
'저녁이 있는 삶'이 개인적 낭만이고 행복이라면, '이웃이 있는 삶'은 우리의 행복이며 '더불어' 함께 잘사는 사회를 떠올린다. 이 글에서도 인용된 '더불어'는 좋은 뜻의 좋은 말이기에 현재 모 정당이 개정 당명에 차용하여 쓰고도 있다.
지금은 정치은퇴를 선언하고 전남 강진에 칩거하고 있다. 안타깝지만 기회가 쉽게 오겠는가. '저녁이 있는 삶'과 이웃 린(隣)의 사상이 만나 그의 정치철학으로라도 남았으면 좋겠다.

민주통합당 대선경선후보 손학규 전의원이 '저녁이 있는 삶'을 들고 나왔다. 다소 낭만적이고 여유로운 문구라 그 자체만으로 위로를 준다.

그는 더 나아가 일자리 창출, 일자리 나누기를 통해 국민 모두가 '저녁이 있는 삶'을 누리게 하겠다는 노동철학을 제시하고 있다.

국민 1인당 2,030시간의 노동시간을 2,000시간으로 단축하면 73만 개의 일자리가 더 만들어진다고 한다.

●● 隣의 철학

한자로 이웃 린(隣)자가 있다. 언덕(阜, 阝) 밑에서 왼발 오른발로 걸어 쌀(米) 농사를 짓는 이웃이라는 의미다. 그러나 이를 조금 사색(思索)하면 가정으로 돌아가고 이웃으로 돌아가고 밥을 같이 먹으며 저녁에 산보하는 공동체가 이웃 린(隣)이다. 따라서 손학규 진영의 '이웃이 있는 삶'이 '저녁이 있는 삶'의 지향점이 되어야 할 것이다.

'저녁이 있는 삶'이 개인적 낭만이고 행복이라면, 이웃이 있는 삶도 행복이 될 수 있다. 인근(隣近)을 살펴보고, 인접(隣接)한 곳에 잘하고, 인촌(隣村)을 위해 일하고, 선린(善隣)을 최고의 가치로 삼는다면 사회의 균열화 현상을 늦출 수 있을 것이다. 나는 이것이 복지(福祉)의 핵심이라고 생각한다.

화(和)의 발현 장소가 린(隣)이다. 화(和)란 희(喜)·노(怒)·애(哀)·락(樂)이 위로 받고 박수 받는 상태에서 서로 칭찬해 주는 분위기를 말한다. 그래서 화기애애(和氣靄靄)하다고 말한다. 이것이 진정한 소통(疏通)이다.

천만매린(千萬買隣)이란 사자성어가 있다. 천만금으로 이웃을 산다는 의미다. 평화를 돈으로 산다는 뜻이다. 거심택린(居心擇隣)이란 사자성어도 있다. 거주지를 정할 때에는 이웃을 생각한다는 뜻이다.

꽉 막혀버린 우리의 복지정책·외교정책·통일정책·경제정책·경영·사업·인간관계에서도 널리 통할 수 있는 말이다. 린(隣)은 그 만큼 중요하다. '더불어 잘사는 사회'도 여기서 나온 어구다.

●● 이웃이 있는 삶

'저녁이 있는 삶'도 좋지만, '이웃이 있는 삶'이 더 좋다. 심각한 구호가 낭만스럽게 퍼져서 서글프게 회자되기 때문에 하는 말이다. 隣의 철학이 그의 정치철학이 되었으면 좋겠다. 쉽게 말이다. 각종 인터뷰(MBN 정운갑의 집중분석, 2012년 8월 5일 오후 5시 30분~40분)를 보면서 느낀 생각이다.

"내가 될 것 같다"는 말보다는 "봉사할 시간이 오는 것 같다"고 말하는 것이 隣의 철학이다.

2012년 8월 5일

정치

헌법 제44조 국회의원 불체포특권

국회의원은 현행범이 아닌 한 회기 중 국회 동의 없이 체포 또는 구금되지 않는다. 회기 전에 체포·구금됐을 때 현행범이 아닌 한 국회의 요구가 있으면 회기 중 석방되어야 한다. 불체포특권이다. 헌법정신은 정치권력으로부터 의원의 정치적 독립을 보장하기 위한 것이다. 그러나 소위 방탄국회 등으로 끊임없이 특권남용의 문제가 제기되었다. 2005년 국회법 개정 이후엔 체포동의안이 국회에 제출되면 본회의 개의 72시간 이내 표결이 의무화되어 그 폐단은 많이 사라진 셈이다. 2012년 7월 국회 본회의에서 새누리당 정두언 의원(19대 국회의원, 저축은행 금품수수 혐의)의 체포동의안이 부결되었다. 여야 지도부는 여론을 의식해 자당 의원 보호에 소극적이었으나 정두언 의원은 혐의에 불과하다는 이유로 의원들이 부결시켜버린 것이다. 당시 국회의 기득권 지키기라는 비난에 새누리당 원내지도부는 총사퇴까지 하였다. 하지만 정두언 의원은 2014년 11월 결국 무죄로 확정되었다. 국회의원이라고 부당한 특권을 누려서도 안 된다. 그러나 불체포특권의 헌법정신을 생각하면 정략적 인기차원의 인신구속이 있어서도 안 된다. 명백한 범죄혐의가 아니라면 국민의 대표인 국회의원은 양심의 자유와 신체의 자유가 특히 보장되어야 한다.
2012년 7월 불체포특권의 올바른 포기를 강조하며 쓴 글이다.

19대 국회의 쇄신안 제1호 '불체포특권포기'가 문제다. 헌법 제44조는 국회의원의 불체포특권(不逮捕特權)을 규정하고 있다. 제1항은 "국회의원은 현행범인인 경우를 제외하고는 회기 중 국회의 동의 없이 체포 또는 구금되지 아니한다"고 명시하고 있고, 제2항은 "국회의원이 회기 전에 체포 또는 구금된 때에는 현행범인이 아닌 한 국회의 요구가 있으면 회기 중 석방된다"고 명시하고 있다.

국회법 제26조에 따르면 회기 중 국회의원을 체포 또는 구금하기 위하여 국회의 동의를 얻으려고 할 때에는 관할 법원의 판사가 영장을 발부하기 전에 체포동의 요구서를 정부에 제출해야 하며, 정부는 이를 수리한 후 지체 없이 국회에 체포동의를 요청해야 한다. 이 요청을 받은 국회는 정부의 요구대로 동의하든가 아니면 거부하는 데 있어서 조건 또는 기한을 붙이는 것은 허용되지 않는다는 것이 지배적인 견해이다.

●● 헌법 제44조 불체포특권의 헌법적 의미

헌법상 국회의원은 국회의 구성원일 뿐만 아니라 헌법기관이다. 따라서 국회의 기능보호와 원활한 의정활동을 위해 신분보장을 명확히 함으로써 입법기관을 보호하고 있다. 국회의원의 불체포특권은 국회의원 자신이 임의로 포기할 수 없다.

헌법 제44조는 야당 탄압을 방지하기 위해 명문화 된 규정으로 그 역사적인 의미가 있다. 제1공화국 제헌 헌법 제49조에 규정된 이래 내용상의 변경 없이 헌법에 국회의원의 불체포특권을 보장하고 있다. 양원제를 채택했던 제1·2차 개정의 제1공화국 헌법과 제3차 개정의 제2공화국 헌법은 국회에서 체포동의와 석방요구를 할 수 있다는 전제조건 하에 이를 규정하고 있다.

헌법 제46조도 주목할 필요가 있다. 국회의원의 청렴의무 규정이다. 제3항에 "국회의원은 그 지위를 남용하여 국가·공공단체 또는 기업체와의 계약이나 그 처분에 의하여 재산상의 권리·이익 또는 직위를 취득하거나 타인을 위하여 그 취득을 알선할 수 없다"고 명시하고 있다.

●● 24시간 구금을 위해 '쇼'를 하는 것보다

이제 쟁점이 되고 있는 박주선 의원과 정두언 의원의 사례를 살펴보자. 무소속 박주선 의원은 지난 19대 총선에서 불법선거운동을 했다는 혐의로 제1심에서 징역 2년이 선고되었다. 19대 국회는 회기 중이었지만 '쇄신안 제1호'라는 이름으로 체포동의안을 가결한 것이다. 물론 임시국회가 끝나고 체포 또는 구금해도 될 사안을 국회동의로 신병을 사법부에 넘겨 준 것이다. 이 문제는 국회의 강력한 의지로 이해할 수 있다.

그러나 정두언 의원의 경우 조금 복잡하다. 법무부는 2012년 7월 9일 정두언 의원에 대한 구속전 피의자심문(영장실질심사)을 하기 위해 체포동의요구서를 대통령 재가를 얻어 국회에 제출했다. 정 의원은 솔로몬저축은행 임석 회장을 이명박 대통령 친형인 이상득 전 의원에게 소개해 주고 2007년 말부터 2008년 초까지 1억 여 원의 불법 자금을 수수한 혐의 등을 받고 있다. 본인이 영장실질심사에 자진출두하여 혐의 부분을 소명하면 될 일이다. 그럼에도 국회는 박주선 의원과 함께 정 의원을 처리를 하기 위해 구금영장에 대한 동의표결을 붙인 것이다.

현행 형사소송법 제201조의2는 구속영장 청구와 피의자 신문을 규정하고 있다. 제2항은 "제1항 외의 피의자에 대하여 구속영장을 청구

받은 판사는 피의자가 죄를 범하였다고 의심할 만한 이유가 있는 경우에 구인을 위한 구속영장을 발부하여 피의자를 구인한 후 심문하여야 한다. 다만, 피의자가 도망하는 등의 사유로 심문할 수 없는 경우에는 그러하지 아니하다"고 규정하고 있다.

문제는 구인을 위한 구속영장과 불체포특권의 비례성이다. 불체포특권의 포기는 방탄(防彈) 국회를 열지 않겠다는 의미다. 이번 19대 개원국회가 방탄국회도 아니고, 또 본인이 법원에 출석을 하지 않겠다는 것도 아니다. 단지 구속여부를 판단하는 사전절차까지 국회가 개입해야 할 필요가 있었는가 하는 점이다. 정부가 정두언 사건을 회기 중에 사건처리를 해야 할 만큼 시급한 사안이라고 보고, 법원이 이 영장을 발부하기 전에 국회법 제26조를 적용하여 국회의 동의절차를 받은 것은 너무 정치적이라고 생각한다.

●● 불체포특권을 올바르게 포기해야

정두언 의원 본인이 비회기 중에 자진출두하고 법원이 구속영장을 발부한 이후 자연스럽게 형사소송절차에 따라 신병처리를 해도 무방할 일이다. 쇄신국회의 정치적 의미를 부각시키기 위해 무리를 한 것이라고 본다. 국회가 불체포특권의 포기를 성숙하게 구현하는 길은 정두언 의원을 위한 방탄 임시국회를 열지 않으면 될 것이고, 설령 임시국회를 연다고 하더라도 그때 가서 먼저 정두언 의원의 체포동의안을 상정하여 가결하면 될 일이다.

아무리 여야 대표가 합의한 사안이라고 하지만, 헌법 제44조 불체포특권의 헌법적 의미를 깊이 새길 필요가 있다. 법률가들은 이러한 미성숙한 처리를 한심스러운 정치행위로 본다. 이 상황에서 또 갈지(之)자 행보를 하는 정치인이 있다. 원내대표의 사퇴 등이다. 이것은 국회가 사당화(私黨化)되고, 대선에 미쳐 있기 때문에 나오는 현상들이다. 국민들의 눈에는 이벤트만큼 짜증나는 행태들이다. 어느 당에 이익이 되고, 어느 특정인의 대권행보에 유리한지 계산만 하는 것이 눈에 보이기 때문이다.

이번 기회에 불체포특권의 헌법상 의미가 무엇인지 국회의원들은 냉정하게 생각하길 바란다. 불체포특권과 그 포기의 합리적 경계선을 찾기 바란다. 구인후 심문을 위해 국회의원을 넘기는 것은 그가 누구라도, 그가 과거에 어떤 일을 저질렀던 신중해야 한다. 24시간 구금을 위해 '쇼'를 하는 것보다는 '불체포특권의 올바른 포기'가 중요하다. 정두언 의원은 이번 회기가 끝나고 사법판단을 받으면 된다.

2012년 7월 12일

제 3 부

하마의 눈물

사회 · 교육 · 철학 · 정치 · 환경 · 문화

14편의 글을 담았다.

행복
가난한 대학생의 등록금
그리움, 향기와 자유의지
역사의 강
사회통합
'금순'아!
CCTV
당선자와 낙선자
부산역
유엔기념공원, 이스탄불과 부산
해산원(海山源) 정신
창원자전거고속도
교육축제의 현장
홍명보 감독의 신사도(紳士道)

하마의 눈물은 약속이었다.

사회

우리도 행복할 수 없나요

행복의 의미를 살펴보았다. 주변이 평안하고 좋은 사람과 더불어 당당하고 화목하게 사는 것이 행복이다. 행복은 가정에서 출발하며, 어머니가 행복하면 가정이 행복하고, 자식들이 행복을 배운다. 그래서 어머니를 행복하게 안정시키는 정책이 가장 강한 형사정책이기도 하다.
권력과 금권에 가치를 두고 허영에 머무는 한 가정은 온전할 수 없다. 인간의 도리를 못해 비난받으며 영혼은 잠식되어 곧 피폐해질 것이다. 그래서 선인들은 도박·주식·부동산·정치를 탐닉하지 말라고 했다. 중독성이 있어 이것을 경계하지 않으면 언젠가 인생의 쓰라린 고배를 마실 가능성이 높기 때문이다. 주변 사람들이 평안하고, 좋은 사람들과 더불어 당당하고 화목하게 살아가는 것, 이것이 진정한 행복이다.
행복한 생활에서 인(仁)이 나오고, 인(仁)이 충만할 때 더불어 행복(幸福)도 충만해진다.
"우리도 행복할 수 없나요?"
"따뜻한 사회가 될 수 없나요?"
"우리도 다시 만날 수 없을까요?"
"당신을 위해 제가 나섰습니다. 당신을 불행하게 만들었던 것을 제가 바꾸겠습니다."
이렇게 약속해주길 2012년 대선을 앞두고 후보자들에게 고했는데 다시 2017년 대선을 앞두고 있다.

맹자(孟子)는 행복을 이렇게 말한다. "군자유삼락(君子有三樂)." 부모형제 건강하고, 하늘과 땅에 부끄럽지 않고, 창피하게 살지 않으며, 천하의 영재를 교육하는 것이다. 가정이 평안하고, 인생이 당당하고, 유능한 사람을 길러내는 것이 천하의 왕이 되는 즐거움보다 낫다고 한다.

●● 행 복

행복(幸福)을 한자로 풀어보면 맹자의 행복인생론과 같다. 가정(土)과 먹거리(羊)가 충분하면 가정이 평안해진다. 이것이 행(幸·운·희망)이다. 나아가 처신을 잘해 수치를 알면 다른 사람을 당당히 만날 수 있다. (示) 하늘(一)과 고요(口)를 경영과 처신(田)에 접목한다면, 그것이 바로 복(福)이다. 맹자는 교육(敎育)이 최고라고 말한다. 타고난 재주가 있다면, 각 분야에서 인재를 발굴하여 키우는 것이 가장 큰 행복이다.

권력과 금권에 가치를 두고 허영(虛榮)에 머무는 한 가정은 온전할 수 없다. 인간의 도리를 못해 비난받으며 영혼은 잠식되어 곧 피폐해질 것이다. 그래서 선인들은 도박·주식·부동산·정치를 탐닉하지 말라고 했다. 중독성이 있어 이것을 경계하지 않으면 언젠가 인생의 쓰라린 고배를 마실 가능성이 높기 때문이다.

주변 사람들이 평안하고, 좋은 사람들과 더불어 당당하고 화목하게 살아가는 것, 이것이 진정한 행복이다.

일본 도쿄(東京)대학교 강당 이름이 야스다(安田)이다. "평온을 생각하며 오늘을 경영한다"는 의미다. '좋은 어머니와 부인과 함께, 세상을 사는 방법을 경청하는 공간'이라는 뜻으로 읽힌다.

"한 명의 어진 어머니는 백 명의 교사에 견줄 만하다. 그 어머니 밑에서 성인도 나오고 흉악한 도둑도 나온다"란 말이 있다. 그만큼 사회에 영향을 미치는 사람이 어머니이다. 따지고 보면 '화학적 거세보다, 전자발찌보다' 우선해야 하는 것이 어머니를 안정시키는 일이다.

사회정책이 가장 강한 형사정책이다.

"인생은 흰 강아지가 틈새로 달려가는 것처럼 매우 짧소."(사마천, 『사기(史記)』 위표팽월열전, 魏豹彭越列傳) "말에 실수가 적고 행동에 뉘우침이 적으면 벼슬은 저절로 얻어지오."(사마천, 『사기(史記)』 중니제자열전, 仲尼弟子列傳) "벼슬을 하려면 견문이 넓어야 하나 열에 아홉은 버리고 하나만 취해야 하오. 그리고 그 하나가 쌓여 열이 되면 다시 그 열 가운데 뽑아 실천하시오. 앞을 내다보고 자신을 다스리는 사람은 드무오."(김원중, 『통찰력사전』, 64면.) 이렇게 하려면 지성감천(至誠感天)뿐이다.

●● 중화(中和)

행복은 두 가지다. 열(熱)과 청(淸)이다. 열복(熱福)과 청복(淸福)을 말한다. 열복은 성공과 출세이고, 청복은 일상에서 의미를 만나는 것이다. 다산 정약용이 오대익의 71세 생일 축하 글에서 보인 정의(定義)다(박세희, 『3분 古典 1』, 작은씨앗, 2010, 7면).

생각건대 맑을 청(淸)이란 중(中)이다. 청(淸)의 반대말이 탁(濁)이라면 중(中)은 깨끗한 고요(古謠)를 말한다. 고요한 가운데 마음의 희로애락을 다스리는 상태가 중(中)이다. 뜨거울 열(熱)은 마음의 희로애락을 주변에 베푸는 것으로 화(和)이다. 베풀지 않으면 화(和)를 이룰 수가 없다.

행복은 결국 중화(中和)에서 나온다. 중화가 실현되면 여유롭다(愉

愉). 조그만 공간(土・房)이 마련되고, 먹을 것(羊)이 생긴 순간이다. 일자리, 집, 작은 공간(讀書, 作業)에 가족이 어울려 사는 순간이 행복이다. 이 행복 속에서 우리 주변을 살피고(示), 하늘(一)에 머물러 기도하면서, 고요(口) 속에서 경영하며(田) '마음의 희로애락'을 같이 나누는 것이 분배(分配)다. 결국 복(福)이란 열정과 배려인 것이다. 배려(配慮)의 의미는 '나누는 것을 생각하는 깊은 마음'이다.

전문수행자(道士)들은 말한다. "청복과 열복을 누린 것에 감사할 뿐이오." 하루하루 무엇을 하는지 자각하면서 실천하는 길밖에 없다. 이것이 우리가 가져야 할 최고 가치이며 이 어려운 세상(亂世)을 이기는 길이다. 행복한 생활이 인(仁)이다.

●● 경 청

"우리도 행복할 수 없나요?" 이 소리를 들어야 한다. "따뜻한 사회가 될 수 없나요?" 이 호소를 들어야 한다. "우리도 다시 만날 수 없을까요?"

대선후보는 말해야 한다. "당신을 위해 제가 나섰습니다. 당신을 불행하게 만들었던 것을 제가 바꾸겠습니다."

경남도민일보, 2012년 12월 5일

교육

가난한 대학생을 위한 기도

버스나 지하철, KTX 등에서 교육부와 한국장학재단의 홍보광고가 눈에 띈다. "정부와 대학의 노력으로 반값 등록금이 실현되었습니다." 국가장학금을 통한 정부의'소득연계형 반값 등록금'이 완성돼 대학생들의 등록금 부담이 50% 경감됐다는 것이다. 그러나 대학교육연구소 조사에 따르면 2014년 2학기 기준으로 실제 국가장학금 혜택을 받은 사람은 41.7%라 한다. 국가장학금이 필요함에도 합리적이지 못한 소득분위 산정 때문에 입학 후 한 번도 받지 못한 학생들도 있다.
반값 등록금이 상징하는 실질적 교육비 경감의 효과를 거두려면, 모든 장학금의 효율적 운용, 대학과 지자체가 연계한 대학기숙사 확대, 학생들의 아르바이트 시간제한 등과 같이 다양한 방식의 개선이 있어야만 한다. 대부분 대학이 비정규직의 값싼 노동력으로 근간을 지탱하면서 등록금은 비싼 미국에다 비교하는 건 모순이다. 독일은 대학등록금이 완전 폐지되었다. 국가의 시혜가 아니라 인적 자원 개발을 위한 지속적 노력과 투자로 인식하기 때문이다. 다행히 2016년 1학기 등록금은 동결되었다.
오세훈 전(前) 서울시장은 예전 어느 인터뷰에서 "자녀 둘 대학공부 시키느라 등골이 휘어지는 줄 알았다" 라고 말했다. 정몽준 전(前) 의원은 "반값 등록금이 실현되면 대학 졸업생에 대한 사회적 존경심을 훼손시킨다"고도 말했다. 이 말을 듣는 국민들은 가슴이 휘어진다.
이 글은 2009년 12월에 기고한 글이다. 이후 반값 등록금이 사회이슈가 되었다. 2016년 제1학기 등록금은 동결되었다.

매년 신학기가 되면 학부모들은 허리가 휜다. 등록금과 하숙비 그리고 생활비 때문이다. 앞으로 남은 교육비를 생각하면 걱정이다. 시골에서 유학을 보내면 그 근심은 끝이 없다.

학교에 가면 캄캄하다. 학비와 생활비를 번다고 지쳐 있기 때문이다. 기숙사비도 그렇지만, 고학년이 되면 학교부근의 방 얻기가 겁난다. 시설이 좋아지면서 그 비용이 만만찮기 때문이다.

그래서 아르바이트를 한다. 주유소, PC방, 레스토랑, 주차요원, 편의점 등 다양하다. 그러다 보니 학교에 가면 늘 피곤하고, 과제물도 적당히 낸다. 교육은 이미 죽어 있다. 배우는 학생이 이러니 교수도 포기상태다.

© 권범철 화백 作 경남도민일보

●● 등록금 내리고 공동기숙사

어떻게 가난한 대학생들을 도울 수 있을까? 세 가지를 제언한다.

첫째, 대학등록금에서 지급하는 장학금제도를 폐지하고, 등록금을 낮추어야 한다. 교외장학금은 성적이 우수학생들이 도서구입비와 생활비로 사용할 수 있도록 지원해야 한다. 가난한 학생들은 늘 아르바이트에 매달린다. 학업경쟁이 되지 않는 교육환경이다. 이런 가운데 단지 성적이 우수하다는 이유로 경제적 형편이 나은 학생들이 장학금을 받는 것은 공정한 교육체계가 아니다. 학점 인플레 현상을 생각하면 이해가 될 것이다. 등록금을 낮추면, 부모가 살고, 가정이 살고, 학생들이 숨을 쉰다.

둘째, 대학은 지방자치단체와 연계하여 대학부근에 공동기숙사를 건립해야 한다. 부산은 4대 광역권으로 나누어 동부권, 서부권, 남부권, 북부권에 공동기숙사를 지어야 한다. 수도권에는 6개의 지방소재 학사가 있다. 강원학사, 경기학사, 전남학사, 전북학사, 충북학사, 제주학사다. 각 학사당 250명 이내를 수용하고 있으며, 식사 포함 한 달에 약 15만 원 정도다. 부산시는 부산에 권역별 기숙사를 지어야 한다.

대학 1, 2학년은 대학기숙사에서 생활하고, 3, 4학년은 공동기숙사에서 생활하면 많은 학생들이 도움을 받을 것이다. 대학생 때문에 관내의 상권들이 활성화되어 있지만, 수십 년 동안 그들은 대학생들에게 기여한 바가 없다. 그래서는 안 된다.

지방 학생들이 하숙비로 고생을 하고, 학업을 등한시하는데 지방자치단체는 엉뚱한 일을 하고 있다. 보도에 따르면 서울의 한 구청은 청사 신축비로 1,200억 원을 투자했다고 한다. 웅장한 초호화 현대식 건물이다. 참 씁쓸하다.

공동기숙사 프로그램은 지방자치단체가 인근 대학을 지원하는 정책이고, 젊은 대학생의 미래를 후원하는 프로그램이며, 외국학생들과 만날 수 있는 통로이며, 국제화의 창구를 여는 길이다. 우리 지역을 빛낸 인사들이 여기서 좋은 교양강좌를 하면 어떨까? 여기에 다양한 학습프로그램을 연계시킨다면, 사교육비를 대폭 줄일 수 있을 것이다. 또 지역의 각 문화센터를 이곳과 통합 관리한다면, 평생교육의 효과를 높일 수 있을 것이다. 이런 것들은 이미 외국에서 실시하고 있는 정책들이다.

셋째, 대학생들을 고용하는 업주는 밤 10시까지만 아르바이트를 허용해야 한다. 행정기관의 규제보다는 업주의 자율성이 더 효과적이기 때문이다. 학생은 공부를 해야 하고, 리포트를 써야 한다. 시장경제라는 이름으로 취업전선에 미리 당겨 엉망으로 만들어서는 안 된다. 사익보다는 공공의 이익을 생각해야 한다. 젊은 대학생을 위한 작은 배려다.

●● 돈 걱정 없애줘야 개천에서 용(龍)난다

가난한 대학생들이 등록금, 하숙비, 생활비를 마련하기 위해 신용불량자가 되고, 꿈도 한 번 펴보지 못하고 도태되는 사회를 더 이상 방치해서는 안 된다. "개천에서 용 난다"라는 말이 불가능하다면, 그 이유를 분석하고 가능성을 열어 주어야 한다.

대학생들이 행복하고, 이들이 사회에 나와 직업을 가지면서 다른 사람들을 도울 수 있을 때, 그 사회는 희망이 있다. 가난한 대학생들이 외치는 눈물겨운 기도를 더 이상 외면해서는 안 된다.

ⓒ 권범철 화백 作 경남도민일보

최근 정부에서 제안한 '등록금 후불제'는 미봉책에 불과하다. 이 제도는 대학 졸업 후 직업을 갖게 될 때 의미가 있다. 공부를 할 수 없는 구조, 직장을 구할 수 없는 사회시스템 그리고 직장을 구한다 하더라도 88만 원 세대라면 누가 빚을 갚고, 결혼을 하겠는가?

2010년은 선거의 해다. 가난한 대학생의 소원을 해결해 줄 철학과 비전을 갖춘 시장, 시의원, 구청장, 구의원의 탄생을 간절히 기다린다.

국제신문, 2009년 12월 7일

철학

그리움과 향기와 자유의지

라면에 담긴 세 가지를 생각했다. 면, 스프, 정성.
인생의 허기를 메워 주는 역할로서 면은 걸어온 길, 스프는 자기 분야에서 배워야 할 지혜, 정성은 노력이 수반되는 자유의지다. 라면을 끓이는 정성으로 최선을 다할 때 그 3분이 모여 3년이 되고 자기 꿈을 이룰 수 있는 시간이 된다.
2010년 새해를 맞으며 로스쿨 재학생과 준비생들의 건승을 빌었던 글이다. 이제 자아로 돌아가 새로운 포부와 삶의 의지를 가다듬자. 자기관리와 생활습관을 철저히 하면서 날마다 비장한 각오, 자기 시간, 혼을 담은 노력을 다하자. 선택했을 때의 첫 마음이 변치 않게 잘 간직하자고 당부했다. 벌써 6년이 흘렀고 또 시간은 지날 것이다.

꿈(夢)이란 영혼이 담긴 목표다.

꿈을 실현하기 위해서는 '그리움과 향기와 자유의지'가 있어야 한다.

꿈을 실현하는 것을 성공이라고 한다. 성공을 위해서는 세 가지의 요건이 필요하다. 재미있는 일을 하는 것, 이왕 하는 일 잘 하는 것, 그리고 그 일에 의미를 부여하는 것이다. 대표적으로 (정치인이 되기 전의) 안철수 교수를 생각하면 된다. 그는 잘 나가는 의대 교수직을 던져 버리고, 본인이 가장 재미있게 잘 할 수 있는 일을 선택한 것이다. 그는 자기가 하는 일에 의미를 부여하며 계속해서 행복바이러스를 전파하고 있다. 그래서 (정치인이 되기 전까지) 그를 성공한 사람이라고 말한다.

●● 그리움

나는 가끔씩 야밤에 혼자서 라면을 끓여 먹는다. 맥주 한잔을 걸치면, 저절로 어려웠던 유학생활이 떠오른다. ≪겨울밤의 라면≫이라는 시상이 떠오른다.

라면 하나 제대로 끓여 먹을 수 없는 환경에서 살았습니다
라면 값이 너무 비쌌기 때문입니다
여러 사정으로 이 물품들은 나에게 잘 배달되지도 않았습니다
그분들도 먹고 살아야 했기 때문입니다
그래서 저는 라면 하나 끓여 먹는 것을 사치라고 생각했습니다
사실 그곳에서는 엄청난 사치입니다
밤늦게 공부하다 보면 한 번씩 끓여 먹고 싶을 때가 있습니다
오늘 밤 라면을 끓여 먹으면서 할레(Halle)의 심야를 많이 생각합니다
라면에는 그리움, 향기, 자유의지가 있었습니다.

이 시상은 상당히 감성적이다. 그러나 단순히 고달픈 유학시절을 말한 것은 아니다. 라면에서 느끼는 이러한 시상에는 꿈에 대한 그리움, 고향의 향기 그리고 스스로 선택한 유학생활을 결실 있게 마치고자

하는 자유의지가 담겨 있다. 그리움은 지난날의 생각이 바람이 되어 선율로 내 머리를 스쳐 온 것이다. ≪겨울밤의 꿈≫이라고 할까. 이 꿈은 로스쿨 준비생이나 로스쿨 재학생들의 꿈과 비슷하지 않을까.

라면에는 세 가지 요소가 담겨있다. 면, 스프, 정성이다. 3분이면 조리가 끝난다. 또 3분이면 맛있게 허기를 채울 수 있다. 면은 각자가 그동안 걸어 온 인생길이고, 스프는 로스쿨에서 배워야 하는 지혜이며, 정성은 노력이 수반되는 자유의지다. 수험생활에서 라면을 끓이는 정성으로 최선을 다할 때, 그 3분들이 모여 3년이 되면 법조인의 꿈을 이룰 수 있을 것이다.

●● 자유의지

큰 어려움이 있는 곳에는 큰 성공이 기다리고 있다. 인생행로에서 고통을 제하면 인생의 매력은 없다. 고통은 지식을 부른다. 지식은 용기를 낳고 용기는 개척으로 자기를 드러낸다. 개척은 승리가 목적이요 승리는 자유를 부른다. 자유는 평화를 찾고 평화는 행복을 원한다. 수많은 밤을 새워 결정한 진로라면, 영혼이 담긴 승부가 필요하다.

진통 끝에 2009년 3월 법학전문대학원(로스쿨)이 개원되었다. 우리는 그동안 ≪꿈－그리움, 향기, 자유의지≫를 펼치기에 "주변의 환경들이 미흡하다"고 불평을 해왔다. 천만 가지로 생각했던 온갖 불평들은 화롯불에 내리는 흰 눈 한 송이와 같다. 서로가 느꼈다면 여기까지 온 것도 감사할 일이다.

●● 유능하고 따뜻하고 균형 잡힌 법조인

2010년 새해가 밝았다. 이제 자아로 돌아가자. 새로운 포부와 삶의 의지를 가다듬자. 자기관리와 생활습관을 철저히 하면서 날마다 비장한 각오, 자기 시간, 혼을 담은 노력(精進)을 다하자. 로스쿨을 선택할 때의 첫 마음이 변치 않기를 바란다.

≪그리움과 향기 그리고 자유의지가 담긴 꿈≫이 용광로에서 강하게 타오를 때 ≪유능하고 따뜻하고 균형 잡힌 법조인≫이 될 것이다. 로스쿨 재학생 그리고 로스쿨 준비생 여러분들의 건승을 빈다.

그동안 이 법률시론을 애독해 준 독자와 귀한 지면을 허락해 준 법률저널에 깊이 감사드린다. 새해인사를 올린다.

법률저널, 2010년 1월 1일

철학

역사의 강을 함께 건너자

분단 70년이자 광복 70년을 맞이한 대한민국, 아직도 일제 강점의 잔재가 우리 주위를 떠나지 않는다. 약자를 무시하고 짓밟는 강자의 오만, 나만 살아남으려 애쓰는 이기주의…. 침략 받지 않고 평화공존의 역사였다면 '이 정도는 아니었으리라' 스스로 달래는 마음으로 써내려간 글이다. 식민 잔재를 청산해서 빨리 역사의 강을 건너야 하는 이유다. 태극기의 내용을 두고 여러 해석이 있으나 새롭게 풀이해 봤다. 가운데 태극(☯)이 만물의 이치와 통합을 상징하는 건 아는 사실이지만 네 귀퉁이의 4괘는 나름의 방식으로 연결해 보았다. 우리가 무심히 대하는 태극기의 새로운 의미를 통해 혼탁이 정화되고, 대한민국의 의미와 가치 또한 두터워졌으면 바라는 마음에서다. 2010년 8월 당시 인사청문회를 앞두고 태극기에 담긴 이런 가치의 잣대로 검증한다면, 정말 훌륭한 인물을 걸러낼 수 있겠으나, 언론에 나온 후보 중 아무도 성할 사람이 없을 것이란 딱했던 기억이 난다.

일의 성패에 따라 일희일비(一喜一悲)하는 나라, 눈치만 보는 기회주의자들이 기생하며 잘 사는 나라, 침착과 인내를 갖춘 젊은 정치인들이 성장할 수 없는 나라, 여야 합의로 결정된 국가의 중요정책을 정권이 바뀌자 확 바꾸려는 나라, 2010년 8월 대한민국의 자화상이다.

●● 태극기에 내재된 잣대로

지난 100년을 돌이켜 보면 대한민국은 '식민지 정신의 괴물'에게 시달렸다. 이 괴물은 날뛰고 신음하고, 헐뜯고 보복하고, 죽이며 미래를 말해 왔다. 모든 것이 꽉 막혀 있는 이 갑갑한 대한민국의 8월에 불어오는 역사의 태풍을 보면서 느낀 생각이다.

이제 식민지 정신을 마감하자. 광복 65주년을 맞아 태극기의 의미를 다시 성찰해 본다. 나라를 잃고 온 국민이 집단 노예가 된 일제 36년을 되돌아보자. 그 당시 유일한 탈출구는 해방과 자유였다. 태극기(太極旗)는 역사의 질곡을 위로했던 유일한 통합의 상징이었다. 유관순 누나의 태극기, 광복의 태극기, 김구 선생의 태극기에서부터 이한열 열사의 태극기, 월드컵의 태극기, 한줌의 재로 변한 노무현 대통령의 유골을 감싸 안았던 태극기, 김대중 대통령의 유해를 둘러쌌던 태극기, 그리고 복원된 광화문 앞에서 당당히 휘날렸던 태극기의 의미를 찾아보자.

태극기는 하얀 바탕에 원(☯)을 중심으로 3☰, 4☲, 5☵, 6☷으로 연결되어 있다. 건(乾)·이(離)·감(坎)·곤(坤)이다. 건은 지혜를, 이는 용기를, 감은 사람을, 곤은 가치를, 그리고 원은 평화를 상징한다. 지혜는 하늘에 있고(乾), 가치는 땅에 있으며(坤), 그 땅을 딛고 고난에 친 사람이 서 있고(坎), 태양처럼 열기가 강렬하고 숨김이 없는 것이 용기(離)이며, 공존과 통합이 원(圓)이다. 지금까지 남아 있는 식민지 잔재에 시달린 우리와 연결해 본다.

첫째, 세 가지의 지혜가 필요하다. ① 충동과 유혹(色)을 멀리하는 지혜, ② 일과 활동의 경계를 구분할 줄 아는 지혜(활동의 지혜), ③ 인생 전반을 설계하고 돈의 씀씀이를 조절하는 지혜(경제의 지혜)다. 이것은 개인과 사회와 국가경영에도 적용된다. 강요와 자유의 경계에서 날마다 시달리는 업무스트레스, 재정파탄과 개인부채는 모두 지혜의 결핍에서 나온다.

강용석 의원이나 조현오 신임경찰청장 내정자의 충동적인 발언도 모두 결핍된 지혜 때문이다. 색에 대한 지혜가 무너지면, 활동도 무너지고, 경제도 다 무너진다. 풍(風)이 드는 것이다. 그래서 인(忍)이 필요하다. 인간사의 행동규범 중에 인내가 으뜸이다. 공직자는 날마다 쳐다보는 태극기에서 그 정신을 깨달아야 한다.

둘째, 네 가지 용기가 필요하다. 선, 악, 강, 약이다. ① 옳은 것을 실천하는 용기, ② 잘못을 과감히 제거하는 용기, ③ 강자와 부당한 권력에 맞서는 용기, ④ 소외된 약자를 도와주는 용기다. 해방과 민주화도 이러한 용기에서 나왔다. 분단극복과 남북통일도 바로 이러한 용기에서 나온다.

늦은 감은 있지만 8.15 경축사에서 언급된 '통일세'는 이 대통령의 새로운 모험이자 용기다. 오히려 집권초기부터 "햇볕정책이 안고 있던 절차적 문제점을 걷어내고 그 정신을 계승할 것이다. 북한에 자유와 인권과 평화를 재임기간에 1%라도 더 넓힐 것이다"라고 주장하고 실천했다면 많은 공감을 얻었을 것이다.

셋째, 다섯 가지의 인물상을 가져야 한다. ① 착하고, ② 따뜻하고, ③ 희망을 말하고, ④ 배려하고, ⑤ 겸손한 사람이다. '넬슨 만델라' 전 남아공대통령, 변함없는 소박한 사법역량가 '조무제 전 대법관', 순백의 사랑을 실천한 패션디자이너 '고(故) 앙드레김' 같은 분들을 들 수 있다.

직원과 종업원을 노예로 생각하는 사람, 과거에 젖어 미래를 보지 못하는 사람, 이간질과 비난과 편법으로 지위를 차지하고 인맥과 능력을 과시하려는 자들은 모두 식민지 잔재에서 벗어나지 못한 저급한 한국인상이다.

넷째, 여섯 가지의 가치다. ① 다른 사람 존중, ② 자유, ③ 책임, ④ 규범, ⑤ 환경, ⑥ 박애의 사상이다. 우파와 좌파 그리고 보수와 진보 할 것 없이 공통되는 것들이다. 이 여섯 가지 가치를 확산시켜야 대한민국은 선진문명국가로 도약할 수 있을 것이다.

●● 청문회 나설 인사들 검증해야

곧 인사청문회가 열린다. 세 가지 지혜와, 네 가지 용기와 다섯 가지의 인물상에 부합되는지, 여섯 가지의 근본가치를 공유하고 있는지 그리고 사회통합과 평화통일의 철학을 갖추고 있는지 검증해야 한다. 식민지 정신에 젖어 있는 인물은 비록 나이가 젊어도 안 된다. 광복 65년 그리고 분단 65년, 오늘의 역사를 교훈으로 다함께 역사의 강을 건니자.

국제신문, 2010년 8월 18일

사회

사회통합을 위한 다섯 가지 조건

'정도'(正道)는 낡은 말이지만 변함없는 가치다. 혼란과 갈등이 몰아치는 지금이야말로 우리 사회통합에 정도(正道)가 필요한 것이라는 생각으로 적은 글이다.
≪인(仁)·의(義)·예(禮)와 덕(德: 智·信)≫을 혼란에 빠뜨리는 건 풍(風)이다. 풍은 인(忍)으로 제압된다. 그래서 인(忍)으로 겸허한 국정운영이 되어야 사회갈등도 가라앉는다.
정부수립일을 건국절로 만들기 위해 3.1 정신과 4.19를 욕보이는 행위가 있다. 오너 가족이라는 권력으로 승무원 인권과 항공법을 무시한다. 대통령 한마디에 자신들이 선출한 원내대표를 사퇴시킨다. 권력 실세가 집권당 대표를 찍어내려는 과욕도 있다. 모두 풍(風)에서 비롯된다. 불의를 애국으로 포장한다. 보기 싫은 소수는 종북으로 몰아버린다. 무비판의 충(忠)을 강조하며 의무는 최소, 권리는 최대한 누리려는 염치없는 권력이라면, 차라리 정의롭지 않으면서도 정의를 강조하는 위선이 낫지 않은가. 인(忍)으로 풍(風)을 잠재워 가까이는 우리 자신도 근신하고 성찰하자.
정도(正道)는 멀리 있지 않다. 국민의 마음을 알고, 예를 다하며, 불의를 끊고, 덕을 실천하는 정부가 되어야 한다. 이런 정부는 향기가 나고 따뜻하고 열정이 넘친다. 국민들이 원하는 정부다.
막스 베버 (Max Weber, 1864~1920, 독일의 법률가, 정치가, 정치학자, 경제학자, 사회학자)는 그의 저서 『직업으로서의 정치』에서 정치인의 덕목으로 열정과 책임의식과 균형 감각을 제시했다. 바로 仁·義·禮·德·忍을 갖춘 정치인이다. 2016년 20대 총선 과정에서 우리는 함양 미달의 다양한 정치인을 목격했다. 고전(古典)에 제시된 덕목으로 ≪한국의 직업정치인의 자세≫를 찾아야 한다.

정치권이 새해부터 요동치고 있다. 세종시 때문이다. 모두들 정치적 운명을 걸고 싸우고 있다. 이번 승부로 국정장악력과 대선판도가 정해질 것이다. 어떤 정당과 정치인은 정치생명이 끝날 것이다. 사회통합은 사실상 끝났다고 본다.

●● 정치의 正道는 仁·義禮德忍

2009년을 되돌아보자. 1월 용산참사, 5월 노무현 전 대통령 서거, 7~10월 사교육과 청년실업 그리고 가정파탄과 자살, 12월 원칙 없는 특별사면. 우리 사회는 부당한 공권력 행사에 대한 깊은 불신과 오락가락한 정책혼선에 대한 갈등 그리고 계층간의 심각한 불균형을 겪었다. 이런 가운데 정부는 사회통합위원회를 구성하여 사회통합을 계획하고 있다. 분열과 갈등을 극복하고 따뜻한 자유주의, 성숙한 민주주의를 실현하기 위한 대통령 직속기구라고 말한다.

그러나 사회통합은 정도(正道) 없이는 불가능하다. 정도의 핵심은 ≪인(仁)·의(義)·예(禮)·덕(德: 智信)·인(忍)≫이다. 동양고전에서 말하는 ≪인·의·예·덕≫은 쉽게 말하면 우리 삶에서 동서남북(東西南北)으로 연결되어 있다. 그 중심을 잡아주는 것이 인(忍)이다. 그렇다면 어떠한 정치를 해야 사회통합을 이룰 수 있는가. ≪인·의·예·덕·인≫의 정치를 해야 한다.

첫째, 인(仁)의 정치다. 인(仁)이란 하늘의 마음, 즉 국민의 마음이다. 대통령과 정치권은 국민의 마음을 정확히 읽어야 한다. 지금 충청권에서 문제가 되고 있는 세종시 문제도 마찬가지다. 수많은 밤을 새워 가면서 여야 정치권이 합의를 했고, 해당지역 주민들이 이를 믿고 재산권을 행사했다면, 그 지역 주민들의 뜻에 따라 추진되어야 한다. 이것이 순리이고 통합의 정치다.

둘째, 예(禮)의 정치다. 예(禮)란 정치권이 국민의 마음을 찾아 가는 마중 가는 길이다. 예의 기본은 국민의 뜻을 경청하는 것이고, 정직과 겸손, 근면과 봉사 그리고 사랑으로 희생하는 것이다. 대통령과 정치인은 인(仁)과 예(禮)가 만나는 따뜻한 소통의 정치를 해야 한다. 그것이 정도정치(正道政治)다. 바를 정(正)자는 하늘(一)의 진리에 머물러(止) 있다는 뜻이다. 민심(民心) 속에 있어야 한다. 독존과 교만, 편법과 과분수, 부정과 부패는 통합의 정치를 이끌 수 없다. 집권초기를 생각하면 교훈을 얻을 것이다.

셋째, 의(義)의 정치다. 의(義)란 정부가 지키고 행하여야 할 바른 도리(道理)다. 바르면 정의(正義)가 되고, 흔들리면 불의(不義)가 된다. 정도(正道)는 이를 명확하게 구분하는 기준이다. 작년 9월부터 세종시 문제로 나라를 소용돌이 속에 빠지게 만든 것은 정도가 아니다. 의가 흔들리면 통합이 될 수가 없다.

넷째, 덕(德)의 정치다. 덕(德)이란 지(智)와 신(信)이다. 알고 믿고 도와주는 지혜와 슬기가 덕이다. 덕은 조직과 인간관계에서 중요하다. 이것이 흔들리면 불신이 깊어지고 통합이 되지 않는다. 집권 정당의 내부에서 조차도 상호 불신이 깊다면 어느 국민이 이러한 정당의 정책에 설득을 당하겠는가. 덕이 없으면 통합이 안 된다.

다섯째, 인(忍)의 정치다. 인(忍)이란 마음(心)을 밑에 깔고 칼(刀)을 차고 냉정하게 국정을 안정시키는 것이다. 국가경영의 천 가지 가운데 가장 중요한 것이 인(忍)이다. 인(忍)은 국정 성찰과 국민에 위한 기도로 가능하다. 성찰이란 뒤돌아보는 것이고, 기도란 이러한 시간을 갖는 순간을 말한다. 대통령과 여당은 2008년의 촛불정국과 2009년의 조문정국을 깊이 성찰해야 될 것이다.

●● 風을 잠재우고 忍은 키우는 길

정부가 길을 잃으면 혼란이 온다. 이것을 풍(風)이라고 한다. ≪인(仁)・의(義)・예(禮)・덕(德: 智信)・인(忍)≫이 중심을 잃고 바람개비가 되어 돌아가는 것이다. 바람은 '우여곡절(迂餘曲折)'을 낳고, 혼돈을 만들며 소멸한다. 소용돌이 속에 국론이 흩어지고 분열을 낳으며 정체성을 흔든다. 그래서 국가경영에서는 참을 인(忍)이 중요하다. 세종시 문제도 마찬가지다. 의사소통의 부재가 낳은 인위적인 바람(風)이기 때문이다.

대한민국은 '섬김'과 '소통'정치가 필요하다. '섬김의 정치'는 '설득의 정치'가 전제될 때 가능하다. 국민과의 진정한 소통은 바로 섬김과 설득에서 나온다. 이것이 민주주의이다. 그리고 사회통합의 핵심이다. 국민의 마음을 알고, 예를 다하며, 불의를 끊고, 덕을 실천하는 정부가 되어야 한다. 이런 정부는 향기가 나고 따뜻하고 열정이 넘친다. 국민들이 원하는 정부다.

일로영일(一勞永逸). 오늘의 노고를 통해 이후 오랫동안 안락을 누린다. 참 좋은 말이다. 그러나 원칙과 정도가 뒷받침되어야 한다. 정도(正道)는 풍(風)을 잠재우고, 인(忍)을 키우는 길이다. 이것이 역사의 교훈이다.

국제신문, 2010년 1월 12일

사회

굳세어라 '금순'아!

'굳세어라 금순아'는 삶의 아픔을 겪는 모든 이에게 격려되는 말이다. 부자든 서민이든, 공직자든 기업이든, 민주주의를 갈망하며 희생된 분이든 그의 가족이든, 힘든 삶에 상처받는 모두가 위로받아야 할 '금순'이라 생각하며 쓴 글이다. 아직도 진행 중인 세월호 유가족의 고통과 슬픔도 마찬가지다.
영도다리에 서면 6.25 전쟁 당시 피난 대한민국의 심장이었던 임시수도 기념관을 품고 있는 천마산 기슭이 보인다. 급조되어 조잡했던 대한민국의 민주주의는 부산의 임시수도 기념관에 그 아픔과 희망의 역사가 기록되어 있다. 지금의 남북관계라면 분단의 시작에서 통일에 이르기까지 100년이 걸릴 것이란 그때의 예상이 틀린 것 같지 않아 슬프기도 하다.
이 제목의 노래가사에도 나오는 국제시장은 천만관객의 영화로 우리와 다시 만났다. 엔딩에서 가족이 이 노래를 합창하는 장면이 떠오른다. 임시수도 기념관 바로 아래 학교 연구실에서 이 글을 썼고 멀지 않은 곳에 국제시장이 보인다.

"G20(주요 20개국) 정상회의를 개최하는 의장국이 됐지만 경제 강국들이 주도하는 회의 내용을 좇아가기 바쁘다. 국제회의에 나갈 때마다 아는 것이 없다는 점을 통탄한다." 2010년 4월 19일 윤증현 기획재정부 장관이 기자간담회에서 한 말이다. 많은 사람들이 그의 고백에 공감할 것이다.

●● 역사적 도전 앞 둔 우리 모두가 '금순'

2010년은 6·25전쟁 60년, 4·19혁명 50년, 5·18민주화운동 30년, 독일 통일 20년의 해다. 우리에게는 특별한 의미가 있지만 통일의 길은 아직 험난해 보인다. 그 이유는 세 가지다.

첫째, 6·25의 상처다. 부산 부민동에는 임시수도기념관이 있다. 시청해야 할 영상물이 하나 있다. 전쟁 발발, 피난 시절의 모습, 산비탈의 판자촌, 식수를 얻기 위해 양동이를 들고 줄을 선 사람들, 가족부양을 위해 가마니 하나 손에 쥔 채 맨몸으로 짐을 나르고 집으로 돌아오는 삶에 지친 부두 노동자, 천막에서 공부하는 학생들의 모습이 생생하게 나온다. 물질은 풍족해졌으나 전쟁이 남긴 상흔은 대한민국의 영혼과 삶에 아직도 깊이 새겨져 정신의 빈곤으로 작용한다.

둘째, 우리 사회에 뿌리박힌 급조와 조잡의 문화이다. 대한민국의 민주주의는 외형으로는 기적이었지만 조직과 사람의 내면은 여전히 조잡했고 항상 가진 자의 사고에 의해 급조되었다. '조잡(粗雜)'이란 추잡한 욕심이고, 말이나 행동, 솜씨가 거칠고 잡스러워 품위가 없는 것이다. 지금 우리 사회를 흔들고 있는 각종 '스폰서' 관행도 조잡하고 미숙한 민주주의 때문이다.

4·19혁명은 시민에 의한 역사 변혁으로 10·26, 5·18, 6·10 항쟁으로 이어졌다. 민주주의는 그러나 40년이 걸렸나. 3·15 희생사를 추모하는 국립묘지 조성과 국가기념일 지정, 김주열 열사 범국민장까지는 50년의 세월이 걸렸다. 역사는 전진했지만 그 시간은 느렸다.

셋째, 집단방위체제의 부재다. 2010년 3월 26일 대한민국 군함이 침몰했다. 일촉즉발의 상황에 대한민국의 번영이 침몰될 수도 있는 끔찍한 시간들이었다. "평화체제를 관리하는 시대가 왔다"고 말했지만 그 말은 허구였다.

대한민국은 태생적으로 독일과 다르다. 우리는 남북이 서로 전쟁을 한 사이이지만 독일은 연합국을 상대로 전쟁을 한 나라다. 우리는 휴전협정을 체결하면서 분단이 되었지만 독일은 패전으로 분할되었다. 우리는 전후 60년 동안 동아시아 집단방위체제를 논한 적이 없지만 독일은 나토라는 집단방위체제를 구축하였다. 그래서 독일은 50년 만에 통일이 가능했지만 우리의 통일은 힘든 구조 속에 있다. 동아시아의 집단방위체제가 현재로서는 기대하기 어렵기 때문이다.

이것이 우리의 운명이다. 우리의 민주주의와 통일은 100년은 걸려야 완결될 것이다. 그럼 앞으로 40년이다. 그 사이 통일이 빨리 온다 하더라도 혼돈의 수습을 위한 시간이 요구되는 법이다. 수많은 역사적 도전들은 또 찾아올 것이다. 이것이 우리의 운명이다. 서둘러서는 안 된다. 모든 문제 제기를 받아들여야 한다. 환부처럼 터지는 지금의 현상에는 모두 원인이 있기 때문이다. 하루아침에 치유되지도 않는다. 역사에는 공짜가 없다. 3·26 참사로 억울하게 희생된 46명의 장병들과 미숙한 처신으로 시대정신을 읽지 못한 공직자들을 대한민국의 역사는 냉정히 지켜볼 것이다.

임시수도 기념관의 기록물은 부산역 화재와 국제시장의 전성시대를 거쳐 영도대교, 용두산 공원, 그리고 '굳세어라 금순아' 노래와 함께 화물컨테이너가 가득 찬 오늘의 부산항을 비추면서 끝난다. 가사 속의 영도다리는 초승달만 외로이 뜬 슬픔의 공간이지만 그 난간에는 모진

ⓒ 2007년 4월 5일 부산 영도의 모습이다. 부산항과 용두산 공원이 보인다.

설움을 이겨낸 역경의 기록도 담겨 있다. 우리의 지난 60년의 역사다.

"지식이 모자라 가슴 아프고 고통스럽다"는 공직자, 조국을 위해 희생된 장병들의 유가족, 민주주의를 위해 희생된 열사들의 가족, 민주주의를 갈망하는 사람들, 그리고 팍팍한 삶에 쫓기는 우리 모두가 '금순'이다.

●● 미래를 담보하는 6 · 2선거 참여해야

이제 6 · 2지방선거가 20여 일밖에 남지 않았다. 미래의 역사를 향한 대한민국의 동력은 지방에서 싹터야 한다. 조잡과 급조의 과거를 걷어 내고, 우리의 다음 세대를 위한 준비를 길게 할 수 있는 지도자가 탄생되어야 한다. 그 선택은 우리의 몫이다.

대한민국을 사랑하기 위한 50가지 방법이 있다면 그중 하나는 선거에 참여하는 것이다. “굳세어라 금순아”를 외쳐본다.

국제신문, 2010년 5월 10일

정치

지방선거 출마자는 CCTV 공약하라

천안함 사태(2010년 3월 26일)로 우울했던 시기에 쓴 글이다. 차가운 물속에 갇혀 있을 수병들이 생존해 있길 바라는 실날같은 마음이었다. 대형 참사마다 따라다니는 정부의 무능과 편의적이고 임시방편적 태도가 사라지길 바라며, 지속적인 범죄피해자 보호를 위해 점검해야 할 문제들을 살펴보았다. "시민들의 안전을 책임질 CCTV를 공약하라"는 주장은 후보자뿐만 아니라 이 나라 권력자들에게 제발 국민을 지켜달라는 호소다. 국민안전을 위한 알권리와 사생활 침해 우려의 충돌은 '누구에게나 똑같이 적용해야 할 헌법적 가치'를 경계로 삼는다.
'김길태 사건'은 제1심에서 사형이 선고되었고, 항소심에서 무기징역이 선고되었으며, 대법원에서 무기징역이 확정되었다. 여중생의 꽃다운 삶을 우리는 항상 기억한다.

부산 여중생 강간·살인 사건이 검찰로 넘어갔다. 되돌아보고 싶지 않은 사건이지만 사건의 과정을 다시 한 번 보자.

●● 여중생 살해사건 처리 본보기 삼아

2010년 2월 24일 오후 7시께 한 여중생이 어머니와 마지막으로 통화를 한 후 연락이 두절됐다. 오후 9시가 되도록 보이지 않자 오빠가 어머니에게 알려 10시 50분께 경찰에 신고됐다. 경찰은 신변안전을 우려해 비공개로 수사를 진행하다 여러 단서들이 포착돼 3일 만에 공개수사로 전환했다.

전단 2만 장이 전국에 배포됐다. 언론사, 지하철, 교통전광판, 터미널에 실종 사실과 신상을 공개하는 '실종아동 공개수배 프로그램'이 발령되었다. 경찰은 '갑호비상'에 준하는 24시간 비상근무 체제에 들어갔고, 실종 15일, 공개수배 12일 만에 용의자를 검거했다. 언론은 대서특필했고, 시민들은 분노했다.

이제 이 사건을 냉정하게 점검해보자.

첫째, 실종사건과 성범죄에 대한 우리 사회의 무관심이다. 독일에서 이 사건이 발생했다면 완전히 다른 형태로 전개되었을 것이다. 공개수사로 전환되는 날 학생과 선생님, 지역주민이 시청 광장에 모일 것이다. "우리 친구를 돌려주세요." "우리 제자를 학교로 보내주세요." 이러한 호소에 힘입어 경찰은 비상근무에 돌입한다.

그러나 우리 사회의 대처는 사건 발생 초기 너무도 소극적이었다. 지역 사회의 범죄예방은 시민들의 도움 없이는 불가능한데도 보복이 두려워 신고조차 못하는 사회가 되어 있었다. 특히 실종사건은 제보가 결정적 수사의 단서가 됨에도 말이다.

둘째, 범죄와 언론보도의 행태다. 각 언론사는 '속보전쟁'을 하며 실시간 카메라를 현장에 연결했고 결과적으로 자극적인 묘사가 많았다. 가족사도 언급했고, 얼굴까지 공개했다. 수사브리핑은 반론권 보장이 안 되기 때문에 "일방적으로 보도해서는 안 된다"는 수많은 지적들은 무용지물이 되었다. "인간의 최소한 가치는 지켜주자"는 반론은 사회적 분노에 반하는 탁상공론"이라고 비난받았다.

무죄추정의 원칙, 초상권 침해, 사생활 보호는 지켜져야 한다. 언론은 '헌법의 가치'를 누구에게나 똑같이 적용해야 한다. 이것이 알 권리의 경계선이다. 형사사건의 경우 더욱 그렇다. 그래서 재판과정을 집중 보도해야 하는 것이다.

셋째, 일반예방사상의 등장이다. 쉽게 말해 공포 분위기를 조성하는 형벌사상이다. 서구에서 거의 폐기처분된 잔혹한 형벌, 본보기 형벌을 다시 찾아왔다. 법무부는 사형집행을 준비하고, 보안처분의 일종인 전자발찌를 법을 개정해서 소급하여 채우겠다고 했다. 참 빠르고 쉬운 정책들이다. 수십 년 동안 학계와 실무, 그리고 시민사회가 인내하며 발전시켜 온 인도적 형사정책들을 휴지통에 넣어버렸다.

정부는 왜 자신들의 잘못된 사회정책과 치안정책, 교정정책을 미혹시키려고 하는가. 왜 강력한 입법과 사법정책만으로 분노한 여론을 돌리려고 하는가. 형벌만능이 과연 진정한 해결책이 될 수 있는가. 성범죄자에 대한 공소시효 정지 등 수없이 논의된 법안들은 지금 어디에 있는가.

넷째, 범죄피해자 보호시스템의 부재다. 이번 사건처럼 피해자가 억울하게 사망했다면, 국가와 지방자치단체가 그 가족의 안정을 위해 심리적·정신적 치료를 해주어야 한다. 독일은 범죄피해자 보호전담팀이 구성돼 매일 한 차례 통화, 주 1회 방문 등으로 가족들이 정상적인 생활이 가능할 때까지 도와준다. 체계적인 관심과 끝까지 책임지는 지속적인 지원이 범죄피해 구조금보다 중요하다. 그러나 언론을 포함한 아무도 이 문제를 생각하지 않았다.

다섯째, 지방자치단체장들의 안전에 대한 철학이다. 지역의 아이들을, 가정들을 지켜주지도 못하면서 "생활정치, 서민정치를 하고 싶다"고 호소한다. 잠재적 범죄들이 상존해 있는데 방범TV와 같은 실질적 논의는 없고 사탕발림 공약만 나열하고 있다.

●● 재발 방지할 수 있는 실질적 대책 내놔야

지난 몇 주간 수많은 사람들이 말할 수 없는 외상을 입었다. 경찰의 초동수사만 비난할 일이 아니라, 막을 수 있는 이웃의 불행을 막지 못한 우리 모두가 비난받아야 한다. 6월 2일 지방선거에는 이슈가 참 많다. 우리의 안전을 책임질 방범TV를 우리 모두의 가슴에 달아줄 후보는 어디 있는가?

국제신문, 2010년 3월 28일

정치

당선자와 낙선자에게 바란다

2010년 6. 2 지방선거는 혁명이었다. 총칼보다 강하다는 투표의 힘으로 권력 지형을 바꾸었다. 경남은 야권연대가 승리했다. 이장(里長)에서 출발하여 장관(長官)까지 지내고 지역주의 벽에 맞서 도지사(道知事)에 도전한 김두관을 선택한 경남은 특히 그랬다. 결과의 놀라움에 환호하거나 탄식하고 있을 당시 당선자와 낙선자에 대한 고언(苦言)을 담았다. 사소한 것 같고 꼭 알아야 함에도 무심했던 사안들을 지적하고 주장했다.
2014년 또 지방선거를 치르고 2016년 총선이 끝난 지금도 이 바램은 여전히 그대로다. 지난 2016. 4. 13 총선, 여당인 새누리당의 압승을 의심치 않았던 모든 언론과 국민들은 결과에 또 놀랐다. 1988년 4월 총선의 여소야대 황금분할이 떠오른다는 이들도 있었다. 그러나 당시 중(中)선거구에서 소(小)선거구로 개정된 선거제도를 통해 출현한 4당 체제는 지금까지 유령처럼 따라다니는 지역주의를 탄생시킴으로써 역사와 국민에게 악성 부채를 안긴 어쩌면 불행한 선거였는지 모른다.
그러나 2016. 4. 13 총선은 견고했던 지역주의를 베를린 장벽처럼 허물기 시작하였다. 국민 모두에게 그 부채에서 벗어날 수 있다는 희망과 믿음을 주게 되었다. 이 점에서 의미가 다르다.
남북의 장벽도 이처럼 기적같이 무너지는 날이 올 것이다. 그 뿌리는 풀뿌리 민주주의이다.

2010년 6월 2일은 선거혁명의 날이다. 경남에서는 기적이 일어났다. 민심은 진정성이 있는 젊은 정치인에게 환호했고, 정책 대결을 희망했으며, 풀뿌리 생활정치를 갈망했다. 중앙권력도 지방권력도 이제 영원하지 않으며 언제든지 바뀔 수 있는 시대가 왔다는 점을 확인시켜 주었다.

여론조사가 어떻게 나오든 숨은 여론은 조용했고 유권자의 표심은 정확하게 분출했다. 전화상의 무응답은 심리적 불만이 그대로 표시된 것이다. 자유로운 의사표현이 위축되고 진실을 말할 수 없는 사회분위기에서 거센 민심은 성난 파도가 되었다. 우리의 민주주의가 더 성숙해 가고 있다는 증거다.

●● 시민들의 욕구·갈망 정확하게 분석하고

당선자들에게 축하인사를 전하며 몇 가지 당부말씀을 드린다.

첫째, 시민들의 욕구와 갈망을 정확하게 분석해야 한다. 이번 선거의 결과는 중앙정치에 대한 불신과 오만한 지방권력에 대한 심판이다. 그러나 득표율의 20%는 반사적 이익에 기인한 것이다. 지난 정권의 실세였던 한 젊은 정치인이 '폐족의 자식'이라며 반성했던 슬픈 시간들을 기억한다. 이것은 "사람이나 정책이나 아마추어는 안 된다"는 교훈이 될 것이다. 임기 4년의 1460일 동안 불필요한 시간을 줄이고, 계획했던 현장방문과 생활정치를 위해 더 노력하길 바란다. 다음 선거에서 다시 권력은 분화될 가능성이 있기 때문이다.

정치란 사업이 아니고 사명이다. 사람들이 더 나은 삶을 살 수 있도록 도와주는 것이 정치다. 준비된 당선자란 일의 막중함을 이해하고, 비전과 판단을 결합할 줄 아는 사람이다. 시민이 더 나은 삶을 살 수 있다면, 정책이 통하기만 한다면, 중도냐, 보수냐, 진보냐를 떠나서 그 정책을 지지해야 한다.

희망도 없고 미래에 대한 꿈도 없이 거리의 한 구석에서 서성이는 젊은이들의 목소리에 귀를 기울여야 한다. 그래야만 우리가 지금 잃어가고 있는 젊은 세대의 문제가 얼마나 심각하고 긴급한지 분명하게 느낄 수 있을 것이다.

●● 기존정책 점검 공약실천 힘써야

둘째, 기존 정책을 점검하고 공약은 실천해야 한다. 하나의 예가 있다. 부산은 유엔묘지를 갖고 있는 세계적인 평화의 도시다. 6.25 전쟁 때 1만 5천 명의 터키병사가 지원병으로 참전했다. 그중 741명이 전사했고 유엔묘지의 3분의 1(462명)이 그들의 묘역이다. 부산은 터키 이스탄불과 자매도시다. 그러나 이스탄불 시민도 부산 시민도 이 사실을 잘 모른다. 이것이 지난 60년 동안 부산이 해왔던 국제화와 글로벌 마인드다. 지난 1월 부산은 문화사절단 13명을 파견했다. 이러한 상태의 국제교류들은 바뀌어야 한다. 부산의 국제적 브랜드 가치를 이렇게 사장시켜서는 안 될 것이다.

셋째, 보행권을 시민들에게 돌려주어야 한다. 당선자들은 저녁시간에 지역구의 거리를 걸어보시라. 인도가 어떻게 되어 있는지, 장애인과 노인들이 편하게 걸을 수 있는지, 인도에 심어 놓은 나무는 또 어떤 역할을 하고 있는지, 가로등의 기둥과 인도 중앙에 위치한 버스 정류장, 지하철의 환풍구 그리고 진열상품들이 얼마나 인도를 열악하게 만들었는지 확인하시길 바란다. 연임된 당선자들은 정말 반성해야 한다.

넷째, 주택가 부근의 주유소는 인허가 대상이 되어서는 안 된다. 위험하고, 대형사고의 원인이다. 보행자도 생각해야 한다. 교통체증과 환경오염의 주범인 시설들이 왜 생활주변에 들어와 있는지 이해할 수 없다.

식품문제와 우범지역 범죄도 마찬가지다. 아침부터 저녁까지 지역구에서 무슨 일이 일어나고 일어날 수 있는지를 예측하고 날마다 분석하면서 점검해야 한다. 공직자는 칼날 위를 걷는 사람이다. 이러한 문제를 해결해 달라는 것이 시민들이 원하는 현장중심적 생활정치다.

다섯째, 자전거정책은 발상부터 전환해야 한다. 학교 부근과 대형슈퍼마켓 부근부터 정비되어야 한다. 엉터리 자전거전용도로를 만든다고 예산과 정열을 낭비하지 말고, 장기정책으로 멀리 보고 디자인을 해야 한다.

각 지역구에서 1년에 10킬로미터씩 4년 재임기간동안 40킬로미터를 구축한다는 계획을 갖고 국제수준으로 자전거전용도로와 자전거전용신호등을 설치해야 한다.

젊은이들이 안전하게 탈 수 있도록 위치선정과 도로상태 그리고 표지판과 주차장이 구축되어야 한다. 이것이 실용적인 생활정치다.

●● 40% 이상의 득표율, 그 의미 되새겨야

낙선자에게 위로의 말씀을 드린다. 40% 이상의 득표율은 정말 놀랍고 안타까운 변화다. 시간이 너무 촉박했다는 점도 있을 것이다.

정치혁명가 오바마의 말이다. "리더십의 근간은 이력서의 내용이 아닙니다. 무엇보다도 중요한 것은 사람을 녹초로 만드는 이 힘든 선거판에 온 가족을 동원해도 좋을 만큼 독특한 구상과 방안을 가지고 있는가 하는 점입니다."

추구하는 가치에 대한 진정성과 지역 밀착형 생활정치를 더 꾸준하게 펼치시길 바란다. 그렇지 않다면 이번 선거에서 40% 이상의 지지는 일회성으로 그칠 가능성이 높다.

우리들은 다시 일상으로 돌아 갈 것이다. 그러나 유권자들은 더 강하게, 더 날카롭게, 더 정확하게 그들의 행보와 약속들을 지켜볼 것이다. 시민들은 현명하다. 열심히 관찰하면서 다음 선거를 기다리고 있기 때문이다.

국제신문, 2012년 6월 10일

사회

부산역에서
부산을 생각한다

부산의 관문 부산역에는 부산문화가 없다. 부산역은 대륙간 열차의 출발이고 종착역임에도 이 역사(驛舍)에 무엇을 담을 것인지 고민이 안 보인다. 그래서 세 가지를 제안했다. 부산의 향기, 부산의 소리, 부산의 광장이다. 이 세 가지를 모아 부산에 가면 부산이 다시 보이고 부산문화가 느껴지도록 만들자 했다. 부산의 향기는 항구에서 느낄 수 있다. 항구는 이별의 아련함과 국제화의 역동성이 어울려 있다. 항구의 정경과 소리를 부산의 음악과 만나게 하자. 무궁화호가 출발할 때는 '이별의 부산정거장', 새마을호가 출발할 때는 '돌아와요 부산항에' 그리고 '부산갈매기'는 KTX가 출발할 때 흐르게 하자. 1950년의 부산, 1980년의 부산, 2000년대 부산의 정서가 차례로 담겨있기 때문이다. 열차시각 5분 전에 이 곡이 흐른다면 부산의 향기와 소리를 간직하며 떠날 수 있을 것이다. 부산역 광장은 주변의 항구와 연계되어 복합문화공간이 될 수 있도록 해보자. 열차와 항구가 직접 만나는 곳이 부산역이다. 부산의 향기와 소리와 광장의 문화를 실어 나를 수 있다.

전어가 춤추는 부산에는 축제가 많다. 부산국제영화제, 불꽃축제 그리고 자갈치축제가 대표적이다. 하나는 국제용으로 나머지는 국내용으로 자리를 잡았다. 이 기간에 많은 방문객들이 부산을 찾는다.

그러나 부산역 주변은 아직도 공사 중이다. 주차장에는 철제공사가 한창이고, 광장은 분수대 공사로 바쁘다. 주차장은 코레일이, 분수대는 동구청이 맡고 있다. 어떠한 모습으로 변모할지 궁금하다.

부산역은 1901년 개업하여 부산역 앞 대화재 이후 1969년 역사가 완공되었다. KTX 개통 이후 부산역은 대규모 리모델링을 했고, 2004년 4월 1일 현재의 모습으로 확장 완공되었다. 2010년 말로 예정된 KTX 부산-동대구 공사에 맞추어 2차 증축을 하고 지붕공사까지 마무리하면 웅장한 모습을 드러낼 것이다.

●● 문화 없는 공간에 제1항만의 향기

그러나 부산역에는 문화가 없다. 부산역은 대륙 간 철도의 시발점이고 종착역이다. 그럼에도 무엇을 이 역사에 담을 것인지 고민이 없다. 그래서 세 가지만 제언한다.

첫째, 부산역에 부산의 향기를 불어넣어야 한다. 역동성이다. 대륙으로 가는 출발지로, 해양으로 가는 중간 기착지로서 문을 열어야 한다. 독일 북쪽 함부르크 중앙역처럼 말이다. 항구를 안고 있는 이 역은 힘이 넘친다.

1990년 통일이후 라이프치히시는 중앙역을 완전히 바꿔 버렸다. 선로는 30개나 된다. 모스크바, 프라하, 바르샤바, 베를린, 하노버, 함부르크, 프랑크푸르트, 빈, 취리히, 뮌헨 등 동서남북으로 연결되어 있다. 이 역사를 보면 웅장함에 놀란다.

지하 2층은 복합문화공간으로 활력이 넘친다. 이에 비하면 부산역은 너무도 초라하다.

●● 향수 어린 선율

둘째, 부산역에 부산의 소리, 뱃고동과 음악을 입혀야 한다. 이별의 부산정거장은 무궁화호가 출발할 때, 돌아와요 부산항은 새마을이 출발할 때, 그리고 부산갈매기는 KTX가 출발할 때 흐르게 하자. 1950년의 부산, 1980년의 부산, 2000년의 부산의 정서가 담겨 있기 때문이다. 열차 시각 5분 전에 한 곡씩 듣고 간다면 기분이 상쾌해질 것이다. 부산출신 음악가들의 작품도 장르를 가리지 말고 과감히 선곡했으면 좋겠다.

5월의 부산, 7월 · 8월의 부산, 10월의 부산, 12월의 부산은 다른 색깔을 가지고 있다. 따라서 요일별로 시간대별로 다양한 장르의 선율이 흘러야 한다. 나아가 자매결연(姉妹結緣)을 맺은 도시의 음악가와 음악도 부산오케스트라로 연주된다면 의미가 있을 것이다. 다른 문화를 이해하고 우리 문화를 전달하는 것이 자매결연이라면, 이것은 부산 수출의 원동력이 되고, 부산 문화의 힘이 되며, 부산의 국제화에 도움이 될 것이다. 모국의 음악이 흐르면 다문화 가정들도 좋아할 것이다.

●● 부산사람의 '땀내'를

셋째, 부산역 광장은 사람냄새가 나는 복합문화공간이 되어야 한다. 부수대만으로는 너무 빈약하다. 지하공간을 파서 고급상점들이 입점해야 한다. 여기에 부산을 알릴 수 있는 특화상품과 부산명물들이 전시되고 판매되어야 한다. 계단을 올라가는 모퉁이에서부터 역사 안의 각종 판매점들은 너무도 옛날 방식이다. 실내공기도 너무 혼탁하다. 부산의 공기도 아니고, 부산의 향기도 아니다. 정말 바뀌어야 한다.

"부산에 가면, 부산이 다시 보인다." 항구도시 부산, 역동성, 국제화, 바닷바람과 시원한 정서, 그리고 자유를 지킨 마지막 기차역. 부산역이 100년의 역사가 되어 가지만, 언제까지 1회성 땜질로 미래를 준비할 것인가.

우리나라 수출품의 약 90%를 운송하고 있는 항구를 직접 볼 수 있는 기차역은 전국에서 부산역밖에 없다. 다 막아 놓고, 나머지 공간도 주차장을 만들면 안 된다.

훗날 후손들이 선박의 나라, 제1의 항구도시 부산에서 '세계항구축제'를 꿈꾸고 있다면, 먼저 부산역부터 바꾸어야 한다. 부산역이 부산문화의 자존심이 될 때 부산은 역사와 함께 미래로 가는 것이다.

독일 함부르크시는 독일 제1의 항구도시다. 북유럽을 연결하고, 독일 대륙을 연결하는 요충지다. 도시특징이 부산과 유사하다. 부산시 시의원, 공무원, 코레일 담당자들은 함부르크 중앙역에서 부산역을 다시 생각하길 바란다.

무엇이 다르고, 어떻게 변모시킬 것이며, 얼마나 시간이 더 필요한지, 그리고 어떻게 시민의 혈세를 써야 하는지 고민하길 바란다.

국제신문, 2009년 11월 4일

사회

유엔기념공원, 이스탄불과 부산

터키에서 개최된 형사법 국제학술회의 기간 이스탄불에 머물며 느낀 소감을 담은 글이다. 잘 안다고 생각하면서도 몰랐던 터키와 유엔묘지에 대해 다시 생각하게 되었다. 지금은 명칭이 바뀌어 유엔기념공원이 된 세계 유일의 유엔군묘지가 대한민국의 부산에 있다. 한국전쟁(6.25) 중 전사한 유엔군 장병은 총 4만여 명, 그 중 2,300명의 유해가 이곳에 안장되어 있으며 터키 장병이 462명이다. 터키가 우리나라와 형제국가라는 말이 여기서도 증명된다.
터키의 이스탄불이 아름다운 해양도시이자 역사적 수도로서 영원하다면, 우리에게 부산이 있다. 6.25 전쟁 때 임시수도로서 대한민국을 지탱했고, 지금은 유라시아 최대관문이며 해상물류 육상물류의 기착점이자 종착점이다. 세계의 명품 해양도시를 지향한다.
'강한' 모습의 부산이 전부가 아니다. 유엔기념공원에 담겨 있는 약자배려와 헌신과 희생이 있는 '평화의 정신'을 잊지 않아야 진정한 '명품 해양도시'가 될 것이다. 다문화에 대한 겸허한 포용정신도 여기서 얻을 수 있다.
유엔기념공원은 그 자체가 근대문화재로 등록되어 있지만(등록문화재 제359호) 그 안에도 예술성이 뛰어난 건축물이 많다. 각국의 묘역은 푸른 잔디에 아름답게 배열되어 있고 숲길을 이루는 나무들은 잘 단장되어 있다. 그러나 내부의 잘 조성된 묘역에 비해 주변의 도시 전경이 너무 조화되지 않아 안타깝다.
역사에 대한 철학 있는 지도자가 도시를 가꾸었다면, 이렇게 주위가 어지럽진 않았을 것이다. 이스탄불에는 있으나 부산엔 부족한 것이라면, 바로 역사성과 예술성에 대한 보존 노력이 아닐까. 부산이 진정 명품 해양도시가 되려면 반드시 짚어야 할 문제이다.

"모든 병사들에게는 어머니가 있다. 병사들의 희생은 그들 어머니의 가슴속에 아직도 고통과 슬픔으로 남아있다."(T.G. Page)

부산 유엔기념공원 추모관에서 상영 중인 15분짜리 다큐멘터리의

ⓒ 유엔기념공원 추모관 영상물 첫장면(T.G.Page)

첫 장면이다.

6월 초에 터키 이스탄불(Istanbul)을 다녀왔다. 37개국이 참석한 형사법 국제학술회의가 있었기 때문이다. 부산에서 김포, 김포에서 인천, 또 인천공항에서 이스탄불 공항까지 하루 종일 걸렸다. 부산에서 출발하는 직항노선이 없었기 때문이다.

터키는 아시아의 서쪽 끝에서 유럽으로 가는 길목에 위치한 국가다. 이슬람 국가이지만, 정교분리가 되어 있어 민주법치국가로 불린다. 수도는 앙카라이지만, 영원한 수도는 역시 이스탄불이다.

이스탄불은 보스포루스 해협을 기준으로 동양과 서양의 길이 갈리는 곳이다. 동서양이 만나 매력을 발산하는 도시, 비잔틴 제국과 오스만 제국의 다양한 역사와 문화가 숨 쉬는 매혹적인 도시다.

●● 부산의 성냥갑 같은 고층아파트와 이스탄불의 그림 같은 집

ⓒ 이스탄불 보스포루스 해안을 지나는 유람선

이번 터키 방문에서 부산과 관련해 많은 것을 느꼈다. 하나는 항구 도시가 어떻게 이처럼 역사와 예술과 함께 자연적으로 발전했는가 하는 점이다. 바닷가 주변은 참 아름답고 주택들이 옹기종기 모여 있어 도시가 하나의 예술작품이었다. 바다 위에 떠다니는 유람선들은 종류만 수십 종이었다. 선박 건조 1위라는 우리나라에서 보지도 못했던 아름다운 관광유람선들이 하루 종일 다니고 있었다.

부산의 성냥갑 같은 고층아파트와 이스탄불의 그림 같은 집들이 비교되면서 해운대와 태종대를 오가는 유람선을 생각하니 가슴이 답답했다. 고층 건물로 바다 조망을 다 막아놓고, 바다 공기의 흐름도 끊어 놓았다. 해운대에서 다대포까지 해상 교통편도 없었다.

ⓒ 이스탄불의 평화로운 해변

ⓒ 이스탄불의 언덕 · 아름다운 주택가

ⓒ 이스탄불의 유람선

ⓒ 이스탄불 관광유람선

ⓒ 보스포루스 해협에서 본 동서양 연결 대교

ⓒ 유럽에서 아시아로 넘어가는 관광유람선

●● 항구도시에 필요한 문화관광산업의 콘텐츠

부산항은 천혜의 자연적 입지적 조건을 두루 갖춘 세계적 양항(良港)이고, 대한민국의 보물이다. 한반도 종단 철도(TKR)와 시베리아 횡단 철도(TSR)가 이어질 경우 유라시아 최대 관문이자 해상물류와 육상물류의 기종착점이 된다. 동북아의 경제활동과 국제물류의 최적지로 부산이 부상한다는 사실을 시민들은 확신하고 있을까. 만약 그렇다면 항구도시에 필요한 문화관광산업의 콘텐츠는 해안경관의 정비와 함께 지금부터 준비해야 할 것이다.

다른 하나는 6.25 참전국 젊은 리더들과 함께하는 부산 인맥 프로그램 구축이다. 학술행사에서 만난 30대 후반의 이스탄불 변호사협회 사무총장은 자기 휴대폰에 동영상으로 저장된 터키용사의 기념비와 광안대교를 보여 주었다. 이 젊은 변호사는 터키와 한국은 형제국가라고 생각한다. 이처럼 부산은 6.25와 유엔기념공원 때문에 참전국들과 운명의 끈으로 연결되어 있다.

6.25를 모른다고 젊은이들을 꾸짖을 것이 아니라, 6.25의 의미와 평화정신을 제대로 가르쳐 주었는지 먼저 생각해야 한다. 참전국의 각 분야 젊은 리더들

을 초청하여 부산을 알리고, 부산의 젊은이들에게 만남의 장을 열어 주어야 한다. 이것이 부산시의 역할이다.

●● 부산국제영화제와 평화의 축제

부산국제영화제도 언젠가는 '전쟁과 평화' 그리고 '희생자인 어머니의 휴먼스토리'가 주제로 다루어져야 한다. 그때 6.25 참전국의 젊은 영화인들도 초청해야 한다. 중국과 러시아의 젊은 리더들도 초청하면 좋을 것이다. 그들도 전쟁과 평화의 의미를 알아야 하고, 부산 문화를 세계와 넓게 소통시키는 시작이기도 하며 부산이 세계 속의 평화도시로서 부산다워지는 길이기 때문이다. 먹고 살기 위해 부모님 세대가 못했다면, 다음 세대가 나서야 한다. 유엔기념공원에 담긴 이 평화의 정신만 잊지 않는다면 다문화에 대한 이해의 폭 또한 넓어질 것이다.

ⓒ 부산 유엔기념공원

●● 아파트 · 골프장에 둘러싸인 묘역

지난 주 유엔기념공원을 다녀왔다. 묘역 맞은편에는 골프장이, 좌우에는 고층아파트가 들어서 있었다. 전체 묘역과 주변 배경을 담아 사진 한 장 찍기도 어려울 정도로 주변 환경은 열악했다. 선진국 어디에서도 볼 수 없는 도시계획이었다. 성지(聖地)라고 생각할 수 없었다.

ⓒ 프랑스 대대 참전용사의 묘역

역사에 대한 철학이 있는 지도자가 있었다면, 공원 주변은 21개 참전국들이 참여한 국제마을과 국제문화센터가 조성되었을 것이다. 여기에 국제비지니스센터와 대학들이 연계되고 역사문화관광특구가 좌우로 펼쳐지면서 도시발선은 가속되었을 것이다. 이 특구가 해운대구와 동구 그리고 부산진구로 이어졌다면 부산은 세계적 평화도시로 이미 성장했을 것이라는 아쉬움이 남는다.

●● 역사 · 예술 포용해야 명품 해양도시 될 것

지난 달 부산을 방문한 6.25 참전국 언론인들의 말이다. "참전용사들의 희생으로 오늘날 대한민국이 이렇게 발전한 모습에 자부심을 느낀다." 이 말의 의미를 겸허하게 새긴다면 참전국 후손들과 세계인들은 훗날 우리를 '평화를 사랑하는 세계시민'으로 부를 것이다.

'강한 부산'도 좋지만, 약자를 배려한 평화의 메시지를 담은 유엔기념공원의 정신을 잊지 않고 미래를 준비할 때 부산은 '고통과 슬픔을 평화로 승화시킨 세계 속의 도시'로 발돋움하리라 믿는다. 역동성과 역사성, 예술과 다문화를 포용하는 것이 '위대한 명품 해양도시' 부산의 정신이다.

국제신문, 2010년 7월 14일

사회

해산원(海山原) 정신으로 돌아가자

해산원(海山原)은 진해(鎭海), 마산(馬山), 창원(昌原)의 끝 자(字)를 합친 말이다. 바다(海), 산(山), 들판(原)이 모여 자연의 균형을 이룬다. 깊고 좋은 의미를 담은 합성어다.
2011년 세 지역을 합친 통합시의 명칭을 정할 무렵 서로의 지명을 주장하는 이해관계가 첨예할 때 나름대로 아이디어를 낸 이름이었다. 출산(出産)을 떠올린다며 도시 이름에 안 어울린다는 주변의 지적도 있었지만, 통합(統合)을 상징하는 의미가 크다고 보았다.
통합 창원시는 세 지역의 인물을 고르게 키우는 도시가 되어야 한다. 그것이 진정한 균형발전이다. 인구가 가장 적은 진해를 먼저 배려하고, 역사가 오래된 마산이 중심에 자리 잡고, 경제적 자립도가 높은 창원이 뒷받침한다면, 통합의 취지에 부합하는 균형 있는 도시가 되지 않을까. 결국 창원시로 결정되었지만, 세 도시를 상징하는 해산원(바다·산·들판)에 담긴 정신을 꼭 기억했으면 한다.

거대한 태양은 바다(海)에서 솟아올라, 산(山)을 넘어 들판(原)을 비추고 있다. 평화의 도시 진해(鎭海), 꿈의 도시 마산(馬山), 그리고 행복도시 창원(昌原)이 2010년 통합되었다.

그동안 많은 사람들은 통합을 비판했다. 왜 통합을 하는가? 통합의 실익이 무엇인가? 시민들의 통합의지가 반영되었는가? 공무원 조직축소 및 구조조정도 없는 행정통합은 정치적 업적과 특정 정치인을 위한 통합이 아닌가? 복지시설의 확대 등 구체적인 통합 청사진도 없이 어떻게 실질적인 경쟁력을 말할 수 있는가? 통합도시가 되면 행정의 불편사항은 늘어나지 않겠는가? 100년 역사의 항구도시 가고파 브랜드와 60년 역사의 우리나라 최대 군항도시 벚꽃 브랜드, 그리고 30년 동안 쌓아온 기업도시 및 환경도시 자전거 브랜드는 도대체 어디로 가는가? 이해가 되는 주장들이다.

ⓒ 권범철 화백 作 경남도민일보

●● 해산원 명칭 균형발전의 배려 담겨있어

그러나 문제는 이곳 사람들의 정서처럼 복잡한 이해관계를 화끈하게 또 시원하게 풀어낼 수 있을지 걱정이 앞선다. 갈등과 분열을 염려하면서 통합도시의 방향에 관해 몇 가지를 제안한다.

첫째, 해산원(海山原)의 정신으로 돌아가자. 매년 새해에는 진해에서 해맞이를 하고, 마산 국립 3·15 민주묘지로 이동해 헌화 분향을 하고, 창원컨벤션센터에서 신년인사회를 한다면, 창원시는 기존 브랜드를 살릴 수 있다는 장점이 있다. '해산원', 이 명칭에는 균형발전의 깊은 배려가 담겨있다. 인구가 가장 적은 진해를 먼저 배려하고, 또 역사가 오래된 마산이 중심에서 자리를 잡고, 마지막으로 경제적 자립도가 높은 창원이 따뜻하게 포용한다면, 통합도시의 취지와 부합할 것이다. 따지고 보면 지자체 내에서도 균형발전이 안 되면서, 중앙정부에 균형발전을 요구하는 것은 설득력이 없다. 결국 통합으로 가야 한다면, 시민들이 화합을 할 수 있어야 한다. 시민들에게 감동을 줄 수 있어야 한다. 자기 지역의 것을 주장하면 화합을 할 수가 없다.

둘째, 시청사 소재지이다. 당분간 기존 시청사를 활용하겠지만, 장기적으로 인구 100만 이상의 도시를 구상한다면, 신청사 건립은 불가피할 것이다. 이때 시민광장을 가져야 하고, 세 도시에서 접근성이 용이한 터가 선정되어야 한다. 그렇다면 통합시청은 세 도시의 중심에 있어야 한다. 저자는 창원지역이 맞다고 생각한다. 그러나 다른 지자체의 시청 및 구청처럼 대리석으로 외형을 화려하게 꾸민 공무원만을 위한 시청청사가 아니라, 시민들이 쉽게 찾을 수 있는 복지형 '전통 한옥 공간으로 시청'이 디자인될 필요가 있다.

셋째, 통합지하철이다. 이것도 먼 훗날의 이야기겠지만, 미리 구도는 잡아 둘 필요가 있다. 통합도시 지하철은 3개 도시를 쌍방향으로 도는 순환형 지하철이 되어야 한다. 특정지역을 일직선으로 달리게 하여 또 다시 통합도시 전체가 지하철 공사장이 되어서는 안 된다. 소외된 지역에서 데모를 하는 일이 일어나서는 안 된다. 옛날 방식들이다. 도시

외곽에서 순환하여 달리지만, 동서남북에 거점 역사를 만들어 사통팔방으로 나갈 수 있도록 교통의 요충지를 만들어야 한다. 그 예가 마산~부산 기차역 선로공사가 될 것이다.

●● 시청사, 시민 쉽게 찾는 복지형 공간돼야

넷째, 통합도시 과제들이다. 통합도시의 진정한 의미는 시민의 복지향상이다. 세 도시 경계선에 있는 공공시설을 통합해 운영하고 불필요한 공무원 숫자를 줄여 예산낭비를 막아야 한다. 또한 각종 시설의 중복투자를 줄이고, 특정지역 슬림화를 방지하면서 시민 삶을 개선시키는데 역량을 집중해야 한다. 바다(海)와 산(山) 그리고 들판(原)을 안고 있는 천혜의 자연도시가 자유와 평화, 역사와 민주, 산업과 환경이 함께하는 복지도시로 변할 때 젊고 역동적인 국제도시가 될 것이다.

첫 단추가 중요하다. 그래서 2011년은 창원, 마산, 진해시민들에게 아주 중요한 해다. 젊은 인재가 이 도시에 모이고, 여기서 꿈을 펼치고, 세계와 호흡할 수 있다면, 이것이 '해산원(海山原) 정신'이 꿈꾸는 미래상이다. 통합도시의 진정한 과제는 인물을 키우는 도시여야 한다. 이것이 진정한 균형발전의 핵심이다. 2011년 창원에서 불고 있는 통합도시의 희망이 창원시에 활기를 불어 넣는 불꽃이 되기를 기대한다.

경남도민일보, 2011년 1월 4일

환경

창원 자전거고속도로 만들자

자전거의 도시 독일 뮌스터(Münster)에서 생활한 경험으로 우리도 자전거 도시를 만들 순 없을까 구상하며 쓴 글이다. 인구 26만의 이 도시는 50만대의 자전거를 보유하고 있다. 교수와 학생, 시민 대부분이 자전거로 출퇴근을 한다. 유럽에서 교육적 환경적으로 가장 살기 좋은 도시로 꼽히고 있다. 통합 창원시도 가능하며 최초의 자전거 고속도로를 가질 자연적 조건과 자격을 갖추고 있다.
다음은 경남도민일보에 소개된 글이다. "동아대 하태영 교수가 통합 창원시의 미래를 위해 옛 마산-창원-진해를 연결하는 '자전거고속도로'를 제안해왔다. 그는 이 제안을 위해 신마산 댓거리에서 창원 홈플러스 앞까지 다섯 차례의 답사를 거쳤다고 한다. 의제를 제기하는 차원에서 전문을 싣는다."(경남도민일보, 창원 자전거고속도로 만들자, 2010년 9월 29일자, 1면)

인간은 미래를 생각하는 유일한 동물이다. 미래란 현실이 되기 전까지는 정말 알 수가 없다.

6·2 지방선거로 인구 108만의 창원시가 탄생했다. 통합청사 선정작업과 시기(市旗)와 시화(市花) 등 여전히 분열의 불씨가 남아 있지만, 지혜를 모아 극복할 것으로 믿는다. 시민의 입장에서 통합 창원시의 미래를 생각하며 '창원자전거고속도로 제1호선'을 제안한다.

제1호선의 구간은 신마산 댓거리 수변공원에서 해안도로를 따라 어시장을 거쳐 마산자유무역지역까지 그리고 해안도로 변을 끼고 봉암갯벌생태학습장까지, 마지막으로 창원농산물도매시장을 지나 창원 홈플러스 앞 창원대로까지로 10km다.

제1호선에는 네 개의 자전거 전용 주차장이 필요하다. 신마산 수변공원, 어시장, 봉암갯벌학습장, 창원대로 주차장이다. 주변환경에 맞게 디자인하고 1,000대 주차가 가능하도록 설계해야 한다. 마을버스도 연계되어야 한다.

●● 창원 도시형자전거전용고속도로 제1호선 제1구간 2.5km, 제2구간 3.5km, 제3구간 2.6km, 전체 10km 만들면

구체적으로 각 구간을 살펴보자.

제1구간은 신마산 댓거리 수변공원에서 어시장까지 이어지는 2.5km다. 현재 이곳의 자전거도로는 인도를 반으로 나눈 것으로 위험한 자전거 도로다. 이마트에서 어시장까지 0.7km도 마찬가지다. 이 자전거도로는 인도에 설치되어 있어 도로교통법 위반이고, 장애물이 많아 제대로 탈 수도 없으며, 자전거 속도를 낼 수가 없어 도로의 기능성도 상실했다. 보행자나 자전거 운전자 모두에게 위험하고 불편하다. 이것을 바꾸어야 한다.

먼저 시민의 보행권을 보장해야 한다. 이것은 헌법상의 권리다. 인도는 법규에 맞게 정비해야 한다. 편도 4차로 중 4차로는 이미 도로주차장으로 이용되고 있다. 이 차로는 도로의 기능을 상실했다.

생각건대 4차로의 도로기능을 살려서 자전거신호등이 있는 전용도로를 만들자는 것이다. 자동차운전자에게는 아무런 손해가 없다. 어차피 주행이 불가한 도로이기 때문이다. 자동차주차장은 약간 불편해도 어시장 주차장을 이용하면 된다.

ⓒ 경남도민일보, 2010년 9월 30일자, 1면.

"과연 얼마나 자전거를 타겠는가?" 공리(公利)의 문제가 아니고 문화(文化)의 문제다. 수변공원, 이마트, 대우백화점, 어시장, 창동을 10분 안에 안전하게 타고 갈 수 있다면 많은 사람들이 운동 삼아 자전거를 탈 것이다.

제2구간은 마산 어시장에서 봉암갯벌생태학습장까지 이어지는 3.5km다. 마산관광호텔을 지나 마산자유무역지역의 다리를 건너면 해변도로로 연결되는데, 이곳은 4차로가 3차로로 줄어들다가 자유무역지역다리를 지나면 또 3차로가 나온다. 여기에 있는 3차로도 도로주차장으로 이용되고 있다.

인도와 도로를 전면 정비해야 한다. 이곳이 자전거고속도로의 핵심구간이다. 신호체계를 조정하고, 도로 중앙의 시설물을 정비하고, 가변차로 등 창의적인 발상을 하면 멋진 자전거고속도로가 건설될 수 있다. 여기에 조명과 함께 음악이 흐르면 명품거리가 될 것이다. 이곳은 7대 도시 마산의 발상지다. 왜 우리는 이러한 역사적 거리를 이렇게 방치하고 있는지 모른다.

제3구간은 봉암갯벌생태학습장에서 창원대로까지 이어지는 2.6km다. 봉암로는 진해에서 내려오는 자전거도로와 합류하는 지점이다. 또한 귀중한 자연학습체험장이다. 여기서 창원농수산물시장을 거쳐 창원대로까지 이어진다. 이곳은 차량 흐름이 많은 왕복 6차로이다. 그중 한 차로를 줄여 자전거전용도로를 만들자. 이 부근의 인도도 새롭게 정비되어야 한다. 가로수를 뽑아야 한다. 의미가 없다. 인도의 폭을 넓혀 주는 것이 더 중요하기 때문이다. 창원시장과 공무원들은 이 인도를 꼭 걸어보시길 바란다. 그러면 창원 전체에 보행권이 얼마나 열악한지 알 것이다.

●● 친환경 자전거문화로 바뀌면

물론 나의 이러한 제안은 생소할 것이다. 반대논리도 있을 것이다. "교통체증은 어떻게 할 것인가?" "예산은 어디서 나오는가?" "자전거전용도로 실익이 있는가?" 결국 교통체증과 경제적 실익론도 생활의 가치와 삶의 질을 고려하지 않은 자동차운전자 중심의 공리주의적 이해방식이다.

그러나 자동차문화에 젖은 사고로는 바다와 산과 들판이 어울린 이곳의 특성과 사람 냄새가 나는 '해양도시의 가치'를 실현하기 어렵다. 어두운 도로에 빛을 비추어야 미래가 보인다.

"자전거 타는 창원. 우리의 희망입니다." 창원터널을 빠져 나가기 전 육교 밑에 붙어 있는 현수막의 문구다. 이것이 창원시의 의무라면,

먼저 10km의 도로를 정비해야 한다. 물론 서두를 필요는 없다. 재임 기간 동안 순차적으로 하면 된다. 독일과 네덜란드 사례를 배우면 될 것이다.

●● 통합창원시 도시가치 높일 것

독일 자전거도시 뮌스터(Münster)에서 생활했던 필자의 경험으로 보면, 천혜의 자연조건을 갖춘 창원은 '전국 최초 도시형자전거전용고속도로'를 가질 자격이 있다. 지형적 조건도 매우 비슷하다. 공동체 통합이 창원시의 목표라면 창원시는 창원 도시형자전거전용고속도로 제1호선(10km)을 만들어라.

"자전거를 타면 행복해지고 건강해집니다." 이것은 진리다. 진해, 마산, 창원의 뜻있는 시민들이 희망찬 기반을 놓았으면 한다. 희망은 자라나는 것이다.

니체(Friedrich Nietzsche, 1844~1900, 독일 철학자)의 말이다. "모든 일의 시작은 위험한 법이지만, 시작하지 않으면 아무것도 시작되지 않는다."

새로운 교통문화와 도시가치의 브랜드를 높일 수 있는 기회가 될 것이다.

경남도민일보, 2010년 9월 29일

교육

교육축제의 현장, 언론 관심 아쉽다

이 글은 2010년 12월 당시 초등학생이던 막내의 학예발표회를 다녀온 소감문이다. 더 어려워지고 더 소외되고 더 경쟁으로 변해가는 이 시대에 적어도 초등학교의 교정에서만큼은 더 많은 사랑과 더 많은 감동을 배웠으면 마음으로 적은 글이다.
졸업생도 모교를 위해 무엇을 도와야 하는지 고민했으면 좋겠다. 모든 국민들이 자신의 모교(母校)를 지원하면 어린 자식과 후배들이 책임 있는 어른으로 커 나가는데 공동의 협력자가 될 수 있지 않은가. 학교 - 지역주민 - 언론들이 이런 희망을 같이 키워야 한다.
사랑의 감수성을 키우는 교육축제의 현장에 지역 언론의 관심이 더해지면 사랑은 더욱 커질 것이다.

2010년 12월 10일 창원시 마산 완월초등학교 주최 완월 꿈동이들의 학예발표회를 다녀왔다. 행사는 전체 2부로 진행되었고 30개 팀이 공연을 했다. 이번 행사는 참석한 500여 명의 학부모에게 많은 감동을 주었다.

학예발표회는 통상 엘리트의 무대다. 그러나 이번 학예발표회는 달랐다. 큰 특징은 소수 엘리트의 장기자랑이 아니라 전교생이 참석한 공감의 무대였다. 할머니, 할아버지, 그리고 부모님들은 이 공연을 보면서 흐뭇했다

●● 완월초교 전교생 참여한 공감 학예회

제1부는 풍물, 전통무용, 합주, 제창, 전래동요, 리듬합주, 포크댄스, 영어수화, 탈춤, 중창, 치어댄스, 소고춤, 뮤직벨, 그리고 무언극 등 다양한 종목이 공연되었다.

특히 완월유치원생 30명이 춤추는 신아리랑은 곡조와 함께 애절했다. 이 어린이들이 이 지역의 미래라고 생각하니 숙연해지고, 또 우리나라 통일의 주역들이라고 생각하니 희망이 떠올랐다. 1학년부터 5학년까지 다양한 출연진들은 무대를 두려워하지 않았다.

1부 공연이 끝나고 경품추첨이 있었다. 25명을 추첨하는데 거의 20분을 소비했다. 경품 때문에 온 것도 아닌데 조금 당황했다. 어떤 교육적 의미가 있는지 생각했다. 이 시간에 이 학교를 졸업한 선배들의 영상들을 보여주든지, 아니면 학예발표 연습장면을 담은 동영상이나, 차라리 완월선생님들의 인사와 애환을 영상편지로 보내주었다면 더 행복했을 것이다. 당첨자는 화면에 자막으로 안내하여 전체 행사가 끝난 후 대표자에게 시상하고 각자 받도록 했으면 더욱 깔끔했을 것이다.

물론 학부모들을 위한 감사의 의미가 담겨 있고, 무대정리의 시간이 필요도 했을 것이다. 그러나 아직 우리 사회는 선생님들이 직접 추첨을 하고 시상을 하는 것에 익숙하지 않다. 수백 명의 관중 앞에서 경품을 받으려고 나서기는 쉬운 일은 아니기 때문이다. 그렇다면, 이 중간행사도 학교교육 현장에 맞는 프로그램으로 발전했으면 어떨까 생각했다.

제2부에서는 율동, 소고춤, 수화, 영어노래, 전래동요, 현대무용, 리코더 중주, 가야금 단소 병주, 캐럴, 부채춤, 합주, 태권무, 수화, 연극, 모둠 북 등의 공연이 이어졌다. 모든 공연들은 정성이 담겨 있었다. 일부 공연은 대회에 나가도 될 정도로 수준급이었다. 저학년이 공연할 때 지도교사는 관중석에서 율동을 함께 했다. 이 또한 재미있는 장면이었다.

공연시간은 점심때를 훌쩍 넘기고 있었다. 준비한 많은 공연을 네 시간에 소화하기에는 벅찼다. 학생들은 공연 이후 모두 교실로 돌아갔다. "오늘 하루는 자식들에게 주세요"라는 교장선생님의 간절한 부탁이 있었지만, 강당의 넓은 좌석들은 하나씩 줄었다.

학생들과 함께 공연을 보지 못한 점은 아쉬움으로 남았다. 물론 학생들은 리허설을 하면서 선후배의 공연들을 전부 보았을 것이다.

그러나 부모님과 함께 공연을 감상하는 것도 한마당 축제로서 의미가 있을 것이다. 또한 무리한 사진 촬영을 위해 다른 관람객에게 피해를 주는 일은 개선되어야 할 것이다. 그동안 수고한 완월선생님들에게 큰 박수를 보낸다. 감성을 배우고 무대를 배우는 교육현장이었다. 경쟁이 아니라 사랑을 배우는 시간이었다.

지역의 언론들은 이번 학예발표회의 교육적 의미와 2,000명(출연진, 지도교사, 학부모)이 함께한 지역 초등학교의 교육축제의 현장을 그냥 지나쳐서는 안 된다. 이번 행사가 내년에는 더욱 발전하여 학교축제와 지역축제로 거듭나기를 소망한다. 이 학교 졸업생들의 축하무대는 멋진 프로그램이 될 것이다.

●● 초등학교 축제 지역 축제로 거듭나길

더 어려워지고, 더 소외되고, 더 경쟁으로 변해가는 이 시대에 적어도 초등학교의 교정에서만큼은 더 많은 사랑과 더 많은 감동을 배웠으면 한다. 우리(학교, 학부형, 동문, 지역사회)가 무엇을 이 학교를 위해 도와야 하는지도 생각했으면 좋겠다.

지역은 이곳 사람들의 정서가 숨 쉬는 곳이다. 초등학교는 성인이 되어도 감성의 쉼터로 남아있다. 학교 · 지역민 · 언론들이 이러한 희망을 같이 키워야 한다. 지역 언론의 무관심이 너무 아쉽다.

멀리 보면 지역사랑이 대한민국을 지키는 힘이 될 것이다. 가족해체, 소외, 무관심, 학교폭력, 왕따, 사회증오, 공동체 균열의 원인은 어디에서 시작되었겠는가? 바로 겸애(兼愛)가 없었기 때문이다. 누가 어떤 계기로, 어떤 방법으로, 우리 사회를 통합할 수 있겠는가? 초등학교 교정만큼은 적어도 '행복(幸福)'한 공간으로 키워나가자. 그래서 나는 이 작은 축제를 항상 응원한다.

경남도민일보, 2010년 12월 13일

문화

홍명보 감독의 신사도(紳士道)

2012년 8월 5일 우리 축구 국가대표팀은 새로운 역사를 만들었다. 홈팀 영국과의 승부차기 끝에 올림픽 도전 최초로 4강에 오른 것이다. 히딩크 감독 이후 대한민국을 다시 세계 축구 4강의 위업을 이루도록 이끈 이가 우리의 홍명보 감독이란 점도 국민적 경사였다.
하지만 중계를 보며 아쉬운 점이 남았다. 8강전에서 우리에게 패한 영국과 그 후 동메달을 놓고 3, 4위전에서 만난 일본 감독 모두에게 승리 후 더 따뜻한 위로의 인사가 있었다면 얼마나 더 좋았을까 생각 때문이었다. 전(全) 세계가 지켜보고 있지 않은가. 본인도 언젠가는 반대의 순간을 만날 수 있다. 진정한 감독은 최선과 최악의 시나리오를 동시에 그려놓고 어떤 결과도 감당하고 당당할 수 있어야 한다.
2014년 6월 그는 브라질 월드컵 감독으로 1무 2패 조별 예선 탈락이라는 최악의 순간을 만난다. 국민적 영웅에서 무능하고 고집스런 감독이란 비난을 받는 신세가 되었다. 불과 2년만의 일이다. 홍명보 감독의 재기를 기원한다.
2016년 1월 신태용 감독은 한일전 승리시 한복(韓服)을 입겠다고 약속했다. 그러나 잘 싸우다 2대3으로 역전패를 당했다. 언론의 인터뷰에 미숙한 감독에게 정부는 언론특보를 붙여 주어야 한다. 선임하지 않는 것도 하나의 방법이다.

홍명보 감독에 대한 찬사가 많다. 과감한 결단과 추진, 오로지 실력으로 선발, 장기포석과 먼 장래 대비, 그리고 선수 경험과 과학 축구의 접목으로 한국 축구의 역사를 새로 썼다는 것이다. 공감한다. 그러나 아쉬운 점이 하나 있다.

●● 동업자(同業者) 정신 아쉬워

영국과 4강전을 펼치며 피를 말리는 접전 끝에 승부차기로 이겼을 때이다. 영국 감독이 홍명보 감독에게 인사를 건네는데 건성으로 악수를 나누는 장면에서 참 안타까웠다.

전(全) 세계가 시청하고 있고, 특히 유럽의 유일한 대표로 살아남은 영국의 경우 유럽에서는 높은 시청률을 보였을 것이다. 감독을 끌어안고 지극히 격려하면서 좀 더 애틋한 동업자 정신을 발휘했다면 더 큰 감동을 주었을 것이다. 이것은 본인이 대인(大人)으로 유럽에 소개되는 순간이 되었을 것이다. 그를 통해 대한민국의 브랜드 가치는 높아 갔을 것이고, 영국과 유럽에서 활약하고 있는 후배 현역 선수들의 앞날에도 엄청나게 후원이 되었을 것이다. 그러나 안타깝게도 그 몇 초의 시간은 그렇게 지나갔다.

3·4위 일본과의 동메달전도 마찬가지다. 승부에서는 냉혹하되 승부 후에는 신사가 되어야 한다. 이겼다면 당연히 처음으로 해야 할 일이 상대 감독과 선수들에 대한 위로다. 그 다음이 선수들과 마음껏 승리를 만끽하고, 팬들에게 감사하는 것이다. 이제 43살이지만, 더 깊은 성찰이 있다면 존경 받는 지도자로 발전할 가능성이 아주 많다. 이만한 지도자도 찾기 어렵다. 소중한 인적 자산이다. 홍명보 감독에게 다시 한 번 축히들 드린다.

이제 런던올림픽을 끝으로 선수와 지도자가 스포츠 신사도를 배워야 한다. 경기에서는 최선을 다하되, 동업자에게는 배려를 해야 한다. 어릴 때부터 영혼에 새겨야 한다. 스포츠에서 이런 정신이 없다면 동물들의 경기와 다를 바가 무엇이 있는가? 국내 프로야구, 프로축구, 프로배구 그리고 프로농구를 포함하여 모든 아마추어 경기에서도 마찬가지다. 부당한 경기에 대해서 물론 정당한 항의가 필요하겠지만, 신사의 도(道)는 항상 갖추어야 한다. 이것이 우리나라 감독과 선수들에게 아직 부족하다. 도(道)가 넘는 행위는 생명력이 없다. 팬들을 피곤하게 할 뿐이다.

●● 스포츠 공연도 뮤지컬 공연처럼

인격을 갖춘 스포츠 스타와 감독이 사랑받는 시대다. 차범근 감독과 박지성 선수 그리고 박찬호 선수와 이승엽 선수를 생각해 보라. 국민들에게 많은 사랑을 받고 있다. 이들의 공통점은 인격(人格)을 갖추고 있다는 점이다. 인격의 핵심은 겸손(謙遜)과 하심(下心)이다.

스포츠 공연도 뮤지컬 공연과 같아야 한다. 뮤지컬 공연 이후 배우들은 늘 관객들에게 겸손하게 작별인사를 한다. 공연시간은 비슷하다.

우리가 원하는 진정한 감독이란 '최선(最善)과 최악(最惡)의 시나리오'를 동시에 그려 놓고 어떤 결과에도 그 여파를 감당할 수 있는 스포츠지도자다. 이것이 지장(智將)의 모습이다. 작은 행동과 정성이 담긴 말이다.

국가대표 감독의 덕목은 겸손이다. 임기동안 우리나라를 대표한다. 처신(處身)이 중요하다.

홍명보 감독의 승승장구를 진심으로 기원한다.

2012년 8월 11일

제 4 부

하마의 꿈

분단 · 통일 · 철학

9편의 글을 담았다.
분단문제와 통일문제에 대한 단상들이다.

한반도 통일딜레마
위기관리 능력
남북문제에 대한 55개의 질문들
주변국 이해관계와 한국의 외교정책
하버마스 교수의 한반도 통일의 조언
윤대규 교수의 『북한에 대한 불편한 진실』
신영복 교수의 『담론(談論)』
김하중 대사의 『중국이야기 1, 2』
탄허 스님의 『탄허록』

평화통일은 대한민국 헌법의 정신이다.
통일은 하마의 꿈이다.

분단

한반도 평화딜레마는 여기에 있다

북한은 1990년부터 지금까지 본격적으로 생존전략에 매달려 왔다. 남북 유엔동시가입(1991), 남북기본합의서(1991), 남북정상회담(2000, 2007) 그리고 핵개발 등은 체제보장이 핵심이다. 지금의 북한은 상황이 더 어렵다. 김정일 사망 후 김정은 권력승계 과정과 이후 문제들은 알려지다시피 순탄치 않고, 여전히 잠재적 불안 요소를 안고 있다. 위기국면 전환과 단기 생존전략이 북한 외교의 핵심이다. 핵실험과 장거리 미사일 발사도 그 연장선에 있다.
최근 「고고도 미사일 지역방어 체계」사드(THADD)의 한국 배치 논란은 북한뿐만 아니라 중국까지도 불안 심리를 자극하고 있다. 여기에 일본까지 미국을 앞세워 자국 이익을 극대화하고 있는 상황이다. ≪핵폭탄보다 더 강한 무기는 평화다≫는 말이 있다.

북한의 연평도 포격으로 한반도의 긴장이 고조되고 있다.

외신은 연일 머리기사로 "서해는 세계의 화약고"라고 타전하고 있다. 연평도 주민이 분단이후 처음으로 생활터전을 잃고 피난을 나올 정도로 상황은 심각하다.

연평도뿐만 아니라 휴전선 부근 지역까지 추가 도발이 예측되는 정국이다. 6.25전쟁 60년 만에 돌아온 전쟁의 광풍이다.

●● 북한의 생존전략

북한은 왜 연평도를 공격했을까. 다양한 관점에서 분석이 가능할 것이다. 첫째, 아사직전의 체제유지를 위한 대담한 돌발성 공세로 보인다. 둘째, 분단을 더욱 고착시키고 현상을 유지하려는 의도가 숨어 있다. 셋째, 남한 정권의 대북정책을 흔들면서 국론분열을 야기하고 남남갈등을 조장하여 혼돈에 빠뜨리려고 한다. 넷째, 전쟁불사의 군사력과 핵 개발 등을 통해 미국과 한국에 대해 관심과 협상의 우위를 지키려는 의도가 담겨있다.

돌이켜 보면 북한은 1990년부터 2010년까지 약 20년간 생존전략에 매달려 왔다. 유엔동시가입, 남북기본합의서, 남북정상회담, 그리고 핵개발 등은 모두 체제보장과 관련이 있다. 지금의 북한은 상황들이 더 어렵다고 본다. 김정일(金正日, 1942~2011)의 건강문제와 김정은의 권력승계 등 내부문제가 복합적으로 엮여 있는 것이다. 위기국면 전환과 단기 생존전략이 북한 외교의 핵심이다.

●● 한반도 평화정착의 딜레마

한반도의 평화정착 딜레마는 바로 여기에 있다. 독일은 한국과 달리 분단 40년 동안 '전범국'이라는 이미지를 벗고 이웃나라의 공포와 두려움을 해소시키기 위해 행동으로 보여주었다. 전쟁이 아니라 평화를 사랑하는 나라, 민족주의 독일이 아니라 유럽의 일원인 국제주의 독일로 변하고자 노력해 왔던 것이다.

우리의 대응방안은 하나다. 한반도 평화를 지키는 것이다. 단기적으로는 지금의 국면을 안정시키는 것이고, 장기적으로는 '국제적 분쟁지역으로서의 한반도 이미지 고착'을 제거해 나가는 방안이다.

지금 연평도에는 150여 명의 국내외 기자들이 취재를 하고 있다. 미국의 대표적 분쟁전문 기자인 NBC 방송의 리처드 엥겔(Richard Engel)도 연평도에 있다. 이들이 전 세계로 전파하는 이미지는 국제적 분쟁지역으로서의 한반도 이미지다. 이 얼마나 비극인가?

우리는 독일의 통일정책을 배워야 한다. 보수언론과 정치인들이 진정으로 독일식 통일을 원한다면, 독일 보수언론인과 연방의원의 철학과 표현방식부터 배워야 한다. 북한이 노리는 전략에 말려들 이유가 없다.

●● 핵폭탄보다 더 강한 무기는 '평화'

국가위기 때는 서로 냉정해야 한다. 정부의 역할은 평화를 유지하는 것이고, 국민의 역할은 정부를 신뢰하고 각자의 일에 매진하는 것이다. 어떤 결정이 내려지면 국민은 위기극복을 위해 힘을 모으는 게 우선이다. 이것이 대한민국의 국력이고 저력이다. 통일정책에 대한 비판과 새로운 방향 모색은 조금 있다 하자.

동아대학교 학보사설, 2010년 12월 1일

분단

대한민국은 위기관리 능력이 있는가

우리 해군초계함 '천안함' 폭침사고로 인해 국가의 위기대처 능력에 여러 우려의 글들이 있었다. 이 글도 그 중 하나다. 정부가 원칙을 지키는 정도(正道)를 걷지 않으면 국가운영의 근본인 국민의 신뢰와 단결된 힘을 결코 가질 수 없다. 이성적이고 합리적인 위기관리 능력에 대한 기대는 차라리 다음 세대로 넘겨야겠다는 생각까지 들었다.
과거와 현재의 대한민국을 볼 때, 권력자들의 근시안과 조급함으로 국가의 기본이 부실하게 기초된 점이 너무나 많았다. 서울공화국처럼 대한민국은 특정 대학 특정인만으로 경영할 수 있는 시스템도 아니다. '지역균형발전과 인재양성의 균형화 전략'이 적어도 30년 정도 일관되게 지속해야 한다. '진실한 사람'이 '우리 편'만을 의미해서는 안 된다.

먼저 고인이 된 해군장병들과 한주호 준위께 묵념을 올린다. 또 유가족들께도 깊은 위로의 말씀을 드린다. 이런 분들로 인해 그래도 대한민국은 침몰하지 않고 전진하고 있는가 보다.

현재 우리나라에는 수많은 위험들이 도사리고 있다. 대내적으로는 분단 문제이다. 언제든 평화가 깨어지고, 전쟁이 발발할 가능성이 있다. 우리가 지금 누리는 평화는 영원한 것이 아니고, 전쟁의 일시적 중단으로 인해 얻어진 것이다. 통일이 되기 전, 통일이 되고 나서도 위기는 항상 남아 있다.

●● 정도 · 원칙 · 신뢰 이 중 어떤 요소도 천안함 사건 수습 때 찾아볼 수 없었다

평화가 깨어지는 시간들에 대비한 위기관리 능력은 너무도 취약하다. 미확인 주장들이 인터넷에 난무하고, 정부 발표를 믿지 않는 분위기도 있다. 심각한 문제다.

우리에게 닥쳐올 미래의 도전들은 이것보다 더 강하고, 더 혼란스러운 것이다. 이것을 극복하기 위한 준비는 국가와 개인이 "위기는 온다"는 인식하에 철저히 준비하는 길밖에 없다. 그 첫째가 정도(正道)이며, 둘째가 원칙이며, 셋째가 신뢰다. 독일이 통일이 된 것은 전후 50년 동안 내재된 독일 사회의 정도, 원칙, 신뢰와 인내 때문이다. 이번 천안함 사건을 보면서 구구절절 느끼는 것은 위기에 직면한 대한민국의 문제점과 과연 타개 방안이 준비되어 있느냐 하는 점이다.

대외적 문제점으로는 경제위기와 주변국들과의 외교적 균열이다. 경제문제는 더 이상 국내문제가 아니다. 미국과 중국이 휘청거리면 대한민국은 직격탄을 맞고, 일본이 흔들리면 대한민국도 흔들린다는 건 상식이다. 그만큼 대외의존도가 높다. 주변국들과의 공동대처, 공동연대를 위한 더 깊은 연합이 필요하다. 유럽연합(EU) 수준은 아니더라도 동아시아 연합수준으로 가능한 분야부터 협력을 강화해야 한다.

또 36년의 식민지 강압통치를 잊을 수는 없겠지만, 미래의 불안을 해소할 수 있는 기회와 가능성에 문을 닫아서는 안 된다. 지금 당장 결론이 나지 않는 일은 더 악화시키지 말고, 미래의 주역들에게 남겨두어야 한다. 그래서 교육과 인재양성이 중요한 것이다. 대외적 위기관리능력을 강화하는 길은 사람을 아끼고, 키우는 수밖에 없다. 그것은 중앙중심의 폐쇄된 서울공화국으로는 한계가 있다. 서울공화국은 과거 국내 통치용으로는 유용했지만 글로벌시대인 지금은 아니다. 2010년의 대한민국은 특정대학 특정인만으로 해결할 수 있는 사회시스템이 아니다.

궁극적으로 부산과 경남은 일본경제권으로, 북한은 중국경제권으로, 수도권은 미국경제권으로 나누어질 것이다. 물론 극단적인 주장이지만 이처럼 민족 문제가 희석되어 간다면 정체성도 혼돈을 겪을 수밖에 없다. 그래서 지방분권과 함께 새로운 국가전략이 필요한 것이다. 다시 말해 '균형발전전략과 인재양성의 균형화 전략'이다. 지금부터 30년은 일관성 있게 해야 한다.

우리 '편'만을 따지고 우리 '모두'에는 관심을 갖지 않는 지금의 정치권과, 원칙으로 잘못을 이겨나가기보다 숨기기에만 바쁜 낡은 사고방식으로는 이 거대한 국가담론을 헤쳐 나가기 어렵다. 우리의 다음세대에 희망을 걸어야 한다. 지금은 현재의 뼈아픈 반성과 실패의 기록을 정확히 남겨야 한다. 그래야 다음세대에게 이성적이고, 합리적인 위기관리능력을 기대할 수 있을 것이다. 이번 천안함 사건의 수습과정을 보면서 느낀 생각이다.

대한민국에 지진이 온다거나, 통일 전후 위기상황이 온다거나, 경제위기 및 영토분쟁으로 주변국과 마찰이 계속된다면, 우리는 얼마 동안 어떻게 참을 수 있을 것이며 무엇으로 함께 극복할 것인가. 그 길은 내편만을 챙기는 '나 만을 위한 길'이 아닌 우리 모두를 위한 '정도'에서 찾아야 한다. 국가가 정도를 걸으면 국민이 신뢰하고 그 신뢰를 통해 단결은 강해진다는 평범한 진리, 이것이 대한민국의 새로운 힘이 될 것이다.

●● 능력 있고 품격 있는 정치인, 잘 뽑아야

6월 2일은 지방선거다. 잘 뽑아야 한다. 자신의 영달과 '내편'만 생각하며 움직이는 사람은 안 된다. 위기관리 능력을 갖추고 생활정치를 할 수 있는 사람, 우리 사회를 격조 있게 향상시킬 수 있는 품격 있는 정치인이 필요하다. 체력과 마음이 건강하면 좋고, 정신력이 강하고, 국가와 지역사회에 대한 열정이 있으면 더 좋다. 이제 위기관리에 부족한 지긋지긋한 무능력은 싫다. 유권자들이여! 대한민국을 위해 생각을 바로 세우자.

국제신문, 2010년 4월 6일

통일

남북문제에 대한 55개의 질문들

새로운 정부가 들어설 때마다 새로운 통일정책을 들고 나왔다. 정권유지의 차원에서 '통일문제'를 활용한 측면도 있었다. 이때마다 국민은 진보와 보수의 진영으로 갈라섰다. 개성공단이 국회의 합의로 추진된 것이라면, 그 합의는 존중되어야 하다. 우리 국민과 정치권이 통일의 목표와 방향을 공유하지 못하면 '평화통일(平和統一)'을 달성할 수가 없다. 영구분단의 가능성도 있다. '한반도 평화정착'이 통일정책의 기조가 되어야 한다. 그 외는 모두 국내 정치에 악용(惡用)하는 것이다. 그 후유증은 심각하다. 국민과 정치권에게 던지는 55개의 질문들이다. 진지하게 생각해 주길 바란다.

정치권은 통일문제를 이용하지 말아야 한다. 오직 통일이 될 때까지 '평화문제'만 고민해야 한다. 지난 정권보다 더 나은 '평화지수'를 유지하기 위해 고뇌해야 한다. 국회에서 논의된 것은 영속성(永續性)을 가지고 추진되어야 한다.

남북통일 문제는 상대가 있는 협상이다. 통일은 겸손이다. 북한뿐만 아니라 관련국에도 해당한다. 평화주의자 『묵자(墨子)』는 이를 겸애(兼愛)라고 말했다. 이것이 한반도 통일철학의 핵심이라고 생각한다.

≪국민과 정치권 그리고 통일전문가에게 던지는 55개의 질문들≫이다. 한번 진지하게 생각해 주길 바란다. 이 문제가 정리되지 않고서는

남북통일을 기대할 수 없기 때문이다.

미국은 독일식 통일을 생각하고 있고, 중국은 독일식 통일은 절대 안 된다고 생각한다. 러시아와 일본은 관심이 없다. 한국은 미래를 통찰하는 정치지도자가 없다. 슬픈 현실이다. 차기 대통령 후보자는 이 문제에 대해 답변할 의무가 있다.

●● 대한민국

1. 차기 대선에 핵심화두가 통일인가?
2. 대한민국 국민에게 통일은 어떤 의미인가?
   (1) 8,000만의 염원인가?
   (2) 통일은 동북아 안정에 기여하는가?
   (3) 남한을 위해서 통일을 하는가?
   (4) 북한을 위해서 통일을 하는가?
   (5) 통일은 전쟁위험의 종식인가?
   (6) 통일은 새로운 도약인가?
   (7) 북한 개발에서 성장 동력을 찾을 수 있겠는가?
   (8) 통일은 새로운 갈등의 원인이 되지 않겠는가?
   (9) 통일은 시대의 사명인가?
   (10) 통일은 미래세대에게 희망인가? 부담인가?
3. 남한은 북한과의 평화통일을 포기하고 남한에 진정한 자유민주주의의 체제를 확립하는 것으로 통일정책을 전환할 수 있는가?
   (1) 평화통일은 대한민국 헌법정신인가?
   (2) 남한은 진정한 자유민주주의국가인가?

4. 한반도 통일은 인내를 요구하는 점진적 통합과정인가?

(1) 평화를 기다릴 것인가?

(2) 북한 붕괴를 기다릴 것인가?

5. 한반도 통일 후 대한민국은 어떤 국가가 되는가?

(1) 자유민주주의 시장경제의 국가인가?

(2) 영세중립국인가?

6. 대한민국은 어느 시점에 어떤 결단이 필요한가?

(1) 제3차 정상회담이 필요한가?

(2) 북한 붕괴시에 남한 군대가 주둔할 수 있는가?

7. 한반도 통일 후 사회통합을 이루는 따뜻한 통일은 가능한가?

(1) 사회통합의 조건은?

(2) 따뜻한 통일의 조건은?

(3) 통일 후 남북한 사회복지정책에 대한 준비는?

8. 통일비용은 충분히 비축되어 있는가?

(1) 북한 채무 승계의 방안은?

(2) 북한 경제 건설 비용은?

(3) 북한 생활 개선 비용은?

9. 사례별 통합방안을 설명할 수 있는가?

(1) 정치통합방안

(2) 경제통합방안

(3) 사회통합방안

(4) 교육통합방안

(5) 문화통합방안

(6) 행정통합방안(행정기관, 사법기관, 경찰기관)

(7) 스포츠통합방안
(8) 군사통합방안
(9) 복지통합방안
(10) 화폐통합방안

10. 한반도 통일과 독일 통일의 공통점과 차이점은 무엇인가?
(1) 2016년 중국과 1990년 소련을 비교한다면?
(2) 한·미동맹과 북·중조약 그리고 나토조약과 바르사바조약은 같은 성격인가?
(3) 정전협정으로 인한 분단과 패전으로 인한 분단은 같은 것인가?
(4) 38선의 국경지대와 통일 후 국경선(1300km)은 같은 것인가?
(5) 중국 중심 아시아인프라투자은행(AIIB, Asian Infrastructure Investment Bank) 속의 한국과 유럽(EU) 공동체 속의 독일은 각각 어떤 의미를 갖고 있는가?
(6) 중국 대 한·미·일 동맹 결속은 한반도에 어떤 의미인가?
(7) 중국·한국의 역사문제와 미국과 일본의 역사문제는 유럽과 독일의 역사문제와 유사한 상황이라고 볼 수 있는가?
(8) 러시아의 우크라이나 사태 처리의 교훈은 남북한 통일 상황에서 중국의 역할에 영향을 줄 수 있다고 생각하는가?

11. 남북한 통일 전에 먼저 정치권, 전문가, 국민이 하나가 될 수 있는 방안은?(국론통일)
(1) 우리 정치권, 전문가, 국민 모두는 하나가 되어 '한반도전쟁'을 반대하는가?
(2) 우리 정치권, 전문가, 국민 모두는 하나가 되어 '평화통일'을 지지하는가?
(3) 우리 정치권, 전문가, 국민 모두는 하나가 되어 '안보국방'을 지지하는가!?

(4) 우리 정치권, 전문가, 국민 모두는 하나가 되어 '인위적 북한 정권의 교체가 가능하다'고 생각하는가?
(5) 우리 정치권, 전문가, 국민 모두는 하나가 되어 '민주주의와 자유주의는 통일과정에서 포기할 수 없는 가치'라고 생각하는가?
(6) 우리 정치권, 전문가, 국민 모두는 하나가 되어 '북한 유사시 통일을 위한 노력'에 집중할 수 있는가?

●● 북 한

12. 김정은 체제는 안정되어 있는가? 불확실한가?

13. 김정남은 완전히 사라졌는가? 김정남이 언젠가 권력의 핵심으로 등장할 수 있다고 보는가?

14. 북한 정권의 목표는 무엇인가?
(1) 체제안정인가?
(2) 경제발전인가?
(3) 핵무기 보유와 경제발전이 북한에서 동시에 가능한가?
(4) 북한에게 남한은 어떤 나라인가?

15. 북한 정권은 변화가 가능한가?
(1) 북한 지도층의 변화를 어떻게 이끌어 낼 것인가?
(2) 북한 엘리트층의 가장 큰 불안과 불만은 무엇인가?
(3) 남한은 북한 정권의 변화를 이끌어 내기 위한 전략적 프로그램이 있는가?
(4) 북한의 핵무기 포기 가능성은?

(5) 북한 정권의 변화가 북한의 붕괴로 이어질 수 있는가?

(6) 북한 정권의 변화는 '새로운 불안정'인가 아니면 '평화공존'인가?

16. 북한과 주변국 관계?

(1) 북한은 중국에 종속되어 있는가?

(2) 북한은 러시아에 종속되어 있는가?

(3) 북한은 남한에 종속되어 있는가?

(4) 북한은 일본에 종속되어 있는가?

(5) 북한은 미국에 종속되어 있는가?

●● 미 국

ⓒ 미국 워싱턴 백악관 2015년 7월

17. 미국에게 한국은 어떤 나라인가?

(1) 군사전략의 요충지인가?

(2) 경제전략의 요충지인가?

(3) 식민지인가?

(4) 우방국인가?

18. 미국이 희망하는 한반도 통일 조건은 무엇인가?

(1) 미국이 받아들일 수 있는 통일 조건은?

(2) 미국이 받아들일 수 없는 통일 조건은?

19. 미국이 남한에 60년 동안 쏟아 부은 피와 땀 그리고 돈이 얼마나 되는가?

20. 미국은 남한에서 자국의 이익(군사전략과 경제전략)을 포기할 수 있다고 생각하는가?

●● 중 국

ⓒ 중국 천안문 광장 2009년 11월

20. 구소련의 고르바초프는 독일 통일에 중요한 역할을 했다. 중국의 시진핑이 구 소련의 고르바초프처럼 한반도 통일에서 중요하고 상징적인 인물이 될 수 있는가?
21. 북한 유사시(붕괴 후) 한반도 통일 연착륙을 위해 중국이 쓸 수 있는 '비장카드'는 무엇인가?
22. 중국이 받아들일 수 있는 한반도 통일 조건은?
23. 중국이 북한에 60년 동안 쏟아 부은 피와 땀, 그리고 돈이 얼마나 되는가?
24. 중국이 자국의 이익(군사전략과 경제전략)을 포기할 수 있다고 생각하는가?

●● 일 본

25. 일본은 한반도 통일을 진정으로 원하는가?
26. 일본의 최근 우경화 경향이 한반도 통일에 영향을 줄 수 있는가?
27. 한반도 통일이 일본에 미치는 영향은?
28. 한반도 유사시 한국이 한반도 통일을 위해 일본을 설득할 수 있는 조건과 논리는?
29. 한반도 통일과정에서 일본에 줄 수 있는 한국의 선물이 있다면?
30. 한반도 통일과정에서 일본의 역할과 일본의 우려는 무엇인가?

●● 러시아

31. 러시아는 한반도 통일을 원하는가?
32. 한반도 통일이 러시아에 미치는 영향?
33. 한반도 유사시 한국이 한반도 통일을 위해 러시아를 설득할 수 있는 조건과 논리는?
34. 한반도 통일과정에서 러시아에 줄 수 있는 한국의 선물이 있다면?

●● 독 일

ⓒ 독일 베를린 연방의회 2014년 7월

35. 동서독 통일 당시의 유럽의 상황과 소련의 상황, 독일의 당시 경제상황은?
36. 2016년 한반도 상황과 1990년 독일 상황은 비슷한가?
37. 주변국과 관련하여 독일의 국제관계와 한국의 국제관계에서 공통점과 차이점은 무엇인가?
38. 독일은 전쟁을 일으킨 국가다. 그리고 패전하였다. 반면 한국은 전쟁으로 희생된 국가다. 그리고 분단되었다. 한국은 주변국가에 고통을 준 적이 없다. 그럼에도 불구하고 왜 주변국가에 영향을 받아야 한다고 생각하는가? 독일 외교에서 배울 수 있는 시사점은?
39. 2016년 상황에서 독일에서 배울 수 있는 점은?
40. 독일 통일 후 독일이 겪은 가장 큰 고통과 문제점은 무엇이었나?

●● 영 국

41. 독일 통일과정에서 영국의 우려는 무엇이었나?
42. 독일은 영국을 어떻게 설득하였나?
43. 독일 통일과정에서 영국과 한반도 통일에서 일본의 역할을 비교할 수 있는가?

●● 유엔(UN)의 역할

44. 북한 핵실험 및 장거리 미사일 발사시 유엔의 역할은 무엇인가?
45. 구동독의 군사동맹체(바르샤바조약) 강화와 북한의 도발적 국방력 강화를 어떻게 비교할 수 있겠는가?
46. 북한 급변 사태 후 UN(평화유지군)이 북한에서 첫 민주선거를 감시할 수 있는가? 그 가능성은?

●● 남북통일 전문가에 던지는 질문

47. 중국 시진핑이 구소련 고르바초프의 역할을 할 수 있는가?

48. 미국과 중국 그리고 일본과 러시아의 관심은 무엇인가?
    (1) 방해세력인가?
    (2) 지지세력인가?
    (3) 미국과 중국 그리고 일본과 러시아에 줄 수 있는 카드는?

49. 독일 통일과 한반도 통일을 비교할 수 있는가?
    (1) 통일 전 독일과 한국의 국내 상황은 비슷한가?
    (2) 통일 전 동독과 북한의 국내 상황은 비슷한가?
    (3) 통일 전 독일과 한국의 국외 상황은 비슷한가?
    (4) G2 중국과 구소련을 비교해 달라.
    (5) 독일 정치지도자와 한국 정치지도자의 통일 철학을 비교한다면?

ⓒ 독일 베를린(Berlin) 체크포인트 찰리 박물관 2014년 7월

ⓒ 독일 베를린(Berlin) 장벽 2014년 7월

ⓒ 독일 베를린(Berlin) 장벽 2011년 7월

50. 통일시 주한미군 배치 문제

(1) 휴전선 이북으로 배치하지 않는다는 선에서 조정이 가능한 문제인가?
(2) 군사문제와 관련하여 미국, 중국, 일본이 수용할 수 있는 카드는?
(3) 관련국에 6자회담은 어떤 의미인가?
(4) 동북아지역군사협력체의 가능성은?

52. 주변국 이해관계

(1) 중·일 중립이란, 미·중 중립하고 같은 말인가?
(2) 중·일 충돌 시 한국은 중립 처신이 가능한가?
(3) 미국의 압박수단은?
(4) 중국의 압박수단은?
(5) 한국의 대응수단은?

53. 미국과 중국의 담합에 의한 영구분단 가능성은 없는가?

54. 한국의 차기 정부에서 남북정상회담의 가능성은?

55. 2018년에서 2022년까지 남북관계는 어떻게 진행되겠는가?

2016년 2월 7일

통일

북한, 중국, 미국, 일본의 이해관계와 한국의 외교정책

『대학(大學)』 經1章 知止而后有定 定而后能靜 靜而后能安 安而后能慮 慮而后能得. 머무를 곳을 알고 난 뒤에야 일정한 방향이 있고, 일정한 방향이 있고 난 뒤에야 차분해 질 수 있으며, 차분해진 뒤에야 평안해 질 수 있고, 평안해진 뒤에야 사려할 수 있으며, 사려한 뒤에야 성취할 수 있다. 지정정안려득(知定靜安慮得)이다.

정치와 사회가 안정되어야 미래를 깊이 생각할 수 있으며, 그 이후에 우리의 꿈이 실현될 수 있을 것이다. 통일은 험난하고 먼 여정이 될 것이다. 국민통합을 이끌 통찰력 있는 지도자가 필요하다.

문제는 이런 정치인이 아직 보이지 않는다. 큰 정치인은 국민이 만드는 것이다. 시퍼런 눈으로 바라보아야 정확한 판단을 할 수 있을 것이다. 우리의 운명을 책임지는 사람이기 때문이다. 국제적 안목을 갖추었다고 또 정치판에 이식해서는 안 된다. 다음 5년(2018~2022)은 한반도가 세계의 무대에 오르게 된다.

먼저 우리는 우리 사회를 정확히 알아야 한다. 사회민주화, 경제민주화, 교육민주화, 외교역량강화, 국방력강화 등 우리의 현주소를 파악하는 것이 선결과제다. 한국은 역동성은 있지만, 아직 세련되지 못하다. 정치와 사회 그리고 경제와 교육이 안정되어야 미래를 깊이 생각할 수 있으며, 그 다음에 우리의 꿈이 실현될 수 있을 것이다. 통일은 험난하고 먼 여정이다. 앞의 55개의 질문에 대해 저자의 생각을 짧게 밝혀 둔다.

●● 주변국의 이해관계

북한은 우리의 적(敵)이며, 민족(民族)이다. 현 상황에서 북한과 군사적 균형을 유지하고, 가능한 범위에서 '협력(協力)'하면서 평화공존을 해야 할 것이다. 이것이 유일한 길이다. 북한은 체제유지가 지상의 과제이기 때문이다. 정치와 경제는 분리해야 한다.

중국은 북한 붕괴와 군사적 대응을 용납할 수 없다. 중국은 북한의 안정을 바란다. 중국은 북한의 체제안정 속에서 남북교류를 인정한다. 그 이상은 없다. 중국은 북한이 안정되어야 동북아시아 정책을 원활히 추진할 수 있다. 중국은 북한의 지하자원과 동해안 개발에 관심이 많다. 북한 붕괴와 군사적 대응은 중국이 용납할 수 없는 방안이다. 중국의 장기 전략은 남한과의 경제, 문화교류 확대를 통한 실질적 흡수이며, 단기 전략은 북한 체제의 안정이다. 그 이상도 그 이하도 아니다. 우리가 중국의 전략에 동의할 수 없다면, 서두를 것이 없다.

미국은 한국의 우방이다. 평화통일이 될 때까지 미국은 한국에 아주 중요하다. 전후 65년 동안 남한에게 군사적 균형을 유지하도록 도왔다. 따라서 평화통일이 될 때까지 미국은 한국에 아주 중요한 국가이다. 일부 급진적 변화추구세력이 있지만, 이는 국제정치를 잘 모르는 것이다. 안보문제는 미국과 절대 공조가 필요하며, 다소 군사적 비용이 증대되더라도 역사의 운명이니 지금은 감당해야 한다. 이것이 최소한 '우방국에 대한 예(禮)'이다. 따라서 통일이 되고 나라가 안정될 때까지 한미군사동맹은 유지되어야 하고, 미국이 서운함을 느끼지 않도록 '같이 가는 것'을 잊지 말아야 한다. 미국 대사의 표현 "같이 갑시다"가 맞다. 독일도 그렇게 행동했다. 미국이 한반도 통일의 열쇠를 가지고 있다. 한국은 미국의 전략에 종속변수다. 이것이 현실이다.

일본은 우리의 소중한 이웃이다. 역사문제는 양국의 접근을 방해하는 하나의 변수이지만, 그렇다고 과거에만 머물 수가 없다. 일본까지 적(敵)을 만들어 놓고 통일을 꿈꾸는 것은 바보들의 짓이고, 또 통일 이후 새로운 지역불안정을 만드는 것이기 때문이다. 어느 정도의 선에서 '동북아 안정화' 정책으로 방향을 선회해야 할 것이다. 일본은 곧 신(新) 아베형 정권이 등장하여 '자국의 핵무장화'를 들고 나올 것이다.

러시아는 새로운 경제 전략의 동반자가 될 수 있다. 철도, 가스, 동해안 개발에 동참할 경우 소중한 경제파트너가 될 수 있다. 러시아는 경제협력에 관심이 많다. 러시아가 포함된 동해안을 '아시아의 지중해'로 변형시키고 동아시아 진출의 교두보로 삼으려고 한다.

●● 한국의 외교정책

국민통합을 이끌 통찰력 있는 지도자가 필요하다. 자국의 이익도 주변과 함께하는 것이 지혜다. 평화공존, 경제공동체 그리고 나아가 동아시아의 새로운 발전시대를 구축하는 것이 한민족의 '통일의 꿈'이다. 남북통일의 방정식은 이토록 복잡하다. 긴 여정이다.

그래서 국민통합을 이끌 통찰력 있는 지도자가 필요하다. 자신의 정치적 비전을 국민들에게 설명하고 공감대를 확대해 나가며, 시대가 요구하는 여론을 선도해 가는 정치인이다.

문제는 이런 정치인이 아직 보이지 않는다. 큰 정치인은 국민이 만드는 것이다. 시퍼런 눈으로 바라보아야 정확한 판단을 할 수 있을 것이다. 우리의 운명을 책임지는 사람이기 때문이다. 국제적 안목을 갖추었다고 또 정치판에 이식해서는 안 된다. 다음 5년(2018~2022)은 한반도가 세계의 무대에 오르게 된다.

2015년 3월 28일

통일

하버마스 교수의 한반도 통일의 조언

독일 하버마스 교수의 생각이다. ① 통일은 '새로운 정치공동체를 만드는 과정'이다. ② 한반도 현상 타파의 힘은 미국과 중국이 갖고 있다. ③ 일본은 2차 대전 후 민주주의와 경제성장을 이루었지만, 자기 확신에 찬 우익이 강하다. ④ 한국이 북한과 교류하는 것이 주변 강대국의 이해와도 일치한다는 점을 설득할 수 있어야 한다. ⑤ 통일은 자유스런 시민이 자신의 미래를 이끄는 집합의지로 소통하는 민주적 절차이다. '소통하는 민주적 절차'가 한반도 통일의 핵심이다. 여기서 새로운 미래를 추구하는 힘이 나온다. 북한의 민주주의에 대한 전망이 있어야 한다. ⑥ 한국은 지식정보혁명, 새로운 미래, 역동적 시민사회가 형성되고 있다. 한국은 역동성이 있기 때문에 역사적 진보를 이끌 가능성이 높다. ⑦ "점진적 통일이다. 독일식 경로를 답습하지 마라." 최소한 10년은 준비해야 한다. 우리는 좋은 기회를 많이 놓쳐 버렸다. (조선일보, [통일은 미래다] "통일과정, 시민들의 자발적 참여와 민주적 절차에 따라야", 2014년 1월 1일자. <잊혀진 통일의 꿈 되살리자> 독(獨) 하버마스와 한상진 교수 대담, 2013년 11월 23일)

위르겐 하버마스(Jürgen Habermas, 1929~)는 독일 프랑크푸르트(Frankfurt) 대학교 명예교수이다. 현존하는 최고의 석학으로 평가를 받는다. 1960년 비판이론의 상속자라는 평가가 있다. 영미 자유주의, 실용주의, 언어이론의 수용, 좌파의 경직성을 탈피하여 '소통민주주의'를 창시한 학자이다. 2013년 1월 에라스무스상을 수상했다. 50년 동안 지도적인 사상가, 정치를 예리하게 비판적으로 분석했다.

●● 통일의 의미

하바마스의 철학은 개방적이며, 포용적이며, 소통하는 토론이다. 소위 대화 · 소통이론(The Theorie of Communication)이다. 자유롭고 평등한 시민이 허심탄회하게 토론하여 합의에 이르는 것이 대화이론(개방+포용+소통)이다.

독일 사회학자 막스 베버(Max Weber, 1864~1920)는 병리현상을 ≪의미와 자유의 상실≫로 파악했다. 그러나 하버마스는 병리현상의 원인을 시스템(制度, 體系)의 논리가 생활세계에 침입하는 "생활세계의 식민지화"에서 찾았다. 그래서 하버마스는 먼저 시스템의 월권을 방지하는 제도적 장치가 필요하고, 더 나아가 생활세계에서 의사소통의 합리성과 '자발적 연대'의 활성화가 이루어져야 한다고 말한다. 하버마스의 논지는 ≪시스템과 생활세계의 새로운 경계 설정≫이다. 그는 평생 동안 ≪민주주의, 평화, 인권의 실천≫을 연구주제로 삼았다.

하버마스는 "통일은 새로운 정치공동체를 만드는 과정이다"라고 말한다. 그는 "한국 국민이 한국의 미래에 대해 자기결정권의 주체가 될 때 통일과 통합은 가능하다"고 강조한다. "독일은 1990년 통일 당시 시민들이 자기결정의 주체가 되지 못한 상태에서 동화의 길을 선택했다. 동독에서 스탈린 체제 40년의 경험은 심각했다. 동독 사람들에게 자신의 경험을 점검하고 질문을 던질 수 있는 시간과 기회가 필요했다. 동독지역의 정치의 우경화는 소통결핍의 산물이었다"고 진단했다. 한반도 통일 이후 충분히 예상할 수 있는 상황이다.

하버마스에 따르면 "동서독 통일은 동독주민들이 20년 동안 자유주의 방향으로 변화하고 있으며 민주적인 정치공동체를 형성하고 있다. 이 점에서 긍정적이다"고 평가한다. 그는 "북한의 민주주의 전망 없는 단순한 동화는 통일이 아니다. 또 다른 부작용만 낳을 것이다"고 말한다. "새로운 적응에 많은 시간이 필요하기에 가능한 점진적 통일을 해야 한다"고 강조한다.

●● 통일의 전망

하버마스는 한반도 통일을 이렇게 전망한다.

"한반도 현상 타파의 힘은 미국과 중국이 갖고 있다. 한국의 선택은 제한적이다. 한국은 시민사회의 선도력을 더 키우고, 북한에서 자유스런 시민이 자신의 미래를 이끄는 집합체로 성장할 때까지 기다려야 한다. 이러한 소통구조 속에서 동아시아의 소통과 협력이 함께해야 한반도 통일은 가능할 것이다."

"남한 정치는 20세기의 낡은 틀을 깨야 한다. 그리고 능란한 외교정책으로 주변국을 설득할 수 있는 힘을 키워야 한다. 강한 자의식을 가지고 동아시아 전체로 한국의 역할을 확대해야 한다. 일본은 2차 대전 후 민주주의와 경제성장을 이루었지만, 자기 확신에 찬 우익이 강하다. 반면 한국은 지식정보혁명, 새로운 미래, 역동적 시민사회가 형성되고 있다. 이것이 한국의 장점이다."

"새로운 아시아의 눈(眼目)을 갖추고, 경제적 상호이익을 추구하면서, 민주주의의 가치를 더 신장시키고, 미국・중국・일본의 협력을 중재하는 역할을 담당해야 한다. 한국은 동아시아의 새로운 평화와 협력, 연대를 향해 주변국을 설득해야 한다."

"한국이 북한과 교류하는 것이 주변 강대국의 이해와도 일치한다는 점을 설득할 수 있어야 한다."

하버마스의 전망에 따르면 한국은 더 많은 내적 준비를 해야 한다.

●● 통일의 조언

하버마스는 한반도 통일에 대해 다음과 같이 조언한다.

"소통하는 민주적 절차가 한반도 통일의 핵심이다. 새로운 미래를 추구하는 힘은 여기서 나온다. 한국은 역동성이 있기 때문에 역사적 진보를 이끌 가능성이 높다. 그러나 그것은 점진적 통일이다. 독일식 경로를 답습하지 마라."

"북한은 자유주의체제와 멀리 떨어진 정권이다. 분단이후 더 심층적으로 변화했다. 일상, 문화, 습관, 사회화 등에서 매우 이질적이다. 새로운 적응을 하려면 더 많은 시간이 걸릴 것이다." 멀리 보고 가라.

"경제협력모델은 한반도 미래의 한 단면에 불과하다. 북한 민주주의에 대한 전망 없이 값싼 노동력, 기술투입, 경제적 붐 조성 등 실용적 접근은 부족한 사고의 탓이다."

"통일은 자유스런 시민이 자신의 미래를 이끄는 집합의지로 소통하는 민주적 절차이다." 한국 드라마가 큰 힘이 될 것이다.

하버마스의 생각을 정리하면, "새로운 공동체를 만들 수 있는 역량을 갖출 때까지 인내하고 노력하면서 한반도의 통일시각을 기다려라. 북한 민주주의에 대한 전망이 있어야 한다." 이 두 문장이다.

냉정한 분석이지만, 설득력이 있다고 생각한다. 최소한 10년은 준비해야 한다. 우리는 좋은 기회를 많이 놓쳐 버렸다.

2014년 1월 1일

통일

윤대규 교수의 『북한에 대한 불편한 진실』

중국은 북한 붕괴를 원치 않는다. 미국도 현재의 변화를 원치 않는다. 현상유지가 최선이다. 북한도 3대 세습이 지상의 목표다. 남한은 전쟁을 통한 통일 보다 평화통일을 원한다. 그래서 지금 현재 길이 보이지 않는다. 문제는 체제 불인정으로 인한 핵무기 실험이다. 이 또한 체제용이기 때문에 심각하게 대응할 필요가 없다. 6자회담이 우선 개최되어야 한다.
남한은 정경분리 원칙을 유지하고, 접촉을 통한 점진적 변화가 통일의 길임을 잊어서는 안 된다. 남북이 협력관계에 있을 때 어느 일방을 위한 희생물이 되기 어렵다. 따라서 국민 모두 통일을 지향하며, 평화공존에 힘을 쏟고, 상호협력확대를 이루어 가야 할 것이다. 독재는 영원히 지속될 수 없다. 북한의 변화는 북한의 경제성장에서 온다. (윤대규)

윤대규 교수의 『북한에 대한 불편한 진실』(2013, 한울, 173면)은 2013년 북한 핵실험 후 나온 작은 문고판이다. 윤교수는 경남대 극동문제연소 소장 겸 부총장을 수행하고 있는 북한법 연구자다. 2013년 6월 1일 교수님은 친필 사인을 한 책을 직접 보내 주셨다. 독일 유학시절(1989~1997)부터 통일문제에 관심을 가져왔다. 이 책을 정독하면서 필사했고 나의 생각을 정리하였다. 그의 예리한 분석에 공감한다. 통일문제에 관심을 가진 분에게 이 책의 일독(一讀)을 권한다.

제1장 대한민국의 길

한국이 세계의 중심국가로 등장하기 위해서는 넘어야 할 '마지막' 문제가 '북한 문제이다. 세계의 중심국가가 되기 위해서는 사상적 기반이 있어야 하고, 사고의 전환이 있어야 사상의 혁명이 가능하다. 새로운 사고로 새로운 사고방식을 낼 때 새로운 길이 열릴 것이다. 전 인류가 공감하는 특별한 역사를 창조하지 않고서는 세계적 지도국가 될 수 없다.

제2장 한국의 문명사적 위상

동북아 3국 가운데 한국의 도덕적 기반이 가장 튼튼하다. 한국의 성공은 남의 희생을 강요해 이루어진 것이 아니다. 한국은 이데올로기의 부자나라다. 개천(開天)이란 하늘, 즉 진리를 여는 것이다. 홍익인간의 이데올로기인 인본주의의 정신이 살아 있다.

9세기 최치원은 유불선(儒佛善)을 통합하여 풍류도(風流徒)를 창시했다. 한국은 기독교도 흡수했다. 그럼에도 혈연공동체의 정신인 가족의 소중함, 가족제도를 유지하고 있다. 물론 한해 20만 명이 결혼하고 높은 이혼율을 보이고 있지만, 이것은 복시시스템이 약하기 때문에 생긴 최근 현상이라고 볼 수 있다. 분단의 고통, 후진국의 서러움, 자발적 경제성장, 민주주의 성장 등 세계의 지도국이 될 수 있는 경험과 터전을 갖추고 있다. 대륙문화와 해양문화의 융합, 선진국과 후진국의 가교역할은 한국의 장점이 될 것이다. 균형철학은 한국의 인본주의의 핵심이기 때문이다.

제3장 불편한 진실

중국은 북한이 비록 말을 듣지 않는다고 하더라도 북한 붕괴를 허용하지 않을 것이다. 경제적 전략적으로 너무도 중요한 지역이기 때문이다. 중국과 북한의 접경선은 남북한 접경지역 보다 5배나 넓다. 전략적 완충지대를 오랫동안 포기하지 않을 것이다. 남한의 경우 전쟁수행은 불가능하다. 취약점이 너무 많기 때문이다.

북한 도발도 한계가 있다. 이것은 북한 정권의 종말을 의미하기 때문이다. 결국 남북한 모두 상호 침략전쟁은 불가능하다고 본다.

미국은 한반도 분단 상황이 자국에 가장 유리하다. 현상유지가 중요하다. 한반도는 중국, 일본 그리고 한국 등 풀어야 할 방정식이 많다. 북한 체제는 쉽게 붕괴하지 않을 것이다. 따라서 현상유지를 바라는 미국과 중국의 이해관계를 만족시키면서 한국이 지향하는 방향으로 실현될 것이다. 6자회담의 틀에서 평화구축과 남북 상호 교류가 유일한 길이 될 것이다.

미국은 이 또한 장기적으로 볼 때 불안정한 구도이기 때문에 곧 '체제붕괴'의 상당한 조건과 분위기를 조성해 현상변화에 제동을 걸 것이다. 장기적인 관점에서 일관된 대북정책을 수립하고 실천하는 것이 필요하다.

정리하면 중국은 북한 붕괴를 원치 않는다. 미국도 현재의 변화를 원치 않는다. 현상유지가 최선이다. 북한도 3대 세습이 지상의 목표다. 남한은 전쟁을 통한 통일 보다 평화통일을 원한다. 그래서 지금 현재 길이 보이지 않는다. 문제는 체제 불인정으로 인한 핵무기 실험이다. 이 또한 체제용이기 때문에 심각하게 대응할 필요가 없다. 6자회담이 우선 개최되어야 한다.

제 4 장 한국의 딜레마

국제정치는 냉엄하다. 자국 이익 우선의 원칙이다. 미국과 중국의 대립 현상이 지속된다면 한국은 어려운 선택을 강요받게 되어 있다. 경우에 따라 양국의 전략상 담합에 따라 희생양이 될 수 있다. 그것은 영구분단의 가능성이다.

2015년 3월 사드(THAAD, 고고도미사일방어체계) 논쟁과 2015년 3월 아시아 인프라 투자은행(AIIB, Asian Infrastructure Investment Bank) 논쟁을 보면 알 수 있다.

중국은 북한 붕괴를 원치 않는다. 더욱 남한의 흡수통일과 미국 지원의 통일은 절대 불가하다. 대안은 중국의 경제의존도를 줄이고, 무역을 다변화하면서 남북관계를 개선하는 길이다. 한반도에서 한국의 발언권을 높이는 길은 이 길밖에 없다. 임기응변 보다는 일관성 있는 '평화정착정책'이 필요한 것이다.

제5장 관련국의 이해관계

한반도는 미중관계의 종속변수다. 한민족은 동족전쟁으로 분단되었지만, 한국과 북한이 독자적으로 전격 합의하여 통일을 할 수 없는 구조를 안고 있다. 미국과 중국이 참전하여 수많은 희생 속에 '무승부(無勝負)'로 분할되었기 때문이다. 이것은 독일의 전승 4개국이 독일을 분할한 것과 같다고 본다. 따라서 한반도 통일은 미국과 중국의 이해관계를 고려하지 않고서는 불가능하다.

미국과 중국은 한반도의 통일을 원하지 않는다. 미국은 북한에 관심이 없다. 반면 중국은 북한에 관심이 매우 많다. 중국 역사에서 중국은 평양을 포함하여 한강이북을 경계로 삼고 있기 때문이다. 이것은 1598년 명(明)나라 이여송(李如松)이 임진왜란(壬辰倭亂, 1592~1598)과 정유재란(丁酉再亂, 1597~1598) 참전시 취한 정책과도 그 맥을 같이한다. 여기까지만 허용하겠다는 것이다.

중국의 경우 경제원조로 북한을 통제하고 있다고 생각한다. 따라서 미국과 중국은 한반도의 현 상항에서의 안정화, 군사 대립, 비핵화 달성과 미군의 역할까지 상호 승인 묵인하는 것이다. 중국의 북한 완충지대론, 미국의 동아시아 교두보론이 공통의 이해관계라고 생각한다.

중국은 북한과 1,300km에 이르는 국경을 접하고 있다. 중국은 자국 경계선의 현 상태 방위태세로 만족하면서, 북한의 지하자원과 동해(東海)의 교두보를 마련할 수 있고, 미국은 경제권 확대, 금융권 범위 확대, 군수 물자 판매, 동아시아 시장의 핵심 교두보로 삼을 수 있기 때문이다. 따라서 남한과 미국 중심의 통일은 불가능할 것이다.

다만 중국의 경우 남한을 중국 경제권에 포함시켜 친중(親中) 정권이 오면 북한을 버리고 남한까지 포함하는 '징검다리 전법'을 사용할 수 있을 것이다.

그러나 이 또한 중국의 의도대로 될 가능성이 없다. 남한 내의 사고(思考) 통일도 문제이고, 미국과 일본의 견제도 만만치 않을 것이기 때문이다. 그래서 영구고착형의 분단 관리를 현재로서는 최선의 방안으로 보는 것이다.

중국은 북한 정권의 안정화와 그 틀에서 남북관계의 개선을 원한다. 가장 원하는 그림이다. 무역규모 90%를 차지하고, 매년 증가추세이다. 만일 남한이 친중 정권으로 변하고, 북한이 자체 불안이 가중된다면, 북한을 포기할 수 있다. 그러나 시진핑 집권시에는 불가능할 것이다.

일본은 중국과 한국을 견제하기 위해 북한과 관계개선에 나설 가능성이 높다. 북한 또한 중국 의존도를 줄일 필요가 있을 것이다.

러시아는 '신(新) 극동전략', '아시아의 지중해론', 상호 이해관계가 많다. 철도와 가스관 연결 등이다.

북한과는 군사적 균형을 유지하면서 평화적 방법으로 협력을 해야 할 것이다. 중국에 대해서는 대중봉쇄를 위한 미국의 선봉장('자동차 앞 범퍼')이 아니라, 현 상태를 악화시키지 않는 평화정착 노력임을 강조해야 할 것이다. 문화적 공감대를 넓힐 필요가 있다.

미국은 전후 65년 동안 우방관계를 유지하고 있나. 평화가 완전히 정착될 때까지 한미군사동맹을 포함하여 한미관계 지형을 바꾸려 해서는 안 된다.

제6장 역할분담이 필요하다

6자회담을 토대로 동아시아 다자안보협의체(2+4)가 필요할 것이다. 미국과 일본이 동의하는 데는 많은 시간이 필요할 것이다. 중국과 러시아가 동의하지 않을 것이다. 그래서 아주 어려운 문제이다.

한・미・일 중심 방위협의체와 6자 중심 방위협의체이다. 자국의 이익이 있어 상당히 어렵다. 그렇다고 남북이 합의 통일하고, 주변국에 나가라고 요구할 수도 없는 것이다. 북한이 독자 행동을 보여 전격 통일 분위기를 조성할 경우(사실상 불가능) 김정은은 중국에 의해 제거될 수도 있을 것이다. 김정은이 북한을 남한에 팔아먹는다고 생각하기 때문이다.

남한은 통일정책의 일관된 기조를 유지하고 각 부처별 고유 목적에 따라 정책을 펼치면 된다. 물론 정책 조율과 협력은 필수다. 정부는 진보, 보수 등 의견도 적절히 통일정책에 활용해야 한다. 민주국가에서 다양한 목소리는 당연하다. 정경분리정책을 유지하고, 접촉을 통한 점진적 변화가 통일의 길임을 잊어서는 안 된다.

한국이 해야 할 일은 남북대화와 교류협력이다. 항구적인 긴장완화를 위해 '동아시아 다자간 군사협의체(6자 군사협의체)'도 생각할 수 있을 것이다. 물론 이것은 미국과 중국이 바라는 바가 아니다. 그래도 선점해서 이슈를 살려 놓아야 통일과정에서 유용한 협상카드가 될 수 있을 것이다.

어떤 형태의 통일이 되든 군사협의체는 반드시 필요할 것이다. 이것은 2+4 주변국 모두에게 이익이 되는 것이기 때문이다. 중국과 러시아 그리고 일본의 안보불안을 잠재울 수 있고, 미국의 동아시아 군대교두보에 대한 우려를 씻어낼 수 있기 때문이다. 절충형이 필요하다고 본다. 충분히 논의의 실익이 있고, 또 성사가능성이 있다.

통일 전 북한 체제가 안정되면, 이 카드는 더욱 활용도가 높을 것이다. 만약 북한 체제가 불안정하다면, 미국을 포함한 주변국들은 이 방안을 그때서야 협상용으로 꺼낼 것이다. 따라서 미리 제안하고, 그 설득 논거를 준비해야 할 것이다. 중국과 러시아가 요구하고, 일본이 전략적 결정을 하면 가능성이 높다. 그때까지 중국을 기다려야 할 것이다.

제 7 장 북한 핵문제의 해법

한반도를 놓고 미·중이 힘겨루기를 하는 것이다. 북한은 중국의 묵인 하에 2013년 제3차 핵실험을 했고, 이것을 대미 협상용으로 들고 나왔다. 중국은 북한을 이용한 '징검다리' 협상을 하려고 하는 것이다.

한편 미국은 사드배치로 오히려 중국을 겨냥하고 있다. 양국의 국방장관들이 한국을 방문할 정도이다. 일단 한국은 관망세를 취하면서 사드 배치 쪽으로 안보동맹을 강화하고 있다. 미국은 한·일 공조강화로 대중봉쇄정책을 계속할 예정이다. 6.25 분쟁이 낳은 역사의 숙명이다.

남한은 내부적으로 힘을 더 키우고, 오래된 친구와 함께 평화를 구축하는 것이 맞다고 본다. 다만 무기구입 및 운영인력이 모두 미군에 종속될 수밖에 없기 때문에 경제적 부담이 될 것이다. 미국과의 협상에서 주도권이 넘어 간 것으로 보아야 한다.

일본은 결국 핵무장을 할 것이며, 대중국 억제를 징검다리로 삼아, 미국의 핵우산에서 벗어나려 할 것이다. 핵무기 보유로 독자적인 방어력을 확보하는 것이다. 이것이 일본의 보통국가론이다. 헌법 개정(일본 헌법 제9조) 반대, 일본 군사력 강화 반대 여론을 잠재우는데 북한은 일본에게 좋은 명분을 주고 있다.

중국의 두려움은 북한 붕괴이다. 이것은 북한의 핵무장 보다 더 나쁜 것이다. 북한은 전략적 완충지대이기 때문이다.

북한의 핵개발은 체제유지를 위한 전략이다. 핵부재의 이라크 사담 후세인(Saddam Hussein al-Majid al-Awja, 1937~2006)의 붕괴, 핵개발 포기로 리비아의 무하마르 가다피(Muammar al Gaddafi, 1942~2011) 정권의 붕괴를 지켜보면서 북한은 핵전략을 더욱 절감하고 있다. "핵 없으면 언젠가 붕괴된다"는 절박감이다.

미국은 북한이 핵을 가져도 쓸 수 없는 무기로 보고 있다. 따라서 북핵 문제에 우선순위를 둘 긴박한 이유가 없다. 중국도 불편하지만, 북한 붕괴보다 북한 핵보유가 더 자국에 유리하다. 일본도 결국 이를 빌미로 핵무장을 할 것이다. 미국의 핵우산에서 스스로 벗어나려는 전략이다.

한국이 '핵문제'해결을 중국과 미국에 끊임없이 요구하고, 협상명분을 제공하면, 결국 미·중은 '핵포기'와 '평화협정체결'카드를 교환할 가능성이 높다. 그때까지 한국이 스스로 할 것이 아무것도 없다.

6자회담 재개, 한반도 평화체제포럼 및 구축 그리고 평화협정체결까지 먼 길이지만, 순식간에 제기될 수 있다는 자세로 치밀한 준비가 필요하다고 생각한다.

한반도 평화협정, 2+4가 직접 서명해야 효력을 발휘할 수 있을 것이다. 따라서 한국은 핵문제를 미국과 중국에 넘기고, 남북협력교류에 시기와 내용을 점검하고 기다려야 할 것이다.

한편 미국은 개성공단 철수카드로 한국을 전략적으로 혼돈에 빠뜨릴 수 있다. 여기에 북한이 맞불을 놓으면 당분간 남북문제는 안개 속을 헤매는 형국이 될 것이다. 남북은 긴장된 대치 속에 놓이게 될 것이고, 사드배치가 완료될 때까지 미국에 주도권을 넘기며 경제적 어려움을 겪게 될 것이다. 한반도는 살얼음판이 될 것이다. 북한의 오판에 따라 평화가 깨질 가능성도 배제할 수 없다.

제8장 북한에 대한 인식

지금 한반도는 주변 강대국의 대리전을 치르고 있다. 현재의 남북관계, 북한의 불안정한(?) 체제, 주변 관련국의 이해, 통일에는 상당한 시간이 요구된다. 그래서 긴 호흡이 필요하다.

분단비용 보다 통일비용이 더 경제적이다. 민족과 국가의 미래를 위한 준비를 게을리 해서는 안 된다. 남북협력은 한국의 신(新)성장 동력이 될 것이다. '고용 없는 성장'으로부터 벗어날 수 있게 해 주는 대안이 바로 북한이다. 남북이 협력관계에 있을 때 어느 일방을 위한 희생물이 되기 어렵다. 따라서 국민 모두 통일을 지향하며, 평화공존에 힘을 쏟고, 상호협력확대를 이루어 가야 할 것이다.

독재는 영원히 지속될 수 없다. 북한의 변화는 북한의 경제성장에서 온다.

제9장 북한 변화의 방향

북한은 대외무역의존도가 50%에 이르고, 무역이 없으면 생존이 불가능한 국가이다. 중국이 50%, 일본이 20%에 이른다. 북한은 중국, 한국 등 시장경제하에 포위되어 있고, 결국 시장경제를 향한 변화가 가속화 될 것이다. '개발독재'가 될 것이고, 시장경제발전이 정치발전을 앞당길 것이다. 대북정책은 북한이 지향하고 있는 시장경제가 발전할 수 있도록 지원하는 것이다. 이것이 통일의 길을 여는 것이다.

제10장 대안적 정책제안

남북한 체제경쟁은 이미 끝났다. 북한의 현 체제를 인정하고 교류협력을 추진해야 한다. 정부가 민간단체의 교류까지 간섭할 필요가 없다.

현행법과 북한법에 따라 처리하면 될 것이고, 다만 정부는 후견 역할을 하면 될 것이다. 러시아의 가스관 연결사업도 진행하고, 장사포 후방배치의 대가로 개성-신의주 고속도로를 건설해 주며, 인권개선시 상응하는 경제적 보상을 해주면 될 것이다. 남북교류협력사무소를 설치하여 남북한 연합까지 발전시킬 수 있을 것이다.

통일 수도는 비무장지대에 새로 조성하면 될 것이고, 이곳에 국제기구를 조성하여 평화도시로 발전시키면 될 것이다. 어떠한 무기로도 파괴할 수 없는 평화를 보장하는 최고의 보루가 될 것이다.

내정 간섭형의 오해 유발 정부 발언을 가급적 자제해야 할 것이다.

제11장 통찰력 있는 리더십

국민통합 없이는 한국의 자산을 제대로 활용할 수 없다. 지역 간 갈등, 빈부의 갈등, 세대 간 갈등, 진보와 보수의 갈등, 이러한 갈등 극복과 통합이 과제이다. 국민통합을 이끌 통찰력 있는 지도자가 필요하다. 자신의 정치적 비전을 국민에게 설명하고 공감대를 확대해 시대가 요구하는 여론을 선도해 가는 정치인이 진정 국민이 필요로 하는 정치가다. 맹자(孟子)는 이 사람을 '천시(天時), 지리(地理), 인화(人和)를 아는 지도자(指導者)'라고 말했다.

2015년 4월 3일

통일

신영복 교수의 『담론(談論)』

"20년 20일 사색과 고뇌의 시간이었다. 나는 지식청년, 창백한 엘리트주의, 관념성, 먹물성을 반성했다. 목공, 영선공, 제화공, 재단사가 되었다. 교도소에서 빨치산 투사들과 역사체험을 했다. 동양고전과 철학으로 서구사상에 매몰된 현실을 자각하고 자존을 깨달았다. 진정한 나의 대학시절이었다. '더불어 숲'. 이것이 나의 마지막 담론이다."(신영복 교수 『담론(談論)』 서문에서 요약) 2016년 1월 15일 그는 떠났다. 동시대 삶의 동지로서 선배로서 격절과 불예측성에 직면한 인간이 보일 수 있는 선한 본성과 지성과 지혜를 몸으로 마음으로 우리에게 강한 의미를 남겼다. 그의 담론을 되새겨 본다.

신영복 교수(1941년 8월 23일 경남 밀양 출생~2016년 1월 15일 사망, 향년 74세)는 '실용 좌파'라는 소리를 들었다. '통혁당'사건으로 사형선고를 받고 20년을 교도소에서 보냈다. 이 기간에 그는 동양학(東洋學)을 깊이 공부하였다.

저자는 신영복 교수의 '마르크스 정치경제관'이 아니라 '고전(古典)이 만들어낸 신영복'에 관심이 있다. 독자들의 선입견을 우려해 미리 밝혀둔다.

필자는 그의 마지막 강의 그리고 유작인 『담론(談論)』의 표지를 보고 많은 생각을 했다. 적을 소(小)가 큰 대(大) 위에 앉아 밥을 나누는 것이 담(談)으로 보였기 때문이다. 논할 논(論)은 “인간과 인간관계를 논한다”, “서로 이야기 한다”로 읽혔다. 그래서 『담론(談論)』은 작은 목소리가 큰 목소리 보다 위에 앉아 인간과 세상을 논한다는 의미로 보였다. 그의 ‘마지막 강의’는 “교도소(大學)에서 배운 것을 이제 말씀드린다”로 나에게 다가 왔다. ‘교도소에 공부한 동양학의 이해’를 중심으로 그의 생각을 탐색해 보았다.

우리 사회는 아직도 이념 때문에 신영복 교수에 대한 평가가 엇갈리고 있다. ‘우리 시대의 스승’, ‘한국의 대표 지성’, ‘인문학의 큰 별’이라는 진보언론의 격찬도 있지만, ‘過去와 대화하느라 現在를 외면한 신영복 교수’라는 보수 논객의 부정적 평가도 있다. 평가는 모두 독자의 몫이라고 생각한다. 다음은 담론(談論)의 요지이다.

●● 신영복 교수의 유언(遺言)

어느 정도의 세계를 자기가 끌어안을 것인가? 결국 용기다.

삶은 인간적이어야 하고, 자기희생이 요구되며, 관계학 속에서 행복해야 한다.

행복은 자기만 행복한 것으로 행복할 수 없기 때문이다.

‘자기변화’와 ‘탈작’이 그 길을 인도할 것이다.

‘함께’, ‘더불어’, ‘숲’, 이것이 이 시대의 담론이다.

자기변화는 콤플렉스의 청산이다.

고전(古典)이 이를 부순다.

사실성과 진정성을 키워야 한다.

추상과 상상으로 자신을 유연하게 만들어라.

겸손이다. 관계학의 최고다.

화이부동(和而不同)이다. 그래야 통(通)한다.

평범하고 구김살이 없다. 이것이 인(仁)이다.

불만은 자기에서 찾아야 한다. 자기의 활은 자기가 쏘는 것이다.

관계학의 핵심은 하심(下心)이다.

나의 것을 상대방의 그릇에 담는다.

탈정(脫井)하여 정처(定處)를 찾아야 한다.

오늘의 불구(不具)를 반성해야 한다.

서로 사랑하라.

서로 공격하지 마라.

다음은 조선일보의 이선민 선임기자의 칼럼 내용이다. "신영복 교수의 마지막 화두는 동양적 관계론을 통해 근대를 극복하는 것이었다. 그가 그렇게 싫어한 자본주의를 동양사상을 통해 비판하려 한 것이다. 하지만 그는 근대를 향한 한국인의 치열한 고투(苦鬪)를 외면했고, 여전히 진행 중인 한국 사회의 근대적 과제에 대해선 아무 말을 하지 않았다. 전 세계가 통과한 근대를 건너뛰거나 우회하려던 그의 시도가 공허하게만 느껴진다."(이선민, [동서남북] 過去와 대화하느라 現在를 외면한 신영복 교수, 조선일보, 2016년 2월 18일자)

그러나 이러한 관점에 동의하기 어렵다. 신영복 교수는 근대의 숙제인 '자유와 독립 그리고 외로움'에 대한 극복방안을 구구절절(句句節

節) 『담론(談論)』에 담고 있다. '여(與)'이다. 이것은 일본 작가 나쓰메 소세키도 숙고한 단어다.

1. 가장 먼 여행

이 세상에서 가장 먼 여행은 공부(工夫)다. 공부란 하늘(天)과 땅(地)을 연결하고, 그 연결은 사람(人)이며, 깨우치는 것이다. 공부의 시작은 고전(古典)이다. 고전은 지적 유산이며, 역사와의 대화이기 때문이다. 공부의 방법은 인식의 틀을 부수는 것이다. 그리고 생각하는 것이다. 생각은 잊지 못하는 마음이다. '머리에서 가슴으로 그리고 발까지'를 여행하면서 부수고, 또 부수고, 인식하면서 잊지 못하는 마음을 넓혀 가는 것이다. 그것이 생각이다. 인간에 대한 각성, 세계에 대한 각성, 존재에 대한 각성, 관계에 대한 각성을 향한 여행이다. 이 여행을 통해 중심부에 대한 콤플렉스를 벗어나야 창조, 변화가 가능하다. 비근대의 조직문화, 탈근대의 모색이 변화와 창조의 공간이 되어야 한다. '함께'는 뜨거운 공감 공간이다. 이 시대의 지혜다.

2. 사실과 진실

시(詩)는 사실에 기반을 두고 진실이어야 한다. 시성화(詩性化)는 감성훈련방법이다. 시는 진정성이 있어야 공감한다. 오래된 정서를 소중하게 이어가는 것이 공감대를 심화시키는 것이다. 중국은 초등학교에서 시 300편을 암송한다. 시경이 그래서 중요한 책이다. 시의 구조는 기(起) · 승(承) · 전(轉) · 결(結)이다. 반면 문(文) · 사(史) · 철(哲)은 이성훈련이다.

3. 방랑하는 예술가

"살아남아야 한다"는 것이 인간의 본성(本性)이다. 생명(生命)이란 '방랑하는 예술가'이다. 모든 생명체는 자기생성력이 있다. 인간도 마찬가지다.

공부는 문사철(文史哲, 이성훈련)의 추상력과 시성화(詩性化, 감성훈련)의 상상력을 늘려가는 작업이다. 추상(抽象)은 복잡함을 단순하게, 상상(想像)은 작은 것에서 큰 것을 읽어내는 것이다. 핵심을 추출하고 읽어내는 능력배양이 공부다. 이성훈련과 감성훈련의 조화가 공부이며, 머리와 가슴으로 같이 하는 것이다. 설(說)을 열(悅)로 읽는 이유도 여기에 있다.

귀곡자는 성(誠)을 이렇게 말했다. "언어를 좋은 그릇에 담아 상대방에게 기분 나쁘지 않게 하는 것이다."

시적 관점, 시적 상상력이 사람을 유연하게 만든다. 시를 멋지게 만날 수 있는 방법을 찾아라. 시를 많이 읽어라, 초사(楚辭)는 낭만과 창조성의 뿌리다. 마오(毛澤東)도 초사를 읽었고 닉슨에게 선물했다.

4. 손때 묻은 그릇

주역(周易)은 오래된 보고(寶庫)다. 역설적으로 미래의 보고다. 농경사회의 오랜 경험이 축적되어 귀납적 사고로 발전한 것이다. 64괘 384효 4,096개의 효가 된다. 탈근대화의 과제가 존재론에서 관계론이라면, 주역은 점(占)을 넘어서 '삶의 철학과 지혜'를 가르쳐 준다.

주역을 읽는 네 가지 독법은 위(位), 비(比), 응(應), 중(中)이다. 득위(得位)는 자기가 앉아 있는 자리이다. '득위(得位)'인지 '실위(失位)' 인지 구분할 줄 알아야 한다. 내 자리(位)인지 아는 것이다. 그래서 재명명덕(在明明德)이 필요한 것이다. '자리와 사람의 불일치'를 보는 것이다. 70%의 자리가 알맞은 자리이다. 비(比)와 응(應)은 관계의 핵심이다. 비(比)란 이웃과 친(親)하는 것이고, 응(應)은 덕(德)을 쌓는 것이다. 주변과 친하지 않고 믿고 신뢰가 없으면 관계를 형성하기 어렵다. 적(敵)은 가까운데서 나온다는 말도 여기서 유추할 수 있다. 가족, 직장, 친구, 상하관계에서 인심을 얻어야 한다. 재친민(在親民)도 같은 뜻이다. 중(中)이란 선(善)이다. 그 자리(位)에 있어야 한다. 재지어지선(在止於至善)이다.

주역의 최고의 괘는 감괘(坎卦)이다. 서로 감추어 준다. 그 집안 깊숙이 감추고 있어야 한다. 변방, 외곽에 있는 것이 최고다. 변방(邊防)이 바로 득위(得位)한 자리다. 주역의 덕목을 한 단어로 요약하면 '겸손(謙遜)'이다. 겸손은 관계론의 최고의 형태다. 주역 지산겸(地山謙)은 "땅 속에 산이 있는 형상"이다. 겸손은 군자의 완성이다(兼 君子之終).

주역을 통해 자기 사주를 찾는 것이 중요한 것이 아니고, 현재의 사주를 읽는 것이 중요하다. 주역은 '겸손(謙遜)'의 이야기이다. 인간의 오래된 '그릇'이다."물속에 잠겨 있는 '금(金)과 사기(砂器) 그릇', 이것이 내 집이고, 어머니가 들려준 꿈 이야기 이다. 나의 사주팔자다. 날마다 성찰하고 있다.

5. 톨레랑스에서 노마디즘으로

춘추전국시대는 고대국가의 건설 담론이 있었던 국가철학시대이다. 공자는 14년 망명 후 68세에 노나라로 돌아와 5년 후 73세로 사망하였다. 자공(子貢, 대상인)이 학단(學團)을 세웠고, 집단연구의 성과물이 대화록 『논어(論語)』를 집필하였다. B. C. 770년에 시작된 춘추전국시대는 철기시대였다. 종법의 질서가 붕괴되고 제후국의 연방제로 평화가 유지되었다. 그러나 제후국간 경제적 격차로 침탈과 흡수합병이 일어나고, 공자는 '주(周)나라의 전통'으로 돌아가야 한다고 역설한다. 패도정치(覇道政治)에서 왕도정치(王道政治)를 주창한 것이다. 이것이 화이부동(和而不同)이다. "친하게 지내고, 합병하지 마라." 이것이 통일(統一)의 담론이 될 수 있다. '통일(通一)이 통일(統一)'이다. 평화정착과 교류협력이 되면 그 이후 관리만 하면 된다. 화화(和化)의 모델이다. 북벌론은 조선의 생존이데올로기였다. 지금의 북한 정치도 마찬가지다. 국가부채, 가계부채, 분단비용이 천문학적 수치다. 내수기반의 자립구조만이 살 길이다. 7,000만이다. 자주와 개방의 두 축이 생존의 길이다. 관용(寬容)을 넘어 이주(移住)다. 이것이 통일이다.

6. 군자는 본래 궁한 법이라네

공자(孔子)는 변방사람이다. 참주제(僭主制, tyrant, 고대 그리스의 폴리스에서 비합법적인 방법으로 정권을 장악하면서 정치적 영향력을 확산시킨 지배자 또는 그러한 독재 체제를 말한다)를 반대한 것이 망명의 이유다. 14년의 유랑은 그를 광견과 혁명가에서 '만세의 목탁'으로 바꾸어 놓았다.

공자는 인(仁)을 "가까이 있는 사람이 기뻐하고, 멀리 있는 사람이 찾아오는 것"이라고 말했다. 『논어(論語)』는 위계질서가 무너지는 과도기에 탄생했다. 사회전환기에 분출하는 개방적 사유와 인간・인간관계에 대한 인문학적 사유가 풍부하다. "실로 평범하고 구김살이 없이 발달한 완전함"(君子居易以俟命), 이것이 공자의 모습이다. 『논어(論語)』는 인간의 발견이다. 법학도뿐만 아니라 교양인을 위한 기본도서라고 생각한다.

7. 점은 선이 되지 못하고

맹자(孟子)의 의(義)는 공자의 인(仁)을 사회화(社會化) 한 것이다. 민본사상(民本思想)이 핵심이다. 조선 건국은 맹자의 사상이 역할을 했다. 정도전(鄭道傳)이다. 여민동락(與民同樂)이다. 맹자(孟子)는 인간의 선(善)한 본성을 확충하는데 집중했다. 반면 순자(荀子)는 인간의 악(惡)한 본성을 교육을 통해 선(善)하게 바꾸려고 했다. "큰 것을 깨달은 사람은 작은 것을 함부로 말하지 않는다."(觀海觀水) 맹자의 반구저기(反求諸己)는 "원인을 자기한테서 찾는다"는 의미다. 자기의 활은 자기가 책임지는 것이다. 인간학과 사회학의 확충이다.

8. 잠들지 않는 강물

강물은 잠들지 않는다. 인간은 자연의 일부다. 자연은 가장 안정적인 질서이다.

무위(無爲)는 노자(老子)의 실천론이다. 불필요한 것을 하지 않는 것이다. 무(無)가 세상의 근본이다.

물(水)은 하방연대(下方連帶)이다. 수선리만물(水善利萬物), 부쟁(不爭), 처중인지소오(處衆人之所惡).

산다는 것은 사람과의 만남이다. 관계론의 핵심은 하심(下心)이다. 노자는 무위(無爲)를 선(善)으로 보았다. 무지(無知), 무욕(無慾), 무위(無爲)란 "쓸데없는 것을 알지 말고, 의욕하지 말고, 하지 마라"는 의미다. 노자 『도덕경(道德經)』은 민초(民草)의 정치학(政治學)이다.

노자 제60장 '생선굽기'를 말한다. "큰 나라를 다스리는 일은 작은 생선을 굽듯이 해야 한다."(치대국 약팽소선, 治大國 若烹小鮮) 인법지(人法地) 지천법(地天法) 천법도(天法道) 도법자연(道法自然)(『도덕경(道德經)』 제25장)이다.

9. 양복과 재봉틀

노래 가사 중에 '정처'(定處)없이 떠도는 우리의 인생(人生)을 노래한 최희준의 하숙생(下宿生)이 떠오른다. 심(心), 백(白), 비(備), 생(生), 정(定), 도(道). 장자(莊子)의 핵심은 탈정(脫井)이다. 자유주의(自由主義) 사상가다. 합일(合一)과 소요(逍遙)다. 이리화정(利理化情)이다. 머리가 아니고 가슴으로 한다. 오늘의 불구(不具)를 반성한다.

10. 이웃을 내 몸 같이

묵자사상(墨子思想)의 핵심은 여덟 글자다. 겸애(兼愛), 비공(非功), 상현(尙賢), 상동(尙同).

묵자학파는 민중의 삶을 대변하며, 우(愚)임금의 공동체사회를 꿈꾸며, 강력한 실천집단으로 활동했다. 춘추전국시대 진(秦)나라의 통일로 역사의 무대에서 사라졌다.

하느님사상, 비폭력사상 때문에 중국공산당으로부터 배격되었다. 겸상애즉치(謙相愛則治), 애인약애기신(愛人若愛其身), 지초송공(止楚功宋), 의(義), 상리(相利). 묵자의 3표론과 형정론은 오늘에도 의미가 있다.

사실판단(知, fact), 가치판난(意, value), 형정(刑, punish)이다. 논리학(論理學)의 핵심이다.

11. 어제의 토끼를 기다리며

『한비자(韓非子)』는 10만자의 방대한 책이다. 『노자(老子)』가 5천자, 『논어(論語)』가 1만 2천자, 『맹자(孟子)』가 3만 5천자, 장자(莊子)가 6만 5천자이다. 법가사상(法家思想)은 변화와 현실을 존중했다. 법가는 실제로 전국시대를 통일했다. 그 사상의 현실 적합성이 검증된 학파였다.

법가사상은 전국시대의 사상이다. BC 513년, 진나라에서 형정을 만들었다. 형정(刑鼎)은 형법의 법조문을 솥에 새겨서 모든 사람들이 보게 하는 것이었다. 성문법의 공개였다. 법(法)은 당시 무질서를 척결하는 보도(寶刀)였다. 당시의 법가사상은 포괄적이었다. 조직론, 수뇌론, 통치론, 행정학까지 아우르는 정치학이었다. 핵심은 법지상주의였다.

『한비자(韓非子)』에 술(術)의 예화들이 많이 소개되어 있다. 진나라는 효공 때부터 부국강병에 매진했다. 진나라의 천하통일과 함께 강력한 중앙집권적 군현제국가체제가 출현했다.

『한비자』의 말이다. "교묘한 거짓은 졸렬한 성실에 미치지 못한다. 아무리 화려한 언설과 치장으로 꾸민다고 하더라도 어리석고 졸렬하지만 성실하고 진정성 있는 사람을 이기지 못한다." 『한비자』는 자신이 그런 사람이라는 느낌을 갖고 살았다. 『한비자』는 세사(世事)와 인정(人情)을 꿰뚫고 있었다. 10만자의 방대한 저술이지만 통찰이 뛰어나다.

『한비자』의 ≪망국론(亡國論)≫은 우리의 현실을 이야기 한다. 『한비자』가 밝힌 나라의 쇠망을 알려주는 징표는 열 가지이다. 오늘의 교훈이 될 수 있다.

첫째, 법을 소홀히 하고 음모와 계략에만 힘쓰며, 국내 정치는 어지럽게 두면서 나라 밖 외세만을 의지한다면 그 나라는 망할 것이다.

둘째, 신하들은 쓸모없는 학문만을 배우려고 하고, 귀족의 자제들은 논쟁만 즐기며, 상인들은 재물을 나라 밖에 쌓아 두고, 백성들은 개인적인 이권만을 취한다면 그 나라는 망할 것이다.

셋째, 군주가 누각이나 연못을 좋아하며, 수레나 옷 등에 관심을 기울여 국고를 탕진하면 그 나라는 망할 것이다.

넷째, 군주가 간언하는 자의 벼슬 높고 낮은 것에 근거해서 의견을 듣고, 여러 사람 말을 견주어 판단하지 않으며, 어느 특정한 사람만 의견을 받아들이는 창구로 삼으면 그 나라는 망할 것이다.

다섯째, 군주가 고집이 세서 화합할 줄 모르고, 간언을 듣지 않고 승부에 집착하며, 사직은 돌보지 않고 제 멋대로 자신만을 위하면 그 나라는 망할 것이다.

여섯째, 다른 나라와의 동맹이나 원조를 믿고 이웃 나라를 가볍게 보며, 강대한 나라의 도움만 믿고 가까운 이웃 나라를 핍박하면 그 나라는 망할 것이다.

일곱째, 나라 안의 인재를 쓰지 않고 나라 밖에서 사람을 구하며, 공적에 따라 임용을 결정하는 것이 아니라 평판에 근거해서 뽑고, 나라 밖의 국적을 가진 이를 높은 벼슬자리에 등용해 오랫동안 낮은 벼슬을 참고 봉사한 사람보다 위에 세우면 그 나라는 망할 것이다.

여덟째, 군주가 대범하나 뉘우침이 없고, 나라가 혼란해도 자신은 재능이 많다고 여기며, 나라 안 상황에 어둡고 이웃 적국을 경계하지 않으면 그 나라는 망할 것이다.

아홉째, 세도가의 천거를 받은 사람은 등용되면서 나라에 공을 세운 장수의 후손은 내쫓기고, 시골에서의 선행은 발탁되면서 벼슬자리에서의 공적은 무시되며, 개인적인 행동은 중시되면서 국가에 대한 공헌이 무시된다면 그 나라는 망할 것이다.

열째, 나라의 창고는 텅 비었는데 대신들의 창고는 가득 차있고, 나라 안의 백성들은 가난한데 나라 밖에서 들어온 이주자들은 부유하며, 농민과 병사들은 곤궁한데 상공업에 종사하는 사람들은 이득을 얻으면 그 나라는 망할 것이다.

【출전】 신영복, 담론(談論) 신영복의 마지막 강의, 돌베개, 2015, 191~192면.

『담론(談論)』 표지를 보니 '검은 보라색' 때문에 마음이 묵직하다. 어떻게 짙은 보라색 색상에 흰색 한글로 『담론』, 그리고 검은색 한자로 『談論』을 깊이 새겨 놓았을까? 이 분의 '영혼(靈魂)'이라고 생각한다. 그는 마지막까지 자기의 얼굴을 책에 새겨 놓았다. "신영복의 마지막 강의 … 신영복". 부제와 이름을 동렬에 놓았다.

지식인(知識人), 교도소(矯導所), 병마(病魔), 대한민국(大韓民國), 아득함(玄, 黑, 慈)이 겹쳐 그의 슬픈 미학(美學)을 읽을 수 있다. 이것이 『담론(談論)』의 표지에 담긴 그의 의지다.

"사람은 다른 가치의 하위 개념이 아닙니다. 사람이 '끝'입니다.". 죽음을 예상하면서, 또 초월하고자 했던, 신영복 교수의 고뇌(苦惱)가 읽힌다. 그의 마지막 강의록 『담론(談論)』을 추천한다.

삼가 고인의 명복을 빈다.

2015년 4월 29일

참·고·문·헌

신영복, 담론(談論) 신영복의 마지막 강의, 돌베개, 2015.

통일

김하중 대사의 『중국이야기 1·2』

우리는 중국을 아직도 정확히 모른다. 너무 쉽게 접근했고, 너무 빨리 많은 것을 주었다. 중화인민공화국은 공산당혁명을 통해 건립된 국가다. 사회주의국가에서 살아 왔기 때문에 한국인들이 상상하는 모습과는 괴리가 있다. 묵자의 겸애사상(兼愛思想)이 양국의 발전에 기여할 것이다. 쌍방이익, 상호존중, 상호이해, 상호협력이다. '더욱 안정되게 더 멀리 가는 것'이 발전이다.
우리는 중국, 중국인, 중국사회를 똑똑히 알아 가면서 여유롭게 협력을 증진해야 한다. 분명한 것은 하나 있다. 중국 시진핑 주석은 구소련의 고르바초프의 역할을 할 수 없다. 통일에 대한 우리의 꿈이 그의 재임기간 동안 실현될 가능성은 희박하다.
따라서 통일문제를 국가정책의 선순위로 두는 것은 국내 정치용이라고 생각한다. 혼속화광(混俗和光, 속인들과 함께 어울리면서 광명을 조화시켜 나가야 하는 것)이란 정직한 정치를 말한다.

중국 대사를 오랫동안 역임한 김하중 대사의 『중국이야기 1·2』를 읽었다. 중국의 역사, 문화, 사회, 중국인에 대한 그의 해석에 공감한다. 중국 칭다오(青島)에서 3주간 체류를 하면서 중국의 변화를 체험할 수 있었다. 그의 『중국이야기 1·2』는 중국 입문서로서 좋은 책이다. 중국에 관심이 있는 분에게 일독(一讀)을 추천한다. 이 책의 내용을 요약하면서 필자의 생각을 약간 정리하였다. 중국과 중국인을 이해하는 주제를 16개로 분류하였다.

1. 신중농주의, 식품산업, 뷰티산업, 의료산업

중국 인구는 2011년 13억 7천만이다. 도시 인구는 6억 9천만(51.3%), 농촌 인구는 6억 5천 700만(48.7%)이며 도시화가 가속화되고 있다. 상하이(上海)시는 1인당 GDP가 12,911달러, 베이징(北京)시는 12,631달러, 광뚱성 광저우(廣州)시는 18,287달러이다. 물론 4년 전 통계자료이다. 향후 중국은 점점 도시화가 진행될 것이며, 건설, 노후건물 개보수가 진행될 것이다. 빈부의 격차는 점점 커질 것이다.

우리는 이러한 변화를 읽고 중국과의 경제교류를 준비해야 한다. 식품청정지역을 선포하고 건강식품산업에 집중할 필요가 있다. 의료산업과 부동산개발도 좋은 사업이 될 것이다. 또한 화장품 등 뷰티산업도 중요한 사업이 될 것이다.

대한민국 남해안, 서해안, 동해안 청정지역과 북한 지역에 남한의 기술과 자본이 들어가서 식품산업에 집중된다면, 새로운 성장동력이 될 수 있다. 소위 '중농정책(重農政策)'이다. 스위스가 모델이 될 수 있다. 프랑수아 케네(François Quesnay, 1694~1774, 최초의 체계적인 정치경제학파인 중농학파의 창시자이다)의 중농주의가 스위스를 빈국에서 유럽의 중심화로 이끌었다. 멀리 보고 간다면 한국의 미래는 밝다. 그러나 우리는 중국 농산물을 수입할 생각만 하고 있다. 참 안타까운 일이다. 유기농 식품산업, 뷰티산업, 의료산업은 동아시아에서 한국이 매력적인 지역이다. 신선(新鮮)과 청정(淸淨)의 브랜드는 우리나라가 가질 수 있는 가치 중에 하나다. 중국의 겨울 스모그를 보면서 대한민국을 생각한다.

2. 용광로 속의 중국

중국위협론과 중국분열론이 그나마 가능성이 있지만, 향후 20년은 일어날 가능성이 없다. 중국이 패권주의를 포기하는 한, 현상유지를 바랄 것이고, 패권주의를 강화하는 한 서방국가들의 견제는 더욱 심화될 것이다.

이 기간에 55개 소수민족(한족 포함 56개 민족)을 어떻게 통합하느냐, 지역 간 균형발전, 도농(道農) 간 균형발전, 경제성장의 지속이 향후 중국의 미래를 결정할 것이다. 중국의 정치가 어느 정도 시스템을 갖고서 작동하고 있기 때문이다. 따라서 중국붕괴론과 중국분열론은 당분간 발생할 가능성이 없다.

중국의 과제는 '진정한 겸손' 묵자(墨子)의 철학을 내치와 외치에 활용하는 것이다. 지금은 어느 정도 방향은 잡고 있지만, 정치지도자에 따라 중국의 미래는 결정될 것이다.

2013년 출범한 시진핑호가 2022년에 끝이 나고, 2023년부터 2032년까지 또 한 번 중국 정치지도자(차기 지도자 광동 서기 또는 충경 서기로 예상)가 바뀌면 중국은 국가의 미래를 선명하게 보여 줄 것이다. 그만큼 중국은 용광로(鎔鑛爐) 속에 있는 것이다.

"불타는 중국, 자폭이냐, 지배냐." 2015년 9월 3일 시진핑의 꿈과 중국의 꿈이 나타난 것이 진승질 외국인사 사진선이었다. 그는 빨간 주단에서 걸어오는 귀빈들을 만났다.

서양은 아예 오지 않았다. 이것이 지금의 상황이다. 조금 더 지켜볼 필요가 있다.

3. 중국의 전통

제사(祭祀)는 불의 사고로 돌아가신 조상신(祖上神)에 대한 위로(慰勞)와 의견조회(意見照會)의 행사이다. 삶의 반추와 가족단결(家族團結)의 의미가 있다. 중국은 종법제도(宗法制度)를 통해 가정과 나라를 사랑하고, 권위에 복종하고, 관례에 따르고, 전통을 숭상하고, 연장자를 존중한다.

4. 중국인의 기질

중국인의 기질(氣質)은 유교, 도교, 불교가 혼합되어 있다. 교육과 출세, 훌륭한 인물이 되는 것이 소망이다. 상황이 허락되면 그렇다. 그러나 상황이 허락되지 않으면 대복대귀(大福大貴)의 뜻을 접는다. 이어 명철보신(明哲保身)과 무위자연(無爲自然)으로 돌아간다. 중국인의 마음과 사회 곳곳에 『묵자(墨子)』의 사상이 나타나고 있다. 고행(苦行), 규율(規律), 희생(犧牲), 용맹(勇猛), 실용사상(實用思想)이다. 이것이 중국인을 자극하는 애국심 고취사상이다.

중국에서 불교의 선종은 도교와 섞이고, 또 유교와 섞인다. 인(仁)과 자(慈), 선(善)이 같은 의미이다. 중국 문화에는 불교와 노장사상이 깊이 스며있다. 경극(京劇)의 주제가 이들 사상들이다. 중국 외교에는 손자(孫子)와 귀곡자(鬼谷子)의 술수(術數)가 남아 있다. 중국 상술(商術)도 여기에 기반을 둔다. 그래서 분리해서 판단해야 한다.

5. 중국인의 특징

중국인들은 보수적이고 말(言)을 조심한다. "모든 화(火)는 입(口)에서 나오고 모든 병(病)은 입(口)으로 들어간다." 중국인들이 믿고 있는 경구(警句)다. 중국인들은 사해동포사상(四海同胞思想)을 근본적으로 갖고 있다. "서로 양보하고 서로 혜택을 주는 것", 호양호혜(互讓互惠) 정신을 좋아한다. 외교적 수사에도 이 단어가 많이 등장한다. 묵자사상(墨子思想)이다.

한국의 대중국 접근도 이러한 기조에서 출발해야 한다. 특히 통일문제는 더욱 그렇다. 중국에 묵자의 겸애(兼愛)를 말해야 한다.

중국 사람들은 가정을 중시한다. 중국인들이 좋아하는 효제(孝悌)와 충서(忠恕)는 오래된 봉건사회윤리와 도덕에서 유래한다.

중국인은 우정을 좋아한다. 화평사상(和平思想)이다. 친정(親情)과 우정(友情)을 통해 응집력을 찾는다.

중국인과의 관계는 겸손, 말조심, 상호주의, 효제와 충서, 가정에 초점을 두어야 한다. 묵자(墨子)의 겸애(兼愛) 속에 다 들어 있다.

6. 중국인의 정신

고대 중국에서 예(禮)란 '난(亂)을 방지하는 것'이다. 이방난(以防亂)이다. 중국인의 기질을 형성하는 중요한 요소이다. 위에서 예를 지키고, 예를 배워야 설 수 있다고 한다. 불학예 무이립(不學禮 無以立)이다. 예는 화합을 위해 필요하다. 예는 반드시 오고 가는 것이다.

중국인들은 인(仁)을 좋아한다. "자신의 몸을 버려 인(仁)을 이룬다." 유살신성인(有殺身成仁)이다.

중국인들은 덕(德)을 좋아한다. "덕이 후한 자는 빛이 흐르고, 덕이 박한 자는 빈(貧)이 흐른다." 덕후자유광 덕박자유비(德厚者流光 德薄者流卑).

중국인들은 선(善)을 좋아한다. "적선하는 집안은 반드시 그 후손에게 복이 있다." 적선지구 필유여경(積善之求 必有餘慶). "중국인들은 선을 쌓으면 선을 만나고, 악을 쌓으면 악을 만난다"고 생각한다. 적선봉선 적악봉악(積善逢善 積惡逢惡).

중국인은 화(化)를 좋아한다. "화합하지만 동화되지 않는다." 화이부동(和而不同). 그러나 "통(通)하면 통(統)한다." 화이동지(化以同之). 그래서 중국인들은 대동(大同)하되, 차이(差異)를 인정한다.

시진핑의 얼굴에서 보듯 중국인들은 온(溫)을 좋아한다. 전체적인 이익을 생각하고, 극단에 흐르지 않으며, 전체 균형을 생각하기 때문이다.

중국인들은 절조(節操)와 근면(勤勉)도 중요한 가치로 생각한다. "사치하는 사람은 아무리 부유해도 족함이 없고, 검약한 사람은 아무리 빈궁해도 남음이 있기 때문이다. 사치한 사람은 항상 마음이 빈궁하지만, 검약한 사람은 부유하다."(치자부부족 검자빈유여 치자심대빈 검자신대부, 奢自富不足 儉者貧有餘 奢者心帶賓 儉者心帶富)

중국인에게 나타나는 강한 응집력은 외적의 침입으로 나타난 것이다. 수가(守家), 애가(愛家), 수국(守國), 애국(愛國)도 외적의 침입에서 나온 것이다. 중국 사람들은 대학(大學)의 제가치국평천하(齊家治國平

天下)를 도(道)로 생각한다. 내몽고의 분열을 무력으로 차단하는 것은 그들이 장기적으로 다시 '침입국'이 될 수 있다는 믿음 때문이다.

중국인의 정신세계를 알고 만나면 좋지 않겠는가?

7. 중국인의 정서

중국인은 강한 자의식이 있다. 뽐내고 박학다식(博學多識)한 척하는 태도(자후박대, 自詡博大), 큰 것을 좋아하고 공(功)을 기뻐하는 태도(호대희공, 好大喜功)이다. 그래서 중국인들은 '유별난 것(出格)'을 싫어한다. 한국인의 정서와 비슷하다.

중국인들은 원숙함을 좋아한다. 성실하고 고지식하고(노실, 老實), 다투지 않고, 욕심 부리지 않고, 구하지도 않는다. '자기안위에만 관심을 가지는 태도(명철보신, 明哲保身)'으로 볼 수도 있지만, 절조의 품성으로 생각한다. 이를 지족문화(知足文化)라고 말한다. 항상 '한 발 물러서서 생각할 것(퇴일보상, 退一步想)', 매사에 둥글둥글하고 원만하게 처리하지 않으면 집, 목숨, 명예까지 한 순간 잃을 수 있다는 역사의 교훈을 알기 때문이다. 그래서 중국인들은 중용지도(中庸之道)의 핵심인 화위귀(和爲貴)를 안다. "화합하는 것이 귀한 것이다." 너그러움과 엄격함의 조화가 중요정책이다. 관맹상세(寬猛想濟)이다. 정리(情理)에 맞게 생활한다. 이를 합호정리(合乎情理)라고 한다.

중국인의 정서에는 인(忍)의 미덕이 있다. 그 배경에는 중국의 대가족이 있다. 참지 않으면 큰 혼란이 온다. 부부간, 고부간, 주인과 종업

원간, 아래 사람과 윗사람인 연장자, 직장상사, 각 구성원사이에도 인(忍)의 정서가 나타난다. 그래서 "중국인들은 작은 것을 참지 못하면 큰일을 그르친다." 소불인즉난대모(小不忍則亂大謀)라고 한다. 또한 "참는다는 것은 훌륭한 인재가 되기 위한 일종의 수양(修養)"이라고 말한다. 소위 인(忍)의 철학이다.

중국인들은 언어를 통해 겸손을 나타내고 왕따를 두려워한다. "자신의 공적을 자랑하지 않는다. 어떻게 하다 보니 자신이 앞섰을 뿐이다. 자신이 한 일은 얼마 되지 않으며 모든 것이 뒤에서 여러 사람이 도와준 결과이다." 이렇게 말한다. 누구에게든 최대한 공손함으로서 나중에 올지 모르는 화(禍)를 피하는 것이다.

시진핑과 보시라이 권력투쟁도 이러한 정서에 근거하고 있다. 중국인의 지족정신(知足精神)은 '명예'에서도 나타난다. 중국인들은 명예를 통해 정신적인 만족감을 느끼게 되면 물질적인 것은 가능한 적게 가지려고 한다. 이런 사람을 높게 평가한다. 일상에서 화평(和平)과 안일(安逸)을 즐길 수 있다. "걱정이 없고 염려가 없으며 마음이 편안하고, 몸이 느긋하면 몸도 편안하다." 무우무려심관체반(無優無慮心寬體胖). 낙천지명(樂天知命), 안빈낙도(安貧樂道)의 마음이다. 그러나 현대 중국인들은 지족철학(知足哲學)을 많이 잃었다.

공(公), 사(私) 정신도 지족철학이다. 사(私)는 인정(人情)이다. 혈육과 집안 식구들에게만 적용된다. 부정부패(不正腐敗)는 이것이 넘치는 것이다. 한국인과 유사점이 많다.

8. 중국인의 황제기질, 소시민기질, 복종기질

중국인은 큰 것(大)과 공명(公明)을 좋아한다. 평생 좋은 일만 하게 된다는 믿음 때문이다. 반면 일반인들은 소시민 기질이 있다. 또한 관리들의 복종기질도 있다. 중국인의 내면은 이런 기질이 혼합되어 있다.

9. 중국문화

중국문화의 특징은 서예와 서화이다. 모두 선(線)을 강조한다. 한자(漢字)가 자연(自然)에 대한 인간내면의 표시라면, 서예(書藝)는 이를 선으로 표현한 것이고, 서화(書畵)는 선으로 형상화 한 것이다. 차(茶)문화는 청아와 고상함으로 깨닫는 수단이다. 매화(梅), 난(蘭), 대나무(竹), 국화(菊)는 사대부의 기개와 품격 그리고 학문을 말한다. 취미에도 기질이 담겨있다. 그래서 중국인들은 서예를 벽에 걸어놓고 산다. 서예와 서화는 모두 선에서 시작한 것으로 동일하다고 생각하기 때문이다.

10. 중국의 고뇌

중국은 현재 스스로 사회주의 시장경제의 초급단계라고 말한다. 그러나 부동산, 자동차, 빈부격차, 의료비 등 자본주의 문제점을 안고 있다. 국민의 욕구는 경제이지만, 이 또한 구조적 모순을 함께 키울 수 밖에 없다. 중국의 고뇌는 깊어 질 것이다. 그래서 묵자사상(墨子思想)이 다시 중국에서 조명을 받는 것이다. 겸애(兼愛), 상현(尙賢), 상동(尙同), 절용(節用)의 정신이다.

11. 중국의 중앙과 지방

이전 중앙에서 내려 온 계획정책이 이제 분권화 되면서 갈등을 유발하고 있다. 1980~1993년 재정의 도급제(都給制)는 지역 간의 경쟁을 심화시켰으며 국영기업의 민영화를 촉진시켰다. 지방의 지도자들이 대거 중앙에 진출하여 중앙의 힘과 재정을 지방에 우선적으로 배분함으로써 갈등을 고조시키고 있다. 중국의 역사에서 중앙정부와 지방정부가 어떤 관계를 가지느냐가 중요한 과제였다. 향후 중국이 안고 있는 '시한폭탄(時限爆彈)'이 될 가능성이 높다. 특히 내륙 서부지역이다. 북부지역도 마찬가지이다.

12. 중국의 지식인

중국의 지식인들은 구취(口臭) 중에 하나였다. 노동자의 한 종류에 불과했다. 그러나 1980년대 이후 신형(新型)지식층이 중간층으로 부상하고 수입도 급속하게 증가하였다. 현재 중국 교수들의 월평균 수입은

6,000위안 수준이다(2016년 중국 산뚱성(山東省) 청도대학교 법과대학 교수 면담에서 들은 것이다. 북경, 상해, 광동은 10,000위안 이상이라고 한다). 지역과 지위에 따라 약간 차이는 있다. 교수들은 정계진출에 한계가 있다고 한다.

13. 중국의 여성, 결혼과 자녀

마오쩌둥(毛澤東)은 "여성의 반은 하늘이다." 부녀반변천(婦女半邊天)이라고 말했다. 여성의 지위를 높여 남녀평등을 주장했다. 문화대혁명으로 여성의 남성화가 가속화되었다. 외모도 남성화되었다. 20~30대 도시여성은 결혼을 꺼리거나 외국인과 결혼한다. 이것이 중국의 신풍속도이다. 도시에서 독신여성화는 높은 문화적 교양의 영향이다.

봉건사회의 삼종사덕(三從四德)은 오늘날 신삼종사덕(新三從四德)으로 바뀌었다. 소위 공처가(恐妻家)이다. 그러나 도시여성에 비해 농촌여성은 여전히 교육수준이 낮다.

향후 중국은 이혼율(離婚率)이 급증할 가능성이 높다. 특히 대도시 이혼율이 높다(상해 30%). 또한 독신여성의 증가로 인구가 급감할 가능성도 있다. 불륜이 증가할 가능성도 있다. 이 모든 것이 사회문제가 될 가능성이 있나.

'음식(食) 산업과 아름다움(美, 뷰티, 의료, 화장품, 의류)의 산업'이 향후 20년간 중국 산업을 주도할 가능성이 있다. 최근 시진핑의 부인 팽(彭)여사의 화려한 등장은 중국의 최근 풍속도를 반영한 것이다. '아름답고 당당한' 중국의 여성상이 주목을 받고 있다. 중국의 각종 매체를 보면 확인할 수 있다.

중국에서 가정의 가치는 소중하다. 자본주의와 사회주의의 기반은 가족이기 때문이다. 최근 중국의 1가구 2자녀 정책(소수민족에게 예로부터 1가구 2자녀 정책을 실시하였다)도 이런 변화에서 온 정책들이다. 20년 후 인구문제는 다시 중국 사회의 변수가 될 것이다.

14. 중국의 전통문화

중국인들은 전통문화를 많이 잃어 버렸다. 근대에 와서 갖은 외침, 국민당과의 대결, 사회주의, 문화대혁명이 원인이었다. 제왕, 장상, 재능 있는 남자, 아름다운 여자 일소가 문화대혁명 기간에 있었다. 봉건문화, 귀족문화라고 본 것이다.

중국의 미덕(美德)은 신(新)중국에서 부활이 필요하다. 중국의 오묘한 철학사상과, 과학기술, 빛나는 전통문화는 중국문명을 새롭게 알리는 기치가 될 것이다.

한편 한국도 전통사상을 더 발전시켜 동아시아 정신의 중심지로 발전할 필요가 있다. 한국은 유교·불교·선·도교·기독교·천주교 문화가 모두 왕성하게 활동하는 정신문명의 메카가 될 가능성이 있다. 모두 대한민국의 미래의 자산들이다.

15. 중국의 미래

1990년 베이징(北京) 아시안게임, 2008년 베이징 올림픽, 2010년 상하이(上海) 엑스포를 거치면서 중국 국내 총생산(GDP, gross domestic product)은 일본을 초과하였다. G2 국가로 부상한 것이다.

그러나 대형행사를 제외하고 중국을 하나로 통합할 수 있는 국내리그가 필요하다. 전인대회, 열병식 등은 일회성 행사이지만, 사회통합을 위해서는 부족하다. 주변국 긴장조성, 댜오위다오(钓鱼岛, 일본 센카쿠 열도 尖閣列島)섬 등 반일(反日)자극도 하나의 통치수단이 될 수 있지만, 한계가 있다. 그래서 중국을 하나로 통합할 수 있는 '가치 · 스포츠'가 필요하다고 생각한다. 현재는 경제부흥이 오로지 중국인들의 지상과제이지만, 이후 사회균열과 경기침체, 대량실업, 노사갈등이 온다면 슬기롭게 해결할 수 있을지 의문이다. 그 구성원들이 소공주, 소황제의 근성을 갖고 있다면 많은 문제점이 나타날 것이다. 1자녀 정책이 원인이다.

부패척결이라는 미명으로 덩샤오핑과 리펑 가족 비리, 원자바오 가족 비리, 그 일가 비리를 밝히느냐, 자유화와 민주, 법치의 DNA가 발현되느냐, 시진핑의 정치적 소신이 중국을 흔들 수 있을 것이다. 그러나 중국의 정치역학상 한계는 있을 것이다.

대한민국이 분명히 알아야 할 사실이 하나 있다. 시진핑은 구소련의 고르바초프의 역할을 할 수 없다. 통일에 대한 우리의 꿈이 그의 재임기간 동안 실현될 가능성은 희박하다. 그래서 통일문제를 국가정책의 선순위로 두는 것은 국내 정치용이라고 생각한다.

16. 중국과 한국, 중국인과 한국인, 어떻게 친해질 수 있나?

중국인과 친해지려면 반드시 중국어를 해라. 언어가 되지 않으면 관계는 일회성이고, 항상 형식적이며, 깊이 친해질 수 없다.

중국인과 좋은 관계를 맺으려면 최소한 3~5년이 걸린다. 그 이유는 중국의 역사에서 찾을 수 있다. 전쟁이 한 원인이다. 배신이 많았기 때문이다. 중국인은 친구가 되기 전에 신중하다.

중국인을 대하는 기본자세는 겸손, 성실, 교양, 따뜻함, 부드러움이다. 과시, 자랑, 뽐냄, 영향력 언동은 모두 경멸당한다. 말이 적고, 내용에 부합하는 핵심만 말한다.

신뢰가 중요하다. 관시(關係)도 중요하지만, 상대방의 이익과 부합하여 행동한다. 자기 업무와 자기 단위를 벗어나 업무처리를 주선하는 것은 대부분 허풍이고, 거짓말이다. 우리가 중국인에게 받는 오해는 "무례하고 건방지다"는 것이다.

중국인에게 가족, 여성 배려와 짝수, 8(八)과 6(六)은 좋은 것이고, 비판, 비난, 무시, 4(四)는 안 좋은 것이다. 중국 관리는 신중하다. 책임을 지는 것을 두려워한다. 상대방의 입장에서 예의를 갖추어 진심으로 만나면 신뢰를 얻을 것이다.

대중국 관계를 새롭게 정립할 필요가 있다. 정부뿐만 아니라 민간인도 마찬가지다.

2015년 10월 30일

참 · 고 · 문 · 헌

김하중, 중국이야기 1: 떠오르는 용 중국, 중국이야기 2: 영원한 이웃 끝없는 도전 한국과 중국, 비전과리더십, 2013.

철학

탄허 스님의 『탄허록』

"이 글은 도를 밝히지 못한 산설(散屑)의 잡화(雜話)다. 저술보다는 사색, 사색보다는 좌망(坐忘)을 노력해 왔다. 이 잡화를 보고 망매지갈(望梅止渴)의 일조가 된다면 다언(多言)의 병과 번문(煩文)의 해(害)가 세상에 만연되지 않으리라고 본다."(탄허, 呑虛)
"동양사상을 중심으로 정신무장을 해야 한다. 최고의 이념은 자각(自覺)이다. 끊어진 자리가 각(覺)이다. 한 생각이 바로 업(業)이다. 노력은 사방에 신경을 안 쓰는 것이다. 무아(無我)의 노력이 '씨앗'이다. 무아무인(無我無人)이다. 우주(宇宙)와 나(我)를 일치(一致)시키는 것이 대군자(大君子)다. 깨달음이 각(覺)이다. 깨달았다는 것은 깨달은 것이 끊어진 자리이다. 이치(理致)가 각(覺)이다. 지(知)와 각(覺)은 차이가 있다. 3대 성인은 자기 마음에서 일어나는 생멸심(生滅心)에서 본래 끊어진 자리를 본 것이다. 일체 망상심(妄想心)이 고통의 근원이다. 불성에서 불(佛)은 각(覺)이다. 수시수처(隨時隨處)에서 공부하다 보면 밤새도록 가는 길에 해가 뜰 때가 올 것이다. 발심(發心)은 선후 있어도 도(道)에는 앞뒤가 없다. 수행(修行)만이 최고(最高)의 자기 재산(財産)이다. 혼탁한 사회를 정화하기 위해서는 정신기강을 바로 잡는 것 외의 다른 방법이 없다."『탄허록(呑虛錄)』

●● 탄허(呑虛)는 누구인가?

"탄허[呑虛, 1913년 음력 1월 15일~1983년 6월 5일, 한국의 승려이다. 본관은 경주, 법명은 택성(宅成: 鐸聲), 법호는 탄허(呑虛), 속명은 김금택(金金鐸), 고전과 역경에 능통하였다]는 어려서 사서삼경(四書三經)과 노장사상(老莊思想)을 두루 섭렵한 후 1934년 오대산 상원사에서 한암 스님(漢岩禪師)을 은사로 출가하여 일찌감치 학승으로 명성을 떨쳤다. 불경(佛經) 번역사에 커다란 발자취를 남겼고 힘찬 필력의 붓글씨와 비명, 계를 주고 법명을 지어주면서 뜻을 풀어쓴 글(일명 계첩) 등으로도 세인들의 화제가 되었다.

해방 후 함석헌(咸錫憲, 1901년 3월 13일~1989년 2월 4일, 함석헌은 대한민국의 독립운동가, 종교인, 언론인, 출판인이며 기독교운동가, 시민사회운동가였다. 광복 이후 비폭력 인권 운동을 전개한 민권운동가이자 언론인, 재야운동가, 문필가로 활동하였다)과 양주동(무애 无涯 梁柱東, 1903~1977, 시인, 국문학자, 영문학자, 고시가의 주석에 전념하는 국학자로 유명하였으며, 우리나라 사람으로서는 처음으로 향가 25수 전편에 대한 해독을 했다)은 탄허 스님으로부터 『장자』 강의를 들었다고 전하는데 양주동은 1주일간 『장자』 강의를 듣고 탄허에게 오체투지(五體投地, 오체투지란 불교의 큰 절 예법이다. 무릎을 꿇고 두 팔꿈치를 땅에 댄 다음 머리가 땅에 닿도록 절하는 것으로 투지례라고도 한다)로 절까지 했다는 것으로 유명하다. 이후 양주동은 탄허를 가리켜 "『장자』가 다시 돌아와 제 책을 설해도 오대산 탄허를 당하지 못할 것"이라고 그 학문적 깊이에 탄복했다고 전해진다.

탄허는 월정사(月精寺) 조실(祖室), 오대산연수원 원장으로서 승려들을 지도했고, 1965년부터 1971년까지 동국대학교 대학선원 원장을 역임했다. 1966년 조계종 초대 동국역경원 원장에 임명되면서 『팔만대장경(八萬大藏經)』의 한글 번역작업에 직접 투신, 『한글대장경』 간행에 공을 세웠다. 동양철학에 해박한 지식을 지닌 그는 해외의 석학들을 위해 일본 도쿄대학의 동양학 세미나에서 화엄학(華嚴學) 특강을 했다. 또한 타이완 국립타이완대학교의 심포지엄에서 비교종교에 대한 특강을 하여 세계적인 석학으로 추앙받았다. 1983년 오대산 월정사 방산굴(方山窟)에서 세수(世壽) 71세, 법랍(法臘) 49세로 입적했다."(위키백과 탄허 인용)

●● 『탄허록(呑虛錄)』

탄허 스님의 『탄허록(呑虛錄)』은 "미래사회를 이끌어 갈 주인공들에게 남긴 100년을 내다본 지혜"를 담은 책이다. 비록 불교신자가 아니라 하더라도 이 책은 ≪불교인문학≫으로서 우리들에게 깊은 깨달음을 준다. 일독(一讀)을 추천한다. 필자의 감상문이다.

제1장 예지 대한민국과 주변국의 미래를 보다

남북문제를 민주적으로 해결하면 하늘의 섭리가 작용할 것이다.
우리나라는 미국의 도움으로 세계사의 새로운 시작을 열게 된다.
동양사상을 중심으로 정신무장을 해야 한다.

제2장 정치 지도자의 역량이 국운의 방향타

낙욕(樂浴)하라. 발원(發願)하라. 입지(立志)하라.
종교(宗敎)와 도(道)를 아는 정치인이 사회문제를 해결한다.
자기의 명리(名利)를 위해서는 안 된다.

예(禮)로써 사는 성인의 경지가 대인군자(大人君子)다.

모든 발전은 인화(仁和)가 바탕이 되어야 한다.

도의적 인간이 요구되는 시대가 온다.

대의(大義), 지혜(智慧), 법(法), 요의경(了義經, 『화엄경 80권』)이 부처님이 최후에 의지하는 네 가지 법이라고 했다.

문자(文字), 식(識), 사람(人), 불요의경(不了義經)에 의지하지 마라.

최고의 이념은 자각(自覺)이다.

제3장 철학 한 마음이 꿈을 일으키고 우주를 일으키니

우리는 자신의 진면목(眞面目), 시작(始)과 끝(終) 그리고 안(內)과 밖(外)을 구별할 수 있어야 한다. 순전(純全), 순열(純烈) 그리고 이치(理致)를 순수이성(純粹理性)이라고 한다. 인성(人性)과 불성(佛性)이다.

우주(宇宙) 만연의 인식경계(認識境界)가 순수이성(純粹理性)이고, 이것이 우주의 전부다. 콩이 완전한 콩이 되어야 한다. 싹이 나와 줄기가 되고 잎이 되어 열리면 콩이 피는 것이다. 이것이 변증법이다. 자기 망상을 극복하고 본연의 천리로 들어가는 것이 인(仁)이다. 유치원과 유치원 학생이 되지 말아야 한다.

아는 것보다 아는 것이 끊어진 자리가 각(覺)이다. 영원히 죽지 않는 사람이 되어야 한다. 우주의 본체는 마음이다. 한 생각이 바로 업(業)이다.

아첨, 이간질, 욕설, 화냄을 하지마라. 마음은 원래 맑다. 번뇌(煩惱)와 망상(妄想)이 객진(客塵)이다. 날마다 닦으면 마음의 본체인 진여

(眞如)를 찾을 수 있다. 사람의 생명을 살리는 것이 진정한 방생(放生)이다. 보시(布施)가 진정한 선(善)이다. 정직, 진실, 화합, 유연 밖에 없다. 자비(慈悲)란 희생하여 즐거움을 준다는 말이다.

집착을 끊고 인연의 이치를 터득해야 한다. 허공에 고요히 앉아 생각해 보자. 인생은 대몽(大夢)이다. 성(誠)의 자리에 서라. 수련(修鍊), 존양(存養), 명결(明潔), 심성(心誠)뿐이다. 노력은 사방에 신경을 안 쓰는 것이다. 무아(無我)의 노력이 '씨앗'이다. 발심이다. 무아무인(無我無人)이다.

제4장 생사 태어난 이여, 죽음을 피할 길 없구나

정법(正法)을 만나야 한다. 참선(參禪)은 금덩이다. 악지견(惡知見)을 모두 버리고 순직한 마음으로 법문을 받아들이고, 실답게 참구해라.

우주(宇宙)와 나(我)를 일치(一致)시키는 것이 대군자(大君子)다. 집념과 젊음과 용기가 필요하다. 선이란 고요히 생각하는 것을 말한다. 지혜와 덕성을 갖춘 성인이 대해탈인이다. 선은 근본자성을 요달하여 생사를 끊는다. 학문과 지식으로 바른 견해를 세우고 발심해서 우주가 고통의 덩어리라는 사실을 알아야 한다.

마음이 나온 것이 없는 것을 확연히 간파하는 것을 도통(道統)이라고 한다. 도인과 성인은 굳이 오래 살려하지 않는다. 현실은 꿈이고 환상이다.

깨달음이 각(覺)이다. 그러면 여래(如來, 眞空)를 본다. 집착하지 마라. 삶과 죽음은 하나다. 우리가 고요한 가운데 도를 닦는 것은 시끄러운데 쓰기 위함이다. 이 세상은 꿈과 같이 무상하다. 꿈속 80년, 부귀공명은 10분에 불과하다. 행동을 돌아보아야 하고, 말을 돌아보아야 한다. 꿈이란 정신이 노는 것이다. 색즉시공(色卽是空) 공즉시색(空卽是色). 있는 것이 없는 것이고 없는 것이 있는 것이다.

깨달았다는 것은 깨달은 것이 끊어진 자리이다. 본래면목(本來面目)이다. 깨달았다는 것은 말과 아는 것이 끊어진 자리이다. 이치(理致)가 각(覺)이다. 토정 이지함[李之菡, 1517~1578, 학문에서 주경궁리(主敬窮理)와 실천이행(實踐履行)을 독실하게 하는 것을 우선으로 삼았다. 수양에서 과욕(寡慾)을 강조하여 과욕하다가 무욕(無慾)의 경지에 이르게 된다면 심(心)이 허령(虛靈)해져 중화(中和)를 이룰 수 있다고 했다. 1578년 아산현감으로 부임해서는 걸인청(乞人廳)을 세워 걸인·노약자·기민을 구제했다]은 아는 것에 머물지 않고 아는 것이 끊어진 자리에 있었다. 그래서 현인(賢人, 불교에서 견도에 이르지는 않았으나 악에서 벗어난 사람)이다. 그래서 지(知)와 각(覺)은 차이가 있다. 불교의 한문 원전을 풀이할 수 있는 나라는 한국 밖에 없다. 불교정신을 알맞게 응용할 줄 알아야 한다.

종교적 가르침을 실천할 때 변화가 온다. 생사는 꿈이 없는 자리이다. 人=生=死. 이것이 불교의 정신이다.

제5장 종교 3대 성인이 세상에 온 까닭을 아는가

3대 성인은 자기 마음에서 일어나는 생멸심(生滅心)에서 본래 끊어진 자리를 본 것이다. 일체 망상심(妄想心)이 고통의 근원이다. 얼마나 아느냐 보다 어떻게 발심하느냐가 중요하다.

종교는 내 마음이다. 마음(心)은 성(性)과 정(情)을 말한다. 성은 본래의 마음이고, 정은 마음에서 일어나는 작용이다. 진상(仁), 진락(義), 진아(禮), 진정(德)이다.

유교의 지선(至善)은 불교의 허령불매(虛靈不昧, 시간·공간이 끊어진 자리)를 말한다. 불성에서 불(佛)은 각(覺)이다. 그 반대가 미(迷)다. 따라서 부처님을 각왕(覺王)이라고 한다.

동양 3교의 유불선이 세상에 온 이유는 우주의 근원, 즉 시공이 끊어진 자리를 알려주기 위해서이다. 진리를 깨달아 이 세계가 극락임을 알려주려는 것이다. 참선(參禪, 화두 참구 간화선, 불교의 대표적인 수행법, 중국에 불교를 전한 달마 조사에서 유래, 지혜와 직관력의 수행법)을 통해 도(道)에 들어가야 한다.

수시수처(隨時隋處)에서 공부하다 보면 밤새도록 가는 길에 해가 뜰 때가 올 것이다. 발심(發心)은 선후 있어도 도(道)에는 앞뒤가 없다. 수행(修行)만이 최고(最高)의 자기 재산(財産)이다. 혼탁한 사회를 정화하기 위해서는 정신기강을 바로 잡는 것 외의 다른 방법이 없다.

2012년 4월 6일

참·고·문·헌

탄허, 탄허록, 한겨레 출판사, 2012.

제 5 부

하마의 춤

철학, 역사, 교육

16편의 글을 담았다.
하마의 고전수필, 역사수필, 생활수필이다.

『묵자(墨子)』
허형(許衡)
안향(安珦)
정도전(鄭道傳)
이익(李瀷)
조식(曹植)
민권사상(民權思想)의 계보(系譜)
–『묵자(墨子)』에서 황현(黃玹)까지
나쓰메 소세키(夏目漱石)
책을 읽고 학문을 하는 이유
마음(心)
깨달음(覺)
지혜(智慧)
죽음(門)
안목(眼目)
독서(讀書)와 사색(思索)
수첩(手帖)과 필사(筆寫)

하마의 춤은 깨달음이었다.

철학

『묵자(墨子)』 – 진보사상의 저수지

"더불어 이웃국가를 사랑하라. 빼앗지 마라. 업신여기지 마라. 오만하게 굴지 마라. 재앙과 찬탈 그리고 억울함을 만들지 마라. 그러려면 서로 사랑해야 한다. 겸애다." 이것이 『묵자사상』이다. 『묵자』가 도처에 전파시킨 도(道)는 열 글자이다. "겸애(兼愛), 비공(非功), 상현(尙賢), 상동(尙同), 절용(節用)이다. 『묵자사상』은 바로 오늘날의 헌법 정신이다. 『묵자』는 '사회민주주의 헌법의 원조'라고 생각한다.
『묵자』는 종교적 모습을 갖고 있지만, 종교가는 아니다. 초월적 자세, 내세관, 신비주의, 법력이 없다. 『묵자』는 서민고통해소, 사회현실 개선, 무용한 천자정치에 경고, 서민 신앙을 토대로 겸애사상, 비공사상, 상현사상, 상동사상, 절용사상을 강조한 것이다.
필자는 조선 성리학의 진보사상의 맥은 『묵자』라는 저수지에서, 원나라 허형으로 흐르고, 안향, 정도전, 이황, 조식, 이이, 이익, 정약용, 황현으로 이어진다고 본다. 그것은 민본사상이다.

●● 묵자는 누구인가?

묵자는 묵적이다. 중국 산동성 등주시에서 출생했다. BC 480~420년(?) 대략 60년 살았던 것으로 추정한다. BC 450~390년 사이에 왕성한 활동을 했고, 유·묵 2대 학파를 이루다 BC 2년에 자취를 감추었다.

묵자는 과학기술과 유학공부, 역사문헌에 정통한 사람으로서 벼슬을 하지 않은 농부 아닌 중간계층 사(士)로 보인다. 출생지역은 물산이 풍부하고 경제가 발달한 곳이다. 그러나 묵자가 살았던 시대는 천하요동의 불안시대, 철기시대, 씨족해체에서 부족국가로 넘어 온 시대, 춘추말기, 전국초기였다. 묵자는 분쟁저지, 평화유지에 눈을 떴다. 묵자는 하나라 우왕을 존숭했다. 사상가, 논리학자, 군사전문가였다. 제자들은 수공업자가 많았다. 수천 명에 달했다. 이들은 명령에 절대 복종하는 사람들이었다. 조직이 엄밀하고 기율 또한 엄정했다.

진한시대(BC 300~AD 200) 200년 번영 후 BC 2년에 사라져 청대에서 부활한다. 쇠퇴의 원인은 정확히 알 수 없지만, 국가조직에 흡수되어 묵가사상을 펼쳤거나, 일부는 실크로드 타고 중동으로 흘러 유럽으로 건너갔거나, 또 일부는 한국, 일본 그리고 동남아시아로 전파되었다고 보는 시각도 있다. 이들 국가의 사회변혁과정에서 묵자의 사상들이 표현되고 있기 때문이다. 물론 다른 의견도 있을 것이다.

예수, 모하메드, 간디, 마틴 루터, 유엔 창설 등에 영향을 주었을 것이고, 나치, 홍위병, 극우파, 야쿠자 등은 묵자의 집단조직을 모방했을 가능성이 있다. 북한은 묵자사상을 모방한 국가로 볼 수 있지만, 상당히 변질되어 있다. 물론 필자의 공상일 수도 있겠다.

묵자를 읽는 단어는 ≪사회개혁, 애민철학, 도덕, 과학, 기술, 수학, 논리학, 절용≫이다. 격변시대, 봉건체제의 붕괴, 수습불능, 제후들의 겸병전쟁, 천자찬탈, 계급조직 파괴시대에 공자는 “주나라로 돌아가자”고 말했지만, 묵자는 사회개혁, 평등사회, 합리적 사회의 출현을 염원했다.

●● 묵자의 사상은?

세계의 사상가 중 묵자만큼 사랑을 강조한 사람도 없다. 실질적인 복지구현, 약소국, 약자, 서민 편이었다. "돕고, 교육하고, 재물을 나누자"라고 강대국, 권력자, 이기적인 부자에게 설득하면서 종교적으로 위협한 인물이다. 오늘날 유럽 국가들의 국가철학과 유사한 측면도 있다.

묵자는 마오쩌둥(毛澤東, 1893~1976)의 표현처럼 '노동자였지만 공자보다 훌륭한 성인으로, 인문학과 과학기술에 정통한 평민 성인'이었다.

묵자의 꿈은 사회윤리로서 겸애, 민중을 위한 분배, 근로, 과학기술 중시 등 사람에 기반을 둔 성장, 즉 분배와 성장을 동시에 추구하는 것이었다. 현대 중국은 묵자의 사상을 경청하고 있다. '화해시대'를 표방한다. 더불어 사랑하고 함께 나누자. 조선시대에서 이익, 정약용, 박은식이 묵자의 영향을 받았다고 생각한다. 민권사상은 동양에서 출발하여 서양을 거쳐 다시 동양으로 돌아왔다고 본다.

●● 하늘의 뜻과 귀신의 존재

묵자는 하늘과 귀신을 통해 춘추초기에 민중들의 종교심리 현상을 반영하였다. 묵자의 천지는 정치와 삶의 표준이었다. 천자의 지위를 깎아 내림으로써 만인은 모두 평등하며 모두 하늘의 백성이 되었다.

독일 헌법 조문에도 신이 나온다. 하늘이 세상을 이롭게 한다. 정의이다. 겸애(인간존엄), 비공(침략전쟁부인), 상현(천하인재등용, 차별금지),

상동(세계평화와 조국통일)이다. 묵자는 전통문화 중에서 하느님과 귀신에 대한 신앙을 발굴해 초자연적이고 신비한 힘으로 통치자를 견제하고, 구세이상(救世理想)을 실현하고자 했다. 사회개조, 나라 질서 확립, 통치자를 포함한 교화를 이루기 위한 수단이었다.

묵자는 종교단체가 아니다. 왜냐하면 종교의 특징인 ① 신비주의, ② 대단한 법칙, ③ 초월적, ④ 내세 행복추구가 없기 때문이다. 오히려 후세의 종교와 전제정치가(독재자)들이 악용 또는 응용했다고 본다. 묵자는 서민의 고통해소, 사회현실의 개선, 현실 개혁을 강조한 사회사상가였다. 묵자는 운명론도 비판했다. 개인의 화와 복은 자신의 행위로 이루어진다고 보았다. 절약과 근로를 강조했다. 묵자의 주장들이 비록 종교적 내용을 담고 있었지만, 그들 자신은 종교가가 아니었다. 묵자는 공리주의자였고, 실용주의자였다.

묵자의 사상은 오늘날 헌법정신에 깊이 담겨 있다. '사회민주주의 헌법의 아버지'가 묵자라고 본다. 묵자가 도처에 전파시킨 도(道)는 열 글자이다. "겸애(兼愛), 비공(非功), 상현(尙賢), 상동(尙同), 절용(節用)." 묵자는 차별이 없는 겸애로 등급을 중시하는 유가의 '인애(仁愛)'를 부정한다. 묵자는 "전쟁을 막고 평화를 유지한다"는 비공사상(평화사상, 침략전쟁부인사상)을 갖고 있다. 상현은 현자를 숭상한다는 것이다(기회균등사상). 상동은 동일함을 숭상한다는 뜻이다(인류공영사상). 천하가 하나가 되어야 한다는 의미다. "힘이 있으면 힘껏 다른 이들을 돕고, 재물이 있으면 최선을 다해 이들을 원조하며, 도의가 있으면 있는 힘껏 다른 이들을 가르치도록 하라(상현, 사회복지사상)." 이것이 묵자의 정신이다.

●● 묵자에 관한 몇 가지 질문들

Q. 묵자에게 신이란?

초기 도교의 천이다. 자연이다. 만물의 창시자이다. 세상의 결재자이다. 상벌의 주재자이다. 우주의 최고지도자이다.

Q. 묵자는 왜 천과 신의 개념을 들고 나왔나?

서민, 평민들을 설득하기 위한 상위개념이다. 춘추초기 신앙에서 귀신·천지를 뽑아 초자연적 힘에 신비로움을 입혀 놓은 것이다. 천·신 밑에 천자를 포함한 모든 인간은 평등하다는 것이다.

Q. 묵자는 종교가인가? 사회사상가인가?

묵자는 종교적 모습을 갖고 있지만, 종교가는 아니다. 초월적 자세, 내세관, 신비주의, 법력이 없다. 다만 서민고통해소, 사회현실 개선, 무용한 천자정치에 경고, 서민 신앙을 토대로 겸애사상, 비공사상, 상현사상, 상동사상을 강조한 것이다.

Q. 왜 지금 묵자인가?

동아시아의 보편적 사상을 갖고 있다. 중국, 일본, 한국에 모두 설득력이 있는 사상이다. 현 상황에서 묵자사상이 유용하다. "더불어 이웃국가를 사랑하라. 빼앗지 마라. 업신여기지 마라. 오만하게 굴지 마라. 재앙과 찬탈 그리고 억울함을 만들지 마라. 그러려면 서로 사랑해야 한다. 힘내라." 이것이 한국의 통일철학이다. 어려울수록 동양고전에서 길을 찾아야 한다.

Q. 현 일본 아베총리에게 이 말이 통하겠는가?

패전 70주년 아베 담화가 우리에게 만족스럽지 않을 것이다. 그럼에도 불구하고 묵자의 '겸애정신'이 유용하다. 우리처럼 도덕이 강한 나라가 강조할 수 있는 말이다. 물론 이론이 있을 수 있을 것이다. 토론이 필요한 대목이다.

독일은 분단 당시 ≪유럽의 평화≫를 강조했다. 물론 역사적 반성에서 나온 평화의 손길이었다. 대한민국도 서독처럼 분단국가다. 분단의 원인은 다르지만, 통일 국가의 염원은 같다. 그래서 ≪동아시아의 평화, 세계평화≫를 강조하는 것이 맞다. 이것이 실용적 접근이고, 장기적으로 세계인의 지지를 얻을 것이다. 이러한 전략적 표방을 우리는 너무 빨리 잊었다고 생각한다. 분노가 길면 오만으로 비친다. 이것까지 안고 갈 필요는 없다고 본다. 분노보다는 국력을 키우는 것이 지혜다. "용서하지만 잊지 않는다"는 철학도 '겸애정신'에서 나온다.

ⓒ 묵자의 지혜

Q. 중국에서 묵자연구는 어느 정도인가?

중국은 외교적으로 『귀곡자(鬼谷子)』의 전략을 갖고 있다. 대외적으로 공자다. 대내적으로 2008년부터 '묵자카드'를 꺼내기 시작했다. 개혁개방 후 빈부

ⓒ 묵자에게 묻는다

격차와 민족갈등이 급증했다. 이제 "서로 사랑하고 서로 이익을 나누자." 공산사회가 아니고 조화로운 사회의 표방이 필요하다. 묵자의 겸애사상이다. 여기서 중국이 현재 추진하고 있는 '화해사상'이 도출되는 것이다.

현재 중국 정부의 정책은 ① 테러 없는 사회(사회), ② 보편적 사랑의 확대(민생), ③ 과학정신(경제), ④ 군사기술의 확대(국방외교)이다. 묵자사상의 핵심이다. 그래서 한국이 묵자사상을 들고 나오면 공감대를 형성할 수 있을 것이다.

참고로 일본은 묵자사상이 농축된 사회다. 물론 다른 의견도 있을 수 있겠다. 신도교가 묵자 사상의 핵심을 담고 있다고 생각한다. 일본인들은 전후 겸손하게 살아왔다. 일본 헌법 제9조(전쟁포기)에 담겨 있다.

Q. 조선의 성리학에 묵자의 영향은 어느 정도인가?

다산 정약용은 '묵학도 의미 있는 학문'이라고 말했다. 애민사상, 사회개혁, 애절양(남자로 태어나 남근을 자를 수밖에 없는 상황을 묘사, 1803년 작품)의 시를 보면, "다산사상과 묵학은 통한다"고 생각한다. 다산 이전으로 가면 안향, 정도전, 이황, 조식, 이이, 이익의 민본사상과 개혁사상도 묵자철학과 연결되어 있다.

Q. 통일 전, 통일 후에도 묵자사상이 한국 사회에서 의미가 있는가?

묵자사상은 주변국을 설득하기 위한 좋은 내용들이 있다. 『묵자』는 충분히 관심을 갖고 정리해 둘 좋은 동양고전이다. 북한과의 관계에서도 마찬가지이다. 서두르지 않는다면, 사회개혁, 겸애, 상동이 담긴 평화사상은 의미가 있다. 통일 후 사회통합을 이루기 위해 묵자사상 만큼 핵심을 찌르는 동양고전이 없다. 대동사상(大同思想)이란 바로 상동사상(인도애, 세계평화, 인류공영)이다.

역설적이지만, ≪통일은 겸손이다≫. 독일은 통일 후 사회통합을 위해 지난 25년(1990~2015)간 엄청난 자원을 쏟아 부었다. 전 분야 핵심 이슈가 '사회통합'이다. '심리적 분단'이란 말을 많이 들었을 것이다. '진정한 겸애', '정서적 유대', '심리적 공감'이 없었다는 말이다.

우리나라에는 여러 종교가 있다. 특정 종교만으로 사회통합을 주도할 수 없는 구조다. 그러나 각 종교의 핵심가치들이 많이 포함된 동양고전이 인문학으로 연구된다면, 사회통합에 많은 도움이 될 것이다. 종교도 이를 배척할 이유가 없다고 생각한다. 사랑, 자비, 관용은 모든 종교의 공통된 가치이고, 각 종교가 실천하는 덕목이기 때문이다.

Q. 미국 정부는 중국에 투자한 기업들이 이제 미국으로 돌아와 사업을 해주길 바라고 있다. 중국 특수가 이제 끝났다고 보는가?

묵자의 관점에서 보면, 서로 이익이 되었기 때문에 미국과 중국은 상호 합작하여 중국 시장을 형성하였다. 묵자는 '의(義)란 이(利)다'라고 했다. 정의란 모두에게 이익이 되는 것이다. 미국과 중국은 지금까지 모두 이익을 얻었다.

그러나 중국 시장이 급성장하면서 미국은 견제가 필요했고, 중국의 물가상승, 특히 임금상승과 기술력 급성장도 이제 투자를 조정하는 이유가 되었을 것이다.

한편 미국의 생산 산업의 위축도 장기적 전략에서 고려되었을 것이다.

중국과 미국의 싸움은 향후 이런 '변화의 지점'에서 서로 충돌할 것이다. 환율 전쟁은 전초전이라고 생각한다.

Q. 묵자에 어떻게 관심을 갖게 되었나?

묵자 사상과 다산 사상을 연결하는 생각을 10년 전부터 했다. 기세춘 선생의 번역책이 영향을 주었다. 김학주 교수와 신동준 교수의 『묵자』 번역서, 논문, 논단, 단행권, 몇 권의 중국책 등도 영향을 주었다.

묵자나 다산이나 모두 역사 속에서 외로웠던 분들이다. 그래서 연민의 정이 있다. 신영복 교수의 『강의』와 『담론』, 우치우위 교수의 책(『중화를 찾아서』)도 묵자 입문에 도움이 되었다.

다석 유영모 선생과 함석헌 선생이 묵자에 대해 이야기 하는 것을 들은 바가 없다. 기세춘 선생 이후부터 묵자가 한국에서 주목을 받고 있다. 묵자 연구가 글로 출판되어 많이 읽히고, 담론의 장을 새로이 열었으면 좋겠다.

≪묵공≫은 영화로 상연된 바 있다. 2007년 1월에 국내에 개봉되었는데 장지량 감독, 유덕화 주연, 안성기 출연 작품이다. 평점 4의 재미있는 영화다. 이러한 합작의 정신이 바로 묵자의 정신이다.

Q. 묵자는 진보사상(進步思想, 民權思想)의 저수지인가?

필자는 『묵자』를 진보사상의 저수지라고 생각한다. 묵자의 사상은 억압받고 착취 받는 사람이 언제나 생각해 왔고 그려왔던 민권사상이다. 묵자사상은 하층민을 대변하는 사상이다. 쉽게 말하면 ≪을에 대한 연민사상: 갑을의 상호 겸손과 사랑≫이다.

『묵자』연구자 기세춘 선생은 "『묵자』는 2,500년 전 인류 최초로 반전 평화운동과 절용문화운동을 조직적으로 전개한 인류 최초의 진보주의 사상가였으며 노동자의 시조였다"고 말한다. 그는 사회운동가들에게 "『묵자』를 읽지 않고는 감히 진보라고 말하지 말라"고 충고한다(기세춘, 『묵자』, 7면). 일리가 있는 말이다. 『묵자』 원문 53편과 탈무드 그리고 성경과 비교해 보시길 바란다.

겸애란 ≪예와 사회시스템과 의가 통합된 말≫이다. 묵자는 겸애를 말할 때 '교상리(交相利)'라고 말한다. 서로 이롭게 관계 맺기다. '최대다수의 기초생활보장'이다. 『묵자』는 "하느님은 온 인류를 평등하게 사랑하시므로 사람은 제 이웃을 제 몸같이 사랑하고 누구나 차별하지 말아야 한다"고 말한다. 이것이 『묵자』의 겸애다. "『묵자』가 말한 겸애는 예수의 박애와 같은 것이다." 중국 쑨원(孙文, 1866~1925)의 말이다.

"예수 탄생 70~80년 전인 한 무제 때 공자의 유교가 국교가 된 이후 『묵자』의 제자들은 자취도 없이 사라져 버렸다. 마침 그때 예수가 동방박사의 축복을 받으며 태어나서 묵자가 하던 말을 다시 주장하기 시작한다. 기독교 신자들은 묵자를 읽음으로써 예수의 진면목을 다시 볼 수 있을 것이다."(기세춘, 『묵자』, 7~9면) 오늘날 공리주의 철학자 벤담(Jeremy Bentham, 1748~1832)의 '최대다수의 최대행복'과 같은 말이다.

『묵자』는 "정의가 이로운 것이다(義, 利也)"라고 말한다. 공이익이란 모두에게 이익이 되는 것이며, 그것이 의다. 『묵자』는 실존인물이었다. 집단으로 생활하였다. 『묵자』는 천자에 의한 통일만이 전쟁을 막을 수 있고, 하층민이 평안하게 살수 있다고 주장했다. 그의 제자들은 진시황의 천하통일을 도왔다고 생각한다. 조직원들의 일부는 관직으로, 기술자로, 과학자로 활동한 것이다. 『묵자』 추종자들이 생활 속에 용해된 것이다. 그래서 법, 무기, 표준화가 이루어졌다고 본다. 물론 많은 토론이 필요할 것이다.

Q. 『묵자』는 '사회민주주의 헌법의 원조'라고 볼 수 있는가?

춘추말기 공자사상은 씨족공동체에 기초를 두고 발전하였다. 전국시대를 넘어 오면서 씨족공동체는 붕괴되었다. 효, 공경, 더불어 사상은 소멸하였고, 『묵자』의 겸애사상이 등장하였다.

『묵자』는 전국시대 사람이었다. 전쟁반대, 통일추구, 새로운 통치철학, 인간에 대한 논의와 사유가 깊었다. 이것이 겸상애와 비공철학으로 발전한 것이다.

『묵자』가 도처에 전파시킨 도(道)는 여덟 글자이다. "겸애(兼愛), 비공(非功), 상현(尙賢), 상동(尙同).” 두 글자를 더 보태면 절용(節用)이다. 필자는 『묵자사상』에 오늘날의 헌법 정신이 모두 포함되어 있다고 생각한다. 그래서 필자는 『묵자』를 ‘사회민주주의 헌법의 원조’라고 부른다.

대한민국 헌법 전문이다.

“…조국의 **민주개혁과 평화적 통일**의 사명에 입각하여 **정의 · 인도와 동포애로써 민족의 단결을 공고**히 하고, **모든 사회적 폐습과 불의를 타파**하며, **자율과 조화를 바탕으로 자유민주적 기본질서**를 더욱 확고히 하여 **정치 · 경제 · 사회 · 문화의 모든 영역에 있어서 각인의 기회를 균등**히 하고, **능력을 최고도로 발휘**하게 하며, **자유와 권리에 따르는 책임과 의무**를 완수하게 하여, 안으로는 **국민생활의 균등한 향상**을 기하고 밖으로는 **항구적인 세계평화와 인류공영에 이바지**함으로써 우리들과 우리들의 **자손의 안전과 자유와 행복을 영원히 확보**할 것을 다짐하면서….”

『묵자사상』은 대한민국 헌법 정신에도 깊이 새겨져 있다. ① <조국의 민주개혁과 평화적 통일의 사명에 입각하여>란 겸애이다. ② <정의·인도와 동포애로써 민족의 단결을 공고히 하고, 모든 사회적 폐습과 불의를 타파하며, 자율과 조화를 바탕으로 자유민주적 기본질서를 더욱 확고히 하여>란 상동이다. ③ <정치 · 경제 · 사회 · 문화의 모든 영역에 있어서 각인의 기회를 균등히 하고, 능력을 최고도로 발휘하게 하며, 자유와 권리에 따르는 책임과 의무를 완수하게 하여>란 상현이다. ④ <안으로는 국민생활의 균등한 향상을 기하고>란 절용이다. ⑤ <밖으로는 항구적인 세계평화와 인류공영에 이바지함으로써 우리들과

우리들의 자손의 안전과 자유와 행복을 영원히 확보할 것을 다짐하면 서>란 비공이다. 동양철학이 헌법정신과 만나면 사유의 폭은 깊어 질 것이다. 우리는 너무 서양에 몰입되어 있다.

2015년 7월 17일

참·고·문·헌

기세춘, 묵자, 바이북스, 2009.
박문현, 묵자 사랑과 평화의 철학, 큰글자 살림지식총서 089, 살림출판사, 2013.

역사

원나라 허형(許衡) ―노재지학(魯齋之學)의 본질

허형은 고려 말, 조선 초기 성리학의 성격을 이해하는데 아주 중요한 사람이다. 주세혁 교수는 허형과 안향 그리고 주세붕을 '고려-조선 성리학 본맥'이라고 말한다. 필자는 허형의 정치철학이 원나라의 식민지 정책에 깊은 영향을 미쳤다고 생각한다. 허형은 『소학』, 『논어』와 『맹자』, 『중용』, 『대학』을 깊이 연구하였다. 성인도 『소학』을 배워야 한다. 허형의 신념이었다. 허형은 평생 『소학』으로 체화된 삶을 살았다. 이러한 태도는 400년 후 남명 조식에게서 재현되었다. 남명 조식의 사상적 선배라고 할 만한 김굉필도 『소학』을 매우 중시했다. 중국 철학사상에서 『소학』을 실제 국가교육기관의 커리큘럼으로 채택하여 그 이념에 따라 교육했던 사람은 아마도 원나라 허형이 최초일 것이다.
퇴계는 "하늘이 허형을 낸 것은 우연히 아닌 듯하다. 허형이 만약 홀로 선을 지키며 세상을 잊었다면, 과연 하늘의 이치는 누가 밝히고 백성의 도리는 누가 바로 세울 것인가. 천하가 끝내 오랑캐가 되어 구할 수 없을 것이다"고 말했다. 이원명은 "허형의 도통의식은 정도전에서 찾을 수 있다. 허형, 이색, 정몽주, 이숭인, 정도전이 학문적 사우다"라고 말했다. 이제현은 허형의 묘비에서 시를 지었다. 허형은 조선 유학자들에게 잘 알려진 인물이었고 깊은 영향을 미쳤다.
왕성유 교수는 원나라 유학자 허형 연구자이다. 필자는 다섯 가지 질문을 했다. ① ≪노재지학≫의 본질은 무엇입니까? ② 원나라 쿠빌라이 칸이 설치한 정동행성의 성격은 무엇입니까? 여기서 활동한 고려의 유학거사 안향을 아십니까? ③ 조선의 퇴계와 남명을 어떻게 평가하십니까? ④ 허형과 조선의 유학과의 관계를 설명해 주실 수 있는지요? ⑤ 지금 전세계에 확산되고 있는 공자학당의 본질은 무엇입니까? 필자는 이날 밤 허형의 ≪노재지학≫의 본질을 규명할 경우 조선의 유학사는 더 깊어 질 수밖에 없겠다고 생각했다.

2015년 11월 5일(목) 중국 칭다오(青島)에서 왕성유(王成儒) 교수를 만났다. 왕성유 교수는 60대 초반으로 중국 칭다오대학교 법학원에서 법철학을 강의하다 정년퇴임한 분이다. 현재는 이 대학교의 명예교수로 있다. 전형적인 선비의 모습을 갖춘 맑은 얼굴이었다. 산뚱성 칭다오에서 『공자』이야기, 『맹자』이야기, 『묵자』이야기로 꽃을 피우니 감회가 새로웠다. 통역은 칭다오대학교 법학원 황보명국 교수가 도와주었다. 황보 교수는 한국 경상대학교 법과대학에서 법학박사학위를 받고, 칭다오대학교에서 형법 교수로 재직 중이다. 한국과의 교류가 많아 이 대학에서 인기 있는 법학분야 통역자다.

●● 중국 유학자와의 만남

ⓒ 중국 청도대학교 법학원 왕성유(王成儒) 교수 2015년 11월

왕성유 교수는 그의 부친이 "유학자가 되라"는 소망에서 이름을 성유(成儒)로 지어 주었다고 한다. 본인도 '만족하는 이름'이라며 웃었다. 대학에서 역사학을 전공하였고, 대학원에서 법철학을 전공하였다. 강의는 법사학과 법철학을 담당하였다. 중국 문화혁명 시기에 대학을 다녔고, 또 중국의 정치변화와 경제변화 속에서 학문연구와 강의를 한 분이었다. 칭다오대학교의 발전사와 함께 하였다. 물론 인생역경도 있으리라 생각되었지만, 처음 만남부터 이 모든 것을 물어 볼 수가 없었다.

교양으로 읽었던 산동 유학에 대해 궁금한 것을 몇 가지 질문했다.

① 중국 법사상의 흐름을 설명해 달라. ② 요즘 중국에서 어떤 사상가가 주목을 받고 있나? ③ 중국의 입법과 정책과 판례에서 자주 등장하는 법사상가는 누구인가?

왕성유 교수는 공자(仁), 손자(術), 묵자(兼愛), 노자(無), 맹자(義), 순자(禮), 한비자(法), 장자(脫井), 귀곡자(術, 說) 등을 재미있게 설명해 주었다.

④ 유묵 200년이 지속되었다. 묵자사상이 갑자기 사라진 이유가 무엇인가? ⑤ 실크로드를 타고 아랍을 건너 유럽으로 가지 않았을까? ⑥ 진나라 통일과정에서 묵자사상이 흡수되었나? ⑦ 일부 묵자의 추종세력들이 관리로 진출하거나, 묵자사상이 대국의 정치이념에 반영된 것은 아닐까? ⑧ 한국을 거쳐 일본으로 건너 간 것으로 볼 수 있는가? ⑨ 검은 제복과 탁월한 언변, 자치규약, 십일조, 신 등 유대교와 가톨릭과 유사한 점이 있는데? 묵자는 신을 섬겼는가?

왕성유 교수는 필자에게 "재미있는 상상이다"고 말했다. 그리고 '한비자의 주장'이라고 설명했다. 모국어가 다른 외국인이라 하더라도 서로 관심이 비슷하다면 많은 대화를 나눌 수 있다는 것을 느꼈다. 전생의 인연을 생각했다.

●● 허형의 노재지학(魯齋之學)

왕성유 교수는 필자에게 혹시 '허형'을 아느냐고 물었다. 퇴계와 남명의 글에서 본 이름이었다. 누구냐고 물었더니, 허형은 원나라 유학자이며 몽골 귀족자제의 교육과 원나라 정권의 책사로서 활동한 인물이라고 말했다.

'허형'이 궁금했다. 그래서 그날 저녁 인터넷을 통해 몇 가지 자료를 찾아보았다. 인물소개, 특강자료, 칼럼, 논문, 논단이 보였다. 도서관 학술지 코너를 통해 허형에 관한 논문을 검색했다. 두 편의 논문이 보였다.

한편은 허형의 사상을 소개한 논문이었고, 다른 한편은 안향과 허형을 비교한 논문이었다. 아쉽게도 이 분들의 논문 각주와 참고문헌에 왕성유 교수의 문헌은 보이지 않았다.

주채혁 교수가 2015년 5월 18일 어느 단체에서 한 특강 ≪朱熹의 「朱子」메이커, 大元 만권당의 瀋王 '충선'≫이라는 논단이 보였다. 수첩에 주요내용을 정리를 했다.

Q. 경남 마산과 원나라 유학자 허형

필자는 경남 창원시 마산합포구에 산다. 마산은 원나라 몽골과 인연이 깊다. 고려시대 마산은 군사도시였다.

『고려사』의 기록에 따르면 당시 마산 합포는 대일 교류의 출발지였다. 합포의 가치는 조창으로 배가 되었다. 합포에 개경으로 수송할 세곡이 쌓여 있었다.

합포는 삼별초와 여몽 연합군에게 놓칠 수 없는 격전지였다. 아직도 마산합포구 자산동에 몽고정이 남아 있다. 이러한 점도 필자가 원나라 유학자 허형에 관심을 가진 이유였다.

ⓒ 창원시 마산합포구 자산동 소재 몽고정 2016년 6월

ⓒ 몽고정(蒙古井) 2016년 6월. 고려 말 충렬왕 7년(1281) 원나라 세조가 일본 원정을 준비하기 위하여 정동행성(征東行省)을 두었으나, 일본 정벌이 2차에 걸쳐 실패로 돌아간 그 해 10월에 연해방비를 위해 환주산(環珠山, 현재 자산동 무학초등학교 뒤쪽 마산시립박물관 일대)에 둔진(屯鎭)을 설치하였다. 이 몽고정은 이곳의 둔진군(屯鎭軍)이 용수를 쓰기 위해 만들었던 우물로 추정되고 있다.

이날 저녁 필사를 하면서 몇 가지 논점을 정리하였다.

① 허형은 누구인가? 허형의 삶과 죽음 그리고 학문과 국정참여는?

② 허형의 노재지학이란?

③ 중국 철학사를 보면 대제국의 이념은 법가와 도가가 혼합된 것인데, 주자학이 어떻게 신흥이념이 되었나?

④ 원나라가 어떻게 주자학을 수용하게 되었는가? 몽고 왕조의 성격은? 몽고는 이민족에 왜 관대했나?

⑤ 동아시아 대제국이 어떻게 주자학을 대제국의 이념으로 채택했을까?

⑥ 성리학을 수입한 고려 말 안향은 누구인가? 안향은 왜 원나라에 유학을 하였는가? 안향은 허형의 노재지학에서 어떤 영향을 받았나? 귀국 후 안향의 활동과 안향 장학재단 섬학전의 성격은?

⑦ 조선의 유학자들은 허형을 어떻게 평가하였나?

⑧ 허형의 노재지학의 오늘의 의미는?

⑨ 중국 공자학당의 본질은?

⑩ 허형의 노재지학을 규명할 경우 조선의 유학사는 더 깊어 질 수 있는가?

⑪ 『묵자』-허형-안향-정도전-이황-조식-이이-이익-정약용-황현으로 이어지는 민권사상의 흐름을 '조선 성리학의 진보사상의 계보'로 평가할 수 있겠는가?

Q. 원나라

중국의 역사에서 소수민족이 한족을 지배한 것은 두 번이었다. 몽골족의 원(1206~1368)나라와 만주족의 청(1616~1912)나라다. 허형은 몽골 변방에 살았던 한족출신으로 원나라의 과거에 급제하여 성리학을 발전시킨 인물이었다.

1206년 칭기즈 칸(1155~1227)은 여러 부족으로 나뉘어있던 몽골족을 통일하고 몽골 제국을 세웠다. 이후 몽골은 여진족이 세운 금(1115~1234)나라를 멸망시키고, 중앙아시아를 정복한 뒤, 유럽까지 진출하여, 세계에서 가장 큰 제국을 건설하였다. 원나라는 몽골족이 중국을 정복하고 세운 최초의 군사귀족 국가였다. 칭기즈 칸이 죽은 후 쿠빌라이 칸(1295~1294, 몽골 제국의 제5대, 칭기즈 칸의 손자)은 나라 이름을 원으로 바꾸고, 송나라를 멸망시킨 후 중국 전체를 지배하게 되었다. 1279년 남송(북송 960~1227, 남송 1127~1279)을 정복하고 중국을 완전히 통일하였다. 몽골은 개방정책으로 동서 문화 교류에 기여했다. 그러나 고려를 차지하기 위해 1231~1270년에 7차례나 침입해 왔고 이후 정치적으로 간섭하였다. 원은 1368년 명나라에게 멸망하였다.

Q. 원나라와 고려

몽골족은 원나라(1206~1368)의 건국 전부터 고려(918~1392)를 침입했고, 원나라 건국 이후에도 고려에 간섭했다. 일본을 정복하기 위해 고려에 정동행성을 설치했다. 전쟁 준비를 위한 기구였다. 태풍으로 일본 정복이 실패하자 정동행성은 고려를 간섭하는 기구가 되었다.

당시 고려 임금은 어린 시절에 원나라에 인질로 끌려갔다. 선왕이 죽으면 원나라의 승인을 받아 귀국해서 왕위를 이었다. 결혼은 원나라의 공주와 하였다. 왕에게 붙여지는 이름도 "원나라에 충성을 다하다"

는 의미를 담았다. 그래서 충렬왕(忠烈王), 충선왕(忠宣王), 충혜왕(忠惠王) 등 '충(忠)'자를 붙였다.

원나라 문화는 고려 사람들의 생활 습관에 영향을 주었다. 변발을 하고 호복을 입는 등 원나라의 의복 양식을 따랐다. 고려에 만두 음식이 전해졌다. 그래서 몽골 문화와 우리나라 문화는 유사한 점이 많다.

Q. 허형은 어떤 인물인가?

허형(許衡, 1209~1281)은 몽골의 북방에 살았던 한족 출신 유학자였다. 허형은 1209년 9월 1일 금나라의 신정현 양완리에서 태어났다. 허형의 아버지 허통(許通)은 금나라와 몽고의 전쟁을 피해 황화 남쪽으로 이주해 온 사람이었다. 몽고 제국의 출현은 심각한 위협이 되었다. 금나라 사회는 전운이 감돌았다.

허형은 7~8세 무렵 배움을 시작했다. 허형은 어릴 때부터 총명하였다. 스승에게 "책은 무엇을 위해 읽느냐?"고 독서의 의미를 먼저 질문했다. 유년시절 허형의 스승은 떠돌이 유생이었는데, 이 스승은 이 아이를 감당할 수 없겠다고 생각했다.

"[허형은] 어려서부터 뛰어난 자질을 갖고 있었다. 일곱 살 때 배움을 시작하여 '장구(章句)'를 배웠다. 스승에게 묻기를, "책은 무엇을 위해서 읽습니까?"하였다. 스승은 "과거시험에 대비하기 위해서이다"라고 대답했다. 허형이 말하길, "그것뿐입니까?"라고 했다. 그러자 스승은 허형을 매우 특이하게 생각했다. 책을 가르쳐 줄 때마다 그 의미를 물었다. 얼마 지나자 스승은 허형의 부모에게 말하기를, "이 아이는 총명하며 예사롭지 않습니다. 후일 반드시 매우 뛰어난 사람이 될 것입니다. 저는 [이 아이를 가르치기에] 합당한 선생이 아닙니다"라고 하면서 결국 사양하고 떠나갔다."(李遠碩, 魯齋 許衡(1209~1281)의 생애와 철학사상, 규장각 29, 2006, 222면 인용)

원나라의 과거는 금나라의 과거시험을 답습하였다. 장구암송, 작문, 자기사상을 표현하는 시험이었다. 허형의 부모는 허형의 성장에 심혈을 쏟았다.

"당시 굶주린 민중들은 [먹을 곡식이 없어서] 도토리와 밤을 먹었고 심지어 서로 자식을 바꾸어서 먹이기도 했다. 선생께서는 어떤 사람에게 책이 있다는 소문을 들으면 곧바로 가서 구해 보았다. 선생의 부모는 [혼자 가는 것을] 위험하게 여기고 매번 함께 가 주었다. 다른 사람들은 세상 물정 모르는 짓이라고 비난했다."(李遠碩, 魯齋 許衡(1209~1281)의 생애와 철학사상, 규장각 29, 2006, 224면 인용)

당시 시대상황은 아주 혼란했다. 허형의 부모는 허형이 말단관리가 되거나 점술가가 되기를 원했다. 15세 때 허형은 부모의 부탁으로 숙부를 따라 관리 일을 잠시 배우기도 했으나, 책을 무덤으로 삼기로 결심했다. 1234년 금이 멸망할 때 점술공부도 했다.

허형은 성인이 되면서 『주역』과 『서경』을 공부했다. 『서경』으로 대변되는 고대 봉건제의 도덕적 이념이 세계의 본질이며 자신의 본질임을 확신하였다. 이것을 자기 행동과 사상의 안내자로 삼고자 했다. 전쟁 중에 밤에는 사색했고, 낮에는 경전을 암기했다. 말과 행동을 도덕기준에 맞추었다. "배나무에 주인을 없어도 내 마음에 주인은 있다"고 말할 정도로 처신에 엄격했다.

“전쟁 중에도 허형은 깊은 밤중에는 사색했으며 낮에는 경전을 암기했으며, 몸으로 직접 그 말에 따라 실천했다. 말과 행동은 반드시 도덕 기준에 부합한 이후에야 대외적 일을 시작했다. 전쟁 중 한여름에 강을 건너갔는데 햇볕으로 인한 갈증이 너무 심했다. 길옆에 배나무가 있어서 모든 사람들이 다투어서 따먹었으나, 허형은 혼자서 나무 아래에서 아무 일도 없는 것처럼 정좌하고 있었다. 어떤 이가 그 까닭을 물으니 “내 소유가 아닌 것은 취하면 안 됩니다”라고 대답했다. 그 사람이 “세상이 어지러워서 이 배나무에는 주인이 없소이다”라고 말했는데, 허형은 “배나무에 주인이 없다고 해서 내 마음에도 주인이 없겠습니까?”라고 대답했다. 노(魯)지방을 떠나서 위(魏)지방으로 갔는데 그 지방 사람들이 허형의 유덕함을 보고서 점점 그를 따랐다.”(李遠碩, 魯齋許衡(1209~1281)의 생애와 철학사상, 규장각 29, 2006, 226면 인용)

허형은 시(時)와 의(義)를 소중하게 생각했다. 처해 있는 상황(時)과 자신이 갖고 있는 원칙(義)을 끊임없이 비교해 가면서 결론을 도출하려는 자세를 갖고 있었다. 허형은 도(道)의 체득이 자신의 임무라고 생각했다. 『논어』와 『맹자』, 『중용』, 『대학』, 『소학』을 깊이 연구하였다. 이 연구를 통해 “이제야 배움의 실마리를 찾았다”고 자탄하였다. “마당에 물 뿌려 청소하고, 손님 응대하는 일상예절을 덕(德)을 체득하기 위한 기초로 살아야 한다”는 것이 허형의 철학이었다. “손님은 선한 의지에 젖어 든 후 떠났다”고 한다. 허형은 『소학』을 성인도 배워야 한다고 생각했다. 그는 『소학』으로 체화된 삶을 살았다. 이러한 태도는 400년 후 남명 조식에게서 재현되었다.

“임인년(壬寅, 1242년) 설제[雪濟, 요추(姚樞)]는 소문(蘇門)에 은거하면서 남쪽 선비 조인보(趙仁甫, 趙復)가 전해 주었던 이락(伊洛)의 학문을 전파하였다. 선생님께서는 곧바로 소문(蘇門)으로 가서 그 학문을 구하여 이천이학(伊川易學)과 회암(晦庵)의 논맹집주·중용대학장구혹문·소학 등의 책을 얻었다. 이 책들을 읽고서 마음속으로부터 깊이 깨달았다. 결국 한 글자 한 글자 손으로 베껴 쓴 후 돌아와서 학생들을 모아놓고 말씀하시기를, “예전에 가르쳤던 것은 매우 허무맹랑한 것이었다. 이제야 비로소 배움으로 나아가는 실마리를 알았다.”

“만약 나를 꼭 따르고자 한다면 예전에 배웠던 장구(章句)의 학습을 버리고 『소학』을 공부하여 ‘마당에 물 뿌려 청소하고 손님 응대하는 일상예절’을 덕(德)을 체득하기 위한 기초로 삼아야 한다. 그렇게 하지 않는다면 다른 선생을 찾아야 할 것이다”라고 하셨다. 학생들은 모두 “예”라고 대답했다.”

“마침내 예전의 책들을 모두 모아서 불태워 버렸다. 나이가 많고 적음을 막론하고 모두 『소학』 공부부터 시작하도록 했다. 선생님 역시 아침저녁으로 강론하고 암송하기를 끊이지 않았으며 의지를 독실히 하고 열심히 실천함으로써 몸소 모범을 보이셨다. 엄동설한이나 무더운 더위 속에서도 쉬지 않았다. 학생들이 선생님 앞을 드나들 때면 몹시 두려워했다. 다만 예의를 갖춘 손님이 오면 기뻐하면서 접대하여서 손님이 감동케 하였으며, [손님은] 선한 의지에 젖어든 후 떠났다.”(李遠碩, 魯齋 許衡(1209~1281)의 생애와 철학사상, 규장각 29, 2006, 229면 인용)

허형은 변하는 상황에서도 그 상황에 따라 도덕원칙을 가지고 살려고 했다. 덕성을 손상시키지 않으면 어떤 상황도 수용했다. 덕성의 온전한 상태, 항상 경건한 태도를 유지했다. 허형은 벼슬은 극구 사양했다.

허형은 교육사업에 관심이 많았다. 허형은 1271년 몽골귀족의 자제들을 교육시켰다. 유가는 권력과 출세를 지향하지만, 그는 오직 교육사업 전념했다. 허형은 '수시변역'의 철학을 갖고 있었다. 일본의 한 연구자는 허형의 사상을 '수시변역(隨時變易, 때에 따라 변화하다)'과 '덕성용사(德性用事, 자신에게 내재한 덕성에 의거해 직각적으로 행동한다)'로 평가했다.

"요즘은 일생의 정력을 문(文)에 집중시켜, 글을 꾸미고 글의 배치를 바꿔가면서 기교를 극대화하는데 그렇게 하면 「도덕적 절목인」 문리(文理)를 표현할 때 빠뜨리는 곳이 많을 것이다. 요즘 글을 잘 짓는 선비들은 요임금·순임금·주공·공자·증자·맹자의 말을 하는데, 그 사람들의 말과 그 사람들의 행실을 비교해 보면 그 차이가 매우 크다. 문(文)에 전념하지 않으면서, 성인(聖人)의 말을 따르고 성인(聖人)의 마음을 추구한다면 깊이 체득할 수 있을 것이다. 문장의 해악은 도(道)에 해악을 끼친다는 점이다."(李遠碩, 魯齋 許衡(1209~1281)의 생애와 철학사상, 규장각 29, 2006, 231면 인용)

"덕성에 따라서 행동하는 것은 실천주체의 적극적인 행동이 저절로 절도(節度)에 부합하는 것이어서 인위적 조치가 그 사이에 끼어들지 않는 것이다. 인욕(人慾)에 따라서 행동하는 것은 슬퍼해야 할 때에도 슬퍼하지 않고 고쳐야 할 것도 고치지 않는 것이다."

"배우는 자는 덕성을 가리는 자의적 은폐를 근절시킴과 아울러 덕성을 손상시키지 않기만 하면, 어떠한 일에 처해도 응당 그러해야 할 방식을 실현할 수 있다."(李遠碩, 魯齋 許衡(1209~1281)의 생애와 철학사상, 규장각 29, 2006, 233면 인용)

Q. 허형과 남송 유학자 조복의 만남

송나라는 남송으로 축소되었다. 이후 몽고는 금나라를 멸망시켰다. 이어 남송(1127~1279)도 정복된다. 원나라 몽골족이 중국을 지배하였다. 이 민족의 천하통일 시대가 온 것이다.

허형은 그의 조국인 금나라와 결별하면서 원나라 사람이 되었다. 허형은 원나라 과거에 급제했다. 이 시기에 성리학이 유포되었다. 국제적 혼란기였다. 허형은 남송 유학자 조복(趙復)을 만났다. 조복은 남송의 덕안 출신으로서 몽고로 체포되어 온 사람들 중 한 명이었다. 조복은 과거시험에서 낙제하고 돌아온 직후인 1235년 포로가 되어 북상하게 되었는데, 역설적으로 바로 이 사람에 의해서 원나라에 주자학이 전해졌다.

조복은 정복왕조 치하의 한족 지식인이었다. 조복의 남송 과거시험의 시험관이 바로 송나라 정치가이자 유학자인 서산(西山) 진덕수(眞德秀, 1178~1235)였다. 진덕수는 『심경부주』와 『대학연의』의 저자로 유명했다. 조복은 정복 왕조에 충성을 할 수가 없어서 여러 차례 자살을 시도했다. 결국 조복은 양유중(梁惟中), 요추(姚樞), 요수(姚燧), 두묵(竇默)을 제자로 두게 되었다. 또한 허형과 교류를 통해 깊은 영향을 미쳤다.

Q. 허형의 ≪노재지학≫, 통치지배이론인가?

허형은 관념유학에서 실천유학으로 방향을 잡았다. 그의 목표는 이민족에게 실천유학을 전파시키면서 유교적 국정운영방식을 바꾸는 것이었다. 유교이념이 통치이념이 될 때 '짐승에 의한 통치'보다 '백성과 이웃국가들이 더 행복해 질 수 있다'고 생각했다. 구시대의 병폐와 이념을 극복하고, 전통 성리학을 계승시켜, 다른 민족도 유교의 틀에서 국가가 경영되기를 원했다. 허형은 훌륭한 정치책사였다.

원나라 또한 자국의 통치기반 확보차원에서 유교이념의 정치적 발산은 유용했다. 주자가 발전시킨 정통 성리학은 저항의 불씨가 될 수 있었기 때문이다. 이러한 상호 이해관계가 만나 '주자학'이 변형되어 ≪노재지학≫으로 바뀐 것이었다. '이학 중심의 주자학'이 '실천 중심의 통치지배이론'으로 발전된 것이었다. 이것은 성리학의 발전사에서 대단한 변화였다.

"몽골 변방의 한 유학자가 단순 이학(理學)을 역사 · 정치 이념으로 변형시킨 것이다. 소수민족이 대민족을 지배하기 위해서 사용한 정치이념의 내재적 변개를 말한다. 천리(天理)가 삼강오륜(三綱五倫)으로 구체화되었다. 몽골 귀족이 두려워한 것은 남송의 주자학이 항몽정신(抗蒙精神)으로 봉기하는 것이었다. 한족(漢族)의 철학(朱子學)을 식민지 한족의 통치철학(統治哲學)으로 변형시킨 것이다. 몽골 군사귀족이 한족(漢族)을 다스리기 위한 통치지배이론이 되었다."(주채혁 논단 요약)

"주자학(朱子學, 新儒學, 性理學)의 정치화와 실천화는 통치이데올로기의 발전사를 이해하는 데 중요하다." 이것이 주채혁 교수의 논단의 핵심 내용이었다. 오늘날 기독교, 천주교 그리고 불교의 호국성은 모두 ≪신노재지학≫의 성격을 갖고 있다고 생각했다.

허형은 "『육경』, 『논어』, 『맹자』에 합치하지 아니하면 곧 반드시 고쳐야 한다. 먼저 몸소 실천할 것을 힘쓸 일이지 책을 읽고 글을 짓는 데에 그쳐서는 안 된다"고 강조했다. 허형은 실천이 없는 관념적인 학문을 구이지학(口耳之學)이라고 배척하였다. 허형은 "선지후행(先知後行)" 보다 지행합일(知行合一)을 강조하였다. 허형은 "산동고구심(山東故舊心)"이라고 말했다. "산동에는 옛 친구를 만날 마음을 두었네." 허형은 자신의 ≪노재지학≫을 한편의 시로 대신했다.

Q. 허형의 교육관과 출사

허형의 ≪실천성리학≫은 정복 국가인 원나라에서 발전되었던 전환기 시대의 '징검다리' 성리학이었다. 전통 성리학의 맥을 유지하면서, 명대의 양명학에 기초를 놓은 소위 '징검다리' 성리학이었다. 허형의 ≪실천성리학≫은 전환기 시대의 '통치성리학'이었다. 허형은 『양자(楊子), 개인주의』와 『순자(荀子), 교육주의』를 이단으로 배척했다. 허형은 아마도 이들을 '낭만주의' 성리학으로 보지 않았을까?

허형은 『소학』을 강조하였고 교육의 중요성을 설파했다. 본인이 직접 몽골족 통치권자의 자제들을 교육하였다. 허형은 직접 현실정치에 참여하여 다양한 벼슬을 하지 않았지만, 국자제주(國子祭酒)로서 정치적인 권위를 갖고 있었다. 허형은 출사의 철학을 갖고 있었다.

허형은 제도개혁에 앞장섰다. 원나라의 관제와 조의를 제정하였다. 『허문정공유서(許文正公遺書)』 12권이 전해진다. 허형은 고려 말, 조선 초기 성리학의 성격을 이해하는데 아주 중요한 사람이다. 주세혁 교수는 허형과 안향 그리고 주세붕을 '고려-조선 성리학 본맥'이라고 말한다. 필자는 허형의 정치철학이 원나라의 식민지 정책에 깊은 영향을 미쳤다고 생각한다.

Q. 허형과 안향 그리고 퇴계

고려의 유학자들은 원나라에서 유학을 많이 했다. 허형이 설립한 국학(國學)에 입학했다. 따라서 허형의 ≪노재지학≫을 규명할 경우 조선의 유학사는 깊어 질 수밖에 없다고 생각한다.

그럼에도 우리나라는 그동안 원대 유학자 연구에 소극적 이었다. 원대는 주자학이 관학이다. 주자학을 교육이념으로 표방한 것은 원나라가 최초이다. 이것이 조선의 건국과 통치철학에 직접적인 영향을 미쳤다고 생각한다. 또한 송대와 명대를 잇는 가교 역할이 원의 성리학이다. 따라서 허형의 ≪노재지학≫은 성리학의 발전사에 아주 중요한 역할을 한다고 생각한다.

안향을 통한 원 유학의 수용은 실천유학과 통치유학이었다. 안향은 고려 말 원나라가 임명된 유학거사였다. 안향이 고려에 수용한 것은 바로 실천유학, 정치이데올로기가 담긴 허형의 ≪노재지학≫이다.

조선조 최초의 사액서원은 소수서원이다. 퇴계가 풍기군수 재임 중 백운동서원에 편액·서적·학전을 하사할 것을 감사를 통해 조정에 청원하여 실현을 보게 되었다. 백운동서원은 주자가 백록동서원을 부흥한 선례를 좇은 것이고, 전임 군수 주세붕이 고려 말기 주자학의 선구자 안향이 공부하였던 땅에 창설한 서원이었다. 이처럼 허형, 안향, 퇴계는 정신적으로 연결되어 있었다. 허형을 규명하지 않고 어떻게 퇴계와 남명의 뿌리를 파 낼 수 있을까?

Q. 허형에 대한 조선의 유학자들의 생각

남명 조식(曺植, 1501~1572)은 1525년 스물다섯 살 때 원나라 유학자 허형의 『성리대전』을 읽고 큰 깨달음을 얻었다. "이윤(伊尹, 은나라 재상)의 뜻을 뜻으로 삼고, 안자(顏子, 공자의 제자 안회(顏回))의 학문을 학문으로 삼아, 벼슬에 나가서는 경륜을 펴서 업적을 이루고 초야에 있으면서는 지조를 지켜야 한다." 이후 학문의 대전환이 찾아 왔다. "모든 일은 낱낱이 살피고 물질을 쫓아 갈 일이 아니니다."

남명학파는 실행을 중시하는 경의학(敬義學)이었다. 경은 바른 마음이고, 의는 사물의 올바른 처리다. 남명은 "삶과 죽음은 자연의 현상이고 오직 의뿐이다. 천도란 오직 진실한 도리이다. 충신, 진덕, 의리를 보존하기 위해 용감, 엄격, 절도, 결단이 있어야 한다. 의리는 저절로 관통한다"고 생각했다. "민심이 천심이다. 민심을 얻으면 천하를 얻고, 민심을 잃으면 나라를 잃는다. 백성과 선비는 임금과 관리보다 우선이다. 이것이 나라의 근본이다." 이것이 허형의 ≪노재지학≫이자 남명의 근본사상이었다.

남명의 사상적 선배라고 할 만한 김굉필(金宏弼, 1454~1504)은 『소학』을 매우 중시하였다. 중국 철학사상에서 『소학』을 실제 국가교육기관의 커리큘럼으로 채택하여 그 이념에 따라 교육했던 사람은 아마도 원나라 허형이 최초일 것이다.

Q. 허형의 출사에 대한 논쟁

조선의 유학자들은 허형의 원나라 정부의 출사에 대해 논쟁을 벌였다.

퇴계 이황은 "하늘이 허형을 낸 것은 우연히 아닌 듯하니 허형이 만약 홀로 선을 지키며 세상을 잊었다면, 과연 하늘의 이치는 누가 밝히고 백성의 도리는 누가 바로 세울 것인가. 천하가 끝내 오랑캐가 되어 구할 수 없을 것이다(『퇴계어록』, 天之生衡 似非偶然)"고 말했다.

이색은 "노재의 학문을 이용하여 세조 집권을 도왔다"고 말했다. 이원명은 "허형의 도통의식은 정도전에서 찾을 수 있다. 허형, 이색, 정몽주, 이숭인, 정도전이 학문적 사우다"라고 말했다. 이제현은 허형의 묘비에서 시를 지었다. 유성룡은 『징비록』에서 허형을 언급했다. 허형은 조선 유학자들에게 잘 알려진 인물이었고 깊은 영향을 미쳤다.

한편 남명은 허형의 출사에 관해서 매우 비판했다. 남명은 선비를 한 시대의 기풍을 조성하는 사명감을 가진 선각자로 생각했다. 그래서 남명은 노재 허형과 정수 유인의 출처를 몹시 못마땅하게 생각했다.

"칩거로 저항을 했었더라면 중국의 사대부들이 보고 느낀 바가 있어 송나라를 회복하려는 마음을 잊지 않았을 덴데, 이들이 원나라에 벼슬을 함으로써 천하의 명분과 교화를 허물어 버렸다. 그러니 후대의 간신들이 오랑캐를 섬기게 되었다"고 평가했다.

율곡도 허형에 대해 "도통의 정맥을 이을 수 없다"고 비판했다. 송시열도 율곡과 같은 입장이었다.

조선의 유학자들은 허형의 ≪노재지학≫에서 많은 영향을 받은 것으로 보이지만, 벼슬에 대해서는 자신의 관점과 처지에 따라 큰 차이가 있다.

학자들이 정치권에 수혈되는 것은 좋은 일이다. 그러나 '칩거'도 학자의 본분이 아니겠는가.

●● 『허형문집』

2015년 11월 13일 다시 왕성유 교수를 만났다. 그는 두 권의 책을 필자에게 선물했다. 한권은 『허형문집(許衡文集)』이었고, 또 한권은 『중국법사상』이었다.

왕성유 교수는 『허형문집』을 위해 중국, 대만, 일본 등 전역을 돌며 허형 관련 자료를 수집하였고, 이를 일일이 대조하고 각 문장의 쉼표를 새로 삽입하여 문집을 만들었다고 말했다. 그는 책 말미에 『허형문집』의 해제를 소개했다고 한다. 왕성유 교수는 한평생을 허형 연구에 매진한 것으로 보였다.

ⓒ 왕성유 저 『허형문집』

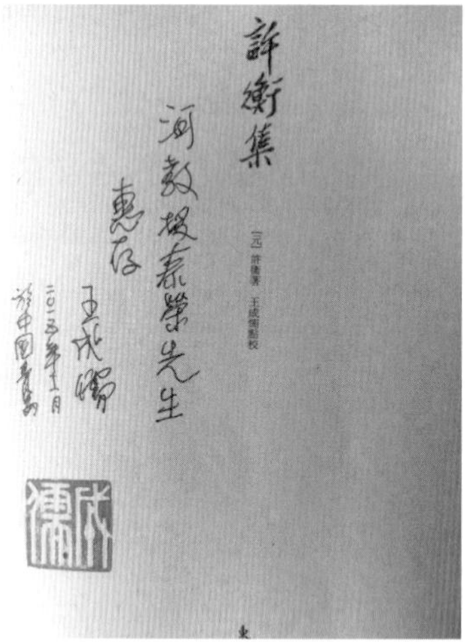

ⓒ 왕성유 저 『허형문집』 왕성유 교수의 친필 서명

필자는 고려 말과 조선 초기에 허형의 ≪노재지학≫, 실천유학, 통치지배이론의 수용사가 궁금했다. 왕교수에게 안향과 허형의 관계를 물었다. 왕교수는 퇴계는 잘 알고 있지만, 안향에 대해 들어 본 바가 없다고 말했다. "안향은 허형의 ≪노재지학≫을 고려 말, 조선 초기에 조선에 수용한 학자이다. 안향의 사당을 모신 곳이 소수서원이다. 소수서원은 퇴계가 풍기군수 시절에 세운 조선조 최초의 사액서원이다" 라는 필자의 설명에 왕성유 교수는 한국 자료와 논문이 있는가라고 물었다. 필자는 허형과 안향에 관한 이 두 편의 논문을 귀국 후 보내주었다.

왕성유 교수가 언젠가 한국을 방문하면 '허형'특강을 한번 주선하고 싶다. 중국 철학과 역사에 관심이 있는 사람들은 매우 흥미로울 것이다. 원나라 유학자 허형의 ≪노재지학≫이 중국 철학사에 미친 영향과 중국 정치지도자들의 허형 사상의 이해 그리고 신냉전시대, 소수민족의 생존시대, 소수민족의 통일시대, 소수민족의 분리시대에 허형의 ≪노재지학≫이 어떤 메시지가 주고 있는지 궁금하다. 그리고 공자학당의 본질도 묻고 싶다.

●● 『공자학당』

중국의 정치인들은 정치사상가를 항상 동반하며 책사정치를 한다. 중국 정치인들이 고전을 많이 인용하는 것도 책사정치의 영향이다. 책사들은 과거를 통해 미래와 대화를 한다. 그래서 동양 고전의 해석과 인용이 풍부하다. 지금의 시진핑 주석도 마찬가지다. 그의 말과 어록이 어디서 나오는지를 보면 그의 정치철학을 알 수 있다.

제자백가들이 발전시킨 근본유학은 마음을 다스리는 것을 으뜸으로 친다. 주희(朱熹, 1130~1200)의 주자학도 마찬가지다. 그러나 원나라 시대에 성리학은 정치이데올로기로 변신을 한다. 이것이 허형의 ≪노재지학≫이다. 실천유학과 통치유학은 엄격하게 보면 그 성격이 서로 다르다. 실천유학은 '실학(實學)'이고, 통치유학은 '노예학(支配學)'이다. 그 의미를 해석하고, 그 경계를 파악하는 것이 중국 이해의 첫 걸음이 될 것이다. ≪노재지학≫의 수용은 민권정치에서 찾아야 한다.

필자는 실천유학의 저수지를 『묵자』에서 찾는다. 그 한 줄기가 1500년 후에 허형의 ≪노재지학≫이라고 생각한다. 현재 중국은 『공자학당』을 전 세계에 전파하고 있다. 사회주의국가가 『공자』를 표방하는 것은 상당히 이례적이다. 『공자학당』의 본질은 유교를 통한 신중국의 세계통치, 즉 신중국의 지배이데올로기를 확산하는 과정으로 볼 수 있다. 국학(國學)의 세계 확산, 그 뿌리는 세계를 지배한 원나라 허형의 ≪노재지학≫이다. ≪노재지학≫의 본질과 ≪노재지학≫의 변질을 우리는 구분할 필요가 있다.

2015년 11월 15일

참·고·문·헌

李遠碩, 魯齋 許衡(1209~1281)의 생애와 철학사상, 규장각 29, 2006, 219~240면.

역사

안향(安珦) – 성리학의 시조(始祖)

고려 말에 안향이 처음으로 도입 성리학은 정치이데올로기가 담긴 허형의 ≪노재지학≫이었다. 남송 유학을 전면 해체한 통치유학·실천유학이었다. 군사귀족의 지배이데올로기의 변형을 의미했다. 천리가 삼강오륜으로 변신했고 공자 때는 없었던 계급론을 만들었다. 유학은 사대부 계급을 위한 철학이 되었다. 계급성리학이었다.
안향의 시대는 왕조 말기의 부패 사회였다. 왕실, 지배층, 불교세력이 유대 했고, 왜구의 노략질, 지배층의 수탈, 외세 침략, 백성들은 유민했다. 사원은 대토지를 소유했고 소작료를 받거나 고리대금업을 했다. 나라를 전면 개혁하는 새로운 사상이 필요했다. 안향은 국학신관(섬학전) 건립을 위해 사재를 헌납했다. 허형의 국학을 모방하였다. 안향은 교육을 통해 시대 변혁을 생각했다. 안향 사후 36년 만에 허형의 ≪노재지학≫과 안향의 개혁사상은 조선에서 부활한다. 정도전이 구상한 역성혁명이었다. 조선의 민본사상은 안향과 정도전, 퇴계와 남명, 율곡과 성호, 다산과 매천으로 흘렀다고 본다. 1549년 퇴계는 조선조 최초의 사액서원인 소수서원을 개원하였다. 안향이 공부하였던 땅에서 주세붕이 설립한 백운동서원이 그 모태였다. 안향 사후 250년 만에 퇴계에 의해 개혁정신이 완성된 것이다. 이처럼 조선유학사에서 안향의 영향은 깊다.
안향이 원나라 허형의 노재지학을 수입하고, 그 학맥들이 조선의 실정에 맞게 변형시켰다. 민본사상은 조선 선비들에게 혈맥이었다. 진보사상의 흐름이었다.

안향(安珦, 1243~1306)은 고려시대의 대표적인 유학자였고, 우리나라에 최초로 성리학을 도입한 관료학자였다. 고려 충렬왕(1236~1308) 때 문교부흥의 기운이 소생하기 시작했다. 안향은 이 시기에 원나라를 왕래하며 원나라 허형의 ≪노재지학≫의 학풍을 견학하였고 이를 국내에 들여왔다. 안향이 수용한 성리학은 우주론적인 이기보다

심성의 수양을 중시하는 실천적인 것이었다.

●● 성리학, 새 왕조를 여는 단초

Q. 안향은 어떤 사람인가?

안향은 신흥사대부 집안의 자식이었다. 선친은 밀직부사를 지냈다. 15세에 독서를 시작했다. 18세(1260년)에 문과에 급제했다. 여러 차례 원나라를 방문했다. 안향의 시대는 고려 무신정권이 무너지고, 고려가 원나라에 항복한 시대였다. 친원 권문세가(權門勢家, 60~70가문, 원나라와 결탁한 세력, 도평의사사 장악 정치권력 독점, 도당)들이 득실했다. 왕실, 지배층, 불교세력이 유대한 부패한 사회였다. 왜구의 노략질, 지배층의 수탈, 외세 침략, 백성이 유민했던 불행한 시대였다. 사원은 대토지를 소유하였고 소작료를 받거나 고리대금업을 했다. 이러한 비극의 시대를 걷어 내기 위해 새로운 사상이 필요했다. 교육의 중요성이 대두되었다.

"안향은 경상북도 흥주(興州: 지금의 경상북도 영주시 풍기) 출신이다. 호는 회헌(晦軒)이다. 주자(朱子)를 추모하며 그의 호인 회암(晦庵)을 모방하였다. 아버지는 밀직부사부(孚)이며, 어머니는 강주 우씨(剛州禹氏)로 예빈승(禮賓丞)성윤(成允)의 딸이다."

"안향은 1260년(원종 1년) 문과에 급제하여 교서랑(校書郎)이 되었고, 이어서 직한림원(直翰林院)으로 자리를 옮겼다. 1270년 삼별초의 난 때 강화에 억류되었다가 탈출하였으며, 1272년 감찰어사가 되었다. 강화탈출로 인해 그는 원종의 신임을 받았다."(한국민족문화대백과사전 인용)

원의 성리학은 고려 말에 처음으로 도입되었다. 안향이 큰 역할을 했다. 안향은 원나라 학풍을 수용하고 원나라 성리학의 주역인 허형 국학에서 수학하였다. 그래서 안향은 대원 성리학 사상을 적극 도입하였다. 안향이 수입한 것은 정치이데올로기가 담긴 허형의 ≪노재지학≫이었다.

안향은 현실과 타협하면서도 기득권과 일정한 거리를 두었다. 안향은 원(중국 대륙에 있던 국가로서 1271~1368, 유목국가로 1271~1635)나라 쿠빌라이 칸이 임명한 정동행성(征東行中書省, 1280~1356)에서 고려의 유학거사로 활동하였다. 안향은 불교와 무속에 강한 거부감을 갖고 있었다. 안향은 교육의 중요성을 인식하고 인재양성에 심혈을 기울였다. 안향은 국학신관(섬학전, 기부장학재단) 건립을 위해 사재를 헌납하였고, 부족한 교육재원 확보에 매진하였다. 허형의 국학을 배운 것으로 보인다.

"안향은 1275년(충렬왕 1년) 상주판관(尙州判官)에 부임하였을 때 백성들을 현혹시키는 무당을 엄중히 다스렸고, 미신을 타파하고 풍속을 쇄신시키려 노력하였다. 1289년 2월 정동행성(征東行省)의 원외랑(員外郎)에 제수되었다. 얼마 뒤 좌우사낭중(左右司郎中)이 되었고, 고려유학제거(高麗儒學提擧)가 되었다. 그해 11월 왕과 공주(원나라 공주로서 당시 고려의 왕후)를 호종하여 원나라에 가서 주자서(朱子書)를 손수 베끼고 공자와 주자의 화상(畵像)을 그려 가지고 이듬해 돌아왔다. 그해 3월 부지밀직사사가 되었다."

“안향은 1294년 동남도병마사(東南道兵馬使)를 제수 받아 마산 합포(合浦)에 출진했다. 1296년 삼사좌사(三司左使)로 옮기고, 왕과 공주를 호종하여 다시 원나라에 갔으며, 이듬해에는 첨의참리세자이보(僉議參理世子貳保)가 되었다. 그해 12월 집 뒤에 정사(精舍)를 짓고, 공자와 주자의 화상을 모셨다.”

“안향은 1298년 원나라의 간섭에 의해 충렬왕이 물러나고 세자인 충선왕이 즉위하자 관제가 개혁되어 집현전태학사 겸 참지기무동경유수계림부윤(集賢殿太學士 兼 參知機務東京留守鷄林府尹)이 되었고, 다시 첨의참리수문전태학사감수국사(僉議參理修文殿太學士監修國史)가 되었다. 그해 8월 충선왕을 따라 또다시 원나라에 들어갔다. 그 해에 충렬왕이 다시 복위되고, 이듬해 수국사가 되었으며, 이어서 1300년 광정대부찬성사(匡靖大夫贊成事)에 올랐고, 얼마 뒤 벽상삼한삼중대광(壁上三韓三重大匡)이 되었다.”

“안향은 1303년 밀국학학정(國學學正) 김문정(金文鼎)을 중국 강남(江南: 난징)에 보내어 공자와 70제자의 화상, 그리고 문묘에서 사용할 제기(祭器)·악기(樂器) 및 육경(六經)·제자(諸子)·사서(史書)·주자서 등을 구해오게 하였다. 또한 왕에게 청하여 문무백관으로 하여금 6품 이상은 은 1근, 7품 이하는 포(布)를 내게 하여 이것을 양현고(養賢庫)에 귀속시키고, 그 이자로 인재 양성에 충당하도록 하였다. 그해 12월 첨의시랑찬성사판판도사사감찰사사(僉議侍郎贊成事判版圖司事監察司事)가 되었다.”

“안향은 1304년 5월 섬학전(贍學錢)을 마련하여 박사(博士)를 두어 그 출납을 관장하게 했다. 오늘날의 육영재단과 성격이 같은 것이다. 당시에 국자감 운영의 재정적 원활을 가져왔다. 그해 6월 대성전(大成殿)이 완성되자, 중국에서 구해온 공자를 비롯한 선성(先聖)들의 화상을 모시고, 이산(李㦃)·이진(李瑱)을 천거하여 경사교수도감사(經史敎授都監使)로 임명하게 하였다. 이 해에 판밀직사사도첨의중찬(判密直司事都僉議中贊)으로 관직생활을 마쳤다.”(한국민족문화대백과사전 인용)

Q. 안향이 수용한 성리학은 어떤 특징을 갖고 있는가?

안향이 수용한 유학은 대원 주자학의 중핵인 허형의 ≪노재지학≫이다. ≪노재지학≫은 탈역사적 남송 유학을 전면 해체하였고, 통치유학·실천유학으로 변신하였다. 유학의 재구성이란 군사귀족의 지배이데올로기의 변형을 의미한다. 천리는 사대부 계급의 이익에 부합하는 삼강오륜으로 변신했다. 우주의 근본이며 모든 사물의 근원이라는 이가 인간 세계에 적용되면 삼강오륜이 되고, 신분제적 도덕질서가 된다는 것이었다. 공자 때는 없었던 계급론을 만들어 유학을 사대부 계급을 위한 철학으로 발전시킨 것이다.

고려 수입본의 90% 이상이 송간본 보다 원간본이었다. 강남간본보다 강북간본이었다. 이처럼 고려-조선조 주자학은 탈역사적인 송·명리학이 아니라, 지배이데올로기가 담긴 ≪노재지학≫, '대원주자학'이었다. 우리나라 초기 성리학의 성격을 이해할 수 있을 것이다. 필자는 허형의 ≪노재지학≫과 안향의 개혁사상의 자양분이 정도전이 구상한 역성혁명(王朝交替)의 토대가 되었다고 생각한다.

●● 안향과 허형

안향(1243~1306)은 허형(1209~1281)에게 많은 영향을 받았다. 허형이 안향보다 34살이 많았다. 두 사람 모두 어려운 시기에 살았다. 조국을 포기하고 조국을 개혁하려고 했다. 안향은 고려이고, 허형은 금이다. 그리고 교육에 전념했다. 두 사람의 사상은 성리학이었다.

허형은 금나라와 결별하고 원으로 기울었다. 허형은 관념유학을 탈피하고 실천유학을 표방하였다. 허형은 이민족에게 성리학을 전수시키고, 성리학으로 교화시켜야 세상을 바꿀 수 있다고 생각하였다. 구시대의 병폐와 이념을 극복하고 성리학으로 새로운 시대를 갈구한 것이다. 허형은 벼슬길도 자제했다. 그 대신 원나라 왕족의 자제교육에 관심을 가졌다. 원나라 왕족도 자국의 통치기반을 확보하기 위해서 허형의 ≪노재지학≫을 수용할 가치가 있었다. 한족의 철학으로 한족을 지배함으로써 항몽정신을 꺾는 효과를 기대했다.

한편 안향도 고려와 결별하고 원으로 돌아섰다. 안향은 불교와 무당의 사상폐단을 극복하기 위하여 새로운 사상이 필요하고 생각했다. 원나라와 화친, 성리학 수용, 종교 피해 해소, 교육개선, 인재양성, 그의 유교적 신념은 실천을 기반으로 한 신유학 밖에 없었다. 불교와 대응하기 위해서 사상적 대응이 필요했다면, 그것은 새로운 방법으로 사상을 전면 개조할 수밖에 없었다. 바로 그것이 성리학이었다. 안향의 불교에 대한 인식과 그 분노는, 안향 사후 36년이 지난 후에 다시, 정도전의 불교에 대한 분노로 극대화 되었다. 정도전의 『불씨잡변』이었다. 안향의 성리학은 새 왕조를 위한 정신적 토대가 되었다(숭유억불, 崇儒抑佛). 허형과 안향 그리고 정도전으로 이어지는 '실천성리학'은 바로 전환기 시대의 사상의 흐름이었다. 민권사상, 진보사상이었다.

Q. 안향을 우리나라 최초의 성리학자로 볼 수 있나?

당시 원나라에서 주자학의 보편화와 주자서의 유포는 확산되었다. 허형의 ≪노재지학≫이 발전할 수 있었던 토대였다. 안향은 여러 차례에 걸쳐 원나라에 오가며 원나라의 학풍을 견학했다. 안향은 직접 주자서를 베껴왔고, 대원주자학의 국내 보급을 위해 섬학전(贍學錢, 기부장학재단)을 설치했다. 이를 통해 대원주자학, ≪노재지학≫이 고려에 크게 일어난 것으로 볼 수 있다. 따라서 안향을 우리나라 최초의 성리학자로 평가할 수 있다. 안향의 섬학전은 오늘날 많은 사설 장학재단의 모델이 되었다.

Q. 안향은 왜 성리학을 우리나라에 수용했나?

당시 남송은 금나라라는 이민족의 침입 앞에 민족적 저항을 하지 않으면 안 되는 국가적 위기를 맞고 있었다. 고려 후기의 시대 상황과 비슷했다. 무신 집권에 의한 정치적 불안정, 불교의 부패와 무속의 성행, 몽고의 침탈 등으로 국내외적으로 위기가 가중되고 있었다. 이러한 때 민족주의 및 춘추대의에 의한 명분주의의 정신이 요구되었다. 성리학은 불교보다 한층 주지적인 수양론의 특성을 갖고 있었다. 성리학의 수용은 안향의 꿈이었다. 불교와 도교 그리고 무당을 걷어내기 위한 새로운 사상은 성리학뿐이었다.

Q. 안향의 인재양성관은?

안향은 자신의 이상을 학교 재건과 인재 양성을 통해서 이루려고 하였다. 안향은 당시 고려의 시대 상황을 자각하고, ≪노재지학≫이 가진 이념과 성립 배경 그리고 사회·역사적 배경을 주목하였다. 당시 안향은 고려사회의 위기를 구하기 위해서 적극적인 활동을 구상했고, 그중 교육활동을 깊이 생각했다. 안향은 단순하고 소극적 의미의 수자학 전래자가 아니었고 ≪노재지학≫의 수용자였다. 그래서 안향은 한국의 유학사와 교육사에서 아주 중요한 인물이다.

Q. 안향의 사후 평가?

1306년 9월 12일, 지금부터 710년 전 안향은 64세의 일기로 삶을 마감하였다. 조선 건국이 1392년이니 조선이 태동하기 86년 전에 사망하였다. 안향이 사망한 후 36년이 지나 조선 건국의 핵심인물인 정도전(1342~1398년)이 출생하였다. 안향이 뿌려 놓은 새로운 씨앗, 성리학은 무럭무럭 자라고 있었다. 경북 영주지역이 성리학의 본산이 된 이유도 여기에 있다. 얼마나 널리 깊이 확산되었겠는가.

안향은 원대의 성리학을 도입하여 고려의 구체적인 역사적 상활에 맞게 성리학의 이념을 실천함으로써 새 역사를 여는 단초를 마련하였다. 이것이 안향의 공헌이었다. 안향은 불교와 무당을 심하게 비판했다. 불교는 부모를 버리고 집을 떠나 윤리를 경시하고 의리에서 벗어났다고 배척했다. 안향에서 시작된 성리학은 조선 유학의 새로운 경지를 개척했다. 고려의 불교세력에 대항하고 그것을 압도하면서 조선시대의 건국이념으로 성장한 것이다. 이것이 조선의 신사상이었다.

왕은 안향 사후 장지를 장단 대덕산에 내렸다. 1318년(충숙왕 5년) 왕은 안향의 공적을 기념하기 위하여 궁중의 원나라 화공에게 안향의 회상을 그리게 하였다. 현재 국보 제111호로 지정되어 있다. 현존하는 안향의 화상은 이를 모사한 것으로 조선 명종 때 다시 고쳐 그린 것이다. 1319년(충숙왕 6년) 문묘에 배향되었다.

Q. 안향과 소수서원

1542년(중종 37년) 풍기군수 주세붕이 영주군 순흥면 내죽리에 사우를 세웠고, 이듬해 8월 송나라 주자의 백록동서원을 모방하여 백운동서원을 세웠다. 1549년(명종 4년) 풍기군수 이황의 요청에 따라 소수서원(紹修書院)이라는 명종 친필의 사액이 내려졌다. 1643년(인조 21년) 장단의 유생들이 봉잠산 아래에 임강서원을 세웠다. 이 두 서원과 곡성의 회헌영당(晦軒影堂)에 제향되었다. 시호는 문성(文成)이었다.

그 후 안향의 학문은 정몽주(1337~1392), 이제현(1287~1367) 등에게 전승되었다. 이제현에게 이색(1328~1396)이, 이색에게 정도전(1342~1398)과 권근(1352~1409)이 사사하였다. 이로써 성리학은 하나의 계통을 세워 발전하게 되었다.

필자는 안향의 정신이 정도전의 개혁사상에서 발현되었다고 생각한다. 한국인의 DNA는 이렇게 탄생한 것이다. 안향과 정도전은 경상북도 영주시에서 탄생한 분이다. 영주시는 매년 선비문화축제를 열고 있다. 안향과 정도전의 ≪선비정신과 개혁정신≫을 깊이 새겼으면 한다. 2016년 7월 9일 토요일 소수박물관에서 안향학술제가 열린다.

2016년 7월 9일

참·고·문·헌

全在康. 安珦과 許衡의 實踐的 性理學 思想과 現實的 詩文學의 對比 研究, 모산학보 12, 2000, 295~316면.
한국민족문화대백과사전.

역사

정도전(鄭道傳) – 조선의 설계자

정도전은 3년 유배와 6년의 유랑살이를 했다. 유배의 원인은 친원배명정책에 반대하여 원나라 사신의 마중을 거부한 것이었다. 가난과 기근, 피폐한 백성들, 수탈하는 권문세족의 횡포, 사원경제의 팽창, 국가경영의 존폐위기로 보고 개혁의 필요성을 절감했다.
정도전은 42세 되던 1383년 함흥에서 이성계를 만났다. 이것이 혁명의 첫 걸음이었다. 이성계는 원나라 땅에서 태어나 원나라 땅에서 성장한 사람이었다. 원나라는 허형의 ≪노재지학≫이 영향을 미친 곳이었다. 정도전과 이성계의 만남은 '정도전의 정치사상과 이성계의 군사력의 결합'을 의미하였다. 개혁운동의 핵심은 토지개혁이었다. 그 사상적 배경은 성리학이었다.
정도전은 민본정치의 큰 원칙이 있었다. "정치는 무엇보다 백성을 근본에 두고, 백성을 위한 정치를 펴야 한다. 권력을 분산하여 견제와 균형을 유지하고, 이를 통해 관료제도를 운영해야 한다. 사찰의 땅을 백성들에게 돌려주고, 노비를 몰수하여 관청노비로 만들거나 해방시켜 주어야 한다. 불교는 국가운영을 위한 정치사상이 될 수 없다. 그 대안으로 합리적 정치사상인 성리학을 국교로 삼아야 한다."
필자는 원나라의 허형, 고려의 안향, 조선의 정도전으로 이어지는 ≪노재지학≫의 맥이 처음 조선 건국으로 발현되었다고 본다. 정도전의 정신은 허형과 안향의 실천유학에서 꽃 핀 것이다. 『조선경국전』은 민본정치의 교과서이자 조선의 초대헌법이다. 여기에는 『묵자』의 사상이 흐른다. 겸애, 비공, 상현, 상동, 절용의 정신이다. 그러나 아무도 이것을 주목하지 않는다.

"정도전의 붓은 무명개혁의 고전을 만들었다. 그의 칼은 썩은 왕조를 도려냈다. 난세가 그렇게 만든 것이다. 정도전은 조선왕조의 설계자였다."(한영우)

●● 조선의 설계자, 역성혁명의 기수

정도전(鄭道傳, 1342~1398년 10월 6일, 음력 8월 26일)은 조선 초기 성리학자의 한사람이며, 자는 종지(宗之). 호는 삼봉(三峯, 三峰), 시호는 문헌(文憲)이다. 별칭은 해동장량(海東張良)이다.

정도전은 21세에 과거에 급제하여 성균관에 들어가 학관이 된다. 이색, 정몽주, 이숭인 등 당시 일류 성리학자들과 교류하면서 학문을 깊이 쌓는다. 이것이 그를 성리학자로 만드는 계기가 되었다.

3년간의 유배생활, 6년간 부평, 삼각산, 김포 등지를 전전하였다. 유배의 원인은 친원배명정책에 반대하여 원나라 사신의 마중을 거부한 것이었다. 전라도 나주 거평부곡으로 유배되었다. 1377년에 유배에서 풀려나 4년간 선향 영주와 안동, 제천, 원주 등을 오가며 유랑하며 지냈다. 그 뒤 1381년 가을 거주가 완화되자 삼각산 옛집으로 돌아왔고 1382년 초려를 지고 '삼봉재(三峯齋)'라 이름하고 학문과 교육에 힘썼다.

"당신은 평소 부지런히 독서에만 몰두하여 아침에 밥이 끓든 죽이 끓든 간섭하지 않아 집안에는 한 섬의 쌀도 없었습니다. 방에 가득한 아이들은 끼니때마다 배고프다고 울고 날이 찰 때는 춥다고 울부짖었습니다. 제가 살림을 맡아 그때그때 수단을 내어 꾸려가면서도 당신이 열심히 공부하시니 언젠가는 입신양명하여 집안의 영광을 가져오리라고 기대했습니다. 하지만 영광은커녕 국법에 저촉되어 이름을 더럽히고 몸은 남쪽 변방에 귀양 가서 가문이 망하였습니다. 이에 세상 사람들의 웃음거리가 되었으니 현인, 군자의 삶이란 진실로 이런 것입니까?" (이덕일, 사화로 보는 조선역사, 석필, 1998, 68면)

"당신의 말이 모두 맞소. 예전의 내 친구들은 형제들보다 정이 더 깊었는데 내가 이 지경이 되자 뜬구름처럼 흩어졌소. 이는 그들이 원래 세(勢)로써 맺어졌지 은(恩)으로 맺어지지 않은 까닭이기에 나는 원망하지도 않소. 하지만 부부는 한번 맺어지면 죽을 때까지 고칠 수 없는 것이니 당신이 나를 질책하는 것은 나를 사랑해서이지 미워해서는 아닐 것으로 나는 믿소. 또 아내가 남편을 섬기는 것은 신하가 임금을 섬기는 것과 같으니 당신이 집을 근심하고 내가 나라를 걱정하는 것이 무엇이 다르겠소? 나는 오직 나의 뜻에 충실할 뿐이오. 성패와 영욕과 득실은 하늘이 정하는 것이지 사람에게 있는 것이 아니오. 내가 무엇을 근심하겠소?"(이덕일, 사화로 보는 조선역사, 석필, 1998, 68~69면)

정도전은 42세 되던 1383년(우왕 9년), 함흥에서 이성계(1335~1408)를 만났다. 이것이 혁명의 첫 걸음이었다. 이성계는 원나라 땅에서 태어나 원나라 땅에서 성장한 사람이었다. 원나라는 허형의 ≪노재지학≫이 영향을 미친 곳이었다. 정도전과 이성계의 만남은 '정도전의 정치사상과 이성계의 군사력의 결합'을 의미하였다.

개혁운동의 핵심은 토지개혁이었다. 그 사상적 배경은 성리학이었다. 세금을 10분의 1이 넘지 못하게 줄이고, 녹봉 없는 벼슬아치에게도 과전의 이름으로 전세를 받도록 했다. 전제개혁은 농민과 벼슬아치들의 생활을 안정시켰다. 그리고 국가의 재정수입도 좋아졌다. 토지개혁은 정도전의 개국 구상의 핵심이었다. 고려 왕조가 무너진 첫 번째 이유는 백성을 극한 고통에 빠뜨렸던 토지문제를 해결하지 못했기 때문이다.

정도전의 아버지 정운경(鄭云敬)은 경상도 봉화 지역의 호장 출신으로 문과에 급제하여 형부상서(刑部尙書, 지금의 법무부장관)에까지 올라 선정을 베풀었다.

정도전은 "정치는 무엇보다 백성을 근본에 두고 백성을 위한 정치를 펴야한다"는 민본정치의 큰 원칙을 세우고 있었다. 권력을 분산하여 견제와 균형을 유지하고, 이를 통해 관료제도를 운영하고자 했다. 사찰의 땅을 백성들에게 돌려주고, 노비를 몰수하여 관청노비로 만들거나 해방시켜 주어야 한다고 생각했다.

불교는 국가운영을 위한 정치사상이 될 수 없고, 그 대안으로 합리적 정치사상인 성리학을 국교로 삼아야 한다고 생각했다. 이것이 원나라의 허형, 고려의 안향, 조선의 정도전으로 이어지는 ≪노재지학≫의 맥이다. 정도전의 정신은 허형의 실천유학에, 현실은 명나라의 세력에 기반을 두었다.

정도전은 정치, 경제, 군사, 철학, 종교 등 모든 문제를 바꾸고, 새로운 시대를 열려면 체계적인 통치규범이 담긴 헌법이 있어야 한다고 생각했다. 그 개혁안을 담은 헌법이론서가 『조선경국전(朝鮮經國典)』이었다. 정도전의 『불씨잡변(佛氏雜辨)』은 불교비판서였다. 1398년, 죽기 몇 달 전에 쓴 정도전의 마지막 작품이었다. 정도전은 '석가의 잡소리'라는 『불씨잡변』을 통해 배불숭유(排佛崇儒)의 이론적 기초를 확립하였다. 고려 귀족사회의 정신적 지주였던 불교의 사회적 폐단과 사상적 비합리성을 비판하고 학문과 종교를 혁신하여 문명개혁을 마무리하려는 의도가 있었다. 정도전은 『불씨잡변』에서 "성(性)이란 인간이 하늘로부터 얻어서 태어난 '이(理)'고, 작용이란 사람이 하늘로부터 얻어서 태어난 '기(氣)'다"라고 말했다.

정도전은 "도교는 천하와 나라를 도외시했고, 불교는 인륜을 폐했다"고 비판하였다. 성리학 입장에서 불교를 비판한 사상적 한계도 있었다. 안향의 정신이 안향 사망 36년 후 정도전으로 환생한 것으로 보인다.

정도전은 호걸스런 선비였지만, 매우 감성적인 문필가였다. 정도전은 한양문화를 건설한 인물이었다. 경복궁, 숭례문, 한양의 동명 등도 대부분 정도전의 작품이었다. 이처럼 정도전은 조선이라는 신흥국가의 새로운 사상과 문화의 밑그림을 그리는 역할을 충실히 수행하였다. 그래서 정도전은 문학사와 문화사에서도 주목하는 인물이다.

ⓒ 숭례문 2016년 5월

정도전은 뛰어난 사상가였고 정치가였다. 정치개혁, 경제개혁, 군사개혁, 사상개혁, 사상혁명을 완수하였다. 고려시대보다 한층 민주화되고 합리화된 조선왕조를 세우는 엄청난 역사적 과업을 이룩한 인물이었다.

그러나 그의 인생말로는 비참했다. 권력 2인자의 피할 수 없는 운명이었다. 그는 정적을 만들었고, 그 정적의 칼에 57세로 세상을 떠났다. 정도전의 죄명은 왕실반역죄였다. 사건은 세자책봉과 사병혁파였다. 정도전이 남긴 마지막 시다.

操存省察兩加功	조존과 성찰 두 곳에 온통 공을 들여서
不負聖賢黃卷中	책 속에 담긴 성현의 말씀 저버리지 않았다네.
三十年來勤苦業	삼십 년 긴 세월 고난 속에 쌓아 놓은 사업
松亭一醉竟成空	송현방 정자 술 한 잔에 그만 허사가 되었구나.

–정도전, ≪자조≫(自嘲)

●● 신권(臣權)과 왕권(王權)의 대립

정도전과 이방원의 관계는 피할 수 없는 정적관계였다. 태종 이방원은 이성계의 아들 중 유일하게 문과에 급제한 인물이었다. 이방원은 정도전처럼 문무를 겸비하였다. 이 두 호걸은 애석하게도 호흡을 같이 할 수 없었다.

이방원(李芳遠, 1367~1422, 조선 태조 이성계의 5남. 아버지와 함께 역성혁명(易姓革命)을 일으켜 고려를 멸망시키고 조선을 건국하는 데 주도적 역할을 하였다.

정도전은 신권을 강화해 유가의 이상정치를 실현하고자 했다. 그러나 이방원은 왕권을 강화해 유가의 왕도정치를 구현하고자 했다. 결국 정도전은 이방원의 습격을 받아 희생되었다. 살해당하는 마지막 순간까지 웅대한 계획을 세워 요동정벌을 독려하였고, 사상서를 집필하느라고 쉼 없이 정진하였다.

이방원은 기본적으로 정도전이 만들어 놓은 헌법의 궤도를 따라 개혁을 추진했다. 다른 점은 재상권 중심의 권력구조를 왕권중심의 권력구조로 바꾼 것이다. 『조선경국전』은 성종 때의 『경국대전』의 모법이었다.

정도전은 역적의 누명을 쓰고 세상을 떠났다. 그러나 정도전의 정신은 조선왕조 500년을 관철하는 통치철학이 되었던 것이다.

●● 『조선경국전(朝鮮經國典)』은 어떤 책인가?

정도전이 새 왕조의 헌법적 정치서로 저술한 조선경국전은 어떤 책인가?

정도전은 인(仁)을 바탕으로 왕위를 지킬 것을 다짐했다. 홍범의 정신을 가지고 조선을 문명국가로 만들고자 노력했다. 장자나 현자에게 왕위를 계승시켜야 한다고 생각했다. 그래서 왕자들을 잘 보살펴야 한다고 역설했다.

정도전은 항상 중용의 길을 걸어가고자 다짐했다. 수신, 제가, 치국, 평천하 방법을 제시한 『대학』을 필독서로 삼아 공부했다. 유교정치의 특징은 인과 덕, 경전과 성인, 철인군주와 철인군주제를 지향했다.

『조선경국전』에 담긴 통치규범의 각론은 다음과 같다.

첫째, 재상이 인사권은 물론이고 재정권과 군사지휘권을 모두 갖는다. 시험제도를 강화한다. 양입위출(量入位出)의 원칙을 지켜 3년이면 1년간 소비할 예비저축을 갖는다. 30년이면 9년간 쓸 수 있는 예비재정을 갖는다. 그렇게 해야 흉년이나 전쟁이 일어나더라도 나라가 유지된다.

둘째, 토지제도를 정비한다. 정도전이 부전(賦典)에서 특히 강조한 것이다. 부자들의 토지겸병을 막고, 세금제도는 10분의 1세를 지킨다. 규모가 큰 것은 국가관리의 공개념을 도입한다.

셋째, 상하(上下)는 지배와 복종의 예속관계가 아니다. 평등이 가져올 무질서의 혼란을 막기 위한 의식상의 문제라는 점을 유의한다. 수직과 수평의 중간에 위치하는 대각선 관계로 보는 것이 온당하다.

넷째, 군대를 도덕적 기준에서 운영한다. 군사조직은 병농일치의 의무병제도에 입각하여 조직한다. 평상시 농업에 종사하고, 유사시 군대에 편제되며, 농한기에 훈련을 받는다. 중앙은 부병과 번상병이 지키고, 지방은 육군, 수군, 기병이 지킨다.

다섯째, 『헌전(憲典)』은 형전에 해당한다. 그 기본원칙은 잘못한 사람을 형벌로 다스리는 것이다. 정치는 기본적으로 사람을 사랑하고 바르게 만드는 도덕주의를 기초로 하여 인(仁)으로써 다스려야 한다. 도덕을 보조하는 수단이 형벌이다. 형벌에 지나치게 의존하는 것은 옳지 않다. 어디까지나 인정의 보조수단에 머물러야 한다.

여섯째, 『공전(工典)』은 토목공사와 물건을 만드는 공작의 원칙을 설명한다. 여기서 국가공사의 가장 중요한 것은 검박한 것을 숭상하고, 사치를 경계하는 것이다. 정도전은 "지리는 인화보다 못하다는 것을 명심하고 성곽만 튼튼하게 만든다고 나라를 잘 지키는 것이 아니므로 백성을 아끼고 사랑하여 인화를 이루어야만 국방에 도움이 된다"는 점을 강조한다.

역사학자 한영우 교수의 평가이다. "정도전의 기본정신은 민본정치다. 정치는 사람이 하는 일이다. 나라의 주인은 임금이 아니고 백성이다. 백성을 주인으로 모시는 정치가 곧 민본정치이다. 따라서 『조선경국전』은 바로 민본정치의 교과서이자 헌법이다. 민본정치는 인간의 도덕적 완성도를 높임으로써 힘과 이득을 균등하게 분배하는 것이다. 유교의 민본정치를 봉건적 가치로 버려야 하는지 심각하게 물어 볼 필요가 있다. 『조선경국전』이 만들어진 14세기 말에 서양에서 이만한 정치서가 나왔느냐를 따져보는 일이다. 서양의 민주주의는 18세기 이후 시민혁명을 거치면서 성립된 것임을 기억할 필요가 있다."(정도전/한영우 역, 조선경국전, 사단법인 올재, 2014, 24~25면 인용)

●● 정도전에 대한 평가

정도전에 대한 평가는 엇갈린다.

정도전에 대한 부정적인 평가다.

"정도전은 성정이 과격하고 온후함이 없어, 빼어난 재주에 비해 덕이 부족하다는 비판을 받았다. 남인 실학자 성호 이익은 자신의 저서 『성호사설』에서 정도전을 일컬어 '죽을 만한 일을 한 위인'이라고 비판했다. 정조는 빠진 글들을 수집하고 편차를 재구성하여 수정 『삼봉집』을 간행하였다. 서인 성리학자로 정도전과 마찬가지로 군신정치의 이상을 견지했던 송시열(宋時烈, 1607~1689, 17세기 중엽 이후 붕당정치가 절정에 이르렀을 때 서인노론의 영수이자 사상적 지주로서 활동했다)마저 정도전을 언급할 때는 반드시 그 이름 앞에 '간신'이라는 말을 붙였다. 조선시대를 통틀어 정도전에게 가장 적대감을 표시한 인물은 송시열이었다."(위키백과 정도전에서 인용)

정도전이 유배시 '은자(隱者) 농부를 만나' 탄식하며 자성한 것은 자신에 대한 평가로 읽힌다.

"가의(賈誼)처럼 큰소리치기를 좋아하고, 굴원(屈原)처럼 바른 말하기를 좋아하고, 한유(韓愈)처럼 옛것을 좋아하고, 관용방(關龍逢)처럼 윗사람을 거스르기 좋아한 것이다."

정도전은 "지금부터라도 조심하면 화를 면하게 될 것이다"라는 교훈을 결국 회피하지 못했다. 그의 운명이라고 할까. 돌이켜 보면 정도전은 국정운영에 대해 불같은 분노를 안고 유배지에서 풀려났다. 6년을 더 떠돌아 다녔다. 장장 9년에 걸친 방랑길이었다. 정도전의 심정은 어땠을까. 정도전은 개혁정신으로 꽉 차 있었다. 고려를 뒤엎을 지식, 사상, 이념뿐이었다. 실현할 무대만 생각했다. 불우한 지식인이었다. 이것이 정도전의 성격을 형성하지 않았나 생각한다.

다음은 정도전에 대한 긍정적 평가이다.

"재상중심의 정치(臣權政治)는 유럽에서 실현되었다. 독일식 총리제, 영국식 수상제, 스위스식 집정부제를 들 수 있다. 이들 국가들은 이러한 시스템을 통하여 경제개혁과 토지개혁을 이루었다. 토지공동체를 통해 땅의 역할이 회복될 수 있다는 믿음이 바로 정도전의 정전제다. (丁田制, 하・은・주 시대의 토지제도가 '정(井)'자를 쓰는 정전제이다. 균전제(均田制)의 뿌리다) 이후 정전제는 조봉암(曺奉巖, 1898~1959)의 농지개혁의 바탕이 되었다. 한국판 토지 뉴딜(New Deal)정책이있다." 정치사상연구자 신동준의 평가다. (위키백과 정도전에서 인용) 과도한 평가라는 생각도 있지만 공감한다.

정도전에 대한 필자의 생각이다. "토지개혁은 했지만, 노비개혁은 없었다." 정도전은 혁명적인 토지개혁만으로도 한국사에서 위민정치가의 반열에 올랐지만, 위민정치의 핵심은 노비개혁이 아닌가 생각한다. 아쉬운 점이다.

"정도전의 묘가 경기도 과천현 10리 동쪽에 있다. 이러한 전설과 소문이 있었다. 이를 근거로 경기도 과천 일대의 야산을 탐사한 결과 목이 잘린 시신이 발견되었다. 시신과 함께 많은 양의 고급 조선백자가 함께 발견되었다. 정도전 사당에는 그의 영정과 위패를 봉안하고 있다."(위키백과 정도전 인용)

정도전의 『조선경국전』의 일독을 추천한다. 정도전의 삶과 고뇌를 알고 읽는다면 더 생생하게 감동을 받을 것이다.

2016년 5월 3일

참 · 고 · 문 · 헌

정도전/ 한영우 역, 조선경국전, 사단법인 올재, 2014.

정도전/ 김병환 역해, 불씨잡변－조선의 기획자 정도전의 사상혁명, 규장각 새로 읽는 우리 고전 006, 아카넷, 2013.

위키백과 정도전.

철학

이익(李瀷)
– 조선 실학사상의 대부

『성호사설』은 전체 3007편의 글이다. 약 300년 전 부패한 조선 후기 사회에 '문헌'으로 도전한 조선 선비의 글이다. 『성호사설』의 형사법 관련 논단을 읽으면서 성호의 글은 오늘의 우리 세상을 통찰하고 있다고 생각했다. 형법철학, 형벌철학, 형사소송철학, 형사철학 그리고 형법사상과 관련된 글이 15편정도 된다. 그 중 6편을 선별하여 현대적 의미를 탐색했다.
성호는 음욕의 폐해를 다음과 같이 설파한다. "덕을 잃고 복을 망치고, 명예를 무너뜨리고 자신을 죽이고, 아름다운 얼굴을 망치고 몸에 병을 가져오고, 목숨을 재촉하고 마음의 영각(靈覺)을 둔하게 하고, 이목(耳目)의 총명함을 어둡게 하고 평생의 학업을 폐하고, 선조의 산업을 파괴하는 등 거기에서 미친 환해(患害)를 이루 다 헤아릴 수 없다."
성호는 강간과 화간의 개념을 명확하게 구분한다. 성호는 폭력으로 옷을 벗기고 여자가 거절하는데 겁간하려 하는 것은 이미 강간에 해당한다고 해석한다. 범행자에게 쫓기어 쉴 사이 없이 달아나다가 모면하지 못한 것도 강간에 해당한다고 본다. '고의'의 문제를 통찰한 탁월한 법해석이다.
성호의 형사제도 개혁안들은 이상론이 아니다. 현실을 구체적으로 분석하고 실천에 옮길 수 있는 대안들도 가득하다. 성호의 주장들은 오늘날 형사정책적인 측면에서 큰 의미가 있다. 필자는 '한국 근대 형사철학의 선구자'라고 생각한다. 성호를 퇴계와 남명 그리고 율곡과 다산을 이어 주는 중요한 '민권사상가'라고 평가한다. 경기도 안산에 살았던 성호가 '세월호 사건'을 보았다면 어떤 말을 했을지 궁금하다. 성호의 사상은 다산에서 집대성된다. 그것은 성리학과 서학의 만남이었다.

조선 후기 은둔 지식인이 있었다. 그의 진지한 독서와 사색이 쌓인 메모는 세월이 흐르자 거대한 사유의 산맥을 이루었다. 어느 날 정리해 챙겨보니 3007편의 글이 되었다. 이것이 그 유명한 『성호사설』이다.

●● 『성호사설(星湖僿說)』

『성호사설』은 성호의 글을 그의 제자 안정복이 정리한 책이다.

안정복(安鼎福, 1712~1791)은 조선 후기의 실학자, 성리학자, 작가, 역사가, 수필가이다. 『동사강목(東史綱目)』의 저자이다. 우리나라의 역사를 중국사에 종속시켜 다루는 것을 반대하고 독자적인 영역으로 서술했으며, 봉건사회의 점진적인 개혁을 주장했다.

『성호사설』은 천지문(天地門), 만물문(萬物門), 인사문(人事門), 경사문(經史門), 시문문(詩文門) 다섯 부문으로 나뉜다. 조선시대 지식의 학문적 상상력의 극치를 보여주는 저작이다. 성호는 유학자로서 조선 후기 사회모순을 직시했으며 당쟁과 과거제도와 사대부 체제의 타락을 꿰뚫고 있었다.

성호의 생애는 1681년는 출생에서 83세의 노령으로 별세한 1763년에 이르기까지 18세기 전반기를 중심으로 그 후에 걸친 것이다. 조선 건국에서 성호 출생까지 거의 300년에 걸친 조선 왕조는 그대로 지탱하기 어려우리만큼 사회변동이 극심했다. 조선의 양반 관료가 지배하는 사회질서는 백성들을 피폐하게 만들었다. 노론에 의한 일당 전제인 정치 형세는 이른바 '벌열정치'(閥閱政治, 門閥政治, 조선후기 국왕이 총애하는 신하나 외척이 실권을 장악하고 행한 변태적 정치형태로써 문벌정치로도 불리었다)에로 이끌려가서 과거제마저 문란하게 만들었다. 붕당정치로 인재를 공정히 등용하는 기틀은 붕괴되었다.

●● 몰락, 은둔… 가난한 선비의 생애

성호 가문의 성예(聲譽)는 이익의 대에 와서 몰락을 길을 걷는다.

성호 이익(李瀷, 1681~1763)의 본관은 여주(驪州)이다. 자는 자신(子新), 호는 성호(星湖). 팔대조 계손(繼孫)이 성종 때에 벼슬이 병조판서·지중추부사에 이르러 이때부터 여주 이씨로서 가통이 섰다. 증조부 상의(尙毅)는 의정부좌찬성, 할아버지 지안(志安)은 사헌부지평을 지냈다. 아버지 하진(夏鎭)은 사헌부대사헌에서 사간원대사간으로 환임(還任)되었다가 1680년(숙종 6) 경신대출척 때 진주목사로 좌천, 다시 평안도 운산에 유배되었다.

성호는 1681년 10월 18일에 아버지 하진과 그의 후부인 권씨 사이에 운산에서 태어났다. 아버지는 1682년 6월에 전부인 이씨 사이의 3남 2녀와 후부인 권씨 사이의 2남 1녀를 남긴 채 55세를 일기로 유배지 운산에서 사망하였다. 아버지를 여읜 뒤에 선영이 있는 안산의 첨성리로 돌아와 어머니 권씨 슬하에서 자라나 그의 조고다질(早孤多疾)의 생애가 시작된 셈이다.

성호는 중형 이잠(李潛, 1660~1706)의 죽음 이후 과거를 단념했다. 사대부로서 벼슬을 할 수 없게 된 성호가 파고 든 것은 학문이었다. 1727년 경기도 안산 첨성리에 정착하였다. 그의 나이 46세였다. 성호는 이곳에서 1763년 세상을 뜰 때 까지 36년 동안 오직 학문에 침잠하였다. 그의 학문은 정약용에 이르러 집대성되었다.

●● 성호의 학문과 성품

성호는 퇴계를 흠모했다. 자신의 학문적 뿌리였다. 퇴계학을 수용하면서 새로운 정체성을 찾았다. 성호학파의 학통은 오로지 퇴계학과 관련된 내용으로 전승되었으며 18세기 후반의 정치적 상황 속에서 완성되었다.

성호는 학문에 뜻을 두고 『맹자』, 『대학』, 『소학』, 『논어』, 『중용』, 『근사록』을 읽었다. 다시 『심경』, 『역경』, 『서경』, 『시경』을 거쳐서 정·주(程朱)의 서(書)와 퇴계의 문(文)을 부독앙사(俯讀仰思)하였다. 한 자구도 소홀히 넘기지를 않았고, 조금도 희미한 곳을 남기지 않았다. 이것이 성호의 학문 자세였다.

성호는 평소에 교이한 행위나 명리에 따르는 일이 없었다. 오로지 자수역천(自修力踐)하여 접인처향(接人處鄕)에 예도(禮道)가 있었다. 그래서 성호는 사림 사이에 존경을 받게 되었다. 성호의 타고난 성품은 기신(氣神)이 청랑(淸朗)하였다. 상모(狀貌)는 준결(峻潔)하여 눈에는 정기가 넘쳐흘렀다. 그 영채(英彩)가 사람을 쏘는 듯했다.

성호는 "『효경』, 『논어』, 『맹자』, 『역경』, 『시경』, 『서경』, 『예기』, 『춘추』, 『좌전』은 꼭 읽어야 한다. 이들 경적을 합치면 모두 47만 4995자가 된다. 하루에 300자씩을 왼다 해도 4년이 넘어 걸려야 한다"고 말했다. 성호는 학문의 바다에 외로이 떠 있었다.

1763년(영조 39년) 83세의 고령에 이르렀을 때 나라는 성호에게 우로예전(優老例典)에 따라 첨중추부사로써 승자(陞資)의 은전을 베풀었다. 그러나 그해 12월 17일 성호는 세상을 떠난다.

●● 성호의 형법사상

『성호사설』은 전체 3007편의 글이다. 그 중 형법사상과 관련된 글이 15편정도 된다. 그 중 6편을 선별하여 현대적 의미를 탐색했다. 이를 통해 성호의 형법철학, 형벌철학, 형사소송철학, 형사철학을 음미했다. 지금부터 약 300년 전 부패한 조선 후기 사회에 '문헌(文獻)'으로 정면 도전한 조선 선비의 깊은 학풍과 사유의 폭을 느낄 수 있다.

1. 색 욕

성호는 성선설(性善說)의 입장이다. 성호에 따르면 "사람은 가장 신령하여 오성이 고루 통한다. 군자는 이치로 기운을 제어하여 행동이 도(道)에 합한다"고 한다. 성호는 특히 인욕의 극치인 음욕을 경계한다. 성호는 "음란한 짓을 하면서도 부끄러워함이 없으면 이미 금수와 같다"고 말한다. 오늘의 의미에서 다소 유교의 원리주의의 주장처럼 들리지만, 그의 주장은 공직자와 일반인들에게 많은 교훈을 준다.

성호는 음욕의 폐해를 다음과 같이 설파한다. "덕을 잃고 복을 망치고, 명예를 무너뜨리고 자신을 죽이고, 아름다운 얼굴을 망치고 몸에 병을 가져오고, 목숨을 재촉하고 마음의 영각(靈覺)을 둔하게 하고, 이목(耳目)의 총명함을 어둡게 하고 평생의 학업을 폐하고, 선조의 산업을 파괴하는 등 거기에서 미친 환해(患害)를 이루 다 헤아릴 수 없다."

2015년 7월 발생한 19대 모 국회의원의 성(性)관련 사례를 보면 쉽게 알 수 있을 것이다. 성호의 지적이 얼마나 타당한지 각종 언론을 통해 다수의 사례들을 확인할 수 있을 것이다. 인간은 원래 선하지만, 이를 교육을 통해 확충시켜야 한다는 주장을 따르면, 이를 게을리 할 경우 음욕이 발호한다는 것이다. 한 사람의 인물상은 그의 음욕으로 판단하면 틀림없을 것이다. 음욕이 있는 사람은 욕심이 많은 자이기 때문이다. 부패와 같은 것이다. 성호는 "영리한 사람이 악한 짓을 하는 것이 더욱 혹독한 것과 같다"고 말한다. 화이트칼라 범죄의 원인과 폐해를 분석한 것이다. 예리한 지적이다.

【원문 번역】 색욕(色慾)

"주행기(周行己)는 몸가짐이 엄하고 각고(刻苦)하였다. 어렸을 때에 모당(母黨)의 여자와 의혼(議婚)을 하였는데 일찍 등과하자 여자는 뒤에 두 눈이 소경이 되었으나 드디어 장가들었다. 이천(伊川)은, "나는 30이 못되었을 때에도 이런 일을 하지 못했다. 그 나아가는 것이 빨랐는데, 물러가는 것도 빠른 것이 대견스럽다"하였다. 뒤에 주행기가 술자리에서 뜻이 가는 여자가 있어 비밀히 사람에게 고하기를, "윤언명(尹彦明)에게 알리지 말라"하고 또 말하기를, "알더라도 무엇이 해로울 것 있겠는가? 이것이 의리에 해될 것은 없다"하였는데, 이천이 듣고 말하기를, "이것은 금수만도 못하다"하였으니, 어째서 그렇게 말하였을까?"

"사람이 금수와 다른 것은 윤리가 있기 때문이다. 물욕이 이기면 금수와 멀지 않는 것인데, 금수와 멀지 않을 뿐만 아니라 혹 도리어 금수에도 미치지 못하는 것은 바로 음욕(淫慾)이다."

"무릇 금수 중에도 가축 이외에는 모두 암컷과 수컷이 쌍으로 날고 함께 다니면서 서로 혼란하지 않고 각각 정한 짝이 있으니, 이것이 분별(分別)이 있는 것이다. 사람은 흔히 그렇지 않아서 집에 처첩(妻妾)이 있어도 반드시 다른 곳에서 간음하고자 하며, 저자에서 얼굴을 단장하고 음란한 짓을 가르치면서도 부끄러워함이 없으니, 이것이 이미 금수에 미치지 못하는 것이다."

"남자는 여자를 좋아하고 여자는 남자를 유혹하여 담을 엿보고 좇아다니며, 날이 다하고 해가 다하도록 미친 듯이 희롱하고 극도로 부끄러운 짓을 하면서도 그칠 줄을 모르니, 더럽고 악한 것을 말할 수 없다. 오직 사람은 남녀가 서로 따라서 혹 밤낮을 가리지 않으니 금수에도 미치지 못하는 것이다."

"그러므로 덕을 잃고 복을 망치고, 명예를 무너뜨리고 자신을 죽이고, 아름다운 얼굴을 망치고 몸에 병을 가져오고, 목숨을 재촉하고 마음의 영각(靈覺)을 둔하게 하고, 이목(耳目)의 총명함을 어둡게 하고 평생의 학업을 폐하고, 선조의 산업을 파괴하는 등 거기에서 미친 환해(患害)를 이루 다 헤아릴 수 없다."

"정욕은 불과 같고, 여색(女色)은 섶(薪)과 같다. 불이 장차 치성하려 하는데 색(色)을 만나면 반드시 타오른다. 게다가 술이 열을 도와주니 그 힘을 박멸할 수 있겠는가? 그 까닭은 무엇인가? 금수는 편성이어서 지려(智慮)가 주편하지 못하지만 오직 사람은 가장 신령하여 오성(五性)이 고루 통한다."

"군자는 이치(理致)로 기운을 제어하여 행동이 도(道)에 합하지만, 그렇지 않은 자는 이치가 폐색되고 기운이 용사하여 신령한 마음이 도리어 사역이 된다. 비유하자면 영리한 사람이 악한 짓을 하는 것이 더욱 혹독한 것과 같다. 이 지경에 이르면 비록 금수만 못하다 하여도 가할 것이다."(이익, 『성호사설』, 제13권, 『인사문』, 색욕(色慾); 이익, 한국민족문화추진회편, 국역 성호사설(13), 80-81면 인용)

2. 형 법

성호는 형법을 통한 범죄예방을 주장한다. 독일 형법학자 포이에르바하(Paul Johann Anselm Ritter von Feuerbach, 1775~1833)는 독일

바이에른 형법을 제정하면서 범죄와 형벌의 균형을 강조하였다. 포이에르바하 보다 100전에 살았던 성호도 이미 300년 전에 죄형법정주의와 심리강제설을 강조하였다. "만일 살인해도 죽지 않는다고 하면, 도시에서 칼날을 휘두르는 일이 그칠 때가 있겠는가? 이러므로 정치를 하는 데는 요컨대 위엄이 이(利)보다 무겁고, 이(利)가 변해서 해(害)가 되게 하여야 백성의 뜻이 안정되고 풍속이 개혁될 것이다." 우리나라에도 1700년 초에 형법의 선각자가 존재하였던 것이다.

【원문 번역】 형법(刑法)

"하늘이 사시를 나누어서 한 번 춥고 한 번 덥게 하니, 덕교(德敎)와 형정(刑政)은 그 어느 하나도 빠뜨릴 수 없다. 그러므로 봄에 한 물건이 시들면 곧 재앙이라 하고, 가을에 한 물건이 꽃피우면 곧 재이라 하는 것이다. 만일 인인(仁人)이 정치를 함에 형살(刑殺)을 요치 않는다고 한다면, 요(堯)·순(舜)이 임금이 되었을 때 상형(象刑)을 폐기하지 않았던 것은 무엇 때문인가? 또 더구나 후대에 와서는 풍속이 흐려서 착하지 못한 자들이 많을 뿐이 아님에랴? 멋대로 악을 행하는 무리들은 이해가 마음을 요동시키므로 죽는 일을 과감하게 하는데, 더군다나 용서해 줄 수 있겠는가?"

"이러므로 대숙(大叔)이 너무 너그러웠으므로 환부(萑苻)의 도둑이 일어났고, 한 원제(漢元帝)가 너무 인자하였으므로 한 나라의 운이 떨치지 못했던 것이니, 여기에서 볼 수가 있다. 내가 볼 때 향려(鄕閭)의 뭇사람은 매우 빈천하므로 얕고 깊은 생각을 다 짜내어 조석으로 생계를 꾀하매, 이욕의 테두리에서 벗어나지 못한다."

"빈천(貧賤)에서 벗어나려고 하는 자들은 무엇이든 못할 짓이 없는데도, 오히려 감히 멋대로 간악한 짓을 못하는 것은 법이 있음을 두려워하기 때문이다. 법(法)과 이(利)는 서로 승제(乘除)가 된다. 그러므로 이(利)가 무거우면 법이 가볍고, 가벼운 것이 제(除)하면 무거운 것이 올라가니, 그 형세는 막을 수 없는데, 어찌 그것을 조금이라도 소홀히 할 수 있겠는가?"

"또 민심이 메이는 바는 풍속이 많은 비중을 차지하고 있으므로, 한 사람이 부정한 생활을 하게 되면 많은 사람들이 본받게 되어 마치 금수(禽獸)가 산에 있어서, 어별(魚鼈)이 못에 있어서, 오직 힘으로 이길 수 있는 것은 모조리 씹어 삼키는 것과 같은 것이니, 그것은 형금(刑禁)이 없기 때문이다. 이와 같이 그대로 나아간다면 장차 며칠 안가서 선이 변하여 악이 될 것이다. 그러므로 형금이 없다면 비록 요(堯)임금이 사도(司徒, 교육을 맡은 벼슬)가 되고 순(舜)임금이 전악(典樂, 음악을 맡은 벼슬)이 된다 하더라도 능히 금수와 어별이 산과 못에서 씹어 삼키는 것을 막을 수 있겠는가?"

"이제 한 갈고리만한 금을 훔친 자가 있을 때 장(杖)의 형벌에 처한다고 하면, 장이 훔치는 것보다 무거우므로 보고도 그냥 지나칠 것이나, 만일 훔쳐서 부자가 될 수 있다고 하면, 부자가 장보다 무거우므로 반드시 과감하게 훔칠 자가 있을 것이다. 이제 백금(白金)이 여기 있을 때, 그것을 겁탈하는 자에게 묵형(墨刑, 이마에 자자(刺字)하는 형벌)에 처한다고 하면, 묵형이 금보다 무거우므로 경계하고 겁탈하지 않을 것이나, 가사 겁탈하여 존귀하게 된다면, 존귀한 것이 묵형보다 무거우므로 반드시 과감하게 겁탈할 자가 있을 것이다."

"살인한 자는 자신도 또한 죽게 되므로 참고 살인하지 않는다. 만일 살인해도 죽지 않는다고 하면, 도시에서 칼날을 휘두르는 일이 그칠 때가 있겠는가? 이러므로 정치를 하는 데는 요컨대 위엄이 이(利)보다 무겁고, 이가 변해서 해가 되게 하여야 백성의 뜻이 안정되고 풍속이 개혁될 것이다."(이익, 『성호사설』, 제8권, 『인사문』, 형법(刑法); 이익, 한국민족문화추진회편, 국역 성호사설(4), 202면 인용)

3. 강 간

성호는 강간과 화간의 개념을 명확히 구분한다. 당시 명판결에 대해 냉정한 비판을 가하고 있는 성호의 법해석은 오늘의 관점에서 보면 지극히 타당하다.

성호는 폭력으로 옷을 벗기고 여자가 거절하는데 겁간하려 하는 것은 이미 강간에 해당한다고 본 것이다. 또한 범행자에게 쫓기어 쉴 사이 없이 달아나다가 모면하지 못한 것도 강간에 해당한다고 해석한다.

이미 300년 전의 형법 해석으로 경이롭다. '고의'의 문제를 통찰한 탁월한 법해석이라고 생각한다.

【원문 번역】 강간(强姦)

"옛말에 "세상에 강간은 없다"했으니, 이는 여자가 만약 목숨을 걸고 정조를 지킨다면 도둑이 범하지 못함을 말한 것이다. 옛날 노영청(魯永淸)이 화간(和姦)과 강간의 구별을 판결하기 위하여 힘센 종을 시켜 여자의 옷을 벗기게 했는데, 다른 옷은 모두 벗겼으나 오직 속옷 한 벌만은 여자가 죽기를 한정하고 반항하여 마침내 벗기지 못했다. 이에 강간이 아니요 화간이라 판결을 내리니, 사람들이 명판결이라고 일렀다."

"나는 생각건대, 이는 정리에 벗어난 논설이니, 여자가 거절하는데 남자가 겁간하려 하는 것은 이미 강간이니, 그 후에 딸려 일어나는 일은 족히 말할 것이 없다. 날짐승에 비유하건데, 암탉이 수탉에 쫓기어 담을 넘고 지붕에 올라 쉴 사이 없이 날다가 마침내는 면하지 못하는데, 그 후에 본즉 새끼 딸린 암탉은 모면하지 못할 듯하나 수탉이 마침내 범하지 못하니, 이로써 말한다면 암탉도 또한 죄가 되는 것이다."

"그러나 수탉에게 쫓기어 쉴 사이 없이 달아나다가 모면하지 못한 것을 어찌 화간이라고 하겠는가? 죄는 마침내 겁간한 자에게 있으니, 혹 이 같은 송사가 있어 노영청의 판결에 의한다면 폐단이 있을 듯싶으므로 이에 변론하는 바이다.”(이익, 『성호사설』, 제16권, 『인사문』, 강간(强姦); 이익, 한국민족문화추진회편, 국역 성호사설(8), 151-152면 인용)

4. 관 맹

조선은 신체형이 합법화된 국가였다. 수사과정에서 고문이 법으로 허용되었고, 판결이 확정된 후 처벌과정에서도 신체형이 허용되었다. 『경국대전』『형전』의 ‘죄인의 심문과 차단’은 고문도구의 크기와 고문하는 신체부위, 횟수 등에 대해 엄밀하게 규정하고 있었다. 대체로 이 법규들은 신체형을 가하기는 하되, 약간의 인간적 배려를 포함하고 있었다. 예를 들면 한 차례 고문이 끝나면 사흘 이내에는 다시 고문을 할 수 없는 규정도 이런 배려에서 나온 것이다. 그러나 그것은 법일 뿐이고 고문은 거의 제한 없이 이루어졌던 것으로 보인다. (강명관, 성호, 세상을 논하다, 뉴아카이브 총서 3, 자음과 모음, 2011, 148면 인용)

성호의 둘째 형 이잠도 1706년 상소문 때문에 역적으로 몰려 18차례의 심문 끝에 장살되었다. 이때부터 성호는 과거시험을 포기하고 학문에 정진하였다. 성호는 형벌의 발전사를 밝히면서 악형의 폐지를 주장한다. ‘고문금지의 선구자’이다. ‘범죄와 형벌’을 쓴 이탈리아 형법학자 체자르 베카리아(Cesare Beccaria, 1738~1794)보다 50년 정도 앞선 사람이다. 성호와 베카리아는 동서양의 반도국가 조선과 이탈리아에서 형벌개혁을 외친 외로운 사상가였다. 베카리아는 익명으로, 성호는 사후에 그의 사상이 알려졌다. 그만큼 준엄한 시대였다.

성호는 『성호사설』에서 형옥사상(刑獄思想)을 명확히 밝히고 있다. 성호에 따르면 형벌사상은 특별예방사상과 일반예방사상이 있다고 한다. 즉 가해자에 대한 너그러운 석방과 준엄한 형벌이다. 성호는 이 두 사상이 모두 옳다고 본다. 다만 시대상황에 맞게 형벌사상을 운용해야 하나, 난시(亂時)에는 일반예방사상이 타당하다고 본다.

성호의 사상에서 특히 주목할 점은 뇌물죄는 절대로 특별예방사상을 적용해서는 안 되고, 일벌백계(一罰百戒)의 일반예방사상을 적용하라고 말한다. 성호는 "뇌물 먹은 관리를 처벌하지 않는 것은 관후함을 주장하는 논설에서 나온 것인데, 만약 이 제도를 개혁하지 않는다면 세상이 다스려지기를 바랄 수는 없을 것이다"고 말한다. 성호의 주장은 오늘에도 설득력이 있다고 생각한다. 성호의 형벌사상에 공감하는 사람들이 많을 것이다.

【원문 번역】 관맹(寬猛)

"형옥(刑獄)의 논설은 너그러운 것과 준엄한 것으로 두 가지 구별이 있다. 너그러운 자의 말에는 "성인이 인자한 마음으로 법을 세웠으니 사람을 형벌로 사상(死傷)케 하는 것은 본의가 아니고 오직 놓아 주는 것을 힘쓴다"하며, 준엄한 자의 말에는 "인권을 옹호하려면 반드시 포악한 자를 금해야 하는데, 포악한 자를 금하지 않으면 사람의 생명에 위협이 되니, 준엄한 법으로 다스리지 않으면 어떻게 징계를 시키겠는가?"라고 하였다. 두 가지 논설이 모두 합당한 말이니 논쟁할 수는 없으나 각기 자기 쪽 주장만 고집하고 변통할 줄을 못하면 때로는 과오를 저지를 수도 있을 것이다."

"『서경』주서(周書) 여형(呂刑)에 "형벌은 세대에 따라 경하게 할 수도 있고 중하게 할 수도 있다"하였는데, 『주례』추관(秋官) 대사구(大司寇)에 의하면 “새 나라의 형벌은 경전(輕典)을 쓰고, 어지러운 나라의 형벌은 중전(重典)을 쓰며, 승평한 나라의 형벌은 중전(中典)을 쓴다”고 했으니, 이를 뒤바꾸어 시행한다면 옳지 않다.”

“후세에는 승평세대가 적고 난시(亂時)가 많으니, 중형(重刑)을 많이 쓰고 중형(中刑)은 적게 씀이 마땅할 것이다. 난시란 것은 반드시 전쟁만을 말하는 것이 아니고, 기강이 해이하거나 포악한 자가 날뛰거나 금령(禁令)이 시행되지 않아 양민들이 살 수 없는 것이 바로 이것이니, 임금이 비록 인자한 마음이 있더라도 백성들이 어떻게 그 은혜를 입을 수가 있겠는가? 그러므로 옛말에 “임금이 백성을 어린 아이처럼 사랑하지만, 신하는 백성들을 원수와 같이 취급하며, 어진 임금은 하나인데 포악한 신하는 조정에 가득하므로 아전들이 이를 본받고 권력 있는 자는 토색질을 한다”고 했으니, 이는 관후하고 준엄한 법을 알맞게 쓰지 못한 데서 원인된 것이다. 상말에 “수령은 차라리 준엄한 자가 나으니 윗사람이 준엄하지 않으면 아전의 포학이 더욱 심하다”고 하였다. 또 전진(戰陣)에 있어서도 평시에는 군율에 범한 죄가 태장에 지나지 않는 것도 반드시 참수하는 것은 무슨 까닭인가? 군율을 어겨 패하게 되면 수천 명 혹은 수만 명이 단번에 몰사하는 때문인 것이다.”

“지금 두 아전이 있어 한 사람은 청렴하고 한 사람은 탐욕이 있는데, 청렴한 자는 명예를 얻었으나 그 상(償)이 한 계급을 승진한 데 지나지 않고, 탐욕이 있는 자는 약간의 형벌은 입었으나 많은 재물을 얻어 그 몸이 즐거움을 누리고 자손에 이르기까지 부를 누리게 되었으니, 인정이 장차 어디로 쏠리겠는가? 만약 탐학한 자는 반드시 솥에 삶는 형벌을 내린다면 비록 만금(萬金)이라도 취하지 않을 것이니, 저 만금은 어디서 나왔는가? 반드시 백호(百戶)의 자산(資産)을 파산시키고 얻었을 것이다. 하물며 한 사람을 처형하여 경계시키지 않는다면, 백 사람이 이를 본받을 것이니, 백성들이 어떻게 소생할 수 있겠는가? 무릇 뇌물 먹은 관리를 처벌하지 않고 강도를 사형에 처하지 않는 것은 모두 관후함을 주장하는 논설에서 나온 것인데, 만약 이 제도를 개혁하지 않는다면 세상이 다스려지기를 바랄 수는 없을 것이다."

"그러므로 나는 이르기를 상앙(商鞅)과 왕안석(王安石)이 법을 변혁시켰다가 중도를 얻지 못했으므로 실패하여 드디어 후인들의 비판을 받고 있으나, 그 실상은 죄가 중도를 얻지 못한 데 있는 것이지 법을 변혁시킨 데에 있는 것은 아니라고 하였다. 생각이 여기에 이르자 재삼 탄식함을 금할 수 없다". (이익, 『성호사설』, 제16권, 『인사문』, 관맹(寬猛); 이익, 한국민족문화추진회 편, 국역 성호사설(8), 202~204면 인용)

5. 사 면

성호는 사면의 문제점을 지적하고 있다. 성호는 "법이 서지 않으면 간사한 자가 날뛰는 것이니, 죄를 사하는 것은 달리는 말의 고비를 놓아 주는 것과 같고 죄를 사하지 않은 것은 종기에 침석을 더하는 것과 같다"고 말한다. 사면령을 없앨 수 없다면 그 범위를 일반 서민으로 제한하자는 성호의 제안은 오늘날에도 생명력이 있다고 본다. 가진 자에게는 더 엄격하고 가지지 못한 자에게는 더 관대한 것이 '실질적 평등'을 구현하는 길이라는 생각이 깔려 있다. "경사가 많은 것이 말세"라는 지적은 선심성 정책의 폐단을 경계한 말이다. (이익, 김대중 편역, 나는 모든 것을 알고 싶다, 우리고전100선 성호사설선집(14), 2010, 153면)

【원문 번역】 사면(赦)

"임금은, 하늘이 봄에는 내고 가을에는 죽이는 이치를 본받아 한 가지도 빠뜨릴 수 없는 것이다. 그러므로, "봄에 한 물건이 죽으면 곧 재앙이 되고 가을에 한 물건이 번영하면 곧 변괴가 된다"는 말이 있으니, 포상(褒賞)은 믿음성

있게 하지 않을 수 없고 형벌은 끝까지 이행하지 않을 수 없는 것이다."

"그런데 후세의 임금들은 타인의 환심을 사기 위하여 나라에 경사가 있으면 곧 대사령(大赦令)을 내린다. 대사령이 내리게 되면 모두 목을 길게 늘이고 어깨를 서로 비비며 동서로 분주하여 혹은 권문세가(權門勢家)와 결탁하고 비밀히 뇌물을 써서 요행으로 모면할 것을 바라니, 그 죄를 다시 징즙할 수 없게 된다. 이는 간사한 자의 다행이고 무고(無辜)한 자의 더욱 원통한 바이니, 어찌 나라의 경사를 함께 한다 하겠는가?"

"관중의 말에 죄를 사(赦)해 주는 것은 처음에는 쉬우나 뒤에는 어려우니 오래되면 그 화를 이루 말할 수 없기 때문이고, 법대로 지키는 것은 처음에는 어려우나 뒤에는 쉬우니 그 복리를 이루 말할 수 없기 때문이다. 그러므로 은혜란 것은 사람의 원수요, 법이란 것은 사람의 부모이다. 도둑을 금지하지 못하면 착한 사람이 해를 입고 법이 서지 않으면 간사한 자가 날뛰는 것이니, 죄를 사하는 것은 달리는 말의 고비를 놓아 주는 것과 같고 죄를 사하지 않은 것은 종기에 침석(鍼石)을 더하는 것과 같다"라고 하였으니, 이 말은 더욱 경계가 되는 것이다."

"지금 나라에서 장차 대사령이 있다면, 마음속으로 은근히 기뻐하고 은혜에 감사하는 자는 거의 간악한 짓을 하다가 죄를 범하고는 죽음과 형벌에서 교묘히 벗어나려 하는 무리들이니, 착한 백성에게 무슨 관계가 되겠는가? 간혹 어진 사대부가 본의 아니 과실로 파직되었거나 귀양 간 자는 다만 허물을 반성하고 새로운 길을 도모하여 삼가 그 만기를 기다릴 뿐이며, 혹은 억울하게 죄를 입어 신문고(申聞鼓)를 치고 하소연하는 자는 재상이 사실을 분별하여 시비를 가려줌이 옳을 것이다. 만약 잘못을 끝내 참회할 줄 모르는 간사한 무리들과 혼동하여 은사를 입게 된다면, 그것은 마음에 다행으로 여기겠는가, 아니면 수치로 여기겠는가? 조정에서 사대부를 대우하는 도리에 있어서도 그처럼 야박하게 하는 것은 옳지 못한 처사이다."

"나의 생각에는, 비록 대사령이 없을 수는 없겠지만 죄를 사해 주는 것은 어리석은 백성에 그치고 사대부는 제외하여 염우(廉隅, 사람이 가져 지켜야 할 절개)를 격려하고 기강을 세운다면 정사에 도움이 될 것이다. 『강목(綱目)』에 대사령이 있을 때에는 반드시 특서(特書)했으니, 이는 경고하는 뜻을 붙인 것이다."

"만약 대사령이 해마다 있다면 1년에 2~3차 있다면 비록 특서하려 해도 어찌할 수 있겠는가? 국가에 경사가 많은 것은 반드시 말세의 일이다. 승평태세에 대사령이 없었던 것은, 혹시 사소한 경사를 일소해 버린 때문이 아닐까?"(이익, 『성호사설』, 제14권, 『만물문』 사(赦); 이익, 한국민족문화추진회 편, 국역 성호사설(7), 63면 인용)

6. 도둑고양이

성호는 고양이를 통해 동물의 본성과 동물이 처한 상황을 말하고 있다. 인간의 본성과 인간의 상황도 마찬가지라고 한다. 풍족하면 안정되고, 궁핍하면 흔들린다. 이 짧은 논설을 통해 우리 사회의 형사정책의 방향을 찾을 수 있다.

성호 보다 200년 후의 사람인 독일 형법학자 프란츠 폰 리스트(Franz von Liszt, 1851~1919)는 "최선의 사회정책이 최상의 형사정책이다"고 말한 바 있다. 성호의 주장과 유사하다.

성호는 도둑고양이를 통해 환경이 얼마나 중요한지 강조하고 있다. 범죄예방에서 사회정책이 얼마나 중요한지로 읽힌다.

역사학자 김대중의 해설이다. "똑같은 고양이건만, 성호의 집에서는 도둑고양이이었고 다른 집에서는 좋은 고양이었다. 고양이의 본성이 아니라 그가 처한 상황이 문제였던 것이다. 그러나 겉만 보고 낙인찍기는 쉬워도, 그 이면을 찬찬히 들여다보기란 그리 쉽지 않다. 고양이뿐 아니라, 생계형 범죄나 그 밖의 음지로 내몰린 이들에 대해서도 마찬가지 일 것이다."

성호의 글은 오늘의 비행청소년 나아가 청소년범죄의 원인을 다시금 생각하게 한다. 가출청소년의 원인을 300년 전에 이렇게 고양이에 비유하여 쉽게 설명한 그의 성찰이 경이롭다.

【원문 번역】 투묘(偸猫)

"떠돌아다니는 고양이 한 마리가 밖에서 들어왔는데, 천성이 도둑질을 잘하였다. 더구나 쥐가 많지 않아서 배부르게 잡아먹을 수 없었다. 단속을 조금만 소홀히 하면 상에 차려 놓은 음식조차 훔쳐 먹게 되었다. 사람들이 모두 미워하면서 잡아 죽이려 하면 또 도망치기를 잘 하였다. 얼마 후에 떠나 다른 집으로 들어갔다. 그 집 식구들은 본래부터 고양이를 사랑했던바 먹을 것을 많이 주어 배고프지 않도록 하였다. 드리어 다시 도둑질을 하지 않고 좋은 고양이라는 이름을 얻게 되었다."

"나는 이 소문을 듣고 탄식하기를, 이 고양이는 반드시 가난한 집에서 기르던 고양이일 것이다. 먹을 것이 없는 까닭에 하는 수 없어 도둑질 하게 되었고, 이미 도둑질했기 때문에 내쫓기었다. 우리 집에 들어왔을 때도 역시 그 본질이 좋은 것은 모르고 도둑질하는 고양이로 대우하였다. 이 고양이가 그때 형편으로는 도둑질을 하지 않으면 생명을 유지할 수 없었기 때문이었다. 비록 사냥을 잘하는 재주가 있었다 할지라도 누가 그런 줄을 알겠는가?"

"그 옳은 주인을 만난 다음에 어진 본성이 나타나고, 재주도 또한 제대로 쓰게 되었다. 만약 도둑질하고 다닐 때에 잡아서 죽여 버렸다면 어찌 애석하지 않겠는가. 아! 사람도 세상을 잘 만나기도 하고 못 만나기도 하는 자가 있는데, 저 짐승도 또한 그러한 이치가 있다."(이익, 『성호사설』, 제5권, 『만물문』, 투묘(偷猫); 이익, 한국민족문화추진회편, 국역 성호사설(3), 63면 인용)

●● 한국 근대 형사철학의 선구자

역사에 길이 있다. 고전을 읽으면서 새삼 느끼는 바다.

『성호사설』에 실린 3007편의 논단을 읽으면서, 특히 형사법 관련 논단을 읽으면서, 성호의 글은 조선 후기 사회가 아니라 바로 오늘의 우리 세상을 곱씹고 있다고 생각한다. 독자들도 공감을 할 것이다.

성호의 형사제도 개혁안들은 이상론이 아니다. 현실을 구체적으로 분석하고 실천에 옮길 수 있는 대안들이 명쾌하게 제시되어 있다. 성호의 주장은 오늘날 형사정책적인 측면에서 큰 의미가 있다. 그래서 '조선 실학사상의 대부'라고 부른다. 필자는 감히 '한국 근대 형사철학의 선구자'라고 평가한다.

조선 후기의 은둔 철학자, 성호가 피로 쓴 논단은 거대한 '사색의 산맥'이다. 필자는 성호가 퇴계와 남명 그리고 율곡과 다산을 이어 주는 중요한 '조선의 진보사상가'라고 생각한다. 300년을 멀리 보신 분이다.

경기도 안산에 살았던 성호가 '세월호 사건'을 직접 보았다면 우리 사회에 어떤 말을 했을지 궁금하다. 『성호사설』의 일독을 추천한다.

2016년 5월 15일

참·고·문·헌

이익, 한국민족문화추진회편, 국역 성호사설(1-15), 한국학술정보(주), 2007.

이익, 김대중 편역, 나는 모든 것을 알고 싶다, 우리고전100선 성호사설선집(14), 2010.

이익, 고산고정일 옮겨엮음, 성호사설, World Book 241, 동서출판사, 2015.

이익, 최한기 옮김, 성호사설, 한길그레이트북스 39, 제1판, 2012.

강명관, 성호, 세상을 논하다, 뉴아카이브 총서 3, 자음과 모음, 2011.

한국고전종합 DB, 성호사설.

한국민족문화대백과사전.

철학

조식(曹植)
– 조선의 기개와 절조의 최고봉

남명은 25세 때 운명을 만난다. 원나라 학자 노재 허형의 『성리대전』을 읽게 되었다. 그리고 출처에 뜻을 접었다. 『소학』을 기본으로, 경의를 배움의 근본으로 삼았다. 남명의 학문은 반궁실천 지경실행이었다. 오직 민중의 고통해소와 삶의 실질적 혜택을 강조했다.
척신정치의 폐단과 비리를 통절히 비판한 단성현감 『단성소』는 선비로서 상상도 할 수 없는 극언이었다. "자전께서 생각이 깊다하나 궁중의 한 과부요, 전하는 어린 나이로 선왕의 한 아들일 뿐이니, 천백 가지의 재앙을 어찌 다 감당하며 억만 갈래 민심을 어찌하여 수습하렵니까?" 재야 언론의 영수가 되었다.
남명은 무도한 정권의 횡포에 맞섰다. 그 힘의 원천은 청렴한 도덕성이었다. 남명은 하늘에 맞닿아 있는 지리산 천왕봉을 바라보며 하늘의 도를 추구했다. 천석종이란 거대한 정신세계를 이룩해 세상에 큰 울림을 주고 싶었다. 남명은 학문을 통해 도를 부지하는 것이 자기 시대를 구제할 수 있는 유일한 길이라고 생각했다. "한밤중의 공부가 매우 많으니 잠을 많이 자서는 안 된다."
남명은 『민암부』에서 민본정치, 애민정치를 역설하였다. 남명은 ≪극기복례(克己復禮), 한사존성(閑邪存誠)의 지어지선(至於止善)≫의 경지를 목표로 삼았다. 이것은 조선의 성리사상의 핵심이다. 대한민국 정치인과 지식인들에게 주는 교훈이라고 생각한다.
남명학파의 특징은 절조, 기개, 기다림이다. 남명의 학맥은 조선조 학술사에서 성리학이 개화하는 시기에 나타났다. '남명사상의 뿌리에서 발현까지' 새로운 조명이 필요하다. 필자는 남명을 ≪진보사상의 거대한 산맥≫이라고 생각한다. 민권사상의 맥은 묵자, 허형, 안향, 정도전, 이황, 조식 그리고 이이, 이익, 정약용, 황현으로 흐른다.

남명은 마침내 『민암부』 한 편을 지었다.

"백성이 곧 나라의 근본이다."

남명이 항상 갖고 있던 생각이었다. 임금은 배, 백성은 물.

조선의 기개, 절조의 최고봉 남명은 민본사상의 선구자였다.

●● 『민암부(民巖賦)』

배는 물 때문에 다닐 수 있지만,
물 때문에 뒤집히기도 한다네.
백성이 물과 같다는 소리.
하늘이 감응하는 것은 다른 이유가 없나니,
하늘은 이 백성들을 통해서 들으니까.
백성들이 하고자 하는 바는 꼭 들어주기를,
부모가 자기 자식 돌보는 것처럼 한다네.
(남명, 『민암부(民巖賦)』, 백성이 위태로울 수 있다)

『민암부』는 임금이나 위정자의 폐부를 지르는 신랄한 풍자를 담은 명작이었다. 남명은 고담준론을 싫어했고, 실천위주의 학풍을 좋아했다. 이러한 의지가 문학으로 승화되었다. "백성들이 나라를 뒤엎을 수 있다"는 발언은 당시 과감한 발상이었다. 남명이 남긴 198수의 시들은 음풍농월이 아니라 사상과 감정을 담은 강렬한 현실비판이었다.

"중년 이후 몸을 깨끗이 가지고 결의를 지키며 예법으로 몸을 단속해서 행실이 뛰어났다."(『명종실록』 曺植性高邁勇決 不爲物欲所漬 憤世嫉邪 隱遯不仕 識慮明睿 氣節洒落 聽其言論 人皆竦動 識之者以爲 庶幾廉刓立懶之風云.)

"사람됨이 우뚝 솟아 속세를 벗어났고 희고 맑은 성품이 세상 밖에 있을 정도로 높고 멀다."(퇴계, 亭亭物表 皎皎霞外.)

"선생은 천지의 순수한 덕과 하악(河嶽)의 맑은 정기를 타고 났고, 재주는 일세에 높고 기개는 천고를 덮으며, 지혜는 족히 천하의 변화를 통하고 용맹은 능히 삼군의 우두머리를 앗을 수 있으며, 태산벽립(泰山壁立)의 기상과 봉황이 높이 나는 이상을 갖고 있다."(정구)

●● 경상좌도 인(仁), 경상우도 의(義), 붓과 칼

조선에서 경상도 낙동강 좌도 문화권은 안동이었고, 우도 문화권은 진주였다. 1500대 조선은 퇴계와 남명으로 양대 학파가 형성되었다. 퇴계학파는 이론탐구와 저술이 강점이었고, 남명학파는 도덕수양과 실천궁행이 강점이었다. 퇴계가 붓이었다면 남명은 칼이었다. 인조반정이후 남명학파는 명맥만 유지했다. 남명의 학문은 '경의(經義)'로 요약되었다. "자신을 수양하고, 제자를 기르고, 세상을 구제한다." 남명은 실용적인 학문을 추구했다. 임진왜란 때 의병장의 대부분이 남명의 제자들이었다.

남명 조식(曹植, 1501~1772)은 1501년(연산군 7년) 경상도 삼가현(지금의 경상남도 합천군 삼가면)의 토골의 외가에서 음력 6월 26일 진시에 태어났다. 본관은 창녕(昌寧). 자는 건중(健中), 호는 남명(南冥)이다. 南冥이란 바다(海)이다. 『장자(莊子)』에 소요유(逍遙遊)에 나오는 말이다. 또 산해선생(山海先生)으로 불린다. 생원 안습(安習)의 증손으로, 아버지는 승문원판교 언형(彦亨)이며, 어머니는 인주 이씨로 삼가현 지역의 유력한 사족이던 충순위 이국(李菊)의 딸이다. 남명의 아버지가 서른두 살 때 남명을 낳았다. 이 해(1501년) 동짓날 25일 퇴계 이황(1501~1570)이 경상좌도 예안현(지금 경상북도 안동시) 온계리에서 태어났다. 경상도의 남북에서 위대한 인물이 같은 시기에 태어난 것이었다. 음력 6월과 12월이었다. 성호 이익은 『성호사설』에서 퇴계과 남명에 대해 다음과 같이 서술하였다.

"경오년에 남명이 퇴계가 돌아갔다는 말을 듣고 슬픔을 못 이겨 눈물을 흘리며 말하기를 "나기도 같은 해에 났고 살기도 같은 도(道)에 살면서 70년을 두고 서로 만나보지 못했으니 어찌 명(命)이 아니랴? 이 사람이 가버렸다 하니 나도 아마 가게 될 게다" 하였는데, 그 후 두 해가 지나서 임신년에 남명이 돌아갔다."

"대개 퇴계가 남명에 대하여 허여(許與)를 아낀 것이 한 마디 말만이 아닌데 남명은 한 구절도 퇴계에 언급한 바가 없었으니, 비단 퇴계만 덕이 순수하여 하자(瑕疵)가 없을 뿐 아니라 남명도 한 점의 시기나 혐오가 없었다는 것을 볼 수 있으니 족히 법을 삼을 만하다."

"이율곡(李栗谷)은 말하기를 "세도(世道)를 만회한 공은 아마도 동방 제자(諸子)의 아래에 있지 않을 것이다" 하였거니와, 그 천 길의 벽(壁)이 우뚝이 서 있는 기상 같은 것은 탐욕한 자로 하여금 청렴하게 하고, 나약한 자로 하여금 일어서게 하니 이른바 백세의 스승이라 하겠다. 혹자는 퇴계의 평으로 인하여 마침내 이르기를 "유가(儒家)의 유(流)가 아니요 바로 처사(處士) 중에 협기(俠氣)가 있는 자이다" 하였으니, 역시 가소로운 일이라 하겠다."

"그러니 그 뇌룡(雷龍)·계복(鷄伏) 등의 문자를 살펴보면 그 공력을 들임이 각려(刻厲)했던 것을 알 수 있다. 그는 일찍이 학자들에게 말하기를 "다만 그 혼수(昏睡)를 깨우치는 데 있을 따름이니 이미 눈을 떴을 경우에는 저절로 천지(天地)와 일월(日月)을 보게 된다"하였으니 이 한 마디 말은 초학의 정침(頂針)이 될 만하다."(이익, 『성호사설』, 제9권, 『인사문』, 퇴계·남명(退溪南冥)』; 이익, 한국민족문화추진회편, 국역 성호사설(5), 106~109면 인용)

●● 훌륭한 인물의 탄생

남명은 삼가 토동 외가에서 태어나 어린 시절을 보냈다. 다섯 살 때 아버지를 따라 서울로 왔다. 남명은 열심히 공부하였고 사색했다. 아홉 살 때 큰 병이 걸렸다. "하늘이 사람을 낼 때 어찌 그 뜻이 없었겠습니까? 소자에게 부여한 임무가 있을 것입니다." 아홉 살 난 아이가 이런 말을 했다고 전해지며 주변에서 많이 놀랐다고 한다.

남명 열다섯 살 무렵에 아버지가 의흥·단천 군수로 임명되어 단천에서 살았다. 이후 20대 중반까지 주로 서울에 거주하였다. 열여덟 살 때 북악산 밑의 장의동으로 이사하여 성운(成運, 1497~1579)과 평생을 같이하는 교우관계를 맺었다. 이때부터 남명은 자신의 수양방법 두 가지를 마련했다. 하나는 깨끗한 그릇에 물을 가득 담아 꿇어 앉아 두 손으로 받쳐 들고 정신을 가다듬는 것이었고, 다른 하나는 옷 띠에 쇠 방울을 차고 다니면서 그 소리를 듣고 정신을 깨우쳐 자신을 성찰하였다.

언행을 신의 있게 하고 삼가며,	庸信庸謹
사악함을 막고 정성을 보존하라.	閑邪存誠
산처럼 우뚝하고 못처럼 깊으면,	岳立淵沖
움 돋는 봄날처럼 빛나고 빛나리라.	燁燁春榮

(남명, 『좌우명(座右銘)』)

혀는 새는 것이요,	舌者泄
가죽은 묶는 것이니	革者結
살아 있는 용을 묶어서	縛生龍

깊은 곳에 감추어두라. 藏漠沖

(남명, 『혁대명(革帶銘)』)

열아홉 살 때 절에서 공부하다 조광조(趙光祖, 1482~1519)의 부고를 들었다. 기묘사화가 일어났다. 남명은 벼슬길이 험난하다는 것을 알게 되었다. 서울 근교의 백운대나 탕춘대의 무계동에 있는 절을 찾아 독서에 몰두하면서 과거에 응시했다. 이십이 세 때 생원시·진사시의 초시와 문과의 초시에 합격했으나 회시에 실패했다. 남명의 뜻은 자신의 인격과 학문을 닦아 세상을 바로잡고자 하는 데에 있었다.

남명은 1522년 스물두 살 때 조씨(南平曺氏) 충순위 조수(曺琇)의 따님과 결혼을 했다. 김해로 이사를 하여 생활이 어느 정도 안정되어 공부할 집을 따로 지었고 산해정(山海亭)이라 붙였다. “높은 산에 올라가서 바다를 바라본다”는 의미였다. 공부는 등산하는 것과 같아 경지가 높으면 높을수록 멀리 넓고 정확하게 볼 수 있는 것이다. 그래서 거처하는 방을 계명실(鷄鳴室)이라고 하였다. 『주역』에 있는 말이다. “지나간 어진이의 밝은 덕을 계승하여 사방에 펼친다”는 의미였다.

남명은 스물다섯 살 때 운명을 만난다. 원나라 학자 노재 허형의 『성리대전(性理大典)』을 읽게 되었다.

“이윤(伊尹, 은나라 재상)의 뜻을 뜻으로 삼고, 안자(顏子, 공자의 제자 안회(顏回))의 학문을 학문으로 삼아, 벼슬에 나가서는 경륜을 펴서 업적을 이루고 초야에 있으면서는 지조를 지켜야 한다. 대장부라면 마땅히 이와 같이 해야 한다. 벼슬에 나가서는 아무 하는 일이 없고 초야에 있으면서는 아무런 지조도 지키지 않는다면, 뜻을 세우고 학문을 닦아 장차 무엇을 하겠는가?”

허형의 문장에서 남명은 자신의 학문과 처신할 방향을 찾았다. 이때부터 모든 공명을 위한 형식적이고 지엽적인 학문을 떨쳐버리고, 유학의 정수를 공부하는데 전념하였다. 아침마다 절을 올리고, 그 학문을 올바로 배우겠다고 마음속으로 맹세했다. 평상적인 유학공부에서 출발하여 다방면으로 폭넓게 공부하다가, 다시 유학의 정수를 찾아 돌아왔던 것이다.

매일 닭이 울면 일어나 세수하고 의관을 정제하고서 먼저 조상의 사당에 참배하였다. 자신의 학문과 처신의 지표로 경(敬)과 의(義)를 내걸게 되었다. 경과 의는 본래 『주역』에 나오는 말에서 유래되었다. “군자는 경(敬)으로써 안을 곧게 하고, 의(義)로써 바깥을 바르게 한다.”(君子, 敬以直內 義以方外.)

남명이 지은 한시는 현재 198수가 전해지고 있다. 세상을 바로 잡고 사람들의 마음을 착하게 하려는 남명의 사상과 의지가 담겨 있는 시다. 남명의 문장은 매우 간결하고 난삽하다. 최대한 압축시켜서 해독이 어렵다.

스물여섯 살 때 1526년 3월 아버지가 세상을 떠났다. 부친 나이 58세, 남명은 훌륭한 아버지의 기대를 많이 받았다. 기묘사화 이후 부친은 제주도로 좌천되었다. 병으로 부득이 사양했다. 험난한 곳을 피한 자로 여겨 관직을 삭탈 당했다. 아버지는 그 정신적 충격으로 세상을 떠났다. 남명은 벼슬길에 더욱 환멸을 느꼈다. 남명의 아버지는 23년의 벼슬생활에서 통훈대부(通訓大夫, 정3품 堂下官 품계)까지 승진했지만 아주 청렴했다. 가족들에게 남겨 준 것은 ‘안(安, 자신의 분수에 만족하라)’이었다. 남명이 448자의 짧은 문장으로 묘갈명을 썼다. 남명은 스물여덟 살 6월 고향 삼가에서 3년 상을 마친 뒤, 한 때 의령의 도굴산에서 독서를 했다. 남명은 지리산을 무척 좋아했다. 절간의 방을 빌려 혼자 기거하면서 문을 닫고 글을 읽었다.

1530년 서른 살 되던 해 어머니를 모시고 김해 탄동에 있는 처가로 거처를 옮겼다. 장인인 충순위 조수(曺琇, 본관 南坪)가 김해일대에서 부자로 소문났던 만큼 처가의 도움으로 경제적 안정을 갖게 되었다. 산해정(山海亭)을 짓고 독서에 힘쓰며 과거를 준비하였다. 특히 1531년 남명 나이 서른한 살 때 서울 친구 이준경과 송인수(宋麟壽)가 『심경』과 『대학』을 선물로 보내 주었다. 이 책들을 읽고 성리학에 침잠했다. 성운(成運)·이원(李源)·신계성(申季誠)·이희안(李希顔) 등과 더불어 의리의 구명과 실천에 힘써 그 학적 기반을 확립하였다. 이들은 모두 30대 초반의 장래가 촉망되는 쟁쟁한 선비들이었다.

"사람에게 가장 슬픈 일은 마음이 죽는 것이다. 『심경』은 바로 마음을 죽지 않게 하는 약(藥)이다. 이 책을 음식으로 삼아 그 맛을 알고, 좋아하며 그 즐거움을 알아 오래토록 편안한 마음으로 일상생활에 적응하기를 게을리 하지 않는다면, 공자의 수제자 안자처럼 자기의 사욕을 이겨서 인(仁)으로 돌아가는 경지에 이를 수 있을 것이다."(『남명집(南冥集)』 권2, 31·32장 『題李君原吉所贈心經後』)

성우(成遇)는 『동국사략(東國史略)』을 선물로 보내주었다. 남명은 이 책을 읽고 우리나라 인물들을 네 가지 부류로 나누었다. 역대 인물들의 사람됨을 단번에 알 수 있었다. 남명은 옳고 그름, 바름과 비뚤어짐의 구별을 확실히 했다.

1537년 서른일곱 살 때 어머니의 권유로 과거에 응시했다가 낙방되자 어머니를 설득하여 과거를 포기하였다. 그 뒤 비로소 처사(處士)로서 삶을 영위하며 본격적인 학문연구와 덕성함양에 전념하였다.

●● 학문에 전념

날이 갈수록 남명의 학문은 높은 수준에 이르렀고 논리도 정연하였다. 남명의 명성은 조정에도 알려졌다. 남명이 학자로서 명망이 높아지자 남명은 1538년(중종 33년) 경상도관찰사 이언적과 대사간 이림의 천거로 헌릉참봉에 제수되었다. 그러나 남명은 사양하였다. 자기의 포부를 실행할 자리가 아니었다.

1544년 6월 마흔네 살 되던 해, 외아들 차산(次山)이 아홉 살의 나이로 세상을 떠났다. 남명은 마음이 몹시 아팠다. 남명의 명성이 알려지자 전국에서 많은 제자들이 찾아왔다. 노흠(盧欽)도 19세 때 남명을 찾았다. 남명은 "그대의 경의(敬義)가 대한 공부가 깊구나"라고 말하였고, 노흠의 편지에 답하면서 "공부하는 것은 강물을 거슬러 배를 저어 올라가는 것과 같다. 한 치를 놓아두면 한 길이나 미끄러져 내려간다"고 훈계를 보냈다. 남명은 여기저기 다니면서 자신의 학문을 자랑하며 가르치려고 하는 일이 없었다.

1545년(명종 1년) 마흔다섯 살 때 을사사화가 일어났다. 이림·송인수·성우·곽순 등 가까운 지인들이 화를 입게 되자 세상을 탄식하고 더욱 숨을 뜻을 굳혔다. 인종, 윤임, 윤원형, 문정왕후 수렴청정, 기생

난정으로 이어지는 대혼란의 시대였다. “나랏일을 걱정하고 백성들의 생활을 가엾게 여겨, 달 밝은 밤이면 홀로 슬프게 노래하다가 끝내 눈물을 흘린 것이 한두 번이 아니었다.”(성운(成運)의 『묘비문』)

1545년 11월 어머니 이씨 부인이 일흔 살의 나이로 세상을 떠났다. 7남 4녀를 두었으나 아들 다섯은 다 앞서 죽었고 남명과 동생 환(桓)만 남았다. 남명은 모친상으로 삼가로 돌아가 3년간 시묘(侍墓)하였다. 남명이 시속에 휩쓸리지 않고 꿋꿋이 자기 지조를 지키면서 학문에 전념할 수 있었던 것은 어머니로부터 감화를 받았기 때문이다. 온 문중이 모두 어머니처럼 여겼다. 남명은 움막에 거처하면서 어머니를 늘 사모했다.

1547년 남명 나이 마흔 일곱 살 때 상복을 벗은 후 김해 생활을 청산했다. 김해 생활은 남명이 주로 자신의 심신수양과 학문심화에 치중한 시기였다. 이후 남명은 고향인 토골에 계복당(鷄伏堂)·뇌룡사(雷龍舍)를 짓고 문인들과 함께 도학(道學)을 강론하였다. 계복이란 “닭이 알을 품어서 병아리가 부화되어 나오듯 침잠(沈潛)하여 학문과 인격을 함양한다”는 뜻이었다. 뇌룡이란 “가만히 있다가 용처럼 승천하고, 연못처럼 잠잠하다가 뇌성벽력이 치는 것처럼 한다”는 뜻이었다. 꾸준히 실력을 쌓아서 때를 기다린다는 의미였다.

●● 재야 언론의 영수

남명은 제자들에게 『소학』을 먼저 가르쳐서 몸바탕을 세워 주었고,

그 다음 『대학』을 가르쳐서 규모를 넓혀주었다. 남명의 가르침은 교육의 방법부터 달랐다. 의리와 이익을 구별하는 눈을 키워주었고, 기질을 청렴하고 강직하게 이끌었다. 이것은 남명학파의 전통적인 학풍이었다.

남명은 이 책 저 책 뒤적거리는 사람이나, 쥐꼬리만 한 학식을 자랑하고 싶어 하는 사람이나, 학문보다 벼슬에 뜻을 두는 사람은 준엄하게 꾸짖어 올바른 길로 가게 했다. 남명은 "선비들의 정신이 죽어 있다면, 땅이 있다고 해도 망한 나라와 다름이 없다"고 말했다. "선비의 임무는 자신을 닦아서 세상을 바른 길로 인도하고, 모든 사람들이 더 인간다운 삶을 영위해 나가도록 하는 것이다"라고 생각했다. 그 방법을 찾는 공부가 유학이라고 강조했다.

"나는 배우는 사람들의 몽롱한 정신상태를 깨우쳐, 눈을 뜨게 해 주는 것뿐이다. 사색하는 공부는 밤에 오로지 할 수 있다. 학문의 목적은 식견을 높이는데 있다. 태산에 올라서면 사방의 높고 낮은 산이 한눈에 들어와 사방의 지형을 정확하게 살필 수 있다. 어떤 문제 어떤 일이 부닥쳐도 바른 판단을 할 수 있다. 하루 종일 큰 시장을 거리를 오르락내리락하면서 진귀한 보물을 구경하고 그 값만 물어본다고 자기 소유가 되는 것은 아니다. 차라리 생선 한 마리라도 사서 일찍 돌아가 끓여 먹는 것 같지 못하다."(『남명별집(南冥別集)』 권2, 14장, 『언행총록(言行總錄)』)

조정은 초야에 묻힌 훌륭한 인재를 등용하여 백성들을 위한 정치를 한다는 좋은 명분을 얻고자 노력했다. 백성들의 눈과 귀를 속이기 위한 것이었다. 남명에게 6품의 관직을 내려 불렀던 것이다. 집권을 정당화하려는 계책이었다.

1550년 남명은 쉰 살이 되었다. 남명은 성현을 목표로 삼아 거기에 도달하려고 맹세를 굳게 하였다. 남명은 그런 벼슬을 받지 않았다. 남명은 오건(吳建)에게 『중용』, 『대학』, 『심경』, 『근사록』을 읽고 그 담긴 뜻을 깊이 체득하여 실천에 옮기라고 가르쳤다. 이 시기에 노진(盧禛)·강익(姜翼)·김희삼(金希參) 등이 종유하였으며, 오건(吳健)·문익성(文益成)·이광우(李光友)가 처음으로 문하에 출입하였다. 남명은 김희삼에게 백성들의 피폐한 생활을 이야기 해 주고 구제방법을 제시하였다. 인재 등용, 기강 확립, 왕실의 사치금지, 세금 축소, 권력자의 토지몰수 등 개혁안이었다. 그러나 김희삼의 상소는 조정에서 받아들여지지 않았다.

●● 『단성소(丹城疏)』

1553년 남명 나이 쉰세 살, 남명은 조정에서 내린 사도시주부의 관직을 또 사양했다. 이 때 성균관 대사성이었던 퇴계는 처음으로 남명에게 편지를 보내 벼슬에 나가기를 권유하였다. 퇴계는 '천리신교(千里神交)'를 맺기를 원하였다. 이후 서너 차례에 걸쳐 편지를 주고받았다. 그러나 남명은 겸손하게 거절했다. 퇴계에 대한 사모의 뜻이 간절함을 먼저 말했고, 그 다음에 자기에게 세상에 알려질 만한 학문이나 덕행이 없는데도 헛이름을 얻었으니 세상을 속이고 임금을 속인 꼴이 되었다고 답장을 써서 보냈다.

1555년 남명 나이 쉰다섯 살 때 임금은 남명에게 다시 벼슬을 내렸다. 단성현감에 임명되었다.

남명은 『단성소(丹城疏), 을묘사직소(乙卯辭職疏)』를 올렸다. 이 소에서 남명은 재야인사들의 의견과 불만을 결집하여 대변하는 입장에서 임금을 정면으로 공격하였다. 선비로서 상상도 할 수 없는 극언(極言)이었다. 그 내용은 다음과 같다.

"자전(慈殿)께서 생각이 깊다하나 궁중의 한 과부요, 전하는 어린 나이로 선왕의 한 아들일 뿐이니, 천백 가지의 재앙을 어찌 다 감당하며 억만 갈래 민심을 어찌하여 수습하렵니까?"

단성현감 사직소는 척신정치의 폐단과 비리를 통절히 비판했다. 그리고 임금은 크게 분발하여 명신의 경지에 이르러야 한다고 표현했다. 임금에게 국가 위기의 심각성을 깨우치도록 심금을 울리기 위해서 격한 표현을 썼다.

그러나 당시 갓 스물을 넘긴 명종(明宗, 1534~1567)은 노발대발하였고, '불경군상죄(不敬君上罪)'로 엄하게 처벌하라고 명하였다. 자신을 '고아(孤兒)', 임금의 어머니인 문정대비를 '과부(寡婦)'라고 한 구절에 분개했다. 왕을 보좌해야 할 승지들은 상소의 참 뜻보다 서로 책임전가에 바빴다. 대신과 언관의 구원으로 다행히 무사했다.

이 사건으로 남명은 ≪재야 언론의 영수≫가 된 것이다. 이 시기에 정인홍(鄭仁弘)·하응도(河應圖)·하항(河沆)·박제현(朴齊賢) 등 남명학파의 대표적인 인물들이 남명의 문하에서 수업을 받았다.

●● 남명학파의 산실, 덕산(德山)과 산천재(山天齋)

1561년(명종 16년) 남명은 회갑을 맞이하였다. 김해 산해정, 계부당과 뇌룡사 12년, 남명은 다시 지리산 덕산으로 강학의 장소를 옮겼다. 지리산의 천왕봉이 뚜렷이 보이는 곳이었다. 남명이 삼가의 토골에서 진주 덕산(지금의 경상남도 산청군 시천면)의 사륜동으로 거처를 다시 옮기고 산천재(山天齋)를 지어 강학하자, 진주·산청·함양·거창 등의 인근지역은 물론 서울의 선비들까지 그를 좇아 몰려들었다. 바로 그들이 정탁(鄭琢)·김효원(金孝元)·최영경(崔永慶)·김우옹(金宇顒)·이정(李楨)·김면(金沔)·조원(趙瑗) 등 이었다. 정구(鄭逑)·최황(崔滉)·곽재우(郭再祐)·성여신(成汝信) 등은 이들보다 조금 늦게 문하로 들어왔다.

산천(山川)의 의미는 『주역(周易)』에 나오는 말로, "경솔하게 나서서 자기의 얄팍한 지식을 이용하여 명예나 얻어 세상을 속이며 적당하게 살아가려는 사람들과는 달리, 자기의 학문과 경륜을 크게 쌓아 쓰일 때를 기다린다"는 남명의 의지가 담겨 있었다. 산천재가 완성되자, 창에다 경(敬)·의(義) 두 글자를 크게 써 붙이고, 자신이 그린 『신명사도(神明舍圖)』를 자기 옆에다 걸어 두고 자주 보면서 마음을 수양하였다. 신명은 곧 마음이었다. 남명사상의 핵심이었다.

천 석들이 큰 종 보소서!	淸看千石鍾
크게 치지 않아선 소리 없다네.	非大拘無聲
어떻게 하여야 두류산처럼,	爭似頭流山

하늘이 울어도 울지 않을 수 있을까? 天鳴猶不鳴
(『남명집(南冥集)』, 권1, 2장, 『제덕산계정주』(題德山溪停柱))

“천 석들이 큰 종(千石鍾)”은 남명이 지향하는 인물이었다. 바로 자신이 지향하는 인간상이었다. 남명은 기상이 장엄하고 포부가 원대하며 온축한 것이 많은 선비였다. 워낙 큰 그릇이라 크게 치지 않으면 소리가 나지 않았다. 관직, 명예, 이익, 여색 등에 조금도 마음이 흔들리지 않고 옳은 일만 해 나갔다. 남명은 천길 우뚝한 절벽 같은 인물이었다. 남명은 덕산에서 제자 양성에 전념했다. 남명은 제자 정탁에게 하직인사의 선물로 소(牛)를 주면서 타고 가라고 했다.

“자네 말이나 기질이 너무 민첩해. 묵묵하게 꾸준히 행동하여 원대한 경지에까지 나아가도록 하는 것이 좋겠네. 이 소처럼.”

1563년 김희삼(金希參)의 아들 김우옹이 배우러 왔다. 학문이 깊고 식견이 정확하며, 제자 가르치는데 법도가 있었기 때문이다. 남명에게 딸이 하나 있었다. 그 딸이 시집가서 두 딸을 낳았다. 남명은 큰 외손녀를 김희삼의 아들 김우옹에게 시집을 보냈다. 김희삼이 외손녀에 대해 묻자, “군자의 배필이 될 만하오”라고 답했다. 남명은 자기가 차고 다니던 방울 성성자(惺惺子)를 풀어 김우옹에게 주면서 이렇게 당부했다.

“이것의 맑은 소리가 능히 사람을 깨우쳐 반성하게 한다. 이것을 차고 다니면 아주 좋다는 것을 느끼게 될 것이다. 내가 이것을 매우 소중하게 생각해왔는데, 자네한테 준다. 이것을 자네의 띠 사이에 매어 두면 자네의 동작을 규제하고 경계하고 책망할 걸세. 자네 경계하고 두려워할지어다. 이것에게 죄를 얻지 않도록 하라."(『남명집(南冥集)』권3, 3·4장 『덕천사우연원록(德川師友淵源錄)』)

"자기 자신이 행동할 때는 처음부터 마땅히 금이나 옥처럼 조그마한 먼지의 더러움도 받아들이지 않아야 한다. 대장부의 처신은 중후하기를 만길 우뚝 솟은 산악처럼 하여, 때가 되면 자기의 경륜을 펼쳐 많은 일을 이룩해 내야 한다. 비유하자면 3만근 정도 나가는 큰 쇠뇌(여러 사람이 한꺼번에 소는 큰 활)는 한방에 만겹의 성벽을 깨뜨리지만, 생쥐 한 마리를 잡기 위하여 발사하지는 않는다."

작은 외손녀는 곽재우(郭再祐, 1552~1617)에게 시집을 갔다. 곽재우는 선비였지만, 활쏘기, 말타기에 뛰어났다. 곽재우는 임진왜란이 일어나자 중국 천자로부터 선물로 받은 처녀의 초경을 모아 물들인 옷을 입고 스스로 홍의장군(紅衣將軍)이라 불렀다.

남명은 당시 퇴계를 중심으로 한 학자들이 성리학을 이론화하는 것에 대해서 별로 찬성하지 않았다. 남명은 실천에 바탕을 둔 학문을 강조하였다. 1564년 9월 18일 못난 동갑내기 건중(楗仲) 드림이라는『여퇴계서(與退溪書), 퇴계에게 드림』이라는 편지다.

"요즘 공부하는 자들을 보니, 손으로 물 뿌리고 비질하는 예절도 모르면서 입으로는 천리(天理)를 이야기하여, 헛된 이름을 훔쳐 남을 속이려 하고 있습니다. 그러나 도리어 남에게서 상처를 입게 되고, 그 피해가 다른 사람에게까지 미치게 됩니다. 이는 아마도 선생 같은 어른이 꾸짖어 그만두게 하지 않기 때문일 것입니다. 저 같은 사람은 마음에 간직한 것이 거칠어, 배우러 찾아오는 사람이 드물지만 선생 같은 분은 몸이 높은 경지에 이르러 있으므로 우러러보는 사람이 정말 많을 것이니, 충분히 억제하고 타이르는 것이 어떻겠습니까?" (『남명집(南冥集)』 권2, 1장, 『여퇴계서(與退溪書』; 조식, 남명집(南冥集), 한길사, 2001, 181면 인용)

●● 1566년 66세, 사은숙배(謝恩肅拜) 후 임금 면대

당시 대부분의 선비들은 당파싸움을 하거나, 공리공담으로 세월을 보냈다. 글귀나 몇 개 외워 남에게 뽐내는 정도였다. 그러나 남명의 학문은 경의(敬義)를 주로 하여 지식보다 실천을 중시하였다. 남명은 항상 제자들에게 "장부의 처신은 태산처럼 중후하게 서 있다가 때가 되면 자신의 경륜을 펼쳐야 하는 것이다"라고 말하였다.

퇴계의 제자 가운데 허목(許穆)이 있었다. 허목은 정구(鄭逑, 1543~1620, 조선 중기의 문신, 성리학자, 철학자, 역사학자, 작가, 서예가, 의학자이자 임진왜란기의 의병장이다)를 통하여 전수받은 퇴계의 학문을 기호지방에 보급한 인물이었다. 허목의 학통은 기호학파를 이루었다. 기호지방의 남인학파는 이익, 안정복, 정약용 등이 대표적인 학자이었다. 정구는 퇴계·남명 두 문하를 출입하면서 두 선생의 훌륭한 면모를 많이 배워 대학자가 되었다. 그의 저서 『함주지(咸洲志), 함안의 역사지리서』는 현존하는 우리나라 최초의 지방지다.

1566년(명종 21년) 문정대비가 죽고 윤원형이 실각하여 척신정치가 막을 내렸다. 1566년 7월 명종은 남명을 부르는 정성이 담긴 전지를 내렸다. 남명은 정치쇄신과 민심수습의 일환으로 성운(成運)·이항(李恒) 등과 함께 유일(遺逸)로 징소되어 상서원판관의 벼슬을 받았다. 그러나 아프다고 하고 사양하였다. 이해 8월 다시 상서원의 판관으로 불렀다. 드디어 66세의 나이로 상경하여 사은숙배(謝恩肅拜) 후 임금을 면대하고 물음에 응했다. 남명은 명종의 성의와 대신의 경륜이 부족함을 알고 곧 사직하고 하향하였다.

"고금의 잘 다스려진 일이나 어지러운 일은 책에 다 실려 있으니, 신의 말이 필요하지 않습니다. 임금과 신하 사이에는 정과 의리가 서로 부합하여 환히 통하여 거리가 없어야만 더불어 무슨 일을 할 수 있습니다. 옛날의 제왕들은 신하들을 친구처럼 대하면서 나라를 다스릴 방법을 강구했습니다. 그래서 임금과 신하가 허심탄회하게 무슨 일이든지 의논하였습니다."

"지금 백성들은 곤궁하고 찌들어 살길을 찾아 가족마저도 서로 흩어지고 있습니다. 마치 둑 터진 물처럼 민심이 흩어져 달아나고 있으니 마땅히 이들을 구제하는 일을 먼저 해야 할 것입니다."

"임금의 학문이 바로 정치를 잘 할 수 있는 근원입니다. 학문은 스스로 체득하는 것이 중요하지, 다만 강의를 듣기만 해서는 유익한 것이 아무 것도 없습니다."

"임금과 신하는 서로 믿고 뜻이 통하게 해야 합니다. 임금님께서 훌륭한 정치를 하고 싶은 마음이 있다면, 이런 뜻을 확충해 나가십시오. 이런 일은 내시나 비빈(妃嬪, 왕비와 후궁)들과 의논해서는 안 되고, 곁에서 모시는 올바른 신하들과 함께 의논해야 합니다."

남명이 서울에 입성했다는 소식을 듣고 많은 사람이 만나길 원했다.

사전에 이항(李恒)을 만나기로 했지만, 다른 사람은 모두 거절하였다. 이항을 만나기 위해 김보억(金保億) 집으로 가보니 이항은 많은 선비들에게 스승으로 자처하면서 답변을 계속하고 있었다. 남명은 그래도 남아서 학문에 대해 질문을 하면 농담으로 응수하여 남의 스승으로 자처하려 하지 않았다. 실천 없는 공허한 이론만 입으로 지껄이며 학자연(學者然)하는 것을 남명은 매우 못마땅하게 생각했던 것이다.

1567년 6월 명종(明宗, 1534~1567)이 서른두 살의 나이로 승하하였다. 모후인 문정왕후도 죽고, 윤원형 등 간신들도 쫓겨나, 새로운 정치를 해보려고 했건만, 어머니가 죽은 지 겨우 2년 만에 명종도 젊은 나이로 죽고 말았다.

1567년 선조(宣祖, 1552~1608)가 즉위한 이후 새로운 정치를 보필할 어진 인물을 구한다는 차원에서 남명은 여러 차례 징소되었다. 1569년(선조 2년) 정4품인 종친부전첨의 벼슬까지 내려졌다. 그러나 조정이 헛된 자리로만 대우함을 알고, 늙고 병들었음을 구실로 끝내 응하지 않았다. 그러나 당시 폐단 열 가지를 논하는 소(사직장(辭職狀) 승정원에 보냄)를 올리되 민생구제가 급선무인데도 조정의 논의에 성리설(性理說)만 무성할 뿐 실혜(實惠)가 없음을 경계하였다.

"신은 구급(救急, 위급한 일을 구제하라)이라는 두 글자를 바치고자 하오니, 이 두 글자로써 나라를 일으키는 말로 삼았으면 합니다. 이 두 글자로써 보잘것없는 제 몸뚱이를 드러내는 일에 대신하고자 합니다."

남명은 서울에서 돌아와 김해 산해정(山海亭)에 머물렀다. 정구(鄭

述)가 남명을 찾아 달포 가량 머물렀다. 고금인물의 어짐과 어리석음, 세상이 다스려짐과 어지러움, 세상 도덕, 시대의 변화, 옳고 그름, 바름과 비뚤어짐, 벼슬에 나가는 일과 물러나는 일, 말을 할 때와 묵묵히 있을 때 등등 광범위하게 문답을 주고받았다. 정구도 남명처럼 과거에 응시하지 않고 숨어서 학문만 연구하였다.

"자네는 벼슬에 나갈 때와 물러날 때에 대해서 조금 알고 있으니 내가 마음으로 인정하노라. 군자의 큰 절개는 나갈 때와 물러날 때를 아는 것이다."

남명은 고금의 인물을 논할 때 반드시 그 사람이 벼슬에 나가고 물러나는 것을 어떻게 했는지 본 뒤에 그 사람을 논했다. 어떤 사람이 물었다. 남명의 답변이었다.

"나는 재주와 덕이 없으니 어찌 일을 감당할 수 있겠소? 덕 있는 원로를 존중하고 후배들을 장려하며, 많은 어진 인재를 등용하여 각각 그 능력을 발휘하게 하여, 그 효과를 앉아서 보는 것은 아마 할 수 있었을 거요."

"엄자릉(엄광, 嚴光, BC 39～BC 41의 자는 자릉(子陵). 엄자릉(嚴子陵) 또는 줄여서 엄릉(嚴陵)이라고 부른다. 은둔의 표상)과 나는 도(道)를 달리하는 사람이오. 나는 숨어 살아도 세상을 잊은 적이 없지만, 엄자릉은 세상을 완전히 잊은 사람이오. 나는 공자처럼 자기의 학문을 통해서 세상을 구하기를 원하는 사람이오."

남명은 군자가 죽임을 당하는 것은 시대를 살피지 못한 자기 책임이 있다고 생각했다. 시대를 바로 보고 출처를 하지 바로 못한 원인도 없지 않다고 보았다. 선비란 한 시대의 기풍을 조성하는 사명감을 가진 선각자다. 그래서 남명은 노재 허형과 정수 유인(劉因)의 출처를 몹시 못마땅하게 생각했다. 칩거로 저항을 했었더라면 중국의 사대부들이 보고 느낀 바가 있어 송나라를 회복하려는 마음을 잊지 않았을 텐데, 이들이 원나라에 벼슬을 함으로써 천하의 명분과 교화를 허물어 버렸다고 비판했다. 그러니 후대의 간신들이 오랑캐를 섬기게 되었다고 생각했다.

남명은 예순여덟 살 때인 1568년에 『무진봉사(戊辰封事)』를 올렸다. 유명한 '서리망국론(胥吏亡國論)'이다. 서리의 작폐를 근절할 것을 강력히 주장하는 등 나라 정치에 대한 자신의 견해를 피력했다. 1,600자에 달하는 소였다.

"경(敬)이란 가지런히 하고 엄숙히 하여 마음이 깨어 흐릿하지 않은 상태로서 마음을 주재하고 온갖 일에 응하는 것입니다. 이치(理致)를 궁구(窮究)하지 않으면 사물(事物)의 변화를 통제할 수가 없습니다. 대단한 위엄으로 떨쳐 일으키지 않으면 갈래갈래 풀어 흐트러진 형세를 수습할 수가 없습니다. 큰비가 내리듯 적셔 주지 않으면 7년 가뭄에 말라비틀어진 풀을 소생시킬 수 없습니다."

"임금이 몸을 닦는 것은 정치가 나오는 근본이고, 어진 인재를 등용하는 것은 정치를 하는 근본입니다. 또 몸을 닦는 것은 인재를 등용하는 근본입니다. 사람을 등용하는 일이 잘못되면, 군자다운 사람이 초야에 있게 되고 소인이 나라를 마음대로 하게 됩니다."

"나라에 비축이 조금도 없다면 그 나라는 나라가 아닙니다. 임금님 바로 아래에 도적이 가득 차 있고 나라는 텅텅 빈껍데기만 끌어안고 있습니다. 온 조정의 관리들이 목욕재계하고서 멋대로 날뛰는 이런 아전들을 쳐 없애야 할 것입니다."

"아전들이 도적이 되어 각 관청의 아전들끼리 서로 짜고서 나라의 심장부(心臟部)를 차지하여 나라의 혈맥(血脈)을 해치고 있으니, 나라를 망친 뒤에라야 말 것입니다. 그런데도 나라의 법을 맡은 관리들은 따져 묻거나 심문하지 않습니다. 혹 어떤 관리가 규찰하려고 하면, 아전들의 농간에 의해 견책을 받거나 파면되고 마니, 뭇 관리들은 팔짱을 기고서 녹만 받아먹으면서 아전들의 비위나 맞추면서 지낼 분입니다. 아전들이 믿는 데가 없다면 어찌 이렇게 기탄없이 멋대로 날뛸 수 있겠습니까? 아전들과 한통속이 되어 뒤를 봐주고 있는 관리들은 과연 어떤 사람인지요? 전하께서 벌컥 노하셔서 기강을 떨쳐 재상들을 불러 그 원인을 따져 물어, 임금님의 뜻으로 결단하여 나쁜 무리들을 완전히 제거하여 백성들의 뜻을 존중해야 할 것입니다." (허권수 글/김한수 사진, 남명 조식, 진주문화를 찾아서 2, 지식산업사, 2001, 113~115면 인용)

1568년 부인 남평조씨가 세상을 떠났다. 스물세 살 때 남명에게 시집왔다. 남명이 김해에서 삼가로 돌아갔을 때 김해에서 그대로 살다가 7월 29일 69세를 일기로 세상을 뜬 것이다.

1569년 남명 나이 예순아홉 살 때 남해안에 왜구의 침입이 잦았다. 남명은 국방에 관심이 많았다. 남명이 제자를 양성한 효과는 임진왜란에서 국가민족을 위해 발휘되었다. 임진왜란 때 거의 대부분의 의병은 남명문인들이 일으켰다. 선견지명이 있는 뛰어난 위대한 인물이 국가민족의 운명을 구한 것이었다. 민간의병은 왜군도 상상도 못한 것이었다. 일본인의 정서로 도저히 이해할 수 없는 국난극복의 의지결집이었다. 남명이 남긴 국방정신이었다. 남명이 남긴 공로는 국방의식의 실천력이었다.

●● 위대한 인물의 마지막 인사

남명은 선조 초에 일어난 진주지역의 음부옥(淫婦獄)에 관련되어 이정(李楨)과 절교하였다. 뒤이어 남명은 남명문인들이 주동하였던 음부집안의 훼가출향(毁家黜鄕)사건의 배후인물로 지목되었다. 기대승(奇大升, 1527~1572) 등 일부 관료로부터 비방을 받아 곤경에 처하기도 했다. (기대승이 조정에서 남명관련설을 집요하게 제기하였다) 그런데 조정에 나와 있던 남명문인 오건・정탁 등의 변호로 무사할 수 있었다.

세월이 흘러 어느 듯 남명도 일흔 살이 되었다. 1570년 선조는 남명에게 두 번이나 벼슬을 내렸다. 남명은 치사(致仕)할 나이에 벼슬에 나갈 수가 없었다.

1571년 일흔한 살 때 정월, 남명은 퇴계의 부고를 들었다. 덕산과 도산은 500리였다. 남명은 늦은 부고를 듣고 슬퍼서 "이 사람이 죽었으니 나도 이 세상에 살날이 얼마 남지 않았구나?"라고 말했다. 선비의 장례에 대해 요점을 뽑은 『사상례절요(士喪禮節要)』 책을 하응도(河應圖)와 손천우(孫天佑), 유종지(劉宗智)에게 주면서 책에 따라 장례를 치르도록 당부하였다.

남명은 퇴계를 평가하기를 "경호는 왕을 도울 만한 학문을 갖고 있다. 그리고 요즘 벼슬하는 사람들 가운데 출처의 지조를 지키는 사람에 거의 가깝다"고 말했다. 남명은 제자들에게 "출처가 중요하고 한 인물의 평생 공적이 출처를 잘못함으로써 하루아침에 무너진다"고 경계하였다. 남명의 문하에 벼슬에 뜻을 두지 않고 학문에만 전념하는 자가 많았다. 우리들이 깊이 새겨들어야 할 명문이라고 생각한다.

1571년 조선에 흉년이 크게 들었다. 선조는 늘 남명을 그리워했다.

산골에서 가난하게 사는 남명의 생활을 걱정했다. 선조는 음식물을 내려 보냈다. 남명의 상소하여 사례하였다.

"지난 4월 음식물을 하사하신 것을 받았습니다. 신같이 늙고 어리석은 사람이 어떻게 전하의 이런 총애를 받을 수 있는지 모르겠습니다. 엎드려서 보건데, 전하의 나랏일은 이미 결단 났는데도 여러 신하와 벼슬아치들은 둘러서서 보고 있기만 하고서 손을 쓰지 못합니다. 전하께서 보시고도 모르신다면 전하의 눈이 가리워진 것이요, 아시면서도 생각하시지 않으신다면 국가에 주인이 없는 것입니다."(허권수 글/김한수 사진, 남명 조식, 진주문화를 찾아서 2, 지식산업사, 2001, 121면 인용)

남명은 일흔한 살 되던 해 1571년 12월 21일에 등창이 생겼다. 점점 기력이 쇠하여져 마침내 자리에 눕고 말았다. 제자들이 남명에게 최후의 가르침을 청했다.

"모든 의리(義理)는 그대들이 다 알고 있네. 그것을 독실하게 믿는 것이 귀중하네."

"나를 처사(處士)라고 일컫는 것이 옳겠네. 이것이 내 평생 뜻이니까. 처사라고 쓰지 않고 관작을 쓴다면 나를 버리는 것일세."

"창문(窓門)을 열어라. 하늘의 해가 저렇게도 맑고 환하구나."

"경(敬)과 의(義) 이 두 글자는 매우 절실하고 중요한 것이니, 배우는 사람들이 힘써 여기에 공력(功力)을 들여야 할 것이다. 공력을 많이 들여 익숙하게 되면, 가슴속에 한 가지도 가리는 것이 없게 되어 맑고 밝게 될 것이다."

"죽고 사는 것은 평범한 이치이니라."

●● "창문을 열어라. 하늘의 해가 저렇게도 맑고 환하구나."

남명은 제자들에게 마지막 말을 남긴 채 편안한 모습으로 숨을 거두었다. 위대한 인물의 마지막 모습이었다. 향년 72세였다. 남명은 도학이 사라지려는 시대에 태어나 유학을 진흥시키고, 후학을 가르쳐 인도한 큰 공이 있었다. 초야에 묻혀 지냈던 선비였지만 국가와 민족을 잊은 적이 한 번도 없었다. 오로지 학문으로 현실을 구제하려는 생각만 갖고 있었다. 남명이 세상을 떠나던 날 세찬 바람이 불고 폭설이 내려 천지가 한참 동안 깜깜해졌다. 선조는 1월 초에 남명이 앓고 있다는 보고를 받았다. 남명을 보살피도록 선조는 어의를 보냈다. 어의가 도착하기 전에 남명은 이미 세상을 떠났다. 선조는 장문의 치제문(致祭文)을 보냈다.

"한 나라의 전범(典範)이 될 만한 큰 선비를 잃었으니 나라가 텅 빈듯하다."
"남명을 조정(朝廷)에 서게 하여 그 쌓은바 학문을 현실정치에 활용하게 하지 못했다. 나의 정성이 부족했음을 후회한다."(허권수 글/김한수 사진, 남명 조식, 진주문화를 찾아서 2, 지식산업사, 2001, 127면 인용)

한편 이정(李楨)의 편에 서서 음부옥에 관한 남명의 처신을 비난했던 이황의 편지가 후일 알려졌다. 이정의 말을 들은 퇴계는 남명처럼 '우뚝 솟아 속세를 벗어나고 희고 맑은 성품이 세상 밖에 있는(亭亭物表 皎皎霞外)' 절개 높은 선비가 한 티끌 같은 더러운 일에 관여해 시비를 다투는 것을 자신으로서는 도저히 이해할 수 없는 바라고 하여 남명의 처신을 폄하하였다. 문인들 사이의 갈등을 깊게 하고, 끝내 정인홍(鄭仁弘)에 의한 이언적·이황 배척을 불러오게 하는 배경이 되었다.

남명은 사후 바로 대사간에 추증되었고, 1615년(광해군 7년) 영의정으로 증직되었으며, 진주의 덕천서원(德川書院)·김해의 신산서원(新山書院)·삼가의 용암서원(龍巖書院) 등에 제향되었다.

저서는 1604년(선조 37년)에 처음 간행된 『남명집(南冥集)』과 『남명학기유편(南冥學記類編)』, 『신명사도(神明舍圖)』, 『파한잡기(破閑雜記)』가 있으며, 문학작품으로 『남명가(南冥歌)』, 『권선지로가(勸善指路歌)』가 있다. 1615년 남명에게 문정(文貞)이란 시호가 내려졌다.

●● 진보사상의 거대한 산맥

남명은 평생 성리학의 공리공론의 경향을 바로잡기 위해 경의(敬義)에 바탕 한 실천위주의 학문을 제창하였다. 남명은 25세 때 허형의 『성리대전』을 읽고 학문의 대전환을 이루었다. 그러나 허형의 원나라 출처에 대해 강하게 비판했다.

남명은 『민암부』에서 민본정치, 애민정치를 역설하였다. 남명은 도학사상(성리학), 민본사상(경세학), 실천사상(실학)을 통합하여 사유하였다. 필자는 남명을 ≪조선 성리학에서 진보사상의 거대한 산맥(山脈)≫이라고 생각한다. 그 맥은 『묵자』, 허형, 안향, 정도전, 이황, 조식, 이이, 이익, 정약용, 황현으로 흐른다고 본다.

1615년 광해군이 내린 시호 문정(文貞)은 바로 남명의 삶과 학문을 의미한다. 문(文)이란 “도덕이 깊고 견문이 넓다”는 의미이며, 정(貞)이란 “도를 곧게 지켜 꺾이지 않았다”는 의미다. 남명은 ≪극기복례(克己復禮), 한사존성(閑邪存誠)의 지어지선(至於止善)≫의 경지를 목표로 삼았다. 이것은 조선의 성리사상의 핵심이다. 대한민국 정치인과 지식인들에게 주는 교훈이라고 생각한다.

남명학파는 절조(節操), 기개(氣槪), 기다림(忍耐)이다. 이 학맥은 조선조 학술사에서 성리학이 개화하는 시기에 나타났다. 그래서 소중한 것이다. ‘남명사상의 뿌리에서 발현까지’ 새로운 조명이 필요하다(조식, 남명집(南冥集), 한길사, 2001, 최석기 서문 33~46면(41면) 참조).

2016년 5월 28일

참·고·문·헌

조식, 남명집(南冥集), 한길사, 2001.

허권수 글/김한수 사진, 남명 조식, 진주문화를 찾아서 2, 지식산업사, 2001.

역사

민권사상(民權思想)의 계보(系譜) –『묵자(墨子)』에서 황현(黃玹)까지

중국의 고대 철학사도 우리의 철학사에 포함시켜 논해야 한다. 『묵자』는 실천유학(實踐儒學, 實學)의 저수지다. 그 한 줄기가 1500년 후에 허형의 ≪노재지학≫이라고 생각한다. 안향은 허형의 ≪노재지학≫을 고려 말에 조선에 수용한 관료학자다. 안향이 뿌려 놓은 성리학은 안향 사후 36년 후 정도전에 의해 발화된다. 정도전은 안향의 사상을 실천하여 조선을 개국한 선비형 혁명가다. 정도전의 사상은 1500년대 조식과 퇴계로 흘러갔다. 혁명의 광기는 빠졌고 수양된 제도개혁이 그 자리에 앉았다. 안향의 정신은 조선이 망할 때까지 도도히 흘렀다. 안향의 사당을 모신 곳이 소수서원이었다. 이것은 우연이 아니다. 소수서원은 퇴계가 풍기군수 시절에 세운 조선조 최초의 사액서원이었다. 그만큼 허형, 안향, 정도전, 퇴계는 정신적으로 교감이 깊었다. 성호는 퇴계를 사숙했다. 성호는 실학의 대부였다. 다산은 성호의 사상을 이어 실학사상을 집대성했다. 성리학과 서학의 만남이었다. 다산의 사상은 동학으로 이어졌다. 실패했다. 황현은 『매천야록』으로 47년간 민권사상을 기록했다. 조선의 마지막 선비였다. 이것이 조선 성리학에서 민권사상의 계보다.

『묵자』는 BC 480~420(?) 사람이다. 묵자가 이 세상에 남겨 놓은 핵심 사상은 열 글자다. "겸애(兼愛), 비공(非功), 상현(尙賢), 상동(尙同), 절용(節用)이다."

차별하지 마라(겸애사상). 전쟁하지 마라(평화사상, 침략전쟁부인사상). 훌륭한 인재를 등용하라(기회균등사상). 사회공동체를 형성해라(인류공영사상), 어려운 사람을 원조해라(사회복지사상).

●● 묵자와 허형 그리고 안향

『묵자』는 종교적 모습을 갖고 있지만, 종교가는 아니다. 초월적 자세, 내세관, 신비주의, 법력이 없기 때문이다. 『묵자』는 인문학과 과학기술에 정통한 정통 평민 성인이었다. 『묵자』는 서민고통해소, 사회현실 개선, 무용한 천자정치에 경고, 서민 신앙을 토대로 평화사상을 도처에 전파하였다. 춘추말기와 전국시대 초기였다. 도저히 서민이 살 수 없는 시대였다. 유교와 묵가의 200년 시대는 BC 2년에 끝이 났다. 묵자사상은 진나라 통일에 기여했고, 국가조직에 흡수되었다.

『한비자』는 『묵자』의 사상으로 법가사상을 발전시켰다. 『한비자』의 스승은 『순자』였다. 『순자』는 『묵자』의 영향을 받은 인물이었다. 『묵자』는 민권의 저수지가 되어 곳곳에 흘러갔다.

위진남북조, 수·당 그리고 송대까지 불교와 도교가 중국을 지배했다. 이민족 몽골이 1206년 원나라를 세우고, 송나라 유학자 주희(朱熹, 1130~1200)가 완성한 신유학이 성리학으로 발전했다. 원나라 유학자 허형(許衡, 1209~1281)은 주자의 성리학을 국가이념으로 삼고 더 나아가 ≪노재지학≫을 발전시켰다. 실천유학이었다.

이 실천유학을 고려 말에 안향(安珦, 1243~1306)이 수용을 하였다. 국가개조를 위한 신사상이었다. 안향의 시대는 고려 무신정권이 무너지고, 고려가 원나라에 항복한 시대였다. 친원 권문세가들이 득실했다. 왕실, 지배층, 불교세력이 유대한 부패한 사회였다. 왜구의 노략질, 지배층의 수탈, 외세 침략, 백성이 유민했던 불행한 시대였다. 사원은 대토지를 소유하였고 소작료를 받거나 고리대금업을 했다. 이러한 비극의 시대를 걷어 내기 위해 새로운 사상이 필요했다. 그러나 안향은 혁명을 할 수 있는 역량과 시운이 없었다. 교육을 통한 국가개조, 인재양성이 시급함을 자각했다. 그가 세운 장학재단 '섬학전'이었다.

●● 정도전의 조선 건국

혁명의 기운은 시대와 인물을 만들었다. 이성계(李成桂, 1335~1408)와 정도전(鄭道傳, 1342~1398)의 만남이었다. 고려의 폐해를 더 이상 묵과할 수 없었다. 원·명교체기에 역성혁명을 시도하였다. 정도전은 토지개혁과 새로운 건국, 성리학을 토대로 한 신권중심의 유교 국가를 꿈꾸었다. 그러나 혁명의 또 다른 축이었던 이방원(李芳遠, 1367~1422)은 결국 왕권중심의 유교 국가를 지향함으로써 조선의 역사는 다시 왕권중심의 과거로 회기하고 말았다. 진보사상은 늘 가다가 수구를 만나면서 반동되는 과정을 반복하였다. 조선 건국 초기도 마찬가지였다.

그러나 『묵자』와 허형, 안향과 정도전이 뿌려 놓은 성리학의 본질은 민권사상이었다. 이 민권사상은 남명(南冥, 1501~1572), 퇴계(退溪, 1501~1570), 율곡(栗谷, 1536~1584)으로 이어지면서 개혁사상으로 발전되었다. 남명은 출사를 거부하였고 민권사상의 핵심을 진주를 중심으로 한 경상우도에 확산시켰다. 1568년 『무진봉사(戊辰封事)』는 '서리망국론'이었다. 남명의 씨앗은 임진왜란 때 의병으로 발현되었다. 묵자사상의 부활이었다. 곽재우 등 대부분 의병장들이 남명학파들이었다. 이러한 실천성리학파들은 묵자의 이론과 너무 유사했고, 실전은 묵자학파들의 행동과 너무 닮았다. 남명의 『민암부(民巖賦)』는 민본정치와 애민정치였다. 남명에게 깊이 영향을 준 것은 허형의 『성리대전(性理大典)』이었다.

●● 퇴계, 율곡, 성호, 다산, 매천의 민권사상

퇴계와 율곡은 선조에게 바치는 『성학십도』와 『성학집요』로 민권정치를 진언했다. 남명과 달리 출사를 했던 선비들이 할 수 있는 유일한 방법이었다. 선조를 개조시킬 수 있는 방법은 집필 밖에 없었다. 그리고 지역에서 인재양성이었다. 필생을 바친 집필의 힘은 자기수양과 도덕을 기반으로 한 성리학적 성인철학이었고, 그 지향점은 성군정치였다.

율곡은 조선 후기 병든 조선 왕조를 온몸을 던져 고치려고 노력한 선각자였다. 율곡은 인간에 대한 보편적 사랑을 강조하였고, 신분 차별에 대해 비판했다. 신분을 초월하여 평민이나 서얼, 천민에 대한 따뜻한 포용력을 보여 주었다. 정도전이 토지문제에 심혈을 기울였다면, 율곡은 사람문제에 관심을 쏟았다. <대공수미법>, <10만 양병설>, <서원향약과 해주향약>은 율곡의 경세제민사상이 구현된 정책들이었다. 이후 율곡의 현실개혁 사상은 실학파에 영향을 주었다.

조선의 진보사상은 100년간 그 명맥을 유지하다가 성호(星湖, 1681~1763)에서 다시 부활했다. 성호의 민권사상은 『성호사설』 3,007편의 글로 표현되었다. 성호의 시대는 서학이 중국과 조선을 덮친 시대였다. 성호의 사유는 진보사상을 모두 모은 것으로 붓, 문헌으로 기존 질서에 도전한 것이었다. 성호의 제자들은 실학파로 다시 성장했다. 실학사상의 대표적 인물이 다산이었다.

다산(茶山, 1762~1836)은 남명, 퇴계, 율곡, 성호의 지적 자양분을 먹고 자랐다. 서학을 만난 것이 운명이었다. 18년 유배로 학문이 폭발하였다. 500권의 저술가가 되었다.

ⓒ 전남 강진 다산초당 연못 2016년 6월

다산은 성리학을 천주학과 함께 사유했다. 이것은 묵자사상의 재등장이었다. 결국 다산비결은 동학으로 이어졌고, 동학의 실패는 조선의 멸망으로 이어졌다. 이 멸망사를 기록한 사람이 매천(梅泉, 1855~1910)이었다. 『매천야록』은 1864년(고종 1년)부터 1910년까지 47년간 기록한 역사증언서가 되었다. 구한말 난정을 주도했던 위정자의 사적인 비리와 비행, 외세의 악랄한 광란, 특히 일본의 만행 고발과 침략상, 우리 민족의 끈질긴 저항이 담겨 있었다. 갑오개혁을 찬성하면서도 개화의 본(本)인 친현(親賢), 원간(遠姦), 애민(愛民), 절용(節用), 신상필벌(信賞必罰)을 촉구했다. 묵자의 사상의 재등장이었다. ≪재야 선비의 조선망국사≫는 퇴계의 『성도십도』, 율곡의 『성학집요』, 이익의 『성호사설』, 다산의 『여유당전서』에 비견되었다. 민권사상이 깊이 배여 있었다. 매천도 ≪진보사상의 맥≫을 잇고 있고 생각한다. 이처럼 진보사상(민권사상)은 은둔, 출사, 하향, 유배, 자살로 다양하게 나타났지만, 이들이 남겨 놓은 정신은 민권정신이었다. "백성이 위험하다."

조선 성리학에서 민권사상의 뿌리를 『묵자』에서 찾는 사람은 극소수다. 그러나 성군정치, 대동사회, 올바른 인재등용, 서민을 위한 정책, 절용과 조세탕감, 은둔, 실천, 의병, 집필, 과학기술을 『묵자』 없이는 설명이 불가능하다. "돕고, 교육하고, 재물을 나누자." 이것이 『묵자』의 정신이다. 오늘날 유럽 국가들의 국가철학과 유사하다. 마오쩌둥(毛澤東, 1893~1976)은 『묵자』를 '노동자였지만 공자보다 훌륭한 성인으로, 인문학과 과학기술에 정통한 평민 성인으로' 평했다.

●● 민권사상의 계보

이제 민권의 뿌리를 정확히 알고, 민권의 이념을 구현하면서 우리 사회를 하나씩 개혁해야 한다. 민권사상의 저수지는 '겸애사상, 비공사상, 상현사상, 상동사상, 절용사상'을 담고 있다. '겸애사회, 비공사회, 상현사회, 대동사회, 절용사회'를 말한다. 이러한 사회가 지구상에 존재한다. 독일이나 스웨덴 그리고 핀란드 같은 나라들이다. 묵자사상이 구현된 사회시스템을 갖추고 있다. 갑질 정치, 공격 정치, 우리 편 정치, 지역 편중 인사 정치, 과소비 조장 정치는 『묵자』가 혐오하는 정치들이다. 독일, 스웨덴, 핀란드에서 극복된 정치들이다.

우리 사회를 돌아보자. 매월 부모의 월급이 사교육 때문에 강탈당하는 만성적 적자구조를 갖고 있다. 엉망진창의 교육시스템 때문이다. 자녀 사교육비로 월 100만 원을 지출하는 것은 이미 정상적인 사회가 아니다.

승진을 위해 청와대까지 인맥을 찾고 있다. 공천을 받으려면 지역민보다 중앙당 특정 인물을 접촉해야 하는 구조다. 이것이 민권정치인가?

비판 상대를 민주주의를 파괴하는 정치범으로 몰고 있다. 국민의 이름으로 모멸과 고성을 지르는 정치구조다. 가정에서 절용을 할 수 없는 구조라면 서민이 살 수 없는 사회시스템이다.

묵자가 참지 못했던 정치라고 볼 수 있다. 아직도 이방원류의 왕조정치를 하고 있으니 외국의 정치평론가들은 얼마나 한심하다고 생각하겠는가.

서민에 대해 따뜻한 포용력을 가졌던 율곡이 오늘날 대한민국에서 벌어지고 있는 외국인 노동자 차별, 새터민 차별, 핍박 받고 있는 현재의 북한 주민의 고통, 모든 직장에서 갑과 을의 위치에서 사람을 무시하는 사람들을 보았다면, 어떤 질책을 하였을까? 500년이 흘러도 변함이 없다면 민권저항이 나타날 수밖에 없다.

조선 500년을 이어온 민권사상, 일제 36년의 저항정신, 해방 후 50년의 민주화운동은 모두 묵자사상에서 나온 것이다. "민권사상이란 사람을 사람답게 만드는 힘이다."(퇴계) "백성이 곧 나라의 근본이다. 지금 백성들은 곤궁하고 찌들어 살길을 찾아 가족마저도 서로 흩어지고 있다. 마치 둑 터진 물처럼 민심이 흩어져 달아나고 있으니 마땅히 이들을 구제하는 일을 먼저 해야 한다. 이것이 민권사상이다."(남명) "투명한 공적 자아로 사태의 원리를 탐구하고, 그 지식을 토대로 현실을 혁신해 나가는 것이 민권사상이다."(율곡) "천하에 곤궁한 백성이 없게 하는 것이 민권사상이다."(성호) "민중의 고통에 대한 연민이 민권사상이다."(다산)

민권사상은 우리 헌법의 정신이다. 기본권이 바로 민권사상이다. 대한민국 헌법 전문이다. "① 조국의 민주개혁과 평화적 통일의 사명(겸애와 상동), ② 정의·인도와 동포애로써 민족의 단결을 공고히 하고(상동), ③ 사회적 폐습과 불의를 타파하며(상동), ④ 자율과 조화를 바탕으로 자유민주적 기본질서를 확고히 하고(겸애), ⑤ 정치·경제·사회·문화의 모든 영역에 있어서 각인의 기회를 균등히 하고(겸애와 상현), ⑥ 능력을 최고도로 발휘하게 하며(상현), ⑦ 국민생활의 균등한 향상을 기하고(절용과 대동), ⑨ 항구적인 세계평화와 인류공영에 이바지 하고(겸애와 비공), ⑩ 자손의 안전과 자유와 행복을 영원히 확보하는 것이다(겸애와 상동).

필자는 『묵자』, 허형, 안향, 정도전, 이황, 조식, 이이 그리고 실학사상가 이익, 정약용, 황현으로 ≪조선의 민권사상의 혈맥≫은 흘러왔다고 생각한다.

2016년 7월 5일

철학

나쓰메 소세키 – 근대인간(近代人間)의 자화상

2016년은 나쓰메 소세키의 100주기이다. 100년 전 소설은 오늘의 시각에서도 낯설지 않다. 강상중 교수는 나쓰메 소세키의 작품을 '일본 근대문학의 정수(精髓)'라고 평가한다. 『도련님(坊っちゃん)』은 늘 외롭다. 근대의 슬픈 젊은 영혼을 표현하고 있다고 할까. 『몽십야(夢十夜)』는 <일장춘몽의 인생, 이런 슬픈 이야기들>이다. 대단히 은유적이지만 작가 특유의 철학이 담겨 있다. 근대를 우울하게 묘사하고 있다. 『문조(文鳥)』는 인간의 무관심을 말한다. 무관심은 죽음이다. 문조의 사망원인은 외로움이다. 외로움은 근대의 병이다. 나쓰메 소세키는 "고독을 불쌍하다"고 말한다. "근대가 불쌍하다"는 말처럼 들린다. 『마음(こころ)』은 바로 오늘날 우리들의 이야기이다. 선생님이 죽기 전에 자신의 삶을 채운 '선과 악'을 털어 놓는 편지가 나온다. 평소 입 밖에 낼 수 없었던 너무나도 솔직한 인간적인 고백이다. 근대, 고독, 허무, 두려움, 차별, 염세, 종속, 배신, 분노, 악마의 농락, 고백, 자살이 소설 『마음(こころ)』에 등장한다. 아마 현대인 모두가 그런 마음을 갖고 있을 것이다. 나쓰메 소세키는 ≪근대인간의 내면≫을 『마음(こころ)』에서 이렇게 표현한다. "자유, 독립 그리고 나 자신으로 가득 찬 현대에 태어난 우리는 그 대가로 모두가 이 외로움을 맛봐야겠지." 너무나 왜소한 우리들에게 너무도 가혹한 묘사라고 생각한다. 『마음(こころ)』은 일본에서 가장 많이 읽히는 소설 중에 하나다. 나쓰메 소세키는 16편의 소설로 일본 정치인 100명의 용량만큼 일본인을 성숙시켰다. 위대한 작가라고 생각한다. 2016년 영국은 유렵연합 탈퇴로 혼돈에 쌓여있다. 100년 전 그는 런던에서 어떤 생각을 했을까. 필자는 그의 실존적 고민에 공감했다. 구마모토 사람들의 안정과 평온을 기원한다.

●● 나쓰메 소세키는 누구인가?

1867년 2월 9일 도쿄 신주쿠구에서 5남 3녀 중 막내로 태어났다. 본명은 나쓰메 긴노스케이다. 도쿄제국대학 영문과를 졸업하였다.

1900년 일본 문부성 제1회 국비 유학생이었다. 월 1800엔을 받았다. 2년 런던 유학을 했다. 유학비 부족, 고독, 일본인이 영문학을 한다는 위화감으로 신경쇠약을 앓았다.

1903년에 귀국했다. 제1고보 영어선생을 했다. 도쿄제국대학 강사로 활동했다.

ⓒ 나쓰메 소세키(夏目漱石, 1867.2.9.~1916.12.9.)

작품은 12년간 지속되었다.『나는 고양이로소이다, 1905, 호평』,『도련님, 1906』,『풀베개, 1906』,『태풍, 1907』. 교직을 사임하고 전업 작가가 되었다.『몽십야, 1908』,『문조, 1908』,『갱부, 1908』,『산시로, 1908』,『그 후, 1910』,『피안이 지날 때까지, 1912』,『행인, 1912』,『마음, 1914』,『나의 개인주의, 1912』,『유리문 안에서, 1915』,『길 위의 생, 1915』,『명암, 1916』 등이 있다. 소설, 하이쿠, 수필 등 일본인에게 큰 영향을 미쳤다.

1916년 12월 9일 위궤양으로 내출혈을 일으켜 사망했다. 49세의 짧은 인생이었다.

1984년에서 2004년까지 1천엔 일본지폐 초상화 인물이 되었다. 천엔짜리 메이지 일왕의 장례식(1912)을 마치고 돌아와 찍은 사진이 밑바탕이 되었다. 검은 넥타이를 맨 진지한 표정이다. 그는 웃고 있는 사진이 하나도 없을 정도로 진지한 문학가였다.

나쓰메 소세키는 일본의 '국민작가'로 칭호를 받았다. 아사히신문(朝日新聞)의 설문조사에서 '일본인 1천년(1001~2000)의 작가 1위'에 올랐다. (2000년 6월 29일) 메이지 시대를 정통으로 목격하면서 일본의 근대를 전방위로 묘사한 작가다. 일본 근대사상가에 가깝다.

일본과 일본인을 이해하려는 사람들에게 나쓰메 소세키의 작품을 추천한다. 2016년 일본인은 그의 사망 100주년을 기념할 것이다. 우리나라 출판사에서 그의 작품들을 하나하나 번역하고 있다.

●● 근대의 고뇌, 나쓰메 소세키의 100주기

2015년 2월 2일부터 2월 5일까지 일본 큐슈(九州)를 다녀왔다. 구마모토(熊本)를 방문해 제5고보를 견학하였다. 이곳은 일본 현대작가 '나쓰메 소세키'가 1896년 4월 강사로 부임한 곳이다. 나이 29세였다. 6월 나카네 교코와 결혼하여 신혼생활을 하였다. 그해 7월 교수가 되어 활동하였다.

여기서 1900년 33세에 제1회 문부성 장학생으로 선발되어 런던으로 2년간 유학을 하였다. 그의 영국 유학생활은 낡은 하숙집과 학교를 오가는 단순한 생활이었다. 하숙집을 구마모토에서 런던으로 옮겨 온 것이었다. 구마모토는 '나쓰메 소세키'에게 근대에 대한 고뇌의 출발점이다. 1907년 아사히신문사에 입사한 이후 전업 작가로 활동하며 많은 작품을 남겼다.

교코가 자살을 시도했던 하천을 보면서 나쓰메 소세키의 가족사를

ⓒ 구마모토(熊本)대학교 2015년 2월. 나쓰메 소세키는 1896년 29세 구마모도 제5고등학교 강사로 부임했다. 나카네 교코와 결혼했다. 그 후 120년이 지났다.

생각했다. 구마모토 대학교, 구마모토성(熊本城), 호소가와 가문의 저택, 시내번화가, 전철, 책방 등이 눈에 선하다. 이번 여행을 계기로≪나쓰메 소세키≫의 작품을 읽게 되었다. '나쓰메 소세키 작품 읽기 독서동아리'도 만들었다. 몇 작품에 대해 독후감을 작성하였다. 그 중 네 편을 싣는다.

2016년 4월 구마모토에서 강진이 발생하였다. 구모모토 사람들의 '눈물 없는 차분함'을 바라보면서 일본인의 근대성을 설파한 '나쓰메 소세키'를 다시 생각한다.

고인의 명복을 빈다. 이웃 구마모토 사람들의 안정과 평온을 기원한다.

【작품 1】 도련님(1906)

교육의 정신은 단지 학문을 가르치는 것만이 아니라 고상하고 정직하며 무사적인 기운을 고취시킴과 동시에 야비하고 경솔하며 거칠고 오만한 악습을 소탕하는데 있다고 생각합니다. 내가 하고 싶었던 말을 산미치광이가 대신 해준 셈이다. 세상은 온통 사기꾼들뿐으로 서로 속고 속이며 사는 것인지도 모르겠다. 싫어졌다.

세상에는 알랑쇠처럼 나서지 말아야 할 자리에 꼬박꼬박 얼굴을 내미는 건방진 자도 있고, 산미치광이처럼 자기가 없으면 일본이 곤란할 거라는 듯한 상판을 어깨 위에 올려놓고 있는 자도 있다. 그런가 하면 빨간 셔츠처럼 포마드와 호색한의 도매상을 자처하는 자도 있고, 교육이 살아 있는 사람처럼 프록코트를 입으면 바로 자신이 된다고 말하는 너구리도 있다. 다들 그 나름대로 뽐내고 있지만 끝물호박처럼 있는 듯 없는 듯 마치 볼모로 잡혀온 인형처럼 얌전히 있는 사람은 본 적이 없다. 얼굴은 부어 있지만 이렇게 괜찮은 남자를 버리고 빨간 셔츠에게 끌리다니 마돈나도 어지간히 속을 알 수 없는 사람이다. 빨간 셔츠가 수십 명이 다가온다고 해도 이렇게 근사한 신랑감이 되지는 못할 텐데.

정말이지 인간만큼 믿을 수 없는 존재도 없을 것이다. 그 얼굴을 보면 아무래도 그런 몰인정한 일을 할 것처럼 보이지는 않는데. 아름다운 사람이 몰인정하고, 물에 퉁퉁 불은 동아 같은 고가 선생님이 선량한 군자인 것을 볼 때 방심할 수 없다. 솔직 담백한 줄 알았던 산미치광이가 학생들을 선동했다고 하고, 학생들을 선동한 줄 알았던 산미치광이가 교장에게 학생의 처분을 강력하게 주장하질 않나, 싫은 짓만 하는 빨간 셔츠가 의외로 친절하며 슬며시 내게 충고를 해주는가 싶더니 마돈나를 속였다고 하고, 속았다고 생각했는데 고가 선생님과 파혼하지 않는 한 결혼은 바라지 않는다고 하고, 또 이카긴은 괜한 트집을 잡아 나를 쫓아내나 싶었는데 곧바로 알랑쇠가 그 방으로 들어가질 않나, 아무리 생각해도 믿을 수가 없다. 이런 일을 기요에게 적어 보내면 정말 놀랄 것이다. 하루빨리 걷어치우고 도쿄로 돌아가는 것이 상책일 것이다.

도련님, 제가 죽거든 제가 도련님네 묘가 있는 절에 묻어 주세요. 무덤 속에서 도련님이 오시는 걸 기다리고 있겠어요. 기요는 지금 고비나타의 요겐지라는 절에 있다.

【독후감 1】 세상은 손해, 비난, 무시, 빼앗기는 곳

I.

『도련님』은 1906년 4월 ≪호토토기스≫에 발표된 소설이다. 『도련님』을 성장소설, 가족소설, 학교소설, 교육소설, 심리소설, 고독소설, 분노소설로 분류하기도 한다. 나쓰메 소세키의 39세 때 작품이다. 이 해 그는 『풀베개』와 『이백십일』도 발표한다.

나쓰메 소세키는 1895년 28세 때 친구의 알선으로 시코쿠 에히메(愛媛) 현에 있는 마쓰야마 보통중학교에서 영어선생을 잠깐 했다. 월급 80엔이었다. 교사경험이 소설에 반영된 것으로 보인다. '교육현장과 교육자에 대한 분노와 복수'가 담겨 있다.

『도련님』은 나쓰메 소세키의 두 번째 장편이다. 그러나 사실상 첫 번째 소설로 보아도 무방하다. 왜냐하면 1905년 1월~8월에 연재된 『나는 고양이로소이다』는 문학적 호기심에서 쓴 작품이기 때문이다.

나쓰메 소세키는 12년이라는 짧은 창작활동에도 불구하고 일본 근대 문학에서 '국민작가'라는 칭호를 받는다. 그러나 그는 그만큼 내공

을 쌓은 시간이 많았다. 젊은 시절 동양고전, 영문학 전공, 교사, 교수, 영국 유학, 사색과 관찰, 대학 강단, 근대, 자유, 독립, 고독, 메이지 시대가 준 선물이었다.

중국 루쉰과 한국 이광수는 계몽작가다. 나쓰메 소세키의 『도련님』이 동양 최초의 근대소설로 평가를 받는다. 그 논거는 두 가지이다. "체험적 소재를 통한 사실주의의 실현이 담겨 있다. 서구의 한복판에서 체험한 서양인들의 사고방식이 소설의 개념으로 도입되었다." 그래서 나쓰메 소세키의 소설은 100년 전 소설임에도 오늘의 시각에서 전혀 낯설지 않다.

Ⅱ.

소설에서 도련님은 아주 뚜렷한 일관적인 성격의 소유자이다. 역사와 시대는 거대한 파도가 되어 밀려오지만, 도련님은 변함이 없다.

나쓰메 소세키는 『도련님』에서 산미치광이의 입을 빌려 그의 교육철학을 말한다. "교육은 고상, 정직, 무사의 기운을 고취시키는 것이다. 교육의 정신은 단지 학문을 가르치는 것만이 아니라 고상하고 정직하며 무사적인 기운을 고취시킴과 동시에 야비하고 경솔하며 거칠고 오만한 악습을 소탕하는데 있다고 생각합니다."

그러나 그가 경험한 메이지 교육현장에는 다양한 형태의 근대인간들이 존재한다. 산미치광이(정의형), 알랑쇠(아부형), 빨간 셔츠(호색형), 너구리(이중형), 끝물호박(배려형), 술주정뱅이(기회주의형) 등이다. 정의형은 조직에서 소외된다. 반면 아부형, 호색형, 이중형, 기회주의형은 조직을 망친다. 근대의 자유가 낳은 파생인간들이다. 문제는 자신이 어떤 삶을 살고 있는지 주체 파악도 하지 못한다는 점이다. 그들은 그것을 처세라고 생각한다. 오늘날 우리 주변에서도 쉽게 볼 수 있는 인물 군상들이다. 불쌍한 사람들이다.

소설에서 도련님은 자유분방하게 성장하고, 또 부모의 사랑과 보호를 받는다. 물론 성장과정에서 부모에게 반항한다. 그리고 어느 시점 부모의 품을 떠난다. 근대인간의 발전사다.

그러나 어느 날 세상에 홀로 선 '도련님'이 자기를 보려고 했을 때, 사회의 그 누구도 자기를 인정해 주지 않는다. 근대인간의 자화상이 나타나는 것이다. 개인주의가 팽배해 있기 때문이다. 이 소설에서 내가 주목한 것은 바로 이러한 인물상이다.

도련님은 늘 외롭다. 왜냐하면 정직하고, 솔직하고, 관대하고, 순박하기 때문이다. 천성이 곱고 순수한 사람이다. 하지만 근대의 세상은 정직하면 손해 보는 곳이다. 그리고 솔직하면 비난 받는 곳이다. 관대하면 무시당하고, 순응하면 빼앗기는 곳이다. 나쓰메 소세키는 이 소설에서 세상에서 손해보고, 비난받고, 무시당하고, 빼앗기면서도 관대한 도련님을 절묘하게 그려낸다. 근대의 슬픈 젊은 영혼을 표현하고 있다고 할까.

이 소설에서 도련님은 첫 직장을 사직하고 도쿄로 돌아온다. 기요가 사는 곳이다. 월급 25엔, 집세 6엔, 철도주식회사의 기수가 되었다. 전직과는 전혀 다른 직장이다. 그러나 도련님은 편안하다.

이 소설의 곳곳에서 메이지 시대의 풍경을 읽을 수 있다. 학교문화, 요정문화, 직장청탁, 두 개의 얼굴이다. 근대와 전근대가 만나는 문화이다.

Ⅲ.

이 소설이 우리들에게 주는 교훈이다. “인생이란 전쟁터에서 자신이 ‘도련님’이라는 것을 처절히 경험할 수밖에 없다. 소설 속의 기요는 할머니이고, 어머니이고, 신이고, 포용자이며, 절에 사는 사람이며, 피안의 세계에 사는 사람이다. 전근대를 상징하는 관계형의 인물이다. 도련님은 이러한 인물과 함께 사는 것이 행복하다.”

ⓒ 추지영 화백 作『음미』2011. 12. 15.

“도련님, 제가 죽거든 제가 도련님네 묘가 있는 절에 묻어 주세요. 무덤 속에서 도련님이 오시는 걸 기다리고 있겠어요.”

“기요는 지금 고비나타의 요겐지라는 절에 있다.”

이 문장이 소설 『도련님』의 마지막 문장이다.

나쓰메 소세키는 근대의 고뇌가 향하는 종착역을 알려 주고 있다.

“인생은 쉬지 않고 흘러 시간이 되면 암몰되는 것이다.

"함몰은 고독의 마지막이다."

"외로움은 아무에게도 어느 때도 말할 수 없는 상태다."

"인생의 끝자리는 외로움이 마감되는 곳이다."

"그것은 고요다."

이러한 메시지가 느껴진다.

이 소설의 발표 후 10년이 지나 1916년 12월 나쓰메 소세키는 생을 마감한다. 그의 삶, 각혈하는 마지막 임종 장면은 근대의 마지막 종착역이었다. 함몰(陷沒)이다. "성장과 함몰을 의미를 아는 것은 근대를 사는 지혜다."

나쓰메 소세키가 알랑쇠(아부형), 빨간 셔츠(호색형), 너구리(이중형), 끝물호박(배려형), 술주정뱅이(기회주의형) 들에게 남긴 메시지일 것이다.

【작품 2】 몽십야(夢十夜, 1908)

제10야 백년의 고독

꿈을 꾸었다. 저는 이제 죽습니다. 제게는 방법이 없습니다. 하늘에서 떨어진 별 조각을 주워 묘비를 세워 주시고요. 제 묘지 옆에서 저를 기다려 주세요. 당신을 만나러 올테니까요. 백 년 동안 저를 기다려 주세요. 백 년 동안 묘 곁에서 저를 기다려 주세요. 반드시 당신을 만나러 올 테니까요. 지금부터 백 년을 이런 자세로 기다려야 한다는 생각을 하며 팔짱을 끼고 동그란 묘비를 바라보았다. 그래도 아직 백 년은 오지 않았다. 먼 하늘에서 이슬 한 방울이 떨어지자 꽃은 자기 무게를 견디지 못하고 흔들렸다. 새벽 별 하나가 자기 혼자서 깜빡이고 있었다. 백 년은 이미 와 있었구나.

제2야 깨달음

꿈을 꾸었다. 주지는 내가 사무라이라는 사실을 몇 번이고 강조했다. 깨달아야 한다. 나는 사무라이다. 만일 깨달음에 도달하지 못한다면 스스로 목숨을 끊어리라. 사무라이는 수모를 당하면서까지 목숨을 구걸하지 않는다. 모욕을 당한다는 건 죽음을 의미한다. 차라리 깨끗하게 죽어 버리는 거다. 깨달음만 얻을 수 있다면 내 몸이 어떻게 되든 상관없다. 나는 깨달음을 얻지 못했으나 꾹 참고 있었다. 그래도 무(無)는 조금도 깨달아지지 않는다. 그냥 꿇어앉아서 끙끙댄 것에 불과했다. 시계는 두 번째 땡 소리를 내고 있었다.

제3야 전생의 업(業)

꿈을 꾸었다. 여섯 살 난 아이를 업고 있다. 확실하게 내 아이다. 눈이 먼 상태였다. 내 과거며 현재 그리고 미래까지도 손거울에 낱낱이 비추고 있다. 바로 저 삼나무 뿌리 근처. 어느덧 나는 숲 속에 들어와 있었다. 아버지, 분명 저 삼나무 뿌리 근처였어. 분카(文化) 5년 용띠(1809) 해였지. 네 놈이 나를 죽인 것은 지금부터 꼭 백 년 전이었지. 나는 이 말을 듣자마자 어두운 밤의 기억이 떠올랐다. 이곳 삼나무 뿌리 근처에서 장님 한 사람을 살해했던 기억이 추억과도 같이 떠올랐다. 나는 살인자였구나! 나는 처음으로 내가 살인자였다는 사실을 깨달았다. 등 뒤의 아이가 돌부처처럼 무겁게 느껴졌다.

제4야 허무(虛無): 인간의 허무한 삶

노인은 술을 꽤 마신 탓인지 얼굴이 붉게 물들어 있다. 할아버지! 나이가 몇 살이오? 몇 살인지 잊었소. 노인은 큰 사발에 술을 가득 부어서 들이켰다. 땅이 꺼질 듯한 긴 한숨을 흰 수염 사이로 토해 냈다. 할아버지! 집은 어디요? 노인은 깊은 한숨을 도중에 그치고 대답한다. 배꼽 속이라네. 어디 가는 거요? 저기 간다네. 노인은 어깨에 메고 있던 상자 안에서 노끈으로 만든 가는 피리를 꺼냈다. 이제 이 수건이 뱀으로 변할 테니까. 두고 보아라, 두고 보아라. 이 수건이 상자 안에서 뱀이 된단다. 지금 보여 줄 수 있다. 얼마든지 보여 줄 수 있지. 지금 된다. 뱀이 된다. 반드시 된다. 피리가 운다. 노인은 노래를 부르면서 마침내 강가에 도착했다. 갑자기 강물로 뛰어들은 것이다. 들어갈수록 깊어져 허리에서 가슴까지 잠기어 갔다. 깊어진다. 밤이 된다. 나는 갈대가 무성한 곳에 홀로 서서 언제까지나 노인을 기다렸다.

제5야 나의 적(敵): 아마노자쿠 天探女

꿈을 꾸었다. 나는 군인이었다. 나는 적장 앞으로 끌려갔다. 나는 죽기 전에 사랑하는 여인을 만나고 싶다고 말했다. 대장은 새벽이 와서 닭이 울 때까지라면 기다려 주겠다고 말했다. 대장은 걸터앉은 자세로 화톳불을 바라보고 있다. 나는 큰 짚신을 신고 무릎을 꿇고 풀밭 위에서 그녀를 기다리고 있다. 밤은 점점 깊어간다. 화톳불이 타 들어가 불무더기가 넘어지는 소리가 들린다. 불이 더욱 거세게 타 들어가기 시작했다. 여자는 뒤들 졸참나무에 묶여 있는 백마를 끌어냈다. 여인은 가냘픈 발로 말의 배를 사정없이 내지르고 있다. 말은 자신의 말굽 소리가 허공에서 울릴 정도의 놀라운 속도로 달려오고 있다. 여인은 몸을 반듯하게 세우고 양손에 움켜쥐고 있던 고삐를 잡아 당겼다. 말의 앞발굽이 단단한 바위에 부딪쳤다. 꼬끼오 하고 닭이 다시 한 번 울었다. 말의 양 무릎이 꺾였다. 그런 후 타고 있던 여인과 함께 앞으로 고꾸라졌다. 바위 아래는 깊은 연못이었다. 실제로 닭은 울지 않았다. 닭이 우는 흉내를 낸 것은 아마노자쿠(天探女, 일본 악녀의 화신)였다. 이 말굽 흔적이 남아 있는 한 아마노자쿠는 나의 적이다.

제6야 장인(匠人)

운케이가 고코쿠사(護國寺)에서 인왕상을 그리고 있다는 소문이 들린다.

천하의 영웅은 오직 인왕상과 자신뿐이라는 저 태도! 굉장한 인물이야. 지금 보이는 인왕상의 눈썹과 코는 이미 나무속에 각인되어 있던 것에 불과해. 그걸 끌과 망치로 파낸 것이지. 나는 그 중에서 제일 큰 것을 골라 기세 좋게 파 들어가기 시작했다. 그러나 불행하게도 인왕상은 모습을 드러내지 않았다. 나는 메이지 시대의 나무에는 인왕상이 들어 있지 않다는 사실을 깨달았다. 운케이가 오늘날까지 살아 있는 이유도 어렴풋이 알 것 같았다.

제7야 인생항로(人生航路)

큰 배에 타고 있다. 이 배는 매일 밤낮 없이 검은 연기를 뿜어내며 파도를 헤치고 나아간다. 몸은 파도 위에 있고, 잠 역시 배 안에서, 흘러가라. 흘러가라. 나는 무척이나 외로워졌다. 나는 점점 재미없어졌다. 마침내 죽을 결심을 했다. 어느 날 밤, 주위에 사람이 없는 틈을 타서 바다 속으로 뛰어들었다. 그러나 아무리 발을 버둥거려도 물에 다가설 뿐이었다. 역시 타고 있는 편이 좋았음을 처음으로 깨달았다. 깨달음을 이용해 보지도 못한 채 후회와 공포가 뒤섞인 심정으로 검은 파도 쪽으로 떨어지고 있었다.

제8야 달관(達觀): 금붕어 장수

이발소 문턱을 넘어 거울 앞에 앉았다. 엉덩이가 푹신했다. 얼굴 뒤편으로는 창이 보인다. 쇼다로우가 여자를 데리고 지나가고 있었다. 두부장수가 나팔을 불며 지나간다. 기생이 지나간다. 흰옷을 입은 커다란 몸집의 사내가 내 뒤에 나타났다. 호박색 빗으로 내 머리를 가볍게 두드렸다. 찰각찰각 가위 소리를 내기 시작했다. 손님은 밖의 금붕어 장수를 보셨습니까? 인력거도 보인다. 좁쌀떡, 떡, 떡, 하는 소리가 저편에서 들려온다. 계산대 안에 한 여자가 앉아 있는 모습이 눈에 들어 왔다. 여자는 긴 속눈썹을 갖고 있다. 엷은 입술을 다문 채로 열심히 돈을 헤아리고 있다. 씻으시지요. 의자에서 일어났다. 비용을 지불하고 밖으로 나왔다. 문간 왼편에 엽전 모양의 나무통 다섯 개가 늘어서 있다. 그 안에는 빨간 금붕어, 점박이 금붕어, 마른 금붕어, 통통한 금붕어가 가득 들어 있었다. 그리고 그 뒤에는 금붕어 장수가 자기 앞에 늘어놓은 금붕어를 응시한 채, 턱을 괴고 꼼짝 하지 않는다. 시끌벅적한 행인들의 소란 따위는 안중에도 없는 듯하다. 나는 한참 동안 이 금붕어 장수를 바라보고 있었다. 그렇지만 내가 바라보고 있는 사이에도 금붕어 장수는 조금도 움직이지 않았다.

제90야 운명(運命)

세상이 어쩐지 술렁이기 시작했다. 집에는 젊은 어머니와 세 살 난 아이가 있다. 아버지는 그 길로 돌아오지 않았다. 밤이 되어 사방이 고요해지면 어머니는 치마끈을 고쳐 맸다. 단도를 치마폭에 감추고 아이를 가는 띠로 업은 상태에서 가만히 쪽문을 나섰다. 도리이를 빠져나가 삼나무 숲에 이르면 언제나 올빼미가 울고 있다. 어머니의 짚신에서 저벅저벅 소리가 난다. 어머니의 발길은 늘 신사 앞에서 멈춘다. 어머니는 종을 흔들어 울려 놓고, 두 손을 모아 박수를 친다. 어머니는 온 정성을 바쳐 아버지의 안전을 기도드린다. 어머니가 하치만궁에 오는 이유는 활(活)의 신(神)인 하치만에게 간절히 빌면 자신의 소원을 들어 줄 것이라는 기대감이 있었다. 아이는 이 종소리에 눈을 뜬다. 아버지의 안전을 빌고 나면 이번에는 가는 포대기를 풀었다. 그리고 등에 업힌 아이를 앞으로 돌려 안아, 양손으로 아리를 받쳐 들고 신사 마루 위로 올라갔다. 어머니는 백 번 밟기(御百度)를 시작한다. 난간에 묶인 아이는 어머니가 '백 번 밟기'를 하는 동안, 끈의 길이가 허용하는 한도 내에서 신사 마루 위를 마음대로 오가고 있다. 어머니는 날 밤을 새며 아버지의 안전을 기원했다. 그러나 아버지는 이미 살해당한 후였다. 아버지는 주군이 없는 떠돌이 사무라이였기 때문이다. 나는 이런 슬픈 이야기를 꿈속에서 어머니에게 들었다.

제100야 돼지들의 유혹

쇼다로우는 여자와 사라진 지 칠일 째 되는 밤에 돌아왔다. 열(熱)이 나서 자리에 누웠다. 어느 저녁 무렵의 일이다. 한 여자가 불쑥 가게 앞으로 다가 왔다. 옷맵시가 훌륭했다. 옷은 물론이고 쇼다로우가 더욱 감탄한 것은 그녀의 얼굴이었다. 쇼다우로는 곧 여자가 점찍은 과일 바구니를 건넸다. 굉장히 무겁다고 말한다. 쇼다우로는 원래부터 한가한 사람이다. 또한 싹싹한 성격이다. 여자가 무겁다고 하자, 여자와 함께 과일가게를 나선다. 쇼다우로는 그 길로 돌아오지 않았다. 쇼다우로의 말에 의하면 전차에서 내리자 큰 벌판이 나타났다고 한다. 여자와 함께 풀밭 위를 걸어가자, 두 사람은 절벽 꼭대기에서 있었다. 여자는 당신이 만일 과감하게 뛰어내리지 않는다면 돼지에게 온갖 수모를 당할 것인데 그래도 괜찮겠느냐고 물었다. 쇼다우로는 돼지와 쿠모애몽을 제일 싫어했다. 마침 그 순간 돼지 한 마리가 코를 씩씩대며 다가 왔다. 몽둥이로 돼지의 코 부분을 강하게 후려쳤다. 맥없이 자빠지더니 곧 벼랑 아래로 굴러 떨어졌다. 또 한 마리의 돼지가 쇼다우로를 향해 돌진해 왔다. 돼지는 비명을 지르며 절벽 아래로 떨어졌다. 그러자 다시 한 마리가 나타났다. 수만 마리의 돼지들이 일직선으로 서서 쇼다로우를 목표로 코를 씩씩대며 달려오고 있었다. 그러나 대처할 방법이 없었다. 이제 몽둥이가 돼지 코에 닿기만 하면 돼지들은 비명을 지르며 절벽 아래로 굴러 떨어지는 것이었다. 돼지는 끊임없이 돌진해 왔다. 굉장한 기세로 돼지들은 달려오고 있었다. 쇼다우로는 필사적으로 돼지의 코를 후리 쳤다. 칠일 동안 한잠도 자지 못했다. 그렇지만 종국에는 기력이 다해 손의 힘이 빠지자 돼지에게 온갖 수모를 당하게 되었다. 돼지들은 쇼다우로를 혀로 핥고 코로 비비며 온갖 수모를 안겼다. 마침내 쇼다우로는 절벽 위에 쓰려졌다. 겐씨는 쇼다우로의 이야기를 여기까지 듣고는 여자에게 지나친 관심을 보이는 건 좋지 않다고 말했다. 나도 겐씨의 말이 맞는다고 생각했다. 그렇지만 겐씨는 쇼다로우의 파나마모자를 갖고 싶다고 말했다. 쇼다우로는 살아나지 못할 것이다. 파나마모자는 겐씨의 것이 되리라.

【독후감 2】 일장춘몽의 인생, 이런 슬픈 이야기들

Ⅰ.

1908년에 발표된 『몽십야(夢十夜)』는 <일장춘몽의 인생, 이런 슬픈 이야기들>이다. 나쓰메 소세키의 41세 작품이다.

대단히 은유적이지만 작가 특유의 철학이 담겨 있다. 한 인간이 태어나 일본 근대를 살아가면서 겪는 열 가지의 슬픈 사연을 소개하고 있다.

Ⅱ.

인간은 백년의 고독을 통해 태어난다. 살아가면서 깨달음을 찾는다. 그러나 쉽게 깨달음을 얻을 수가 없다. 가족은 전생의 업이 현실화된 관계로 묘사된다. 누구나 한 번쯤 생각해 봄직하다.

인간은 노인이 되어서야 인간의 삶이 허무함을 안다. 결국 어느 시점에서 삶을 포기한다.

그 과정에서 인간은 모두 전투요원이 된다. 근대화라는 삶이 모두 전쟁터이기 때문에 직업군인, 생활군인이 되는 것이며 언젠가 그 생존경쟁에서 포로가 된다. 백마를 탄 어머니도 구원해 주지 못한다. 시기하는 악마들이 곳곳에 있기 때문이다.

메이지 시대의 사회에는 인왕상이 없다. 옛날부터 최고로 강한 것이 인왕상이다. 천하의 영웅은 오직 인왕상과 자신뿐이라는 저 태도! 인왕상을 조각하는 것은 흙속에서 돌을 캐내는 것과 같다. 메이지 사람들은 그런 인물에 열광하지만, 자신은 절대 그런 인물이 될 수 없다. 이것이 메이지의 비극, 근대의 비극이다.

근대의 인생항로는 무척이나 외롭다. 날마다 거친 파도 위에서 흘러가는 것이다. 자기가 어디로 가고 있는지 모른다. 결국 지친 사람들은 죽을 결심을 한다. 이것은 깨달음을 이용해 보지도 못하고 후회와 공포의 심정으로 바다 쪽으로 떨어지는 것이다. 발이 갑판에서 떨어지는 순간 "그냥 있었으면 좋았을 텐데"라고 생각한다. 끝없는 후회와 공포를 느끼며 검은 파도 속으로 조용히 떨어져 간다. 이것이 메이지 시대, 근대의 인생항로이다.

메이지 시대의 인간들은 금붕어들이다. 금붕어 장사는 금붕어를 응시하며 꼼짝하지 않는다. 행인들의 소란에도 움직이지 않는다. 근대의 고독과 삶이 이 구조 속에 있다. 금붕어 장사가 누구이겠는가?

메이지 시대 아이들, 근대의 아이들은 고아(孤兒)가 된다. 어머니는 남편을 위해 기도한다. 아버지는 이미 살해되었다. 주군이 없는 사무라이이기 때문이다. 이것이 근대이다. 고아, 과부, 젊은 아버지의 사망, 개인화가 낳은 외로움이다.

근대는 돼지들이 유혹하는 사회다. 유혹에 대비한 준비가 없이 자유가 만연하다. 결국 지혜와 절제가 없다면 돼지들이 우글거리는 근대에서 온갖 수모를 당할 것이다. 방어하다 인생을 마칠 것이다.

Ⅲ.

나쓰메 소세키는 이런 근대를 우울하게 묘사하고 있다. 이 소설을 통해 우리가 근대를 극복하는 방법을 찾을 수는 없지만, 무엇이 문제인지 정확히 알 수는 있을 것이다.

【작품 3】 문조(文鳥, 1908)

문조(文鳥)가 '찌요지요(千代千代)'운다. 문조의 눈은 진한 흑색이다. 눈동자 주위에 담홍색 비단을 수놓은 듯한 선이 새겨져 있다. 눈을 깜박일 때마다 이 선들이 갑자기 뭉쳐서 굵은 선으로 바뀐다. 저녁 무렵 문조가 물을 마시는 걸 보았다. 가녀린 발을 모이 그릇 가장자리에 걸치고, 어여쁜 부리에 묻힌 물 한 방울을 정성들여 넘기고 있다.

다음날 역시 늦게 일어났다. 문조가 나를 바라보는 순간, 나는 그 옛날 아름다웠던 그녀를 머릿속에 떠올렸다. 펜이 주는 고독의 의미를 마음속으로 느끼는 날이 많아지고 있다. 약속 시간이 10시여서 문조를 그 상태로 방치해 두고 집을 나섰다. 집에 도착한 시간은 밤 9시경이었다. 피곤했으므로 집에 돌아오자마자 잠자리에 들었다. 세상에는 처음에는 만족해하다가 곧 불행에 빠져드는 이가 얼마나 많은가. 이런저런 생각을 하며 양치질을 했다. 아침을 먹고 일을 매듭지으려고 외출했다. 집에 돌아온 시간은 오후 3시경이다.

뻣뻣하게 굳은 두 발은 배와 일직선으로 뻗어 있어 마치 막대기를 보는 듯했다. 나는 새장 옆에 서서 문조를 내려 보았다. 검은 눈은 벌려도 벌어지지 않을 정도로 굳게 감고 있었다. 눈꺼풀은 파르스름하게 변해 있다. 집안 식구들이 먹이를 주지 않았기 때문에 문조가 죽어버렸네. 내가 부탁도 하지 않은 물건을 새장 안에 집어넣지를 않나, 더욱이 먹이를 주어야 하는 의무도 이행하지 않은 것은 너무나 잔혹한 일이었다. 이곳은 밟으면 안 됩니다. 후데코의 필적이다. 문조는 불쌍하게 되었습니다. 집안 식구들이 나쁘다거나, 잔혹하다는 등의 내용은 일체 없었다.

【독후감 3】 근대가 불쌍하다

I.

『문조(文鳥)』는 인간의 무관심을 말하고 있다. 무관심은 죽음이다. 문조(文鳥)는 비록 새지만, 가족, 사회 그리고 가까운 사람으로 환치할 수 있다. 문조(文鳥)의 사망원인은 외로움이다. 외로움은 근대의 병이다. 나쓰메 소세키는 "고독을 불쌍하다"고 말한다. "근대가 불쌍하다"는 말처럼 들린다. 그는 100년 전 문조(文鳥)를 통해 근대의 고독(孤獨)을 예견한 것이다.

Ⅱ.

다음은 YTN 일본 특파원의 보도다. "2015년 일본에서 고독사로 숨지는 노인이 연간 3만 명에 달한다. 10년 전보다 2배나 늘었다. 2040년에 무려 20만 명에 달할 것이라는 보고서까지 나왔다. 한때 2만 명이 살던 도기와다이라단지는 8천 명까지 인구가 줄었다. 고령화가 급속도로 진행돼 65세 이상 인구가 40%를 차지한다. 대부분이 독거노인들이다. (YTN, 2016년 3월 27일)

우리나라도 고독사가 사회문제로 등장했다. 경인저널 보도다. "경기도의회 박승원 의원이 발의한 '독거노인 고독사 방지위한 조례안'이 상임위를 통과했다. 박 의원은 "2026년에는 우리나라 전체 인구 중 65세 이상 인구가 20%를 넘어서 바야흐로 노인인구 1천만명 시대가 된다"며 "특히 OECD 회원국 중 노인 빈곤률이 49.6%로 가장 심각한 상황에서 노인 2명중 1명이 빈곤한 것이 현실"이라고 말했다. 2016년 현재 경기도내 65세 이상 인구는 131만 명이며, 이중 혼자 사는 독거노인의 수는 29만 5천명으로 전체 노인인구의 22%를 차지하고 있다. 독거노인의 비율이 가장 높은 곳은 가평군으로 29%이며, 가장 낮은 곳은 화성시로 12%이다."(경인저널, 2016년 4월 21일)

Ⅲ.

『문조(文鳥)』의 마지막 문장이다.

"문조는 조용한 자태로 누워 있다."

"한참동안 죽은 문조를 바라보았다."

"나는 먹이를 주지 않으니까 문조가 죽어 버리지 않았느냐고 말하며 하녀의 얼굴을 노려보았다. 하녀는 아무런 대답이 없었다."

"오후에 미에기치로부터 답장이 왔다. 집안 식구들이 나쁘다거나, 잔혹하다는 등의 내용은 없었다."

【작품 4】 마음(1914)

나는 외로운 사람입니다. 냉철한 눈으로 스스로를 반성하고, 현 세태를 관찰한 결과일까. 선생님은 세상을 관조하는 분이셨다.

일이 난 다음에 가장 골치 썩이는 것이 재산 문제니까 말이야. 한순간에 갑자기 나쁜 사람으로 변하니까 무서운 거지. 그러니 방심하면 안 된다는 말이네. 나는 그들을 증오하는 데에 그치지 않고 그들로 대변되는 인간이란 존재를 증오하는 법을 익혔네. 나는 이게 내 식대로의 복수라고 생각하네.

솔직히 말하면 난 정신적인 결벽주의자지. 그래서 늘 고민하는 거 아닌가. 가만히 생각해보면 꽤나 어리석은 성격이야. 정신적인 결벽주의라는 말의 의미가 속된 표현으로 신경질적이란 말인지 아니면 윤리적으로 결벽을 추구한다는 말인지 난 알 수 없었다. 왜냐하면 바람의 힘이 아닌, 따뜻한 빛의 힘으로 그의 두터운 껍질을 벗겨내고자 했기 때문이지. 자살은 모두 인위적인 폭력 때문에 일어나지.

가장 강성한 메이지의 영향을 받고 자란 우리가 메이지 일왕의 붕어 이후에도 살아 있다는 건 시대착오라는 느낌이 들었네. 나는 아내에게 그런 내 느낌을 분명히 말했지. 아내는 처음엔 웃으면서 별로 상대해주지 않다가 무슨 생각이 들었는지 갑자기 내게 순사(殉死)라도 하면 되겠네요 하고 비웃었네.

【독후감 4】 ≪근대인간(近代人間)의 내면≫, 수수께끼 같은 나란 인간

I.

『마음』은 1914년 오사카 ≪아사히신문≫에 연재되었다. 전체 3부로 '선생님과 나', '부모님과 나', '선생님과 유서'라는 제목이 붙었다. '선생님과 나'의 '나'는 순수하고 털털한 대학생으로 어린아이의 눈을 가진 청년이다. 반면 '선생님과 유서'에 있는 '나'는 순수한 메이지 시대의 지식인이다. 자신 안의 아집에 대한 후회와 번민이 가득 차 있는 지식인이다.

선생님이 죽기 전에 자신의 삶을 채운 ‘선과 악’을 털어 놓는 편지가 나온다. 평소 입 밖에 낼 수 없었던 너무나도 솔직한 인간적인 고백이다. 그래서 ‘마음(こころ)’이다. 아마 현대인 모두가 그런 마음을 갖고 있을 것이다.

근대, 고독, 허무, 두려움, 차별, 염세, 종속, 배신, 분노, 악마의 농락, 고백, 자살이 소설 『마음』에 등장한다. 그의 『마음』은 바로 오늘날 우리들의 이야기이다. 『마음』은 일본에서 가장 많이 읽히는 소설 중에 하나다. 2016년은 나쓰메 소세키의 100주기이다. 나쓰메 소세키는 ≪근대인간의 내면≫을 그의 작품에서 이렇게 묘사하고 있다. 내가 주목한 12개의 문장이다.

Ⅱ.

① “자유, 독립 그리고 나 자신으로 가득 찬 현대에 태어난 우리는 그 대가로 모두가 이 외로움을 맛봐야겠지.”

② “죽기 전까지 이 세상에 단 한명이라도 좋으니 마음 놓고 흉금을 터놓을 사람이 있었으면 좋겠어. 자네가 그 한 사람이 될 수 있겠는가?”

③ “인간이란 존재가 정말이지 아무것도 아니라는 걸 새삼 깨달았다. 인간은 거스를 수 없이 타고난 가변적인 존재임을 절감했다.”

④ “선생님을 실망시키는 것이 훨씬 더 두려웠다.”

⑤ “조상으로부터 재산을 물려받은 사람은 아무려면 세상 밖으로 나가 사람들과 경쟁하며 살 필요가 없으니까 타고난 재능을 널리 개

발하지 못하고 조용히 뒤에 묻혀 살게 된다."

⑥ "고향을 떠나올 때 이미 염세적인 인간으로 변해 있었지. 인간이란 믿을 게 못 된다는 관념이 그대 이미 뼛속 깊이 사무쳤던 게야."

⑦ "다른 사람의 손에 놀아나는 것은 무엇보다 견디기 힘든 일이란 말이지."

⑧ "작은아버지에게 배신당한 나는 이제부터 무슨 일이 있어도 기만당하지 않겠다고 결심했던 것이네."

⑨ "새로 생긴 K의 묘와 새로 맞은 내 아내와 그리고 땅 밑에 새로 자리 잡은 K의 유골을 차례차례 떠올리며 악마에게 농락당한 운명의 장난이란 걸 실감했네."

⑩ "K가 나처럼 혼자 남겨진 외로움을 견디다 못해 결국 마지막 길을 선택하게 된 건 아닐까."

⑪ "나는 내 능력이 허락하는 한 수수께끼 같은 나란 인간을 자네에게 이해시키고자 했네."

⑫ "내 인생을 마칠 생각이네."

Ⅲ.

위독한 아버지와 선생님 중에 주인공 '나'는 주저 없이 선생님을 선택한다. 심각한 상황에서 아버지를 저버림으로서 아버지와 가족 그리고 주인공의 관계에 새로운 장이 열림을 암시한다. 근대인간의 내면이고 처세다. 우리 주변에도 이러한 사람들이 얼마나 많은가.

ⓒ 추지영 화백 作『아버지』2014. 12. 4.

나쓰메 소세키는 인간관계 안에 숨어 있는 에고이즘과 고독을 정확히 포착하고 표현한다. "타자와 관계에서 겉으로는 참고 견디고 진짜 자기는 감추는 방법이다." 만인의 병(病)이다. 그 마지막은 결국 함몰(陷沒)이다.

나쓰메 소세키는 몇 차례 신경쇠약에 걸렸고, 위궤양을 일으켰다. 결국 49세에 위출혈로 사망한다. 그때 유작(遺作)『명암』을 연재하고 있었다. 귀국 후 16년의 생을 마감했다. 나쓰메 소세키는 근대를 어떻게 앓아 왔을까? 나쓰메 소세키는 "진지해져라" 라고 말한다. 그는 '고뇌하는 인간'이었다. 근대라는 시대가 내놓은 문제와 정면으로 마주했다.『마음』은 그의 만년(1914년)의 작품이었다.

강상중(姜尙中) 교수는 『고민하는 힘』(사계절, 2009)에서 “나쓰메 소세키와 막스 베버는 내 청춘을 수놓은 위대한 존재”라고 말한다. (8면) 그는 독일로 떠나는 여행용 가방 속에 『마음』을 담았고, 독일 유학시절 나쓰메 소세키의 『마음』을 통해서 많은 위로를 받았다고 한다.

강상중 교수의 고백이다. “파란만장한 고민의 바다였다. 혹독한 세상에서 비탄에 잠겨 살아 온 어머니의 80년의 인생. 재일조선인(在日朝鮮人). 자기와 타자 사이의 벽(壁). 거미줄에 매달려 살아온 거미 인생이었다.” 강상중 교수의 마음을 읽고 가슴이 아련하다.

≪아리랑≫이 생각나는 밤이다.

『마음』. 『こころ』.

『心』.

그리고

『나』와 『우리』.

매일(每日) ….

2016년 4월 25일

참·고·문·헌

나쓰메 소세키/송태욱 옮김, 도련님, 나쓰메 소세키 소설 전집 2, 현암사, 2013.

나쓰메 소세키/노재명 옮김, 몽십야(夢十夜), 문조(文鳥), 런던소식, 나쓰메 소세키전집 1, 하늘연못, 2010.

나쓰메 소세키/오유리 옮김, 마음, 문예출판사, 2002.

역사

책을 읽고 학문을 하는 이유 —『소학(小學)』

『소학』은 진부한 고서(古書)가 아니고 현대를 밝히는 불빛 같았다. 민주주의를 위한 『소학』, 민주시민을 위한 『소학』, 우리들의 『소학』으로 다시 널리 읽혔으면 한다. 물론 민주주의 시각으로 내용에 대한 재해석이 필요하다.
원나라 유학자 허형과 남명 조식은 『소학』으로 체화된 삶을 살았다. 허형은 "소학은 성인들도 읽어야 할 책이다"라고 말했다. 조선 선비의 필독서였다. 『소학』이 우리 사회에서 모래 속에 묻혀 있다는 것은 비극이다. 기본이 바로 서야 나라가 발전한다. 『소학』의 의미다.

주희(朱熹, 1130~1200)는 성리학을 집대성한 사람이다. 주희는 아동교육에 관심이 많았다. 송나라 유학자 유청지(劉淸之, 1139~1195)는 주희와 뜻을 같이해 『소학』을 편찬했다. 이 책이 완성되었을 때 주희는 58세, 유청지는 49세였다. 우리나라에 『소학』이 도입된 것은 여말선초다. 원나라 허형의 국학에서 공부한 안향이 적극 도입한 것으로 '섬학전'을 통해 확산되었다. 조선 초기 선비들의 유학입문 필독서였다.

『소학』은 내편과 외편으로 나누어지고 전체 6편이다. 『소학』의 5편 아름다운 말(嘉言)에는 '독서와 학문을 하는 이유'를 절묘하게 설명하고 있다. 이 장의 인용은 『안씨가훈』이다. 책을 읽지 않은 우리 사회에 좋은 교훈을 준다. 책과 학문이 인간에게 어떻게 영향을 주는지 정확하게 설명한다. 필자는 사회정책과 교정정책에 독서가 얼마나 중요한지 다시 한 번 생각했다. 그리고 개인수양과 의사소통 그리고 배려, 자비, 선(善)도 모두 독서와 학문에서 시작한다는 점을 깨달았다.

『소학』은 진부한 고서(古書)가 아니고 현대를 밝히는 불빛 같았다. 민주주의를 위한 『소학』, 민주시민을 위한 『소학』, 우리들의 『소학』으로 다시 널리 읽혔으면 한다. 물론 민주주의 시각으로 내용에 대한 재해석이 필요하다. 원나라 유학자 허형과 남명 조식은 『소학』으로 체화된 삶을 살았다. 허형은 "소학은 성인들도 읽어야 할 책이다"라고 말했다. 『소학』이 우리 사회에서 모래 속에 묻혀 있다는 것은 비극이다. 기본이 바로 서야 나라가 발전한다. 『소학』의 의미다.

●● 책을 읽고 학문을 하는 이유

1. 책을 읽고 학문을 하는 세 가지 이유

① 닫힌 마음을 열기 위해서다.
② 사물에 대한 안목을 밝게 하기 위해서다.
③ 행동하기 위해서다.

『소학』 제5편 아름다운 말(嘉言) 셋. '수양의 길'의 뜻을 넓힌다(廣敬身) 80. 顔氏家訓曰, 夫所以讀書學問, 本欲開心明目, 利於行耳.

2. 부모 봉양을 할 줄 모르는 사람이 책을 읽고 학문을 하는 이유

① 부모의 뜻을 먼저 파악하고 안색을 살피기 위해서다.
② 목소리를 부드럽게 하고 기운을 낮추기 위해서다.
③ 힘들고 수고로움을 싫어하기 위해서다.
④ 맛있고 연한 음식을 만들어 올리기 위해서다.

『소학』 제5편 아름다운 말 80. 未知養親者, 欲其觀古人之先意承顔, 怡聲下氣, 不憚劬勞, 以致甘軟, 惕然慙懼, 起而行之也.

3. 나라를 사랑할 줄 모르는 사람이 책을 읽고 학문을 하는 이유

① 자기의 직분을 지키기 위해서다.
② 다른 사람의 영역을 침범하지 않기 위해서다.
③ 국가가 위태로우면 자신의 목숨을 바치기 위해서다.
④ 정성을 다해 간언하고 바로잡아서 나라를 이롭게 하기 위해서다.
⑤ 측은하게 자신을 돌아보고 이들을 본받기 위해서다.

『소학』 제5편 아름다운 말 80 未知事君者, 欲其觀古人之守職無侵, 見危授命, 不忘誠諫, 以利社稷, 惻然自念, 思欲效之也.

4. 평소에 교만한 사람이 책을 읽고 학문을 하는 이유

① 공손하기 위해서다.
② 검소하기 위해서다.
③ 재물을 절약하기 위해서다.
④ 자신의 몸을 낮추어 처신하기 위해서다.
⑤ 예를 가르침의 근본으로 삼기 위해서다.
⑥ 경건함을 몸가짐의 바탕으로 삼기 위해서다.

⑦ 보고 놀라면서 낯빛을 가다듬기 위해서다.
⑧ 교만한 마음을 억제하기 위해서다.

『소학』 제5편 아름다운 말 80. 素驕奢者, 欲其觀古人之恭儉節用, 卑以自牧, 禮爲敎本, 敬者身基, 瞿然自失, 斂容抑志也.

5. 평소에 재물에 비루하고 인색한 사람이 책을 읽고 학문을 하는 이유

① 의리를 소중하게 여기기 위해서다.
② 재물을 가볍게 여기기 위해서다.
③ 사심과 욕심을 적게 하기 위해서다.
④ 부귀가 충만한 것을 싫어하기 위해서다.
⑤ 곤궁한 사람들을 도와주기 위해서다.
⑥ 가난한 사람들을 불쌍히 여기기 위해서다.
⑦ 얼굴을 붉히며 뉘우치고 부끄러워하기 위해서다.
⑧ 쌓아둔 재물을 베풀려고 하기 위해서다.

『소학』 제5편 아름다운 말 80. 素鄙悋者, 欲其觀古人之貴義輕財, 少私寡慾, 忌盈惡滿, 賙窮卹匱, 赧然悔恥, 積而能散也.

6. 평소에 비겁하고 나약한 사람이 책을 읽고 학문을 하는 이유

① 삶과 죽음의 이치에 통달해 삶과 죽음을 천명에 맡기기 위해서다.
② 뜻이 굳세고 정직하기 위해서다.
③ 자신의 주장을 펼 때는 반드시 신념이 있기 위해서다.
④ 복을 구하는 것이 사도(邪道)로 흐르지 않음을 보고 분연히 떨치고 일어나 두려워함이 없게 하기 위해서다.

『소학』 제5편 아름다운 말 80. 素怯懦者, 欲其觀古人之達生委命, 强毅正直, 立言必信, 求福不回, 勃然奮厲, 不可恐懼也.

7. 평소에 사납고 포악한 사람이 책을 읽고 학문을 하는 이유

① 조심하고 자신을 억제하기 위해서다.
② 강한 이빨은 깨져도 부드러운 혀는 남는다는 이치를 생각하기 위해서다.
③ 남의 허물과 잘못을 감싸주기 위해서다.
④ 현인(어진이)들을 존중하고 뭇 사람들을 포용하기 위해서다.
⑤ 보고 힘없이 기운을 잃어 마치 입고 있는 옷도 감당하지 못하는 듯이 하려고 하기 위해서다.

『소학』 제5편 아름다운 말 80. 素暴悍者, 欲其觀古人之小心黜己, 齒敝舌存, 含垢藏疾, 尊賢容衆, 苶然沮喪, 若不勝衣也.

8. 책을 읽고 학문하는 사람을 싫어하고 혐오하는 이유

① 지나치고 심한 것을 제거하지 않기 때문이다.
② 배워서 아는 것을 행하지 않기 때문이다.
③ 글을 읽어도 단지 말만 할 뿐이고 실천하지는 못하기 때문이다.
주변 사람들이 다 함께 비웃고 헐뜯는 것이 여기에 말미암은 것이다.
④ 수십 권의 책을 읽고는 곧 스스로 높고 큰 체하여 연장자를 능멸하고 소홀히 하기 때문이다.
⑤ 동년배들을 경멸하고 업신여기기 때문이다.
⑥ 사람들이 그를 원수나 적처럼 미워하며, 올빼미처럼 싫어한다.

이와 같다면 배움은 유익함을 구하려고 하는 것인데도, 도리어 자신을 해치게 돼 배우지 않는 것보다 못하게 된다.

『소학』 제5편 아름다운 말 80. 歷玆以往, 百行皆然. 雖不能淳, 去泰去甚, 學之所知, 施無不達. 世人讀書, 但能言之, 不能行之. 武人俗吏, 所共嗤詆, 良由是耳. 又有讀數十卷書, 便自高大, 凌忽長者, 輕慢同列, 人疾之如讎敵, 惡之如鴟梟. 如此以學求益, 今反自損. 不如無學也.

참·고·문·헌

주희·유청지 엮음/윤호창 옮김, 소학, 슬기바다 04, 홍익출판사, 개정판 제13쇄, 2012.

철학

마음 심(心)의 철학 —『심경부주(心經附註)』

옛날 사람들은 마음(心)에 대한 연구가 깊었다. 퇴계 선생은 도산의 완락재에서 새벽에 닭이 울면 일어나서 반드시 글을 한 번 단정하게 외우셨다. 『심경부주』였다. 사서삼경과 정자·주자의 글에서 마음(心)에 대한 격언을 뽑아 모은 책이다. 전체 37장이다. 이 책은 『중용』과 『맹자』를 이해하는데 도움이 된다. 옥편을 보면서 마음의 의미를 '나는 이렇게'새겨 보았다. 수고(愁苦)란 곡식(禾)을 생각하고, 마음(心)의 불(火)을 생각하니 답답하다. 벼(禾)를 쌓아 둔 창고(秋, 가을 결실)에 불이 나니 마음(心)이 얼마나 괴로운가. 들판(草)에 누워 옛날(古)을 생각하며 미래를 도모한다. 이것이 수고(愁苦)다. 수고(愁苦)란 고통(苦痛)이 아니고 극복(克復)을 의미한다. "수고하세요!" 우리는 너무 쉽게 수고를 말한다. "어려운 세상 수고하세요!" 희망(希望)이 담긴 따뜻한 말이다.

옛날 사람들은 마음(心)에 대한 연구가 깊었다. "마음을 극진히 연구하는 자는 그 성리(性理)를 아나니, 그 성리를 알면 천리(天理)를 안다." (『맹자』, 眞心章篇) 1561년 겨울 퇴계 선생은 도산(陶山)의 완락재(玩樂齋)에서 새벽에 닭이 울면 일어나서 반드시 글을 한 번 단정하게 외우셨다. 귀 기울여 들어보니 곤 『심경부주』였다. 『심경부주』는 사서삼경과 정자·주자의 글에서 마음(心)에 대한 격언을 뽑아 모은 것이다. 퇴계 이후 이 땅의 선비들은 『심경부주』를 필독서로 삼았다. 일독(一讀)을 추천한다.

●● 『심경부주』란?

『심경부주』는 송나라 정치가이자 유학자인 서산(西山) 진덕수(眞德秀, 1178~1235)가 편찬하여 원주(原註)를 붙인 『심경(心經)』에 명나라 학자 황돈(篁墩) 정민정(程敏政, 1445~1499)이 부주(附註)를 추가한 것이다. 1천 년이 지난 지금도 『심경부주』처럼 사람의 마음에 관해 잘 정리한 책은 없다. 전문가들의 일치된 의견이다.

진덕수는 송나라 건녕부 포성 사람이다. 그를 '서산 선생 혹은 서산 진씨'라고 불렀다. 조선에서는 그가 쓴 『대학연의(大學衍義)』와 『심경(心經)』이 유행하였다. 정민정은 명나라 휘주부 휴녕 사람이다.

『심경』을 풀어내는 작업은 무엇보다 사서 중에서도 『중용』과 『맹자』를 보다 정확히 이해하는 길잡이를 제공해 준다.

진덕수는 『사서삼경(四書三經)』 중에서 마음을 다스리는 법과 관련해 주옥같은 구절을 고르고 뽑은 다음, 주석을 달았다. 진덕수의 취사선택(取捨選擇)하는 안목을 배울 수 있다. 『사서삼경』에 통달한 진덕수의 학식이 처음부터 끝까지 뒷받침 되고 있기 때문이다. (『심경부주(心經附註)』, 진덕수 · 정민정 지음, 이한우 옮김, 해냄, 2015, 서문 요약)

●● 진덕수의 찬(贊, 서문)

도심(道心)이란 무엇인가? 본성(本性)과 천성(天性)에 뿌리를 두고 있는 것이니 의(義)라 하고, 인(仁)이라 하고, 중(中)이라고 하고, 성

(正)이라 한다. 이런 이(理)는 형체가 없으니 미(微)라 한다. 털끝만큼이라도 잃으면 그것을 보존하는 일은 거의 드물게 된다.

성현(聖賢)은 홀로 있을 때 경계하고 두려워하며, 근독(謹獨, 홀로 있을 때도 삼가)하고 간사함을 막고, 존성(尊姓)하여 분노(忿怒)나 욕심(慾心)을 막아내고, 반드시 징계하는 것이다.

사랑하는 마음(慈)과 믿음(良)이 생겨날 때는 봄기운에 만물이 자라듯이 길러주어야 한다.

마음은 만선(萬善)의 주재자이니 하늘이 사람에게 주신 것 중에서 이것이 가장 크다. 이를 마음에 거두어들이면 태극(太極)은 내 몸에 있게 되고, 만 가지 일에 그것을 뿌리면, 그 쓰임은 끝이 없다.

옛날의 선현(先賢)들은 삼감(敬)을 서로 주고받았으니 그것을 잡아쥐어 다잡고 베푸는 것보다 앞서는 것이 과연 뭐가 있겠는가?

욕심을 부리다 마음이 막히는 것을 두려워하여 이에 바른 말들을 모아서 그것으로 폐부(肺腑)를 씻어낸다.

밝은 창문과 비자나무 책상, 맑은 한낮에 향로에서는 연기가 피어오르는데 책을 펴놓고 숙연한 마음으로 나의 마음을 섬기노라. (『심경부주』, 진덕수 · 정민정 지음, 이한우 옮김, 해냄, 2015, 17~19면 요약)

옥편을 보면서 마음(心)의 의미를 '나는 이렇게' 새겨 보았다.

●● 마음 심(心)의 의미

心 마음 심

모든 것은 마음(心)에서 나온다.

必 반드시 필

마음(心)에 획(자신의 각오)을 새겨야(丿) 한다.

忌 꺼릴 기

마음(心) 위에 자기(己)를 항상 달아 보아야 한다.

怒 성낼 노(로)

이성(女)을 범하는 것을 반복(又)한다면 분노(忿怒)의 대상이 된다.

急 급할 급

마음(心)이 중심을 잡지 못하고 왔다 갔다 하면 사고가 발생한다.

忍 참을 인

마음(心) 위에 칼(刀)을 하나 얹어 놓고 참아야 한다.

忘 잊을 망

마음(心)을 잃어버리면 결국 망(亡)한다.

志 뜻 지, 기치 치

마음(心) 위에 선비(士)를 얹어야 한다. 그것이 뜻이다.

思 생각 사, 수염이 많을 새

오늘 하루를 경영해야 한다. 마음(心)위에 밭(田)을 얹어 놓은 것이다.

念 생각 념(염)

지붕 아래에서 초롱불을 켜 놓고 마음(心)을 안정시켜야 한다.
미래를 보는 것이다. 그것이 염두(念頭)다.

忠 충성 충

마음(心) 위에서 중심(中)을 잡으면 충이 된다.
중심(中)이 2개 있으면 걱정이 따른다. 환(患)이다.

忽 갑자기 홀

깃발과 물건(勿, 物)에 마음(心)을 갑자기 빼앗겨서는 안 된다.

忢 깨달을 오

마음(心) 위에 손가락 다섯(五)개를 얹어 놓고 맹세해야 한다.
그것이 깨달음이다.

怨 원망할 원, 한탄, 슬픔, 미워함

깨닫지 못하는 자는 저녁(夕)에 타인에게 원인을 돌리는 갈고리(巳,

절도)로 마음(心)을 무겁게 한다. 그것이 원망(怨望)이다.

怘 굳을 고, 보호할 호

마음(心) 위에 옛 맹세(古)를 놓아야 한다.

恩 은혜 은

마음(心) 위에 인(因, 원인의 근본)을 놓은 것이 은혜(恩惠)다.

息 쉴 식

마음(心) 위에 자기(自)를 놓아라. 그것이 휴식이다.

恥 부끄러울 치

마음(心)으로부터 듣건대 귀(耳)가 간지럽다면 부끄러운 것이다.

수고(愁苦)란

곡식(禾)을 생각하고, 마음(心)의 불(火)을 생각하니 답답하다.

벼(禾)를 쌓아 둔 창고(秋, 가을 결실)에 불이 나니 마음(心)이 얼마나 괴로운가.

들판(草)에 누워 옛날(古)을 생각하며 미래를 도모한다.

이것이 수고(愁苦)다.

수고(愁苦)란 고통(苦痛)이 아니고 극복(克復)을 의미한다.

"수고하세요!"

우리는 너무 쉽게 수고를 말한다.

"어려운 세상 수고하세요!"
희망(希望)이 담긴 따뜻한 말이다.

●●『심경부주』 제23장

어짊은 사람의 마음이다. 『맹자』 「고자(古子) 장구 상(上)」의 글이다. "맹자는 말했다. 어짊은 사람의 마음이요, 의로움은 사람이 걸어가야 할 길이다. (孟子曰 仁人心地 義人路也) 그 길을 버리고 따라 갈 생각도 않으며, 그 마음을 놓아버리고는 찾을 줄도 모르니 슬프도다! 사람들은 자신들이 기르던 닭이나 개를 잃어버리면 그것을 찾을 줄 알면서도, 마음을 놓아버리고서는 찾을 줄을 모른다. 배우고 묻는 길은 다른 게 없고, 오직 놓아버린 마음을 (다시) 찾는데 있을 뿐이다." (學文之道無地求其放心而已矣)

●●『도덕경(道德經)』 第五十六章 大知無貴思想

『도덕경』 제56장은 대지무귀사상(大知無貴思想)이다. 크게 깨우친 자는 스스로 귀하다고 생각하지 않는다. 그러나 저절로(自然) 귀한 사람으로 인정을 받는다. 도(道)의 모습이다. 성인의 행동방식을 말한다. 낮추고, 할양하고, 경도되지 않는다. 관계 속에서 자신을 스며들게 한다. 친소(親疎), 이해(利害), 귀천(貴賤), 영욕(榮辱)의 구분에 관계없이

의젓하고, 떳떳하고, 늠름하게 살 뿐이다. 고려 왕건(王建)의 정치사상이며, 정치리더십이라는 해석이 있다.

知者不言,	아는 자는 말이 없다.
言者不知.	말하는 자는 아는 것이 없다.
塞其兌,	변덕의 태도를 막아라.
閉其門,	급변하는 그 마음의 문을 닫아라.
挫其銳,	그 날카로움을 묶어라.
解其紛,	그 분별을 벗겨라.
和其光,	그 빛으로 서로 응하라.
同其塵,	그 미물과 하나가 되라.
是謂玄同.	이것이 현동이다.
故不可得而親,	본래 얻으려고 하지 않아야 친해진다.
不可得而疎,	얻으려고 하지 않아야 소통한다.
不可得而利,	얻으려고 하지 않아야 화합한다.
不可得而害,	얻으려고 하지 않아야 해를 끼치거나 받지 않는다.
不可得而貴,	얻으려고 하지 않아야 귀함을 얻는다.
不可得而賤.	얻으려고 하지 않아야 비천하지 않는다.
故爲天下**貴**.	그러므로 하늘 아래 온 세상에서 귀한 사람이 된다.

- 지자(知者)＝학자(學者)＝은둔자(隱遁者)＝도사(道士)
- 지자(知者)＝지식이 많고 사리에 밝은 사람＝학자(學者)＝학문을 아는 사람

· 은둔자(隱遁者)=세상일을 피해 숨어 있는 자

· 도사(道士)=도를 닦는 사람=수행자(修行者)

· 문(門)=생사(生死)의 문(門)=그 간극이 공(空)이다.

· 좌(挫)=묶어라.

· 예(銳)=날카로움(예리, 銳利), 재빠름(민첩, 敏捷), 사나움(용맹, 勇猛), 예민(銳敏)

· 해(解)=벗겨라.

· 분(分)=분별(分別)=차별(差別)=분(紛)=어지러움

· 화(和)=서로 응하라.

· 喜怒哀樂之未發 謂之中 發而皆中節 謂之和.
기쁨, 화남, 슬픔, 즐거움의 감정이 아직 일어나지 않은 상태를 중(中)이라고 한다. 이러한 감정들이 일어나 모두 절도에 맞는 상태를 화(和)라고 한다. (『중용』 제1장)

· 中也者 天下之大本也 和也者 天下之達道也.
중(中)이란 천하 모든 것의 가장 큰 근본이며 화(和)란 천하 모든 것에 두루 통하는 도(道)이다. (『중용』 제1장)

· 진(塵)=미물(微物)=티끌=속세(俗世)=속인의 세상=일반 세상

· 현동(玄同)=태초의 모습=신비스러운 하나 됨

· 천하(天下)=하늘 아래 온 세상

· 위(爲)=된다. 인정받는다. 한다.

· 귀(貴)=귀함, 소중(所重), 빼어남, 정신(中)과 물질(貝)이 완전히 균형을 갖춘 존재를 말한다. 한자를 보면 정신이 물질의 위에 있다.

2016년 2월 24일

철학

깨달음(覺)의 철학 —『대학(大學)』

흘러가는 강물은 흘러온 강의 이름을 버린다.
꽃은 결국 시든다.
행복(幸福)은 지금에 있다.
현재(現在)의 삶이 중요하다.
깨달음(覺)은 겸손과 열린 마음이다.
『대학』의 지정정안려득(止定靜安慮得)은 깨달은 자의 행동심리이다.

만교귀일(萬敎歸一) 사상이다. 진리(眞理)는 본질이 같다. 결국 진리는 하나로 통한다. 내 현생은 그동안 수많은 윤회를 거쳤다. '존재(存在)와 무(無)'에 대한 의혹들은 "살아보아야 알 수 있다." 그것이 깨달음(覺)이다. 경전은 붓다가 깨달은 말씀이다. 깨달음이란 색(色, 變化)의 의미(意味)를 아는 것(知)이다. 깨달음을 얻은 자는 명상, 겸손, 지족, 실천, 선, 행복, 정진, 선각, 자유를 향유한다.

1. 명상(瞑想)

깨달음이란 마음자리를 아는 것이다. 명상을 통해 얻는다.

Ⓒ 국립중앙박물관

매일 목욕을 하고 명상에 잠겼다. 우주와 하나가 되었다.

과거 · 현재 · 미래 삼계(三界)를 시공으로 꿰뚫는 초능력이 강화된 것이다.

"정정진(正正進), 팔정도(八正道), 대학지도(大學之道), 자신을 바로 알고(在明明德), 다른 사람과 친해지라(在親民). 행복을 불어 넣어 주어라(在止於至善)."

말, 행동, 자찬을 경계하는 것이 재명명덕(在明明德)이고, 탐욕, 의심, 공격을 경계하는 것이 재친민(在親民)이며, 행복을 불어 넣어 주는 것이 깨달음(覺)이다. 선(善)이다. 호흡을 통해 삼계(三界)를 일치시켜라. 매일 해야 하는 명상훈련이다. 관자재력(觀自在力, 아포로키티슈바라)이다.

그는 매일 명상했다.

2. 겸손(謙遜)

팔정도(八正道)를 통해 먼저 지난 인생사(人生史)를 반성(反省)해라. 그리고 전(前) 생애도 찾아 반성해라. 꿈에 보일 것이다. 내 주변을 보면 지난 생애 어떻게 살아 왔는지 쉽게 알 수 있을 것이다. 지금 서울, 부산, 광주, 대구, 대전, 미국, 중국, 독일, 일본, 가정, 가족, 학교, 직장 등에서 만나고 있는 사람이 전생에서 인연이 있었던 사람이다. 소중한 인연들을 성찰해야 한다. 그리고 오늘 일은 오늘 모두 깨끗이 정리해야 한다. 남을 존중하고 자기를 낮추어라. 늘 겸손해라. 말, 행동, 자랑을 조심해라. 깨달은 자는 평온하다. 주장과 고집에도 겸손이 있다.

그는 매사에 겸손했다.

3. 지족(知足)

지금에 만족할 줄 알아야 한다. 빛을 보아야 마음의 문이 열린다. 전생을 꿰뚫어 보아야 한다. 마음이 평안할 때이다. 반성은 명상수행이다. 집중력이다. 대가를 치른 후에 다시 태어날 것이다. 하루의 생각을 세 가지로 줄여야 한다. 오늘은 내일의 전생이다. 위대한 지혜를 보아라. 생이 바뀔 때는 천국(天國)의 문(門)이 열릴 것이다.

그는 오늘에 만족했다.

4. 실천(實踐)

남에게 의지하지 마라. 어리석거나 나쁜 친구와 사귀지 마라. 이들과 여행도 하지 마라. 늘 마음을 어지럽히고 너를 나쁜 길로 빠지게 한다. 책보다 평화로운 마음을 갖는 것이 중요하다. 욕심이 없는 바른 마음, 자비심이 너희를 구한다. 학문은 실천해야 지혜(智慧)가 된다.

그는 매일 실천했다.

5. 선(善)

자신만이 자신을 구한다. 선한 나를 선택하라. 마음의 평화가 윤회와 해탈 그리고 깨달음의 조건이다. 재명명덕(在明明德)이 명상의 자리이다. 자신을 아는 것이다. 그 자리는 선에 머물러라. 재지어지선(在止於至善)이다.

그는 매일 선에 머물렀다.

6. 행복(幸福)

형체가 없는 것(空)과 형체가 있는 것(色)은 모두 같은 것이다. 인식(空)은 언젠가 나타나기(色) 때문이다. 색즉시공(色卽是空) 공즉시색(空卽是色)이다. 행복은 지금에 있다. 행복(幸福)은 선(善), 자비심(慈悲

心)이 충만한 상태다. 주거 안정, 식생활 안정, 명상, 베품, 오늘의 의미를 인식하는 것이다. 제행무상(諸行無常)과 제법무아(諸法無我)이다. 결국 꽃은 시든다. 오늘을 감상해라. 감사해라.

그는 매일 행복했다.

7. 정진(精進)

고요한 정적(靜寂)을 얻으려면 몸과 마음이 한가로워야 한다. 마음 속에서 일어나는 망상(妄想)을 버리고 한적한 곳을 찾아가 정진하라. 낙숫물이 바위를 뚫는 것처럼 끝없이 정진을 계속해야 한다.

그는 매일 정진했다.

8. 선각자(先覺者)

≪지정정안려득(止定靜安慮得)≫이다. 『대학』 經1章 知止而后有定 定而后能靜 靜而后能安 安而后能慮 慮而后能得. ① 머무를 곳을 알고 난 뒤에야 일정한 방향이 있고, ② 일정한 방향이 있고 난 뒤에야 차분해 질 수 있으며, ③ 차분해진 뒤에야 평안해 질 수 있고, ④ 평안해진 뒤에야 사려할 수 있으며, ⑤ 사려한 뒤에야 성취할 수 있다.

그는 선각자였다.

9. 자유인(自由人)

자기 자신만을 의지해서 살아야 한다. 자등명 법등명(自燈明 法燈明)이다. 지금 살고 있는 그 환경에서 진리를 깨달아야 한다. 붓다의 마지막 설법대로 살아라.

삶과 죽음은 결국 하나다. 한줌의 재가 되기 전까지 열심히 살아라. 소식(小食) 해라. 법(法) 공부해라. 경전(經典) 공부해라. 시간을 아껴라. 인욕(忍慾) 해라. 교만(驕慢)하지 마라. 아첨(阿諂)하지 마라. 내가 자유로울 때 해탈한다. 자유인의 길이다.

그는 자유인이었다.

●●『도덕경(道德經)』第三十二章 大道無海思想

『도덕경』 제32장은 대도무해사상(大道無海思想)이다. 큰 도(道)는 물(水)처럼 끝이 없이 흐른다. 도(道)는 물처럼 꾸밈이 없다. 순박(淳朴)하다. 도의정치(道義政治)를 말한다.

道常無名,	도는 항상 이름이 없다.
樸, 雖小,	순박하고 비록 작지만,
天下莫能臣也.	세상에서 아무도 신하로 삼을 수 없다.
侯王若能守之,	통치자가 만약 이 도를 지킬 수 있다면
萬物將自賓.	만물은 장차 스스로 손님 대접을 할 것이다.
天地相合,	하늘과 땅이 서로 하나가 되고
以降甘露,	때에 맞춘 상쾌한 이슬이 내리면
民莫之令而自均.	백성들에게 명령이 필요 없고, 스스로 치우침이 없이 한결 같다.

始制有名,	억제하기 시작하면(칼로 베기 시작하면) 이름이 있다.
名亦旣有,	이름이 너무 커서 이미 알려져 있으면
夫亦將知止,	깨우친 자는 이미 크기 때문에 장차 멈추어야 함을 안다.
知止可以不殆.	멈춤을 아는 것 이것으로 위태롭지 않다.
譬道之在天下,	천하의 도를 깨달으면
猶川谷之於江海.	시냇물이 강과 바다를 향하여 흘러가는 것과 같다.

· 소(小)=작지만 꽉 참=대(大)의 축소판=중심을 잡고 있는 상태=소강사회(小康社會)=작지만 편안한 사회=지방자치(地方自治)가 잘 되고 모두 행복(幸福)한 평온(平溫)한 사회(社會)=등소평 주장. 작지만 알찬 정부.

· 대(大)=크고 넓음=대동사회(大同社會)=공자, 묵자=고대 중국의 국가이상

· 빈(賓)=귀빈(貴賓)=손님. ⇔ 빈(貧)=가난

· 태(殆)=위태로움. 석(夕)+태(台)=저녁 별, 저녁 기쁨, 밤에 자라남. 위태(危殆). 태만(怠慢). 태무(殆無).

· 비(譬)=깨달음. 비유(比喩, 譬喩).

· 여(與)=따르다. 같이. 더불어.

(음) 2015년 4월 8일

철학

지혜(智慧)의 철학 —『관념의 모험』

화이트헤드는 인류의 역사를 '맹목적인 충동'과 '자각된 열망'과의 치열한 대립 내지 협력의 역사로 본다. 자각된 열망의 힘이 맹목적인 충동의 힘을 압도하는 상태를 가리켜 '문명의 진보'라고 부른다. 사상의 생명력(vitality)은 모험에 있다. 모험도 여러 종류가 있지만, 지적인 모험이야말로 사람의 가치를 높이고 발전을 이루는 토양이 된다. 우리들이 태극기 철학(☰, ☷, ☵, ☲, ☯)을 사색하는 것도 그 일환이다. 자각된 열망의 힘이다. (☰) 더 지혜로울 것, (☷) 더 용기를 가질 것, (☵) 더 인간적일 것, (☲) 더 철학적일 것, (☯) 더 평화를 사랑할 것 등이다. 다섯 가지는 개인, 가족, 친구, 직장, 국가 사이에 모두 적용된다. 더 구체적으로 대표, 방송, 언론, 국가기관, 교육기관, 군대, 회사, 노동기관 등이다. 한국 사회의 갑(甲)의 논란은 다섯 가지가 결여되어 있기 때문이다. 우리는 뼈 속에 새겨야 하고 뇌(腦)에 적셔야 한다. 많은 것을 가졌음에도 부족하게 행동하는 것은 지혜가 부족하기 때문이다. 자각된 열망의 힘을 문명이라고 말한다. "인생의 의미는 모험이다."(The meaning of lief is adventure.) "인생의 의미는 실천이다"로 읽힌다. (A. N. 화이트헤드/오영환 옮김, 관념의 모험, 한길그레이트북스 GB 001, 한길사, 1996, 21~35면)

●● 문명화와 하마의 이웃들

세계인과 동남아 사람들에게 존경을 받지 못한다. 절제가 없기 때문이다. 무서운 줄 모르고 잘난 체를 많이 한다. 교만하고 거만하기 때문이다. 자기를 숨기는 지혜(자각된 열망의 힘, 문명의 진보)가 없다. 다른 사람에 대한 배려가 없기 때문이다. 대체로 사람과 사물에 가볍다. 자기철학이 없기 때문이다. 공정한 사회를 만들지 못한다. 공사(公私)를 구분하지 않기 때문이다. 결국 언제 화(禍)를 부르는 줄도 모른다. 태극기에 담긴 다섯 가지의 가치를 사색해 보았다. 하마의 이웃들이 문명화(文明化)를 이루기 위해 필요한 것들이다.

●● 태극기 철학(☰, ☲, ☵, ☷, ☯)과 공정한 사회

공정한 사회를 만들기 위한 조건들이다.

☰ 더 지혜로울 것

☲ 더 용기를 가질 것

☵ 더 인간적일 것

☷ 더 철학적일 것

☯ 더 평화를 사랑할 것

태극기 철학(太極旗 哲學)은 개인, 가족, 친구, 직장, 국가 사이에 모두 적용된다. 더 구체적으로 기업대표, 방송기관, 언론기관, 국가기관, 교육기관, 군대, 기업, 회사, 노동기관, 문화단체, 체육단체 등이다.

한국 사회의 갑(甲)질 논란은 사람들에게 태극기 철학이 결여되어 있기 때문이다. 뼈 속에 새겨야 하고 뇌(腦)에 적셔야 한다. 많은 것을 가졌음에도 부족하게 행동하는 것은 지혜가 부족하기 때문이다. 지혜란 자각된 열망의 힘이 맹목적인 충동의 힘을 압도하는 상태를 말한다. 화이트헤드는 이것을 '문명의 진보'라고 부른다.

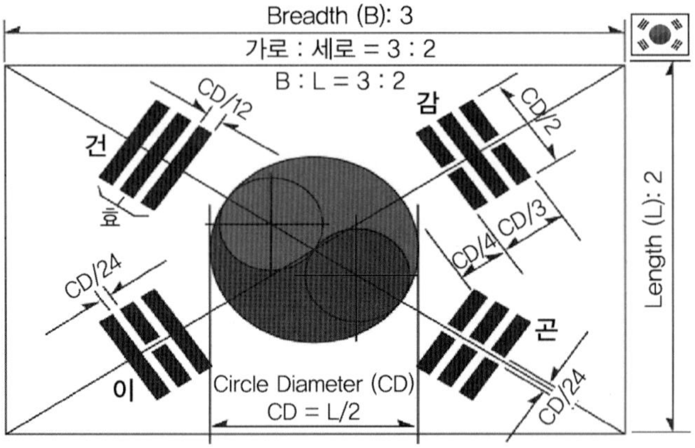

지혜(智慧) ☰: 성(색, 色), 활동(움직임, 活動), 경제(돈, 支出)
용기(勇氣) ☵: 선(좋은 것), 악(사악한 것), 강(부당한 권력), 약(소외된 자)
사람(人間) ☷: 착함, 따뜻함, 겸손, 인내, 희망
가치(價値) ☲: 인간존엄(타인존중), 자유, 책임, 규범, 환경, 박애(사해동포)
평화(平和) ☯: 원(圓), 함께(與), 공존(共存), 통합(統合), 대한민국(大韓民國), 대동(大同)

매일 태극기를 보면서 우리는 아무런 생각이 없다.

●● 화이트헤드의 삶과 철학

영국 철학자 앨프레드 노스 화이트헤드(Alfred North Whitehead, 1861~1947 미국 매사추세츠 케임브리지, 수학자, 철학자)는 『관념의 모험

(Adventures of Ideas, 1933)』에서 인류의 문명화를 말한다. 그는 심오한 관념(ideas)이 인간성을 향상시켜왔다는 관점에서 인류 문명의 역사를 해석한다. 그의 문체는 아름답고 표현은 명쾌하다. 화이트헤드의 삶이다.

"화이트헤드는 B. 러셀과 공동으로 『수학원리』(1910~13, 3권)를 집필했다. 1920년대 중반부터 하버드대학교에서 가르치며 광범위한 형이상학 이론을 발전시켰다."

"모든 사상계의 지도자들이 그를 숭배하였다. 그의 교육 및 철학 저서들은 여러 나라 언어로 번역되었다. 그의 형이상학은 특히 미국에서 활발히 연구되었다."

"현재 화이트헤드의 '과정신학'으로 불리는 그의 가장 영향력 있는 이론은 미국의 철학자 찰스 하트숀(Charles Hartshorne, 1897~2000, 미국의 철학자 · 신학자 · 교육자)에게서 어느 정도 영향을 받았다고 할 수 있다."

"화이트헤드는 남을 돕는 습관 때문에 전 세계에서 사랑받았다. 그는 공손한 태도를 잃은 적이 없지만 부드럽지는 않았다. 논쟁을 하지 않았다. 통찰력이 있었다."

"자비롭고, 매우 고집이 세었다. 현실적이며 균형 잡힌 정신을 가졌다. 악의 없이 세련되게 비꼬기를 잘했다."

"그는 직관력, 지적인 능력, 확고부동하고 지혜로운 장점들이 훌륭히 조화된 사람이었다."(Daum 백과사전 인용)

▣ 화이트헤드의 문명화 5단계 – 진리, 아름다움, 예술, 모험, 평화

1. 진리(眞理): 실재와 현상의 일치
2. 아름다움(美德): 현상이 실재에 적응하면서 새로움을 창조하는 것
3. 예술(藝術): 진실한 아름다움(현상과 실재의 가치)의 표현활동
4. 모험(冒險): 자신을 초월하는 것, 나를 죽여 다른 사람 속에 사는 것, 윤리적 선의 실현, 새로운 완전성의 탐구, 인생의 의미는 모험이다.
5. 평화(平和): 신의 기억 속에 보존 되는 것, 신에게 섭취되어 구제 받는 것, 종교적인 경험

▣ 태극기 철학(☰, ☲, ☵, ☷, ☯)과 화이트헤드의 철학 비교

인간 존재가 문명화 되는 단계다. 태극기 철학(☰, ☲, ☵, ☷, ☯)과 화이트헤드의 철학을 비교하였다.

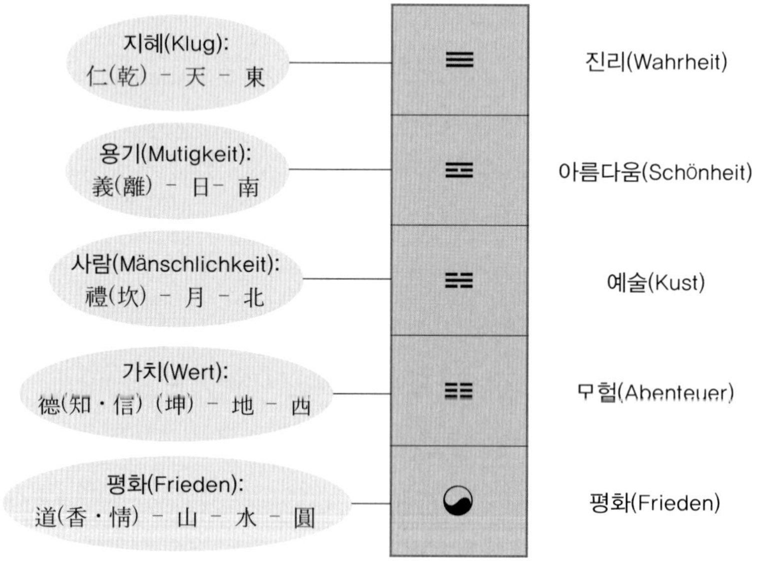

●● 지혜, 자각된 열망의 힘, 문명화를 위한 사색

지혜는 하늘에 있고(乾), 가치는 땅에 있으며(坤), 그 땅을 딛고 고난에 찬 사람이 서 있고(坎), 태양처럼 열기가 강렬하고 숨김이 없는 것이 용기가 아닌가(離) 하는 생각도 해 본다.

화이트헤드는 인류의 역사를 '맹목적인 충동'과 '자각된 열망'과의 치열한 대립 내지 협력의 역사로 보면서, 자각된 열망의 힘이 맹목적인 충동의 힘을 압도하는 상태를 가리켜 '문명의 진보'라고 부른다.

화이트헤드는 "모험이란 새로운 완전성의 탐구"라고 말한다. "모험이 없는 문명은 쇠퇴한다"고 주장한다. "모험정신에 찬 문명은 자유롭고, 활기차고, 창조적이다"라고 강조한다. "모험이 결여된 곳에 문학은 깊이를 잃고, 과학은 지엽말단에 사로잡히고, 예술은 보잘 것 없는 사소한 구별에 급급하고, 종교는 독단적인 도그마로 타락한다"고 설명한다. "사상의 생명력(vitality)은 모험에 있다."

"인생의 의미는 모험이다."(The meaning of lief is adventure.) (A. N. 화이트헤드/오영환 옮김, 관념의 모험, 한길그레이트북스 GB 001, 한길사, 1996, 21~35면) "사상의 생명력은 실천이다." "인생의 의미는 실천이다"로 읽힌다.

그의 말에 공감한다. 모험도 여러 종류가 있다. 지적인 모험(지적인 실천)이야말로 사람의 가치를 높이고 발전을 이루는 토양이 된다.

우리들이 태극기 철학(☰, ☷, ☵, ☲, ☯)을 사색하는 것도 그 일환이다.

●● 『도덕경(道德經)』 第三十三章 大知無壽思想

『도덕경』 제33장은 대지무수사상(大知無壽思想)이다. 다른 사람과 자신을 알면 영생한다는 의미이다. 지혜와 밝음이 있기 때문이다. 지인(知人)이란 일정한 체계를 근거로 다른 사람을 판단하는 것이다. 그것을 잘 하는 사람을 똑똑하다 또는 지혜롭다고 말한다. 따라서 도(道)를 모르면 지혜롭다 할 수 없다. 지인(知人)과 자지(自知)는 구별된다. 지인(知人)은 심지(心志)다. 자지(自知)는 복골(腹骨, 마음, 배, 창자, 뼈를 앎)이다. 현(賢)은 지(知)를 잘 발휘(실천, 모험, Abenteuer)한 사람의 모습이다. 그 사람의 심지가 어떠한가? 자신의 마음이 어떠한가? 다른 사람의 심지를 판단할 줄 알아야 하고, 스스로도 강인(强忍)해야 한다. 이것이 도인(道人)의 자세(姿勢)이며 영생(永生)의 조건(條件)이다. 화이트헤드의 모험(冒險)은 자신을 초월하는 것, 나를 죽여 다른 사람 속에 사는 것, 윤리적 선의 실현, 새로운 완전성의 탐구를 말한다. 회이트헤드는 "인생의 의미는 모험이다." 『노자』는 "자기를 아는 만큼 큰 모험(冒險, Abenteuer, 실천)은 없다"고 말한다.

知人者智,	다른 사람을 아는 사람은 지혜롭지만
自知者明,	자신을 아는 사람은 밝다.
勝人者有力,	다른 사람을 이기는 사람은 힘이 있지만,
自勝者强,	자신을 이기는 사람은 강하다.
知足者富,	만족을 아는 사람은 부자이고,
强行者有志,	강하게(무리하게) 행동하는 사람은 의도가 있다.

不失其所者久,	자신이 자리할 곳(道, 그곳)을 잃어버리지 않은 사람은 변하지 않으며
死而不亡者壽.	죽어서도 잊지 않는 사람이 영원히 산다.

· 인(人)=다른 사람

· 기(己)=자기

· 지(知)란 다른 사람을 아는 것(지, 智, 슬기, 지혜)이다.

· 지인(知人)이란 다른 사람의 됨됨이를 알아보는 것이다.

· 명(名)=잘 정비된 개념.

· 통치(統治)의 핵심(核心)은 지인(知人)과 안민(安民)이다.

· 지(智)=철(哲)=도리(道理)와 사리(事理)에 밝다(明).

· 명(明)=밝다. 명철(明哲). 총기(聰氣). 총명(聰明)=영리하고 재주가 있다.

· 자(自)=스스로. 몸. 저절로. ~부터.

· 지족(知足)=분수를 지켜 만족할 줄 앎=만족(滿足)=충분(充分)=지족자(知足者)

· 강행(强行)=굳세게 힘 있게 걸어 다님=강행자(强行者)

· 유지(有志)=어떤 일에 뜻과 관심이 있음=유지자(有志者)

· 불실기소자(不失其所者): 그 장소를 잃어버리지 않는 자=머물 곳을 잃어버리지 않은 자=도(道)가 머무는 자리를 잃어버리지 않은 자.

· 구(久)=변하지 않다=오래 기다리다. 장구(長久)=세월(歲月)

· 사(死)=죽다=하늘(一)+아래에 머물다+저녁(夕)+비(匕)=하늘

아래에서 저녁에 화살촉을 받다.

· 망(忘)＝잊다≠불망(不忘)＝잊지 않음＝불망자(不忘者).

· 사이불망자(死而不忘者)＝죽어서도 잊지 않는 자.

· 수(壽)＝영생(永生)＝영원한 생명＝영원한 삶＝영원히 산다.

· 오매불망(寤寐不忘)＝깨어나서도 자면서도 절대 잊지 않는다.

2010년 8월 15일

참·고·문·헌

A. N. 화이트헤드 / 오영환 옮김, 관념의 모험, 한길그레이트북스 GB 001, 한길사, 1996.

철학

죽음(門)의 철학 『도덕경(道德經)』

문지방(門地方)에 앉지 마라. 문(門) 앞에서 겸손해야 한다. 날일(日) 하나 들고(生), 또 날일(日) 하나 들고(死), 날일(日) 하나 놓고 앉아 있다. 날일(日) 세 개가 문(間)이다. 우리의 인생사(人生史)다. 모두가 순간(사이 間, 찰라)다. 죽음의 철학을 알아야 삶을 소중하게 생각할 수 있으며, 생존에 감사할 수 있다. 그것을 모르면 아직 어린이에 불과하다(乳兒). 우리의 교육은 죽음의 철학을 가르치지 않는다. 그래서 나이가 들어도 가볍다. 갑(甲)질을 하는 대표를 보면 알 것이다. 순간이 지나고 나서야 반성하는 것이다. 양산 통도사 입구에서 순간(間, 瞬間)의 의미를 깊이 생각했다.

독일 철학자 프리드리히 니체(Friedrich Nietzsche, 1844~1900)는 불교와 도교에 영향을 받은 것 같다. 니체는 현재라는 시간을 '문(門)'과 동의어로 생각했다. 문의 안(內面)과 밖(外面)은 과거와 미래의 길로 연결된다. 문의 안쪽은 현재다. 그것을 열고 나가는 순간 안쪽은 과거가 된다. 이제부터 미래가 시작된다. 현재의 순간은 모든 과거와 미래가 만들어지는 필연으로 귀결된다. 니체는 "어쩌다 보니 그렇게 됐어"라는 우연을 믿지 않았다.

"지금 이 순간을 열심히 살아라!" "그리스도교는 현재 열심히 사는 데 중심을 두지 않는다. 죽고 나면 하나님 앞으로 불러가서 영원히 행복해진다. 내세론을 피력하는 성직자들의 설교에 니체는 실망했다. 사후에 행복이 약속되어 있기 때문에 살아 있는 지금 이 세계에서의 삶은 경시해도 된다. 니체는 있을 수 없다고 비판했다."

니체의 말한다. "지금 그대로 그 육체로 살아라." 살아 있는 이 순간에 잘 웃고, 잘 먹고, 살아 있음을 자축해라. 어린아이들처럼 춤을 추면서 잘 살아라. 그것이 최고의 삶이다." (사이토 다카시 / 이정은 옮김, 『곁에 두고 읽는 니체』, 홍익출판사, 2015, 85~87면 인용 요약)

옥편을 보면서 문(門)의 의미를 '나는 이렇게' 새겨 보았다.

●● 門은 겸손(謙遜)

門문 문 / 삶(生)과 죽음(死)으로 들어가는 문

間사이 간 / 죽음으로 들어가는 문 앞에서 날일(하루) 하나 놓고 살아가는 순간(間)

人間인간 / 죽음으로 들어가는 길목에서 서로 격려하며 살아가는 존재

間或간혹 / 혁명

間斷간단 / 끊어서

間紙간지 / 죽음으로 가는 길목에서 남겨 놓은 종이(메모)

間간 / 門(문) + 日(일) = 틈, 순간, 찰라

區間구간 / 나누어 놓은 곳(장소)

時間시간 / 죽음으로 들어가는 문 앞에서의 시점
자연과 인문이 만나서 죽음으로 가는 길목에서 하루를 기다리는 시점

期間기간 / 죽음으로 들어가는 문을 기다리는 일시와 시기(期 기약할 기)

瞬間순간 / 죽음으로 들어가는 시점(찰라)
이슬이 생기고 사라지는 것은 순간이다.

晝間주간 / 죽음으로 들어가는 시간 중 책 읽고 하루를 보내는 마지막 시간

夜間야간 / 죽음으로 들어가는 문에 대기하는 시간

年間연간 / 시간을 모아 놓고 1년을 생각하면서 정리한 시간
1년간 살아온 것을 모아 놓은 시간들

近間근간 / 최근의 시점

間食간식 / 죽기 전에 먹는 음식

間接간접 / 죽음으로 가는 길목에서 만나는 것(반대말: 直接(직접))

行間행간 / 죽음으로 가는 길목과 여정(여백, 틈)

●● 門은 죽음의 철학

大道無門대도무문 / 큰 깨우침이 있는 자는 죽음으로 들어가는 길목에서 머뭇거림이 없다.

朝聞道夕死可矣조이도석사가의 / 아침에 깨우침을 들으면 저녁에 죽어도 괜찮다.
아침에 하늘의 소리를 들으면, 저녁에 돌아가는 준비를 하는 것이 옳다.

奇想天外기상천외 / 돌이켜 볼 때 그토록 크고(大) 옳은 것(可)은 우주의 바깥에 서나 있다.

名門巨族명문거족 / 죽은 자들의 이름이 남아있는 큰 무리(家門)

門前成市문전성시 / 죽음의 문 앞에서 시장이 서다.
정당 앞에서 공천을 받기 위해 문전성시를 이루다.
모두 죽으러 가는 마당에서 서 있는 것이다.

門戶開放문호개방 / 죽음으로 들어가는 집들이 열려 여러 곳에 펼쳐져 있음
한·미 FTA에 대한 일부 주장자들의 표현

一問一答일문일답 / 죽음으로 들어가는 마지막 날에 받은 질문에 간단히 여러 가지 종합하여 생각해서 답하는 것

今時初聞금시초문 / 지금 이 시간에 처음으로 죽음으로 가는 문의 소리를 들었습니다. (놀람)

服務期間복무기간 / 죽음으로 들어가는 기간에 앞서 하늘이 내린 의무에 충실하게 보내는 시간들
生存中生活期間 생존 중 생활기간

長考장고 / 시대를 직시하며 멀리 보는 눈

●● 『도덕경(道德經)』 第1章 大道無門思想

『도덕경』 제1장은 대도무문사상(大道無門思想)이다. 도(道)란 걸으면서 생각하면서 생사(生死)의 아득한 문(門)으로 들어가는 수행길이다. 문(門)이란 삶과 죽음의 경계선(警戒線)이다. 인생의 의미는 죽기 전에 깨우치는 것이다. 朝聞道 夕死可矣.

道可道 非常道,	도는 도가 되지만, 항상 도가 되는 것은 아니다.
名可名 非常名.	이름을 붙이기도 하지만, 항상 이름을 붙이는 것은 아니다.
無名, 天地之始,	무는 천지의 시작이다.
有名, 萬物之母,	유는 만물의 시작이다.
故常無欲以觀其妙,	항상 무욕으로서 그 오묘함을 보라.
常有欲以觀其徼,	항상 유욕으로서 그 형상을 보라.
此兩者同,	이 양자는 같은 곳에서 나왔지만
出而異名,	다른 이름일 뿐이다.
同謂之玄,	같은 것을 현이라고 한다.
玄之又玄,	아득함의 아득함
衆妙之**門**.	묘함이 모여 있는 것이 문이다.

· 무(無)=시작(始作)=천지개벽(天地開闢)=태양(太陽)의 아침=조(朝)

· 유(有)=변화(變化)=탄생(誕生)=명명(命名)=생존(生存)=만물의 통치=저녁(夕)

· 무(無)＋유(有)＝현(玄)＝신기(神氣)＝아득함＝공(空)＝자연(自然)

· 대(大)＝무(無)＝천(天)＝수(水)＝산(山)＝리(理)

· 소(小)＝유(有)＝지(地)＝사(事)＝색(色)＝기(氣)

· 도(道)＝문(門)＝정(情)＝향(香)＝곡(曲)＝심(心)＝순환(循環)

· 색즉시공(色卽是空) 공즉시색(空卽是色)＝불교의 핵심사상

· 문(門)＝간(間)＝문(聞)＝문(們)＝문(捫)＝문(閿)(閿)(閿)

· 문(門)＝생사(生死)의 문(門)

2011년 11월 15일

참 · 고 · 문 · 헌

사이토 다카시 / 이정은 옮김, 『곁에 두고 읽는 니체』, 홍익출판사, 2015.

교육

성숙한 사람의 안목(眼目) –『간파력(看破力)』

『간파력』의 저자는 일본 여성 CEO이다. 미즈키 아키코는 일본 국내외 항공사에서 국제선 스튜어디스로 일했다. 특히 1등석의 VIP 승객을 주로 맡아 성공한 남자들의 '남다른 점'에 주목했다. 아키코는 이후 두 번의 이혼과 수차례의 사업 실패 등 인생의 쓴맛을 경험했고, 이를 통해 사람 보는 안목을 다시 다졌다. 현재 아키코는 연간 200여 회에 이르는 연수 및 강연 등을 통해 대중에게 다양한 인간관계의 노하우를 전수하고 있다. 미즈키 아키코는 『간파력』 에필로그에서 말한다. "일과 사랑에 균형을 잡으면서 성공의 길을 함께 걸어가는 행복을 잡으십시오. 남편과 쪼들리지 않고 오순도순 사는 것, 이것이 목표가 되었으면 합니다. 생활 속에서 여유를 찾고, 일상을 즐기면서, 자신의 세계를 넓히시길 바랍니다. 남의 이목(耳目)은 '껍데기'입니다. 서로 껍데기만 보고 결혼한 두 사람은 남의 이목 때문에 부부가 되었으니 행복한 가정이 만들어질 리 없습니다." 이 말에 공감한다.

성공한 남자를 만나면 행복할까? 진정한 행복을 원한다면 '된 사람'을 만나라. 좋은 남자를 만나고 싶다면, 먼저 좋은 여자가 되어라. 간파력, 매력 그리고 육성력을 두루 갖춘 사람이다. '될성부른 남자'의 공통점은 기본이다. 기본 바탕이 바뀌는 것은 없기 때문이다. 그 바탕이란 인간적인 도리를 지키는 것이다. 어울려 사는 세상에서의 균형이다. 성공을 위해서는 동반자가 필요하다. 자신의 꿈과 비전에 공감한 때 사람들은 동참한다. 목표가 있어도 방향이 잘못되면 허송세월이다. 꿈을 꾸는 사람은 퍼즐처럼 자신의 꿈을 완성한다. 꿈을 꾸는 사람은 눈빛으로 서로 안다.

●● 2000년대 한국 이혼율, 1950년대의 13.6배

2014년 3월 6일 연합뉴스의 보도다. 한국의 이혼율은 매우 높다. 그 원인은 여러 가지가 있겠지만, 잘못된 만남이다. 이혼율을 줄이는 길은 결혼 상대자를 처음부터 제대로 만나는 것이다. 그렇게 하려는 사람을 보는 안목이 있어야 한다.

『간파력』(위즈덤하우스, 2012)은 1등석 스튜어디스 출신 CEO가 미래의 젊은이들에 들려주는 이야기이다. '될성부른 남자'를 한눈에 알아보는 법을 재미있게 알려준다. 미즈키 아키코는 아마도 '세련된 교육을 받고, 세련된 눈'으로 사람을 분석했다고 본다. 동양고전에서 말하는 '인물상'과 크게 다른 바가 없다.

미즈키 아키코는 『간파력』에서 제대로 된 사람이 갖추고 있는 덕목도 설명한다. "호의란 상호 발전을 위한 핵심기술이다. 겸손은 분노를 막는 생존 규칙이다. 참모형 인간은 '줏대 없는 남자'가 아니라, 겸허하게 행동하는 탁월한 남자다"라고 말한다. 자기개발서이지만, 수준 있는 문장들이다.

미즈키 아키코는 『간파력』 에필로그에서 말한다. "일과 사랑에 균형을 잡으면서 성공의 길을 함께 걸어가는 행복을 잡으십시오. 남편과 쪼들리지 않고 오순도순 사는 것, 이것이 목표가 되었으면 합니다. 생활 속에서 여유를 찾고, 일상을 즐기면서, 자신의 세계를 넓히시길 바랍니다. 남의 이목(耳目)은 '껍데기'입니다. 서로 껍데기만 보고 결혼한 두 사람은 남의 이목 때문에 부부가 되었으니 행복한 가정이 만들어 질 리 없습니다." 이 말에 공감한다.

●● 성공과 실패

일본인의 관점에서 본 ≪제대로 된 사람≫이다. ≪제대로 된 사람≫을 보는 미즈키 아키코의 세밀한 관찰력이 돋보인다. 인간의 내모와 외모를 전방위로 관찰하는 힘과 그 육성방안은 심리학과 교육학을 합쳐 놓은 것 같다.

미래의 젊은이들, 직장인, 대학생, 전문가들에게 일독을 권한다. 성숙한 사람의 안목(眼目)을 배울 수 있을 것이다.

이 책은 2012년 5월에 필자가 읽은 글이다. 필자의 독서 편력을 보여드리는 것 같다. 젊은 독자에게 드리는 작은 선물이다.

1. 품 위

강한 남자는 비범함과 평범함을 조화시키며 스스로를 깔끔하게 관리한다. 이것이 품위이고, '된 사람'의 스타일이다. 품위란 '투명방패'다. 흰색 셔츠를 입는 이유다.

2. 성 격

안정감 있는 목소리가 성격을 반영한다. '된 사람'은 리더를 염두에 둔다. 안정감 있는 목소리는 오랜 훈련과 노력 덕분이다.

3. 내 면

'된 사람'은 돈을 유용하게 쓰는 법을 안다. 자신에게 가치가 있는 대상에 주목하며 과감하게 지불한다. 내면을 위한 투자라고 생각한다. 내면은 우주만큼 넓다는 것을 알기 때문이다.

4. 메 모

확실하게 일하고, 또 만사를 잊고 푹 쉰다. 순간의 아이디어를 메모한다. 창의적인 발상은 완전히 이완된 상태에서 불쑥 떠오른다. 민첩과 창의이다.

5. 표 현

희로애락의 감정을 날 것으로 전달하지 마라. 서로에게 발전도 되지 않으며 신뢰를 무너뜨리는 요인이다. 큰 소리의 불평과 불만은 앞날이 캄캄한 사람이다.

6. 언 어

성공한 사람의 리더십은 사람의 의욕을 높인다. 조직의 성공을 여는 열쇠이자 부드러운 카리스마이다. 여기저기 남겨 놓은 좋은 기억들이 기회와 인연으로 되돌아온다. 마법의 언어, 쿠션 언어를 사용할 줄 알아야 한다.

7. 대 화

'된 사람'은 과거를 장황하게 자랑하지 않는다. 현재와 미래에 관심이 많다. 현재에서 즐거움을, 미래에서 희망을 찾는다. 대화를 끌어내는 능력, 적절한 질문과 대응능력이 있다. 유쾌한 대화를 끌어낸다.

8. 부드러움

'된 사람'은 세련된 매너, 소탈, 붙임성이 있는 사람이다. 고고한 남자는 성공할 여지가 없다. 어떤 직업이든 기반 기술은 영업이다. 직업은 '자기의 핵심 기술'을 파는 것이다. 편하게 대하고, 호의를 얻으면, 남부럽지 않는 성공적인 인생을 살 수 있다.

9. 감 동

'된 사람'은 사람을 감동시키는 재주가 있다. 남자는 큰일을 평가하기보다 일상의 소소한 일로 판단해야 한다. 우리 인생에서 큰일은 매우 드물다. 하지만 작은 일은 매 순간 일어난다. 작은 감동, 따뜻한 온기, 경쟁사회에서 우리를 지켜주는 위대한 힘이다.

10. 신 중

어려서부터 크고 작은 실패를 자연스럽게 경험하고, 그것을 극복하며, 성장해야 한다. 신중하지 않으면 언제나 한 방에 패배자로 전락한다. 냉혹한 승부의 세계다. 곤두박질치는 사람의 공통점은 "조심성이 없다." 그래서 다산은 '여유당'이라고 말했다. '조심'한다는 의미다.

11. 안 목

신문 읽는 남자는 탁월한 안목을 가진 남자다. 성공한 사람은 신문으로 하루를 시작한다. 탁월한 안목은 신문에서 나온다. 많이 알고 흐름을 읽으며, 폭 넓게 이해하기 때문이다. 이런 사람이 진정으로 강한 사람이다.

12. 목 표

뚜렷한 목표를 위해 투자한다. 자신의 미래를 위해 과감하게 승부수를 던질 줄 안다. 현재에 만족하며 안주할 경우 성공의 기회는 오지 않는다.

13. 겸 손

호의란 상호 발전을 위한 핵심기술이다. 겸손은 분노를 마는 생존규칙이다. 참모형 인간은 '줏대 없는 남자'가 아니라, 겸허하게 행동하는 탁월한 남자다.

14. 열 정

성공을 위해서 동반자가 필요하다. 자신의 꿈과 비전에 공감할 때 사람들은 동참한다. 목표가 있어도 방향이 잘못되면 허송세월이다. 꿈을 꾸는 사람은 퍼즐처럼 자신의 꿈을 완성한다. 꿈을 꾸는 사람은 눈빛으로 서로 안다.

15. 용 기

'될성부른 사람'은 겸손하고 튀지 않는다. 다른 사람이 부화뇌동(附和雷同)해도 때를 기다린다. 그러나 때로는 먼저 움직인다. 막연한 미래 앞에 의연하고, 나설 시기에 자신의 선택을 신뢰하기 때문이다. 용기 있는 자를 '첫 번째 펭귄'이라고 말한다.

16. 약 속

성공의 기본자세는 자신의 시간과 다른 사람의 시간을 모두 소중히 여길 줄 아는 것이다. 독일 사람들은 약속시간에 철저하다. 약속은 하루 일과에서 1순위이다.

●● 『도덕경(道德經)』 第八十一章 大信無爭思想

『도덕경』 제81장 대신무쟁사상(大信無爭思想)은 "큰 믿음은 다투지 않는다"는 사상이다. 진정한 믿음(信)이 아는 것(知)이다. 지신(知信)이

덕(德)이다. 상대를 정확히 알고, 조직을 정확히 알고, 믿어 주는 것이 덕장(德將)이다. 위여리도(爲與利道)다. 성인(聖人)은 대신(大信) 할뿐 다투지 않는다(不爭). 국가와 정치의 목표는 큰 믿음이다. 이타(利他)를 말한다.

信言不美,	믿음이 가는 말은 꾸미지 않고
美言不信.	꾸민 말은 믿음이 가지 않는다.
善者不辯,	선량한 사람은 구차하게 말하지 않으며
辯者不善,	구차하게 말하는 자는 선하지 않다.
知者不博,	아는 사람은 넓지 않으며
博者不知.	넓은 사람은 알지 못한다.
聖人不積,	성인은 재산을 쌓지 않으며
旣以爲人己愈有,	이미 있는 것은 다른 사람에게 베풀지만 자기가 오히려 갖게 된다.
旣以與人己愈多.	다른 사람과 함께 나누지만 자기가 오히려 많아진다.
天之道,	하늘의 도는
利而不害,	이롭고 해를 끼치지 않으며
聖人之道,	사람의 도는
爲而不爭.	다른 사람의 위하며 다투지 않는다.

· 박(博)＝넓다.

· 적(積)＝모으다. 쌓다.

· 성인(聖人)＝지혜나 덕이 뛰어나 본받을 만한 사람

· 위(爲)＝베풀다. 이타(利他)＝자비(慈悲)＝사상(愛)

· 여(與)＝베풀다. 주다. 함께 나누다.

· 쟁(爭)＝다투다. 끌다. 소송하다. 결판을 내다.

· 도(道)＝공(空)＝불(佛)＝주(主)＝천(天)＝현(玄). 그윽하다.

2012년 5월 15일

참 · 고 · 문 · 헌

미즈키 아키코 지음/이서연 옮김, 간파력, 위즈덤하우스, 2012.

교육

독서(讀書)와 사색(思索)
—『책 읽는 책』

"하루에 두 시간만이라도 다른 세계에 살아라."(맹자, 사마천) 독서는 고독한 과정이다. 독서는 '정신없이 살지 않기 위해서'하는 생활의 부분이다. 책은 각성된 삶을 이끌어준다. 잠자기 전 30분, 일찍 일어나 30분, 이 시간을 독서에 매진하면 한 달에 4~5권, 1년이면 50권을 읽는다.
우리는 16년간 정규교육은 마쳤어도 효과적인 독서 방법을 모른다. 우리 사회는 얼마나 소모적인 지적훈련과정을 반복하고 있는지 알 수 있다. 독서는 자랑이 아니고 깨닫는 것이다. 사색을 통해 발분하는 과정이다. 책 읽는 일과 성숙한 사색은 자신을 심리적(따뜻하게)·철학적(똑똑하게)·도덕적(지혜롭게, 바르게) 존재로 만든다. 그 방법을 아는 것은 독서 빅뱅을 일으킬 것이다. 독서의 즐거움을 아는 핵심이다.
메모하고 밑줄 치며 읽어라. 책을 읽으면서 중요하다고 생각되는 것, 떠오르는 것, 의문 나는 것들은 모두 여백에 적고 밑줄 치고 표시한다. 낙서로 가득한 책은 나만의 책이다. 책은 사지 않으면 나중에 다시 되새길 수가 없다. 포스트잇을 사용하라. 핵심을 요약하면 사고를 정리하는데 도움이 된다. 한 권의 책과 연필, 그리고 포스트잇이 있어야 한다. 독서의 즐거움은 천천히 읽어야 할 책을 발견할 때 느낀다. 읽고, 음미하고, 사색하는 즐거움이다.
문단 덩어리로 읽고, 사진기로 찍듯이 읽고, 접속어에 주목하고, 맥락을 결정짓는 중요한 부분은 꼭 기억해라. 한 권의 책이 한 사람의 운명, 나아가 세상의 운명을 바꾼다.

"하루에 두 시간만이라도 다른 세계에 살아라. 그날그날의 번뇌를 끊이 비릴 수가 있다면 그것은 남이 부러워하는 특권을 얻는 것이다. 사람들은 육체적 감옥에 갇혀 살고 있기 때문이다." 맹자(孟子)와 중국의 대역사가 사마천(司馬遷)의 말이다.

●● 율곡의 독서장

“배우는 사람은 먼저 글을 읽어야 한다. 글을 읽는 자는 반드시 단정하게 손을 마주잡고 반듯하게 앉아서 공손히 책을 펴놓고 마음을 오로지 하고, 뜻을 모아 정밀하게 생각하고, 오래 읽어 그 행할 일을 깊이 생각해야 한다. 만일 입으로만 글을 읽을 뿐 자기 마음으로 이를 본받지 않고, 또 몸으로 행하지 않는다면 책은 책대로 있고 나는 나대로 있을 뿐이니 무슨 유익함이 있겠는가?”(이이, 『격몽요결』, 독서장)

“글을 읽는 데는 반드시 한 가지 책을 익히 읽어서 그 의리와 뜻을 모두 깨달아 모두 통달하고 의심이 없이 된 연후에라야 비로소 다른 책을 읽을 것이고, 여러 가지 책을 탐내서 이것저것 얻으려고 바쁘고 분주하게 섭렵해서는 안 된다.”(이이, 『격몽요결』, 독서장)

●● 독서 후 사색

독일 철학자 아르투어 쇼펜하우어(Arthur Schopenhauer, 1788~1860)의 말이다. “독서와 정신의 관계는 납에 도장을 찍는 것과 비슷하다. 독서는 자신만의 고유한 사상을 가장 안전하고 확실하게 손에 넣는 방법이다. 하지만 독서는 어디까지나 다른 사람이 행한 사색의 결과이다. 나만의 고유한 사색은 다른 사람의 사상과 바꿀 수 없는 소중한 체험이다. 사색을 통해 진리를 획득하는 것이 진정한 철학이며 사상이다. 누구나 책을 읽을 수 있고, 누구나 공부할 수 있지만, 누구나 이를 통해 사색할 수 있는 것은 아니다. 평범한 서적 철학자보다 스스로 사색하는 사상가가 되어라.” 박민영 인문작가·문학평론가의 『책 읽는 책』(지식의 숲, 2012, 275면. 문고판)은 독서방법론을 알려주는 좋은 입문서다. 일독을 추천한다.

●● 책 읽는 즐거움

1. 독서법

모든 사람은 이미 독서법을 알고 있다. ① 부분과 전체 파악, ② 메시지, ③ 함의(함축된 의미, 포함된 뜻)를 파악하며 글을 읽어라. 책맹을 부끄러워해야 한다. 빌 게이츠의 말이다. “부모에게 물려받은 가장 큰 선물은 ‘책 읽는 습관’이었다.”

2. 책 읽기 방법

포스트모던 시대의 책 읽기 방법이다. 인격수양, 진리탐구, 지혜획득 그리고 사회변화 방편으로 책을 읽어야 한다. 어떤 책을 보느냐가 중요하다. 독서는 가치와 선택의 문제이다.

3. 도서관

도서관과 서점에서 보내는 시간을 늘려라. 도서관에서 책을 읽는 것은 문화다. 책을 읽는 목표는 인격 수양을 쌓기 위해서이며, 문화이기 때문이다. 지식인 독자는 독서환경의 조성에 있다. 책을 읽는 것은 습관을 변화시킨다.

4. 독서 시간

책 읽을 시간을 마련하라. 독서는 '정신없이 살지 않기 위해서'하는 생활의 부분이다. 책은 각성된 삶을 이끌어준다. 잠자기 전 30분, 일찍 일어나 30분, 이 시간을 독서에 매진하면 한 달에 4~5권, 1년이면 50권을 읽는다.

5. 독서 환경

독서하기 좋은 환경으로 방을 꾸며라. 적당한 빛과 고요함은 독서를 하는데 필요한 조건이다. 주거환경은 나를 둘러싸고 있는 정서적 공간이자 문화적 표현이다. 집을 독서할 수 있는 공간으로 만드는 것, 그것은 독서의 가장 좋은 출발점이다.

6. 독서인의 자세

아는 척하기 위해 책을 읽지 말라. 독서는 남이 아닌 자신의 편견을 깨기 위한 것이다. 겸손한 자세를 가지는 것이 진정한 교양인이다.

7. 독서의 목적

독서의 목적은 자신의 생각을 발견하는데 있다. 독서의 진정한 목적은 자신의 생각을 발견하는 것이다. 창의적인 독서가 깊이 있는 독서다.

8. 비판적 독서

평가하고 질문하며 읽어라. 질문하고 평가하며 책을 읽는 것은 한 단계 더 높은 수준에서 책을 읽는 것이다. 비판적 독서는 ① 주장의 타당성, ② 실정의 적용가능성, ③ 의도와 목적을 검증하는 작업이다.

9. 독서 메모

메모하고 밑줄 치며 읽어라. 책을 읽으면서 중요하다고 생각되는 것, 떠오르는 것, 의문 나는 것들은 모두 여백에 적고 밑줄 치고 표시한다. 낙서로 가득한 책은 나만의 책이다. 책은 사지 않으면 나중에 다시 되새길 수가 없다. 포스트잇을 사용하라. 핵심을 요약하면 사고를 정리하는데 도움이 된다. 한 권의 책과 연필 그리고 포스트잇이 있어야 한다.

10. 메모 방법

책에 메모하고 표시하는 방법이다. 메모는 자신이 책에 심어 놓는 수많은 지적 이정표이다. 중요문구는 노란 줄로 표시하고, 옆에 |, < >를 하며 다른 생각은 ⇔로 생각을 적어두면 된다. 내용의 핵심은 이를 토대로 요약한다. 물론 단문이다.

11. 독서량

정독과 완독만이 능사는 아니다. 독서량이 급증한데는 기질에 맞는 독서방법을 찾았기 때문이다. 순간 독서는 집중력을 발휘할 수 있다.

이 경우 읽을 수 있는 책은 미리 준비해 두면 좋다. 여러 방법을 상황에 맞게 능숙하게 운영할 수 있을 때 유능한 독서가가 될 수 있다.

12. 사색의 즐거움

책을 빨리 읽는 방법이다. 독서의 즐거움은 천천히 읽어야 할 책을 발견할 때 느낀다. 읽고, 음미하고, 사색하는 즐거움이다. 문단 덩어리로 읽고, 사진기로 찍듯이 읽고, 접속어에 주목하고, 맥락을 결정짓는 중요한 부분은 꼭 기억해라.

"한 권의 책이 한 사람의 운명, 나아가 세상의 운명을 바꾼다."

2012년 8월 24일

참·고·문·헌

박민영, 책 읽는 책, 지식의 숲, 2005.

교육

수첩(手帖)과 필사(筆寫) –『니체』

생활수첩과 필사수첩은 소중한 역사가록물이다. 필사는 다른 사람의 생각을 읽고, 나의 시각으로 사색하여 정리하는 작업이다. 필사는 많은 시간이 소요되며 매우 지겹다. 그러나 생각을 정리하면서 집중해서 요약하고 손으로 글쓰기를 하는 아주 좋은 '두뇌운동'이다. 필자는 너무 늦게 그 중요성을 깨달았다. 독일 철학자 프리드리히 니체는 엄청난 메모광이다. 니체의 독창적인 사상은 19세기 지식 구조를 뒤흔들었다. 엄청난 성찰과 훈련 끝에 구축되었다. 니체보다 163년 전에 탄생한 성호 이익도 엄청난 메모습관을 갖고 있었다.
성호 이익 선생의 말씀이다. "독서의 여가와 세상살이를 하면서 전기・자집・시가・회해나 혹은 웃고 즐길 만하여 두고 열람할 수 있는 것을 붓 가는 대로 적어두었는데, 어느덧 많이 쌓이는 것을 깨닫지 못했다. 처음에는 비망록을 만들어 두고 기록하였는데, 뒤에 다시 조목을 만들어 조목별로 배열하였다. 또 두루 다 열람할 수 없어서, 다시 문류별로 분류하여 드디어 책으로 만들었다. 그리고 이름이 없을 수 없어서 '사설'이라고 이름을 붙였다. 형세가 그런 것이지 별다른 뜻이 있는 것은 아니다. 옹은 20년 동안 경서를 연구하면서 성현이 남긴 뜻을 보고 이해한 대로 각각 설을 지었다. 이 책도 잘 살펴보는 자가 그런 점을 채택한다면, 백에 하나라도 쓸 만한 것이 없으리라는 것을 어찌 알겠는가?"(이익, 『성호사설』 서문에서 인용)

생각은 현재의 마음(心, 腦)이다. 수시로 변한다. 수첩에 적어 놓으면 마음상태를 알 수 있다. 생각지도가 된다. 어제의 고뇌가 오늘을 만든다. 수첩정리는 아주 좋은 역사기록물이다. "위대한 사상도 종이에 써두지 않으면 언젠가 사라지고 만다"고 독일 철학자 아르투어 쇼펜하우어(Arthur Schopenhauer, 1788~1860)가 말하지 않았는가.

●● 필사훈련과 수첩정리

필사는 다른 사람의 생각을 읽고, 나의 시각으로 사색하여 정리하는 작업이다. 주요 내용을 요약하고 나의 생각을 적어둔다.

책 한권 필사하려면 많은 시간이 소요되고 엄청나게 지겹다. 하지만 생각을 정리하면서 집중해서 요약하고 손으로 글쓰기를 하는 '두뇌운동'이다. 익숙해지면 재미있게 효율적으로 작업을 할 수 있다. 필사된 수첩은 효용도가 높다. 수첩을 토대로 창의적인 생각을 많이 할 수 있다.

마음이 산만할 때 필사를 하면 적기(適期)다. 1,200원짜리 기자 수첩이 필사친구가 된다. 30면 내외의 글을 읽고 그 내용을 뽑아 요약한다. 결론으로 발췌한 주요 내용을 참고하여 나의 생각을 정리한다. 원저와 완전히 다른 나만의 문체로 내용을 발전시킨다.

어떤 날은 하루 8시간씩 필사를 한다. 글이 되는 날은 빽빽하게 기자 수첩 5장을 양면으로 순식간에 채운다. 생각이 그림처럼 그려지는 순간이다. 빨간 색연필로 주요 내용에 줄을 그으면서 핵심을 다시 정리한다. 나의 글의 목차다. 만년필로 쓰는데 독특한 필체가 나온다. 다른 사람은 알아보기 힘들겠지만.

수첩정리는 일상에서 나의 생각을 요약하는 작업이다. 수첩 하나를 보통 3개월 쓴다. 날짜별로 미리 계획하고 당일 작성을 원칙으로 한다. 저녁에 다시 확인한다. 계획의 70% 정도 달성하면 만족한다. 현실은 생각과 확실히 다르기 때문이다. 계획은 희망과 목표가 있겠지만, 현실은 늘 변수가 있기 마련이다. 수첩에는 상황과 변수도 모두 적는다. 수첩은 언제든 들고 다니면서 참고한다.

라디오 뉴스를 들으면서 주요 내용을 요약할 수 있다면, 듣기는 이미 상당한 수준이다. 이 경우 학교 강의는 모두 자기 것이 된다. 강의 내용을 수첩에 적어 두면 그것이 바로 실력이 된다.

수첩메모는 휴대폰에 기록하는 것보다 유용하다. 우선 빠르다. 그리고 언제든 들고 다니면서 기록하고, 인용하고, 암기하고, 말하기(강의와 연설)에 활용할 수 있다. 수첩의 내용을 사진으로 찍어 보내기도 한다. 휴대폰은 간단한 문자와 사진기록물을 남긴다. 이러한 작은 작업들은 나중에 글을 쓸 때 중요한 기초자료가 된다.

절차탁마(切磋琢磨)와 맷돌이론이 있다. 수첩정리와 필사훈련도 적용되는 이론이다. 서로 돌리고 깎으면 멋진 작품이 되듯이 글도 가슴에 있는 것을 그대로 뽑아내고 버리는 훈련을 통해서 발전한다. 멋진 문장가들은 자기만의 메모 습관이 있다고 한다. 여러분도 좋은 방법을 가지고 있으면 좋겠다.

●● 메모습관, 큰 '산(山)'을 한번 넘어서면

생활수첩과 필사수첩은 언젠가 소중한 역사기록물이 될 것이다. 수첩정리와 필사훈련을 통해 지의 축적, 인내, 언변을 배워라. 필자는 너무 늦게 그 중요성을 깨달았다. 그때 이후 어느 시간에 무엇을 듣고 메모하는 것은 항상 나의 뇌를 깨우는 작업이었다. 이 과정을 통해 조금씩 변했다. 요즘은 매일 생활내용을 수첩에 남긴다. 2년 전 그날을 기억하려면 그 당시 작성한 수첩을 찾아본다.

좋은 글은 관심, 포착, 메모, 공감, 새로운 정보 수집의 과정을 거친다. 가능한 한 번에 쭉 쓴다. 글은 호흡이 중요하기 때문이다. 이 때 주제에 집중하고 주장은 논증한다. 논리의 완벽함과 문장의 아름다움이 있어야 한다. 이것이 글쓰기의 핵심이다. 수첩메모는 '역사의 초고'다.

좋은 습관은 무형의 자산이다. 지식부자는 메모습관을 갖고 있다. 성공가능성이 아주 높다. 수첩정리와 필사훈련을 꼭 추천한다. 초, 중, 고, 대학, 대학원생들이 큰 '산(山)'을 한번 넘어서기 바란다.

새로운 수첩에 새 라벨을 붙이는 순간이 있다. 자신에게 하는 큰 선물이다. 가끔 온몸에 열이 난다. 기대와 성취감 때문이다. 작성한 수첩을 일렬로 세워 놓으면 열정과 손때가 보인다. 수첩을 '유언장(遺言狀)'이라 생각할 때도 있다.

≪365개의 수첩≫. 다산 선생도 아마 웃으실 것이다.

●● 니체의 메모습관

독일 철학자 프리드리히 니체(Friedrich Nietzsche, 1844~1900)는 엄청난 메모광이다. 니체의 독창적인 사상은 19세기 지식 구조를 뒤흔들었다. 엄청난 성찰과 훈련 끝에 구축되었다. 방대한 양의 학습과 무미건조한 연구의 시간이었다. 이 과정을 홀로 버텨냈기에 가능했다.

진정한 보물은 자유자재로 꺼내 쓸 수 있어야 한다. 반복해서 외우고 또 외워서 확실히 자기 것으로 만들어야 한다. 그 정도가 아니라면 정말로 알았다고 할 수 없다. 소리 내어 읽고 기억하는 과정을 거쳐야 한다. 그때 지식은 비로소 칼끝처럼 날카로워진다. 그것이 지적재산이다. 그렇지 않으면 그것은 영원히 나의 피와 살이 되지 않는다. 단지 언젠가 한번 읽은 것일 뿐이다. (사이토 다카시/이정은 옮김, 『곁에 두고 읽는 니체』, 홍익출판사, 2015, 108면)

●● 성호의 메모습관

니체보다 163년 전에 탄생한 성호 이익도 엄청난 메모습관을 갖고 있었다. 조선 실학사상의 대부, 은둔 철학자로 불린다. 성호는 『성호사설』에 3,007편의 논설을 남겼다. 성호는 『성호사설』의 서문에서 이렇게 말한다.

【원문 번역】『성호사설』 서문(星湖僿說 自序)

"『성호사설』은 성호 옹이 장난삼아 쓴 것이다. 옹이 이 사설을 지은 것은 무슨 뜻에서인가? 별다른 뜻은 없다. 뜻이 없었다면 왜 이 설을 지었는가? 옹은 한가로운 사람이다. 독서의 여가와 세상살이를 하면서 전기(傳記)·자집(子集)·시가(詩家)·회해(詼諧)나 혹은 웃고 즐길 만하여 두고 열람할 수 있는 것을 붓 가는 대로 적어두었는데, 어느덧 많이 쌓이는 것을 깨닫지 못했다."

"처음에는 비망록을 만들어 두고 기록하였는데, 뒤에 다시 조목을 만들어 조목별로 배열하였다. 또 두루 다 열람할 수 없어서, 다시 문류별(門類別)로 분류하여 드디어 책으로 만들었다. 그리고 이름이 없을 수 없어서 '사설(僿說)'이라고 이름을 붙였다. 형세가 그런 것이지 별다른 뜻이 있는 것은 아니다.

"옹은 20년 동안 경서를 연구하면서 성현이 남긴 뜻을 보고 이해한 대로 각각 설을 지었다.”

“이 책도 잘 살펴보는 자가 그런 점을 채택한다면, 백에 하나라도 쓸 만한 것이 없으리라는 것을 어찌 알겠는가?”

(이익, 『성호사설』, 서문; 이익, 한국민족문화추진회편, 국역 성호사설(1), 59~60면 인용)

이 책 『하마의 하품 2』는 필사와 메모로 이루어진 것이다.

2016년 5월 8일

참·고·문·헌

이익, 한국민족문화추진회편, 국역 성호사설(1-15), 한국학술정보(주), 2007.

한국고전종합 DB, 성호사설.

사이토 다카시/이정은 옮김, 『곁에 두고 읽는 니체』, 홍익출판사, 2015.

"사람답게 만드는 정치 어디서 길 잃었나"

제헌절에 되돌아본 민권사상의 계보 – 묵자에서 정약용까지

민권사상은 우리 헌법의 정신이다. 기본권이 바로 민권사상이다. 필자는 묵자, 허형, 안향, 정도전, 이황, 조식, 이이 그리고 실학파 이익, 정약용, 황현으로 '조선의 민권사상의 혈맥'이 흘러왔다고 생각한다.

◇ 묵자와 허형 그리고 안향

묵자는 BC 480~420(?) 사람이다. 이 세상에 남겨 놓은 핵심 사상은 겸애, 비공, 상현, 상동, 절용으로 요약된다. 묵자는 종교적 모습을 갖고 있지만, 종교가는 아니다. 그저 인문학과 과학기술에 정통한 정통 평민 성인이었다. 묵자는 서민고통 해소, 사회현실 개선, 무용한 천자정치에 경고, 서민 신앙을 토대로 평화사상을 도처에 전파하였다. 춘추말기와 전국시대 초기는 도저히 서민이 살 수 없는 시대였다. 묵자사상은 진나라 통일에 기여했고, 국가조직에 흡수되었다.

한비자는 법가사상을 발전시켰다. 한비자의 스승은 순자였다. 순자는 묵자의 영향을 받은 인물이다. 묵자는 민권의 저수지가 되어 곳곳에 흘러갔다.

원나라 유학자 허형(1209~1281)은 '노재지학'을 발전시켰다. 실천유학이었다. 고려 말에 안향(1243~1306)이 '노재지학'을 수용하였다. 국가개조를 위한 신사상이었다. 안향의 시대는 무신정권이 무너지고, 원나라에 항복한 시대였다. 친원 권문세가들이 득실했다. 왕실, 지배층, 불교세력이 유대한 부패한 사회였다. 안향은 교육을 통한 국가개조, 인재양성이 시급함을 자각했다.

◇ 정도전의 〈조선경국전〉

혁명의 기운은 시대와 인물을 만들었다. 이성계(1335~1408)와 정도전(1342~1398)의 만남이었다. 고려의 폐해를 더 이상 묵과할 수 없었다. 역성혁명을 시도하였다. 정도전은 토지개혁과 성리학을 토대로 한 신권중심의 유교국가를 꿈꾸었다. 그러나 혁명의 또 다른 축이었던 이방원(1367~1422)은 왕권중심의 유교 국가를 지향했다. 결국 조선은 왕권중심의 과거로 회귀하고 말았다.

그러나 묵자와 허형, 안향과 정도전이

뿌려 놓은 민권사상은 남명(1501~1572), 퇴계(1501~1570), 율곡(1536~1584)으로 이어졌다. 남명은 출사를 거부하였고 민권사상을 경상우도에 확산시켰다. 남명의 씨앗은 임진왜란 때 의병으로 발현되었다. 묵자사상의 부활이었다. 곽재우 등 대부분 의병장들이 남명학파들이었다. 묵자의 이론과 너무 유사했고, 묵자학파들의 행동과 너무 닮았다.

◇ 퇴계, 율곡, 성호의 민권사상

퇴계는 <성학십도>로, 율곡은 <성학집요>로 민권정치를 진언했다. 선비들이 할 수 있는 유일한 방법은 집필과 인재양성이었다. 집필의 힘은 자기수양과 도덕을 기반으로 한 성리학이었고, 그 지향점은 성군정치였다.

율곡은 200년 동안 병든 조선 왕조를 온몸을 던져 고치려고 노력한 선각자였다. 율곡은 인간에 대한 보편적 사랑을 강조했다. 율곡은 신분 차별을 비판했다. 정도전이 토지문제에 심혈을 기울였다면 율곡은 사람문제에 정성을 쏟았다. 대공수미법, 10만 양병설, 서원향약과 해주향약은 경세제민 사상이었다. 율곡의 현실개혁 사상은 실학파에 영향을 주었다.

조선의 진보사상은 율곡 이후 100년간 그 명맥을 유지하다가 성호(1681~1763)에서 다시 부활했다. 서학이 중국과 조선을 덮친 시대였다. 성호의 사유는 진보사상을 모두 모은 것으로 뜻, 문헌으로 기존 질서에 도전한 것이었다. 성호의 제자들은 실학파로 다시 성장했다. 대표적 인물이 다산(1762~1836)이었다.

◇ 다산, 매천의 민권사상

다산은 남명, 퇴계, 율곡, 성호의 지적 자양분을 먹고 자랐다. 서학을 만난 것이 운명이었다. 18년 유배는 다산을 500권의 저술가로 만들었다. 다산은 성리학과 천주학을 함께 사유했다. 묵자사상의 재등장이었다.

<다산비결>은 동학으로 이어졌고, 동학의 실패는 조선의 멸망으로 이어졌다. 이 멸망사를 기록한 사람이 매천(1855~1910)이었다. 그의 <매천야록>은 퇴계의 <성도십도>, 율곡의 <성학집요>, 이익의 <성호사설>, 다산의 <여유당전서>에 비견되었다. 민권사상이 깊이 배어 있었다. 매천도 '진보사상의 맥'을 잇고 있다. 진보사상(민권사상)은 은둔, 출사, 하향, 유배, 자살로 다양하게 나타났지만, 남겨 놓은 정신은 민권정신이었다. "백성이 위험

▲ 전남 강진군 도암면 만덕리에 있는 다산초당. 다산 정약용은 조선 후기 묵자의 민권 사상을 재등장시킨다. /하태영

하다"는 생각이었다.

조선 성리학에서 민권사상의 뿌리를 묵자에서 찾는 사람은 극소수다. 그러나 성군정치, 대동사회, 올바른 인재등용, 서민을 위한 정책, 절용과 조세, 은둔, 실천, 의병, 집필, 과학기술을 묵자 없이는 설명이 불가능하다.

"돕고, 교육하고, 재물을 나누자." 이것이 묵자의 정신이다. 오늘날 유럽 국가들의 국가철학과 유사하다.

마오쩌둥(1893~1976)은 묵자를 '노동자였지만 공자보다 훌륭한 성인으로, 인문학과 과학기술에 정통한 평민 성인으로' 평했다.

◇ 연민 정신 없는 정치인, 왕조시대로 회귀

지금 우리는 민권의 뿌리를 알고, 그 이념을 구현하면서 우리 사회를 개혁해야 한다. 겸애사회, 비공사회, 상현사회, 대동사회, 절용사회다. 독일과 스웨덴 그리고 핀란드 같은 나라들이다.

우리 사회를 돌아보자. 부모의 월급이 사교육 때문에 매월 강탈당하는 만성적 적자구조가 이어지고 있다. 엉망진창인 교육시스템 때문이다. 자녀 사교육비로 월 100만 원을 지출하는 것은 정상적인 사회가 아니다.

승진을 위해 청와대까지 인맥을 찾고 있다. 공천을 받으려면 중앙당의 인물을 접촉해야 한다. 이것이 민권정치인가?

비판 상대를 민주주의 파괴범으로 몰고 있다. 국민의 이름으로 모멸과 고성을 지르는 정치구조다.

가정에서 절용을 할 수 없는 사회라면 서민이 살 수 없는 사회시스템이다.

묵자가 참지 못했던 정치들이다. 아직도 이방원류의 왕조 정치를 하고 있으니 외국의 정치평론가들은 얼마나 한심하다고 생각하겠는가.

헌법을 파괴하는 모멸사회, 외국인 노동자 차별, 새터민 차별, 핍박 받고 있는 현재의 북한 주민의 고통, 모든 직장에서 을의 위치에 있는 사람들을 만약 율곡이 보았다면, 어떤 질책을 하였을까?

조선 500년을 이어온 민권사상, 일제 36년의 저항정신, 해방 후 50년의 민주화운동은 모두 묵가사상에서 나온 것이다.

"백성이 곧 나라의 근본이다."(남명)

"민권사상이란 사람을 사람답게 만드는 힘이다."(퇴계) "민중의 고통에 대한 연민이 민권사상이다."(다산)

반성해야 할 사람들이 많다.

/하태영(동아대학교 법학전문대학원 교수)

〈저작권자 ⓒ 경남도민일보〉

하마의 하품 2

2016년 8월 15일 초판 인쇄
2016년 8월 20일 초판 1쇄 발행

저 자 하 태 영
발행인 배 효 선
발행처 법 문 사
주 소 10881 경기도 파주시 회동길 37-29
등 록 1957년 12월 12일/제2-76호(윤)
전 화 (031)955-6500~6 FAX (031)955-6525
E-mail (영업) bms@bobmunsa.co.kr
(편집) edit66@bobmunsa.co.kr
홈페이지 http://www.bobmunsa.co.kr
조 판 법문사 전산실
삽 화 권 범 철

정가 22,000원

ISBN 978-89-18-00076-3/03300

* 저자와의 협의하에 인지를 생략합니다.
* 이 책의 무단전재 또는 복제행위는 저작권법 제136조 제1항에 의거,
5년 이하의 징역 또는 5,000만원 이하의 벌금에 처하게 됩니다.